창원대학교 사회과학연구소
산업도시연구 총서 제3권

산업도시의
노동조합

경남의 지역노동운동

이 책은 2022년 대한민국 교육부와 한국연구재단의 지원을 받아 수행된 연구임
(NRF-2022S1A5C2A03093617)

창원대학교 사회과학연구소
산업도시연구 총서 제3권

산업도시의 노동조합

경남의 지역노동운동

조효래 지음

1. 민주노조운동의 성장과 쇠퇴

'민주노조운동'의 한 순환이 마무리되고 있다. 1987년 이후 많은 노동자가 자신의 젊음을 바쳐 민주노조를 건설했고, 노동해방과 평등 세상을 열망하며 평생에 걸쳐 산별노조와 노동자 정치세력화를 위해 노력했다. 이제 그 세대의 절반은 현역에서 은퇴했고 나머지 절반은 앞으로 은퇴할 예정이다. 기업별 노조의 틀을 넘어 전체 노동자의 이익을 대변하고 세상을 변화시키기 위한 실천과 노력은 30여 년 세월 동안 계속되었지만, 그들이 평생을 바쳐 일군 민주노조운동은 그동안 성장과 변형, 쇠퇴의 과정을 겪어왔고 이제 1987년 세대의 퇴장과 함께 한 순환을 마감할 것이다.

앞으로 노동운동의 전망이 어떻게 될 것인가와 상관없이, 지난 30여 년 동안 민주노조운동의 가치와 목표는 희미해졌고 변화된 노동환경을 따라잡지 못했다. 산별노조는 기능부전이고 진보정당은 파편화되어 존재감이 희미해졌다. 기업별 노조의 산별 전환을 통해 계급적 단결을 이루고, 노동자 정치세력화를 통해 평등 세상을 건설하자는 민주노조운동의 가치와 깃발은 보수 양당제 민주주의와 기업별 노사관계의 제도화로 빛이 바랬다. 작업장에서 산업시민권과 정치적 민주주의는 성취했으나, 전체 노동자의 계급적 단결, 노동의 인간화, 노동자가 주인 되는 세상은 더 멀어졌다. 사회적 연대 역시 퇴행하고 있다.

지난 30년 동안 노동조합으로 조직된 노동자들은 커다란 변화를 경험했다. 무엇보다 민주노조운동의 주력 부대였던 제조업 대공장과 공공부문 노동자들은 불평등의 수혜계층이 되어 중산층으로 상승했다. 그 자리를 비정규직과 영세 중소업체 노동자들이 대신하면서 노동시장은 이중화되고, 급격한 기술발전과 외주화는 자본-임노동 관계의 형태를 변화시키고 있다. 신자유주의적 고용체제의 피해를 직접 감당해야 하는 중소기업·비정규 노동자, 간접고용노동자들은 여전히 조직적으로 취약하고, 새로운 세대의 노동자들은 조직 노동을 불신하며 개인화되고 있다. 그 결과 노동계급은 점점 해체되는 양상을 보여주고 있다.

민주노조들은 양극화되어 기업에 포섭되거나 탄압과 배제로 무력화되는 경우가 적지 않았다. 한편에서는 조직 노동의 사회적 고립을 벗어나기 위해 사회연대전략을 추진하기도 하고, 노동시장 이중화를 극복하기 위한 계급연대를 호소하기도 했다. 그렇지만 전체적으로 민주노조운동은 사회적 약자를 대변하고 전체 노동자를 대표하는 지위와 역할을 인정받지 못하고 있다. 오히려 수적으로 점점 줄어들고 늙어가는 소수조합원들의 경제적 이익 수호를 위한 실리적 도구라는 인식이 만연해 있다. 그리하여 보수언론의 귀족노조 프레임이 여전히 힘을 발휘하고 있다. 물론 이러한 결과가 노동조합만의 잘못은 아니다. 많은 노조가 여전히 비정규직과 미조직 노동자를 조직하기 위해 애쓰고 있고, 조직 노동자 중에 이들이 차지하는 비중도 조금씩 늘고 있다. 민주노총은 촛불시위에서 신자유주의반대 투쟁에 앞장서 싸웠고 민주주의를 회복하는데 누구보다 큰 역할을 하기도 했다.

그러나, 노동환경이 급격히 변하고 시대가 변함에 따라 노동운동의 역사적 과제도 변했다. 신자유주의적 가치와 제도가 사회 전반을 규정하는 가운데, 예상보다 빠르게 진행되는 저출산·고령사회로의 전환, 디지털혁명은 승자독식의 경쟁체제를 가속화 하고 노동시장에서 노사 간의 권력 격차를 점점 더 벌리고 있다. 1987년 이후 민주노조운동은 노동자의 인격적 존엄과 노동의 정당한 대가를 위해 노동기본권과 민주적 노사관계 확립을 목표로 했다. 그러나 이제 21세기의 노동운동은 산별 교섭 체계의 확립과 미조직·비정규 노동자의 조직화를 통해 노동시장 이중화를 극복하고 신자유주의 시대의 사회적 불평등을 완화해야 하는 과제를 안고 있다. 그러나 2000년대 이후 세대에게 노동조합은 노동시장 불평등을 해결하는 데 무력할 뿐 아니라, 오히려 임금과 고용에서 상층노동자 집단을 위한 경제적 도구로 인식되고 있다. 산별노조는 산업·업종별로 구획된 정규직 노동자들의 기업별 조직 연합체로, 노동시장 내 취약계층을 보호하고 노동자들의 사회적 연대와 계급적 실천을 위한 조직으로는 역부족 상태다.

그리하여 형식은 산별노조이지만 사실상 기업별 노사관계 체제가 고착된 가운데, 노동조합은 '과연 누구의 이익을 대변하기 위해 어떻게 행동해야 하는가?' 하는 노조 정체성에 대한 근본적 물음에 직면하고 있다. 민주노조운동은 계급적 연대라는 가치와 깃발에도 불구하고 대기업 정규직 조합원들의 경제적 도구로 전락한 것은 아닌가? 지난 30여 년 동안 연대적 가치와 기업별 조직의 딜레마를 극복하는 데 왜 실패했는가? 제조업과 서비스직 노동자, 대기업과 중소기업노동자, 정규직과 비정규직 노동자, 중고령노동자와 청년

노동자, 플랫폼노동자와 종속적 자영업자 등 노동시장 내 다양한 집단들이 하나의 노동계급으로 단결하기 위해 노동조합은 무엇을 어떻게 혁신해야 하는가?

민주노조운동의 한 시대가 지나가는 현재 시점에서, 민주노조란 무엇을 의미하는지, 21세기 민주노조운동의 현재적 의미는 무엇인지 검토하는 작업이 필요하다. 이는 민주노조운동의 변형과 쇠퇴, 산별노조운동의 딜레마에 대한 반성일 뿐만 아니라, 21세기 노동운동의 혁신과 재출발을 위한 전제이다. 21세기 변화된 환경에서 노동운동의 새로운 비전과 전망을 어디에서 찾아야 할 것인가? 민주노조운동의 성장과 변형, 쇠퇴의 과정이 '노동의 분절과 계급의 변형'으로 귀결된 것처럼, 노동운동의 연대적 가치와 조직의 파편화라는 딜레마를 운동 내부의 시각에서 꼼꼼히 따져볼 필요가 있다. 이 책에서는 산별노조운동의 비전과 좌절, 작업장 민주주의의 확장과 노동세계의 이중화 과정을 사회운동의 사이클과 제도화를 둘러싼 행위자들의 쟁투, 운동의 가치와 조직 현실 간의 모순, 노조 공론장의 형성과 변형이라는 관점에서 조망하고 설명하고자 했다.

2. 산업도시와 지역노동운동

지금은 잦아들었지만, 2016년 이후부터 코로나 19 상황을 겪는 동안 자동차와 조선, 철강 등 전통 제조업의 침체와 위기는 제조업 노동자들의 심각한 고용불안을 낳았고, 중화학공업의 산업생태계가 집중된 동남권 산업도시들은 그로부터 큰 타격을 받았다. ICT 산업과 전기차 등 디지털혁명에서 벗어난 동남권 산업도시들은 산업구조 전환으로 미래가 불투명해졌고, 저출산 고령사회가 본격화되면서 수도권으로의 인구유출과 지방소멸의 영향을 가장 크게 받았다.

울산과 창원, 거제와 같은 동남권 산업도시들은 한때 공단을 축으로 노동조합들이 연대하고 투쟁하는 노동자의 도시, 노동 정치의 요람이었다. 산업도시들은 1987년 이후 민주노조운동의 거점이었지만, 심각한 산업위축과 고용위기, 인구유출은 산업도시의 노동조합운동에 타격을 가했다. 구조조정이 확산하면서 정규직 노동자 수는 감소했고, 기업들은 자동화와 스마트화로 더 이상 신규고용을 늘리지 않았다. 고령화되어 은퇴를 앞둔 조직 노동자들은 노조 활동에서 점점 멀어졌다. 그러나 정규직에서 은퇴한 고령노동자들은 곧 하청업체 비정규직으로 다시 되돌아왔다. 확대되는 외주화는 정규직이 줄어드는 만큼 비정규직 노동자의 규모를 크게 늘렸고, 청년노동자들에게는 계약직 일자리밖에 남겨놓지 않았다. 조직 노동자는 줄어들었고, 노조가 없는 중소기업, 사내외 하청업체, 미조직 비정규 노동자의 수가 늘어났다. 차별에 노출된 비정규직 청년이나 재취업한 고령노동자들은 노조의 도움을 받을 수 없었다.

이제 노동시장의 이중화는 눈에 띄게 쪼그라든 일차 노동시장과 엄청나게 확장된 이차 노동시장이라는 형태로 진화하고 있다. 조선업 경기침체와 자동차산업의 불확실한 미래, 작업공정의 스마트화와 외주화, 디지털혁명으로 인한 산업과 인구의 수도권집중은 대부분 인력을 비정규직, 외주 하청으로 충원하는 방향으로 지역 노동시장을 변화시키고 있다. 이처럼 산업도시의 암울한 미래는 산업도시를 거점으로 한 노동운동에 커다란 도전이다. 노동시장에 대한 노동조합의 영향력이 점점 축소되고 있기 때문이다.

노동운동의 미래에서 산업도시가 중요한 것은 그것이 1990년대 이후 산별노조운동에 대한 반성과 직접 연관되어 있기 때문이다. 산별노조운동에 대한 반성적 평가에서 핵심적인 것은 두 가지다. 하나는 산별노조운동이 산별 구획에 치우친 나머지 산별노조운동의 핵심인 지역연대를 소홀히 했다는 점이고, 다른 하나는 앞으로 노동조합운동이 교섭모델에서 조직화 모델로 이동해야 한다는 주장과 관련되어 있다.

무엇보다도 1987년 이후 민주노조운동은 기업 울타리를 넘어선 산별노조를 건설해 계급적 연대를 강화한다는 목표를 추구했다. 그것은 기업별 노조의 조직형태 전환을 통해 추진되었고, 결과적으로 산별노조는 조직적 전환에도 불구하고 사실상 기업별 노조들의 연합체 성격을 벗어나지 못했다. 1980년대 이래 한국 노동운동은 지역에서 노조들의 연대와 공동실천을 통해 발전해왔고, 이를 통해 노동조합운동의 연대적 정체성과 정치적 영향력을 키워왔다. 1987년 이후 노동자 투쟁의 정점을 이루었던 마창노련과 전노협은 생활세계를 같이하는 지역 단위에서 여러 기업의 노동자들이 함께 투쟁했던 공동실천과 지역연대의 산물이었다. 그러나 이후 산별노조건설이 산업·업종별 조직구획을 중심으로 진행되면서, 노동자들의 생활공간이자 연대투쟁의 단위였던 '지역'이라는 문제의식은 크게 약화되었다. 민주노조들은 산업·업종별 구획에 따라 수직적으로 재조직되었고, 지역은 부차적인 지위밖에 갖지 못했다. 그리하여 노동조합은 산업·업종·그룹계열별 단체교섭에 집중하였고, 지역 차원에서의 공동투쟁과 지역연대는 더 이상 주목받지 못하게 되었다.

둘째로, 산별노조운동은 기업별 교섭을 산별 중앙교섭으로 전환하는 데 전력하면서, 조합원들의 이익과 동원을 넘어 미조직·비정규 노동자들의 이익을 대변하고 이들과 연대하는 노력을 발전시키지 못했다. 더욱이 산별노조의 핵심의제들이 기업별 교섭에서 다뤄지면서, 오히려 기업별 노사관계는 더욱 공고해졌다. 산별 중앙교섭이 사용자의 저항으로 활성화되지 못하고 이를 돌파할 수 있는 조직역량이 부족하다는 것이 분명해지자 산별노조운동은 난관에 직면했다. 점차 노조 내에서 노동운동의 혁신과 발전은 임단협 교섭이 아니라 미조직·비정규 노동자의 조직화와 동원에 달려 있다는 주장이 강화되었다. 산별노조의 활성화와 계급적 연대는 임단협 중심의 단체교섭이 아니라 지역사회에서 미조직·비정규 노동자의 전략적 조직화 노력을 통해 가능하다는 것이다. 노동조합의 활동이 기업별 교섭모델을 넘어 미조직·비정규 노동자들에 대한 지역 조직화 모델로 전환해야 노동운동의 혁신과 발전을 도모할 수 있다는 것이다.

산별노조운동의 새로운 돌파구를 지역적 연대의 강화, 지역 조직화 모델에서 찾게 되면서, 산업도시, 특히 산업공단을 중심으로 중소기업노동자와 비정규 노동자에 대한 전략 조직화, 이를 위한 지역사회 연대가 중요해졌다. 이러한 변화는 기존 노동조합운동의 혁신을 요구하는 것이었고, 혁신을 통해서만 달성할 수 있는 목표였다. 기업 울타리 안에서 단체교섭을 주로 해온 노동조합들이 '지역'을 단위로 미조직·비정규 노동자를 조직한다는 것은 노조가 기존 노사관계에서 배제된 취약노동자들의 이익을 대변하겠다는 선언이자, 이들을 조직하기 위해서는 지역 시민사회의 지지와 연대, 협력이 불가피하기 때문이다. 이는 기업 노사관계 중심의 노동조합운동이 지역 차원에서 취약노동자를 조직하고 지역 시민사회와 연대하는 활동으로 중심을 이동하는 것을 의미했다.

문제는 민주노조운동이 작업장에서 현장 조직화와 격렬한 투쟁경험을 축적해왔지만, 지역 단위에서 조직화와 동원, 연대의 경험이 취약하고 이를 위한 비전을 갖고 있지 못하다는 점이다. 작업장투쟁을 넘어 지역노동운동의 비전을 제시하고 이를 위한 활동을 구체화하는 것이야말로 현 단계에서 산별노조운동의 가장 큰 과제다. 작업장의 벽, 산업·업종의 벽을 넘어 지역에 기반을 둔 노동자 연대, '지역노동운동'의 새로운 비전이 필요했다. 기업별 노조의 벽을 넘어 생활세계를 같이하는 지역 차원에서 전체 노동자의 이익을 대변하고 취약노동자를 조직하며 지역 시민사회와 연대하는 노동운동의 비전을 제시하고 운동의 전형을 만들어내는 것이 중요했다. 이 점에서 지역 차원에서 운동의 비전과 전략을 가지고 조직화와 연대를 추구해왔던 지역노동운동의 경험이 요긴하다.

사업장 단위의 임단협 투쟁과 달리, 교섭대상이 불명확하고 단결과 투쟁을 위한 조직적 토대가 취약한 '지역노동운동'을 어떻게 활성화할 수 있을 것인가? 이와 관련하여 미조직·비정규 노동자의 공단 조직화, 총연맹과 산별노조의 전략 조직화 논의가 활발하게 제출되었다. 그러나 현재 '지역노동운동'을 이끌어가는 주체는 지역마다 총연맹 지역본부와 산별노조 지역지부, 그리고 지역에서 활동하는 노동운동단체들이다. 제2부에서는 민주노총과 금속노조 지역조직의 활동, 새로운 지역노조인 조선하청지회의 조직화, 노조-시민사회 연대로서 지역 노동사회단체의 활동을 검토한다.

3. 이 책의 구성과 내용

이 책의 제1부가 1987년 이후 민주노조운동에 대한 진단과 평가를 담은 것이라면, 제2부는 경남지역의 경험을 토대로 한 '지역노동운동'의 모색이다. 제1부는 '민주노조운동의 한 순환과 노동조합의 딜레마'라는 표제 하에 1987년 이후 민주노조운동에 대한 평가와 반성, 현재적 의미를 다루었다. 제2부는 민주노조운동의 새로운 돌파구가 '지역노동운동'이라는 관점에서, 지역노동운동의 다양한 실험과 그 가능성을 탐색했다.

제1장 '1987년 이후 민주노조운동의 동학'은 1987년 노동자 대투쟁 30주년을 맞아 민주노조운동의 큰 흐름을 몇 가지 이론적 논의를 빌어 검토한 것으로 이후 논의의 배경적 설명이라고 할 수 있다. 이 장은 민주노조운동의 성장과 변형, 쇠퇴의 동학을 운동의 '제도화'을 둘러싼 투쟁, 이후 노사관계 '제도의 변형'과 유연 안정성의 범위를 둘러싼 행위자들의 복잡한 상호작용과 투쟁이라는 시각에서 검토한다. 이 과정에서 민주노조운동의 사이클은 쇠퇴국면에 접어들었고, 이는 운동의 제도화 및 정치적 기회의 변화, 장기적으로 운동 주체의 세대 변화와 맞물려 있다.

제2장 '금속 산별노조운동의 딜레마와 조직적 과제'는 2019년 금속노조 전략위원회의 금속노조 혁신을 위한 보고서를 요약하고 학술적으로 정리한 글이다. 금속노조는 기업별로 분산된 조직적 자원과 산별노조로서의 연대적 정체성 사이에서 딜레마에 처해 있고, 산별노조 발전을 위해 지역지부 중심의 조직체계를 확립하는 데 어려움을 겪고 있다. 단기적 선거는 노조 리더십의 안정성과 전략적 능력을 제약하고 있다. 지역지부의 활동을 활성화하고 발전모델을 모색하기 위해서는 산별노조운동의 목표에 대한 합의, 노조 내 토론과 숙의 과정, 지부의 자율성과 자발성, 중앙의 전략적 리더십을 강화하는 노력이 필요하다.

제1장과 제2장이 민주노조운동에 대한 총론적 개괄이라면, 제3장과 제4

장은 '노조 공론장'이라는 이론적 개념의 적용 가능성을 검토하고, 경남지역 민주노조들의 경험을 통해 노조가 위계적 관료적 조직이 아니라, 의견의 표현과 감정적 공감, 토론과 실천이 어우러지는 문화적 공동체로서 기능할 가능성을 모색한 것이다.

제3장 '공장체제와 노동조합 공론장의 변화: 현대로템과 두산모트롤 사례'는 대항 공론장으로서 민주노조운동의 궤적을 정리하고, 경남지역의 두 사업장을 통해 공론장의 형태를 검토한 것이다. 1987년 직후 노동조합은 대항 공론장의 성격을 갖고 있었지만, 1998년 이후 노동조합 공론장은 급격히 쇠퇴하였다. 경쟁적 공론장은 헤게모니적 공장체제에서 경영과 노조의 경쟁과 타협으로 나타나지만, 저항적 공론장에서 노조는 노사관계를 규율하는 규칙을 둘러싸고 격렬한 투쟁을 전개한다.

제4장 '노동조합 공론장에서의 감정 동학: S&T중공업 사례'는 경남지역의 대표적인 민주노조인 S&T중공업(구 통일중공업) 노조의 30여 년 경험을 통해 노동조합 공론장에서 집합적 '감정'의 발생과 그 영향을 분석했다. 1980년대 노조 공론장에서는 '부정의한' 작업장 현실에 대한 분노와 수치심이 노조 민주화 투쟁의 동력이 되었고, 1997년 이후 지배적 감정은 경영부실의 책임을 노동자에게 전가하는 사용자에 대한 '분노'와 법정관리 이후 고용에 대한 '불안·공포'였다. 2003년 인수합병 이후, 구조조정에 대한 불안과 공포가 도덕적 분노를 압도하면서 우울감이 심화하고 공론장이 위축되었다. 이후 기업의 성장 과정에서 불공정한 분배라는 '부정의' 프레임이 힘을 발휘하면서 분노의 감정이 고양되는 양상을 보였다.

제2부는 노동운동의 새로운 비전으로 '지역노동운동'의 발전과 지역적 연대의 가능성을 탐색한다. 제5장 '민주노총 경남지역본부의 지역노동운동

활성화 전략'은 '배태된 응집성'과 '정치적 교환'이라는 개념을 중심으로 지역사회에서 노동조합총연맹이 개별노조와 시민사회, 진보정당, 지방자치단체와 어떤 관계를 맺으며 노조의 지역사회 영향력을 확대하고자 노력했는지를 분석했다. 지역노동운동에서 민주노총 경남본부의 전략은 총파업투쟁을 중심으로 한 '동원'으로부터, 점차 정책적 개입을 위한 정치적 '교환'으로 이동해왔다. 이는 노조가 직면한 구조조정의 '위협', 지역사회의 정치적 '기회'구조 변화에 큰 영향을 받았다. 그러나, 시민사회 및 정당과의 관계라는 '배태된 응집성'의 변화에 따라 지방정부와의 '정치적 교환'의 양상은 큰 차이를 보였다.

제6장 '금속노조 경남지부의 노조 재활성화 전략'은 산별노조운동의 위기 속에서 금속노조 경남지부가 추진한 노조 재활성화 전략을 분석했다. 노조 재활성화 전략에서 경남지부의 '연대적 정체성'은 '산별노조 완성'이라는 조직목표에 큰 영향을 미쳤다. 산별노조운동의 위기 속에서 '산별노조의 완성'을 위한 주요한 전략은 중앙교섭의 시기 집중투쟁으로부터 공단 중심의 '지역 조직화'로 이동하였다. 또한, 경남지부는 사회연대기금을 활용한 사회연대전략과 함께, 구조조정과 고용문제를 지역사회 의제로 쟁점화하고 정책적 개입을 추구하는 지역사회연대 전략을 채택했다. 새로운 전략의 추진에는 경남지부의 조직적 미래에 대한 우려, 노조의 권력 자원과 지도부의 전략적 능력이 중요한 요인으로 작용했다.

제7장 '금속노조 경남지부의 사회연대기금 활동'은 노조가 조합원의 이익만이 아니라 보편적 정의를 추구한다는 점을 지역사회로부터 인정받기 위한 의제설정 전략이었다. 경남지부의 사회연대기금은 사용자의 협력 없이 조합원 결의를 통해 시작되었다는 점에서 특징적이다. 사회연대기금은 노동조합운동이 지역과 의제 중심의 운동으로 발전하기 위한 유력한 방안으로

간주되었다. 여전히 지역에서 사회연대사업의 목표와 대상, 기준은 명확하지 않다. 사회연대전략은 노조의 역할을 미조직 취약노동자를 포함한 지역사회 전체로 확장하기 위한 노력이라는 점에서, 그 궁극적 방향은 노조 정체성을 '사회적 노조주의'로 전환하는 것이다.

제8장 '거제·통영·고성 조선하청지회의 하청노동자 조직화와 동원'은 지역 조직화의 주요한 사례이다. 이 장은 권력 자원이 취약한 신생노조가 원청대기업을 상대로 어떻게 효과적으로 투쟁할 수 있었는지를 분석했다. 이 사례는 하청노조가 노동자들의 구조적 불만과 자연 발생적 투쟁을 활용할 수 있는 전략적 역량을 발휘한다면, 원청사를 대상으로 효과적인 투쟁을 전개할 수 있다는 것, 하청노동자의 조직화와 동원이 일회적 사건이 아니라 투쟁을 통한 조직화, 조직을 통한 대중투쟁의 축적이라는 장기적인 과정으로 진행된다는 것을 말해주고 있다 특히 투쟁의 성공에는 현장 리더십의 역할, 상급노조와 시민단체를 포함한 지역사회 협력 네트워크의 지지, 작업장 현안을 중심으로 '투쟁을 통한 조직화' 전략이 주효했다.

제9장 '경남지역 노동사회단체의 노동자 이익 대변과 조직화'는 지역노동운동의 한 주체로서 지역 노동사회단체들의 노동자 이익 대변과 취약노동자 조직화 전략을 검토했다. 경남지역 노동사회단체들은 미조직 노동자들에 대한 상담과 서비스, 노동·복지정책에 영향을 미치기 위한 사회적 캠페인을 주요 사업으로 하며, 노동자 연대의 강화와 미조직 노동자의 조직화·주체화를 목표로 삼고 있다. 노동조합과 연계된 노동사회단체들이 노조와의 협력을 통해 노조 운동의 사회적 연대를 강화하는데 집중한 데 비해, 취약노동자 권익 보호에 특화된 노동사회단체들은 정부·지자체의 서비스 위탁사업을 매개로 취약노동자의 주체화·조직화에 노력했다. 노동사회단체의 취

약노동자 조직화는 기존노조 밖에서 새로운 형태의 노동조합을 만들거나, 상호부조 조직과 협동조합, 교민회 등 다양한 형태를 취하고 있다.

이 책에서 연구의 출발점은 노동운동이 직면한 어려운 현실과 딜레마를 어떻게 극복할 것인가 하는 문제의식이었지만, 연구의 방법은 가능한 한 이론적 개념을 통해서 학술적으로 접근하고자 했다. 이를 위해 각 장의 제1절은 기존연구와 이론적 개념설명을 포함하고 있으며, 구체적 현실에 관심이 있는 독자는 제1절을 건너뛰고 넘어가도 무방하다. 가능한 한, 이념의 과잉이나 실용적 접근에 빠지지 않고, 노동운동이 직면한 조건과 재활성화를 위한 전략, 과제를 충실히 정리하고, 인과적으로 설명하며, 교훈을 얻으려고 노력했다.

'지역노동운동'의 활성화가 민주노조운동의 딜레마를 극복하고 노동운동 혁신의 계기가 될 수 있을지는 여전히 불투명하다. 그러나, 노동운동의 재활성화는 노동조합의 혁신을 요구하며, 혁신의 매듭은 노동조합의 목표와 주체, 전략을 새롭게 접근하는 데서 풀 수밖에 없다. 작업장이 아니라 지역이라는 공간에서, 미조직·비정규 노동자들을 새로운 주체로 조직하고, 이를 위해 노동조합의 지역연대와 협력 네트워크를 활성화해야 한다. 이러한 실천들이 노동운동의 새로운 순환을 위한 출발이 되기를 기대해본다.

이 책을 준비하는 과정에서 많은 분의 도움을 받았다. 주요논점들이 현장 활동가나 노조 간부들과의 면담을 통해 정리한 것이라 이분들의 도움과 협력이 없었다면 책을 완성할 수 없었을 것이다. 일일이 이름을 다 밝힐 수는 없지만, 금속노조와 경남지부, 민주노총 경남본부의 간부·활동가들, 마산·창원·거제·울산·영암의 현장 활동가들, 지역 노동사회단체 활동가와 실무자들, 특히, 창원 노동사회교육원의 김정호 소장과 동료들의 도움을 많이 받았다. 이분들께 감사의 마음을 전한다.

제4장 노동조합 공론장에서의 감정 동학
- S&T중공업 사례

제2부 경남지역의 '지역노동운동' 재활성화 전략

제5장 민주노총 경남지역본부의 지역노동운동 활성화 전략

표

그림

제1부

노동운동의 한 순환과 '민주노조운동'

제1장

1987년 이후 '민주노조운동'의 동학
– 성장과 변형, 쇠퇴

　1987년 노동자 대투쟁 이후 30년 이상이 지났다. 1987년 새로운 정치행위자로 등장한 민주노조운동은 1997년까지 급속히 성장했지만, 1998년 경제위기와 신자유주의 재편과정에서 여러 가지 위기에 직면했다. 이후 민주노총의 조직 노동은 대공장 중심으로 한정되면서 쇠퇴의 길을 걸어왔고, 사회적으로도 고립되는 양상을 보였다. 이제 1987년 이후 한 세대가 경과하면서 민주노조운동의 주체들은 은퇴하기 시작했고, 비정규직과 청년노동자들은 아직 새로운 정치행위자로 등장하지 못하고 있다.

　산별노조 전환의 부진과 비정규직 확대, 노동시장 격차가 민주노조운동의 실패를 말해주고 있고, 정파 갈등이나 대공장 이기주의, 전투적 경제주의 등이 그 주요한 요인으로 지적되었다. 그러나 경제위기 이후 사회적 불평등의 심화와 노동자들의 고용불안, 사회적 불만의 증가, 여전한 자본의 반노동적 행태와 국가의 자본 편향성, 2008년 이후 국가–시민사회 관계의 왜곡을 고려하면, 민주노조운동의 쇠퇴를 운동 자체의 한계로만 설명하는 것은 일면적이다. 오히려 사회운동의 결과가 운동을 둘러싼 제도적 환경이나 관련

행위자들 사이의 복잡한 상호작용으로부터 영향을 받는다는 점에서, 정치적 기회의 변화나 국가와 자본, 노동조합, 시민사회 등 주요행위자들 사이의 관계와 상호작용에 주목할 필요가 있다.

이 장은 민주노조운동의 성장과 위기, 쇠퇴의 과정을, 변화하는 정치적 기회 속에서 운동의 제도화와 노동시장 유연화를 둘러싼 국가/자본의 전략과 민주노조운동의 상호작용을 통해 설명하고자 한다. 민주노조운동은 정치적 민주화와 더불어 성장했고 1998년 정권교체를 통해 제도화되었으며 보수정권하에서 심각한 침체와 쇠퇴를 경험했다. 이러한 측면에서, 정치적 기회의 변화에 따라 국가/자본과 민주노조운동의 관계가 어떻게 변화되어왔으며, 이들 간의 상호작용이 민주노조운동의 성장과 위기, 쇠퇴에 어떠한 영향을 미쳤는가를 검토하는 것이 필요하다.

이 장은 민주노조운동의 성장과 쇠퇴가 큰 틀에서 '민주노조운동의 사이클'과 '정치적 기회'의 변화와 긴밀히 연관되어 있다는 점을 지적하고자 한다. 이러한 시각은 민주노조운동의 동학을 구조적으로 제약된 장에서 노동과 자본, 국가의 복잡한 상호작용이 어우러져 전개되는 것으로 간주한다. 이 과정은 운동의 제도화와 운동에 대한 제도의 제약, 제도를 변형하기 위한 행위자들 간의 투쟁과 갈등을 포함한다. 노동조합은 사회운동이자 제도적 행위자라는 이중적 지위를 갖고 있으며, 노조 운동의 성과는 노사관계제도로 구조화되고 이 제도는 다시 노동조합의 행동을 제약한다. 민주노조운동은 기존 노사관계제도의 변화를 이루어냈지만, 노사정 행위자들 간의 복잡한 상호작용은 민주노조운동이 제도적으로 통합되는 방식에 깊은 영향을 미쳤다. 이후 노사관계 및 노동시장 제도의 변형을 위한 행위자들 간의 경쟁과 갈등은 계속되었지만, 그 결과는 정치적 기회의 변화에 큰 영향을 받았다.

그리하여 노동운동의 성장과 민주화의 진전, 민주주의의 퇴행과 노동운동의 쇠퇴는 일정하게 조응하는 양상을 보여왔다.

이 글에서는 민주노조운동의 성장과 쇠퇴의 동학을 ① 운동의 '제도적 통합'을 둘러싼 투쟁과 갈등, ② 이후 정치적 기회의 변화에 따라 노사관계 '제도의 변형'과 유연 안정성의 범위를 둘러싼 행위자들의 복잡한 상호작용이라는 시각에서 검토한다.

1. 사회운동의 제도화와 운동의 사이클, 전략적 상호작용

민주노조운동에 관한 기존의 연구들은 노동운동사적 접근, 노사관계론적 접근, 노동체제론적 접근, 사회운동론적 접근 등 다양한 시각을 포괄하고 있다. 이 중 노동체제론과 노동운동 위기론이 민주노조운동 30년의 장기 동학에 대한 중요한 설명 틀로 활용되어왔다(노중기, 2009, 2013; 임영일, 2013; 조돈문, 2011). 노중기는 "국가, 자본, 노동 세 주체의 정치적, 전략적 상호작용이 구조화되어 이들의 전략적 선택지를 제한하는 상호작용의 구조적 틀"을 '노동정치체제'로 파악하였다. 이때 '1987년 노동체제'는 노동운동의 발전을 제약하는 국가의 '헤게모니적 배제'전략의 산물로서 간주되었다(노중기, 2008). 하지만, 임영일은 '1987년 노동체제'를 노동운동의 성장에 의해 국가-코포라티즘 해체와 함께 출현한 대립과 갈등의 노동체제라는 '서술적' 개념으로 접근했다. 1987년 노동체제는 1987년 이후 주변부 포드주의 축적체제와 군부 권위주의 정치체제에 대한 노동자 저항의 산물이자 기업별 노사관계에 기반을 둔 높은 수준의 산업 갈등을 특징으로 하는 과도적인 노동체제였다(임영일,

2003).

이러한 관점에서 민주노조운동의 동학과 위기는 '신자유주의 노동체제'로의 전환이라는 구조적 변동의 산물이다. 노중기는 민주노조운동의 위기를 '종속적 신자유주의 노동체제'로의 변동에 상응하는 국가 프로젝트와 대항 헤게모니 프로젝트의 각축이라는 관점에서 설명하며, 민주노동운동이 반신자유주의 대항 헤게모니 전략을 채택하지 못함으로써 구조적 위기에 봉착했다고 진단한다(노중기, 2017). 임영일 역시 1987년 노동체제는 경제위기 이후 '시장 전제주의' 노동체제로 전환되었고, 경제위기 이후 '시장 전제주의' 노동체제는 '민주' 정부의 시장 자유주의 노동정책과 보수정부의 시장 전제주의를 포괄하며, 양자 사이에는 정책 집행방식 외에는 차이가 없는 것으로 인식했다. 시장 전제주의 노동체제는 신자유주의적으로 제도화된 노사관계 속에서 시장주의적 억압으로 특징지어지며, 노동운동의 위기는 노동자구성의 변화와 노조 조직상황의 불일치 때문에 발생한 것으로 파악한다(임영일, 2013).

반면, 정흥준은 2000년대 중반까지 1987년 노동체제가 유지되었으나, 2009년 이후 노동환경의 변화로 노동운동이 정당성 위기에 직면한 것으로 파악한다. 노동체제론과 반대로 정흥준은 노동운동 위기의 주요한 원인을 제한적 리더십과 빈곤한 정책 역량에서 찾고 있다. 이제 1987년 체제를 특징짓는 '전투적 조합주의'로는 노동운동 발전을 기대하기 어렵게 되었다는 것이다(정흥준, 2017). 한편, 조돈문과 장귀연은 민주노조운동의 궤적을 노동계급의 형성 및 해체 과정과 결부해 설명한다(조돈문, 2011; 장귀연, 2017). 조돈문은 1997년 이전에는 민주노조운동을 통해 노동계급 형성이 진전될 수 있었던 데 반해, 경제위기 이후 민주노조운동의 위기는 노동계급의 조직적 형성(계급이익 실현을 위한 조직적 자원)과 이데올로기적 형성(계급이익에 대한 이데올로기적 현신)의 불일치 때문에 발생한 것이라고 강조한다. 민주노조운동은 노사정위원회 참여를 계기로 전투성 게임과 제도성 게임 사이에서 전략적 행위자의 역할을 요구받게 되었지만, 민주노조운동이 시민을 향한 '설득의 논리'에 비해 노동자들을 향한 '동원의 논리'에 몰두하면서, 사회적 고립이 강화되었다는 것이다.[1]

원래 '1987년 노동체제' 개념의 장점은 그것이 노사관계의 제도, 규범, 관행을 노·사·정간의 전략적 상호작용과 각축이라는 노동정치의 결과로 파악한다는 점이다. 그것은 노동통제, 노동시장, 노동운동을 국가-자본-노동의 행위와 구조의 교차점으로 인식함으로써, 노동문제의 구조적 특성을 체계적으로 드러내는 동시에 노동체제가 행위자들의 전략적 상호작용(노동정치)에 의해 역동적으로 변화하는 모습을 포착할 수 있게 한다. 그러나 '신자유주의 노동체제'라는 틀로 민주노조운동의 동학을 설명할 경우, 경제위기 이후 현재까지 민주노조운동을 둘러싼 정치 환경의 변화, 특히 국가의 역할을 단순화하는 측면이 있다. '1987년 노동체제'가 유동적이고 전략적인 관계를 포착하기 위한 정치적 개념이었던 데 반해, '신자유주의 노동체제'는 서술적으로는 유용하지만 분석적으로 결정론적이어서 20여 년 동안의 노동체제의 역동성을 설명하는 데 한계가 있어 보인다.

오히려 민주노조운동 30년의 동학을 설명하는 데는 운동의 출현과 성장, 쇠퇴의 전 과정을 주요행위자들 간의 권력 관계와 역동적인 전략적 상호작용이라는 관점에서 접근하는 것이 유용하다. 이를 위해서 ① 새로운 제도의 형성과 변형, 운동의 제도적 통합에 대한 논의, ② 정치적 기회의 변화와 운

---

1 이는 여론의 우위를 확보하기 위한 체제와 운동의 전략과 프레이밍 경쟁의 중요성을 강조하는 것이다.

동의 사이클에 대한 논의, ③ 행위자들의 전략적 상호작용과 프레임 경쟁에
대한 이론적 논의를 검토한다.

1) 사회운동의 제도화와 제도의 변형 투쟁

노동운동은 기존체제의 변화를 추구하는 사회운동의 성격을 갖고 있지
만, 노동3권에 대한 법적 보호와 노사분쟁의 규제 체계에 종속되어 있다는
점에서 제도적 특성을 가진다. 이러한 의미에서 노동운동은 부분적으로 제
도화되어 있을 뿐만 아니라, 제도화하는 행위자이기도 하다(Fantasia & Stepan-
Norris, 2004). 민주노조운동의 동학 역시 운동의 제도적 통합과 노사관계의 새
로운 제도화 과정에 영향을 받으며, 제도적 교섭과 비제도적 투쟁의 역동적
관계를 특징으로 한다.

운동의 '제도화'를 설명하는 대표적 이론은 '결정적 국면'(critical juncture)
이론이다. '결정적 국면' 이론은 어떠한 역사적 단절과 변화의 시기에 행위
자들의 선택이 제도와 구조를 형성하는 데 결정적 영향을 미치며, 이렇게 형
성된 구조와 제도가 이후 행위자들의 선호와 전략, 그 결과에 깊은 영향을
미친다는 것이다(Gal & Bargal, 2002:432). 꼴리에에 따르면, '결정적 국면'은 '노
동 통합'(Incorporation)의 특정한 방향이 형성되고 국가-노동관계에 근본적인
변화가 일어나 장기적으로 그 영향이 지속되는 상대적으로 짧은 시기이다.
통합의 시기 동안 국가와 노동조합은 각각의 전략적 프로젝트를 통해 국가-
노동관계의 새로운 법적 채널을 창출하며, 이를 통해 '국가에 의해 규제되
는' 노동운동의 합법화와 제도화가 이루어진다(Collier, 1991).

그러나 이렇게 형성된 제도가 결정론적 함의를 갖는다는 점에서, 썰렌은

지속적인 정치적 교섭을 통한 제도의 변화 모델을 제시한다. 그는 형성된 제도의 공고화나 재생산, 변형 역시 행위자들 간의 상호작용에 영향을 받는다는 점을 강조한다. 제도의 형성 이후에도 제도는 지속적인 갈등의 대상으로 남아 있으며, 행위자들은 제도의 형태와 기능을 둘러싸고 투쟁한다. 동맹의 재편과 정치적 재협상에 따라 제도의 형태와 기능에 변화가 발생한다는 것이다(Thelen, 2004). 노사관계의 경우에도 제도의 변형을 둘러싼 계급들 사이의 투쟁은 정당한 쟁의 행동의 법적 경계를 계속 변화시키며, 노사관계 법률의 끊임없는 수정과 변형을 수반한다(McCammon, 1990).

노사관계의 제도화는 새롭게 출현한 조직 노동의 합법화를 의미하지만, 동시에 그것은 국가 주도의 통제된 제도화이다. 새로운 제도적 환경은 운동의 행동을 선택적으로 승인하고 배제하는 방식으로 운동에 영향을 미친다. 맥커번은 미국에서 뉴딜 이후 노동운동의 제도화가 노동의 권력을 강화하면서도 파업에 제약을 가해 파업의 예측 불가능성과 위협효과를 규제했다는 점을 강조한다. 뉴딜 이전 법원의 '억압적 개입'이 뉴딜 이후 단체교섭을 통한 '통합적 예방'으로 변화되었다는 것이다(McCammon, 1993). 판타지아는 이를 산업전쟁으로부터 파업 '길들이기 과정'으로 묘사했다(Fantasia, 2004). 이처럼 제도화는 결정적 국면에 일회적으로 완성되는 것이 아니라 제도의 공고화와 확장, 변형을 위한 지속적인 투쟁에 노출된다. 노동운동의 '통합'을 위한 노사관계제도화는 새로운 운동을 합법화하는 동시에, 운동의 위협을 최소화하고 규제를 효율화한다. 그 때문에 노동운동의 통합과 규율을 위한 새로운 제도가 확립되는 시기에는 제도를 둘러싼 교섭과 충돌, 불확실성과 우연이 지배한다. 새로운 제도화가 이루어진 이후에도 제도적 제약 속에서 제도의 확장과 변형을 위한 투쟁이 계속된다. 이 투쟁의 결과는 상당 부분 권력 관계와 정치적 동맹의 변화에 영향을 받는다는 점에서, 정치적 기회구조가 중요하다.

2) 정치적 기회와 운동의 사이클

정치과정론은 사회운동의 전략과 성공에 영향을 미치는 요인으로 '정치적 기회'와 행위자들 사이의 상호작용을 강조한다(McAdam, 1996; Tarrow, 1998; McAdam & Tarrow & Tilly, 2001). 정치적 기회는 동원을 위한 기회와 위험으로 집합행동의 유인을 제공하고 운동의 교섭력과 억압의 비용을 증가시킨다. 크리지는 '정치적 기회'를 정치체제의 제도적 구조, 도전자에 대한 정치체제의 비공식적인 절차와 지배적 전략들, 도전자와의 충돌과 관련된 권력의 배치라는 세 차원으로 구분한다(Kriesi, 1995).[2] 특히, 세 번째 차원에서 도전자, 적대자, 제3자를 포함한 행위자들은 특정 시점에 행위능력이나 가치와 이익, 예상되는 결과에서 특정한 권력 관계 위에 배치되며, 그 위에서 전략적으로 상호작용한다. 행위자들은 상황에 대한 해석과 의미부여를 통해 기회와 위험을 평가하며, 특정한 행동에 대한 환경의 반응을 예상하면서 상호작용한다(Kriesi, 2004).

'정치적 기회'가 동원 잠재력을 행동으로 변화시키는 정도에 따라, 운동의 사이클이 형성된다. '항의 사이클'(protest cycles)은 갈등과 불만이 고양된 단계

---

2 태로우는 '정치적 기회'의 유동적인 차원과 안정적 측면을 구분하여, 유동적 기회로는 ① 공식적인 정치적 접근의 개방성, ② 선거에서 나타나는 정치적 지지(alignment)의 불안정성, ③ 엘리트 내부의 분열, ④ 정당을 포함한 주요 동맹자의 이용 가능성과 이들의 전략적 입장, ⑤ 국가의 억압능력 쇠퇴를 들고, 안정적인 정치적 기회로는 국가의 힘(강한/약한 국가)과 지배적 전략(배제/포섭전략), 억압과 사회적 통제를 제시하고 있다(Tarrow, 1998).

이자 집합행동이 격화된 순간이다. 이 시기는 갈등의 고양, 부문별 지리적 확산, 쟁투 레퍼토리의 팽창, 새로운 조직의 출현과 기존 조직의 강화, 여러 집단의 행동을 묶어주는 새로운 마스터-프레임의 창출, 도전자와 국가 사이의 격화된 상호작용을 특징으로 한다. 그리하여 사이클의 동학은 운동의 확산과 정부의 반응, 정체(polity) 구성원과 도전자들 간 상호작용의 산물이자, 쟁투의 양상과 다른 행위자들의 반응에 의존한다(Tarrow, 1998; Della Porta & Diani, 1999).

쿠프만은 행위자들 간의 상호작용 맥락에서 운동의 출현과 확산, 변형과 쇠퇴라는 시간적 과정으로 사회운동을 파악할 것을 제안한다(Koopman, 2004). 먼저, 쟁투의 확산 시기는 사회관계의 불안정화, 행위자들의 격렬한 상호작용과 사건들의 예측 불가능성으로 특징지어진다. 운동의 확산에 상응하여 운동 적대자들의 반격이 이루어진다. 이후 쟁투의 변형단계에서는 갈등적이고 적응적인 상호작용이 동시에 이루어지며, 권력 관계의 변화에 따라 행위자들의 연합과 반대의 패턴이 변형된다. 행위자들 사이의 경쟁, 국가의 양보나 통합전략에 따라, 경쟁자들은 가능한 대안과 상대의 반응을 '예측'하며 가장 효율적인 전략을 선택한다. 이러한 상호작용이 반복됨에 따라 행위자들의 전략적 '적응'이 이루어진다. 마지막으로, 쟁투의 수축단계는 열정의 소진과 실망, 이익의 실현, 정치적 기회의 폐쇄, 급진화와 제도화의 분화, 전술적 혁신의 감소와 관성적 행동이 나타난다. 점차 비제도적 전술의 충격이 약해지고 투쟁은 의례화된다. 전투적 행동의 위협효과와 불확실성은 감소하고 열정적 참여도 퇴색한다. 정부는 운동을 효율적으로 통제하게 되고 집합행동은 일상화한다. 상대의 행동에 대한 예측 가능성이 증가함에 따라 행위자들 간의 쟁투는 다시 안정화된다(Tarrow, 1994:153; Koopman, 2004). 이제 선거와

의회, 단체교섭과 법원과 같은 제도적 채널이 사회운동의 요구를 조정하고 갈등을 중재하기 시작한다(Taylor & Van Dyke, 2004).

이처럼 정치적 기회의 팽창과 수축, 그에 대한 행위자들의 해석 및 상호작용에 따라, 사회운동은 성장과 변형, 수축의 단계를 밟게 된다. 운동 사이클의 각 단계에서 행위자들의 전략과 행동은 우연과 불확실성으로부터 점차 예측할 수 있고 일상화된 패턴으로 이동하게 된다.

3) 행위자들의 전략적 상호작용과 프레임 경쟁

사회운동을 포함한 행위자들은 목표를 달성하기 위해 환경에 대한 전략적 선택을 통해 상호작용한다(Jenkins & Klandermans, 1995: Della Porta & Diani, 1999). 전략적 선택은 단순하게는 도전자의 충돌과 협력, 체제의 억압과 통합 사이의 선택으로 이루어진다(Rucht, 2004). 그러나 사회운동의 장(場)에는 사회운동을 지지하는 동맹체계의 구성원과 사회운동에 반대하는 갈등체계 구성원이 동시에 존재하기 때문에, 사회운동은 동맹자에 대해서는 '협력'과 '경쟁', 적대자에 대해서는 '교섭'과 '충돌'이라는 행동 패턴을 선택할 수 있다(Della Porta & Rucht. 1995). 동맹체계 내에서 지지기반이 같거나 유사한 정체성을 갖는 동맹자들은 '경쟁적 협력'의 패턴을 보이며, 정체성이 달라도 공동의 이익과 동기가 있는 경우에는 '비경쟁적 협력'이 나타난다. 사회운동 내부에서 여러 분파가 비협력적 경쟁을 벌이기도 하고, 쟁점에 관한 관심이나 구성원이 다른 집단들은 중립적 태도를 취한다. 반면에 갈등체계의 경우, 운동은 체제에 대해 충돌과 교섭, 파트너십 사이에서 전략적 선택을 해야 하며, 국가 역시 물리적 억압, 지도자에 대한 포섭, 요구에 대한 선점, 당근과 채찍의 분할전략을 포함한 여러 선택지를 갖게 된다(Della Porta & Diani, 1999).

이처럼 운동과 체제 사이의 상호작용은 적대자와 동맹자, 국가, 여론 등 복잡한 관계에서 이루어지는 전략적 게임으로 간주할 수 있다. 운동은 자신의 프레임과 자원을 동원하여 적대자와 제3자의 행동에 반응하고 상호작용한다. 운동의 성공과 실패는 체제의 억압과 운동의 자원뿐만 아니라, 정치적 기회의 변화와 그에 상응하는 적절한 프레임, 전술의 참신함과 국가나 반대 세력의 전략과 실수에 의해서도 큰 영향을 받는다.

사회운동과 적대자, 제3자 사이의 전략적 상호작용은 문화적 차원에서 '의미'의 해석을 둘러싼 경쟁과 갈등으로 나타난다. 집합행동에 참여하는 행위자들은 현실을 재구성하는 의미화 정치에 관여한다. 프레임은 발생한 사건에 의미를 부여하고 경험을 조직하며 행동을 이끄는 해석적 틀이다. 집합행동의 프레임은 누가 비난받아야 하는지, 무엇을 해야 하는지, 왜 행동에 참여해야 하는지를 설명한다(Benford & Snow, 2000). 문화적 차원에서 행위자 간의 상호작용은 다양한 무대에서 발생하는 '프레이밍 경쟁'이며, 운동 적대자와 미디어에 의한 '반(反) 프레이밍'(counter-framing)을 포함하는 경쟁적 과정이다(Gamson & Meyer, 1996). 반(反) 프레이밍은 운동 반대자들이 운동의 해석적 틀을 논박하고 도전하는 과정이자 운동과 반대자 사이에 벌어지는 싸움이다, 이때, 정치적 기회의 변화와 사회운동의 프레임은 긴밀하게 연관되어 있으며, 정치적 기회의 변화에 따라 프레이밍은 동적이고 지속적인 과정으로 전개된다(Benford & Snow, 2000).

이 장은 사회운동의 제도화와 제도의 변형을 둘러싼 노사정의 프레이밍 경쟁, 정치적 기회와 운동의 사이클이라는 틀을 통해 민주노조운동의 지난 30여 년의 동학을 분석한다.

2. 1997년 노동법과 민주노조운동에 대한 통제된 제도화

1987~2016년의 30년을 10년 단위로 구분해보면, 대략 정치적으로는 민주화 이행기, 민주적 공고화기, 정치적 반동기, 경제적으로는 개발국가의 경제적 자유화 모색기, 신자유주의 체제로 전환과 제도적 보완기, 신자유주의 체제의 권위주의화로 구분해 볼 수 있다. 먼저 1987년 노동자 대투쟁 이후 1998년 2·6 노사정 합의에 이르는 기간은 민주노조운동의 폭발적 성장과 민주노총의 제도적 통합을 둘러싼 협상으로 특징지어진다. 새로운 노사관계제도의 윤곽은 1996~97 총파업을 거쳐 1997년 노동법개정과 1998년 2·6 노사정 합의로 명료해졌다. 이러한 의미에서 1995년 민주노총 결성 이후 1996년 노사관계개혁위원회 협상과 총파업, 1997년 노동법개정과 노사정 합의에 이르는 시기는 민주노조운동의 제도적 통합과정에서 '결정적 국면'에 해당한다고 볼 수 있다. 두 번째 시기인 1998년 이후 신자유주의로의 전환과 제도적 보완기는 다시 김대중 정부의 노동시장 유연화와 신자유주의 구조조정의 전면화, 노무현 정부의 노사관계제도 및 노동시장 유연화에 대

〈표 1〉 1987년 이후 노사관계 및 노동운동의 시기 구분

	1987-1997	1998-2007	2008-2016
특징	운동의 폭발과 성장	운동의 위기와 분화	운동의 쇠퇴
정치체제	민주화 이행기, 노태우/김영삼 정부	민주적 공고화기, 김대중/노무현 정부	정치적 반동기, 이명박/박근혜 정부
경제체제	개발국가 자본주의로부터 경제 자유화로, 경기호황	신자유주의 체제로 전환과 제도적 보완기, 경제위기와 양극화	신자유주의 체제의 권위주의화, 경제위기/양극화 심화
노동운동	대기업노조의 제도화, 민주노조운동의 제도적 통합 협상	구조조정반대/비정규투쟁 확산, 총파업과 사회적 합의	반노동 공세 강화, 민주노조운동의 사회적 고립

한 제도적 보완기로 구분할 수 있다. 마지막으로 보수정부가 재집권한 2008년 이후로는 민주주의가 퇴행하고 양극화가 심화하면서, 정부와 자본의 반노동 공세가 강화되고 민주노조운동이 사회적으로 고립되는 시기라고 할 수 있다.

1) 1987년 이후 민주노조운동의 성장

1987년 노동자 대투쟁은 민주노조운동을 대중화하고 '대공장 산업프롤레타리아'라는 새로운 집합적 행위자를 출현시켰다. 1987년 노동자 대투쟁을 거치면서 새로운 민주노조들은 전국적 연대와 정치적 급진화를 경험했다. 민주노조운동은 1990년 전노협과 1995년 민주노총이라는 새로운 전국조직을 형성했고, '노동해방'과 '평등 세상'을 구호로 권위주의 체제에 대한 전면적 반대와 노사관계의 근본적 개혁을 요구했다. 이른바 '1987년 노동체제'가 유지된 1997년까지 민주노조운동은 급속히 성장했고, 많은 대기업에서 민주노조가 건설되거나 노조 민주화가 이루어졌다. 이에 대해 국가는 전노협과 대기업노조에 대한 가혹한 탄압과 폭력적 억압으로 반응했다. 민주노조운동은 매년 상반기 임금투쟁의 시기 집중과 하반기 노동법개정 투쟁이라는 형태로 전국적 공세를 이어갔다.

이 시기 민주노조운동은 민주화운동의 일부로 인식되었고, 학생, 농민, 빈민과 통일운동을 아우르는 '민중운동'의 일부로 '사회운동 가족'을 형성하고 있었다. 민중운동과 민주노조운동은 민주화 프레임을 공유하면서 변혁적 이념지향을 가진 하나의 정치집단이었고, 인적 네트워크와 공동행동을 통해 긴밀히 협력했다. 정치체제 내에 민주노조운동의 정치적 동맹자는 없었지만, 민주노조운동의 제도화가 사회적 민주화, 실질적 민주화의 진전을 보여주는 것이라는 점에서 민주노조운동에 대한 여론과 시민사회의 지지는 매우 높았다. 민주화로 열린 정치적 기회의 확대는 노동운동과 시민사회의 협력, 노동운동과 체제의 충돌, 이에 대한 체제의 물리적 억압과 분할지배전략이라는 경계선을 분명히 했다. 이 시기 민주노조운동은 조직적으로 느슨하게 분화되어 있었지만, 내부 분파들 사이에는 경쟁과 갈등보다 협력적 관계가 지배적이었다. 민주노조운동은 정치적으로도 민주세력의 일부로서 야당과 언론의 지지를 받으며 거리와 작업장에서 효과적으로 집합행동을 동원했다.

1987년 이후 민주노조운동의 이념은 '노동해방'과 '평등 세상', '계급적 단결과 생산자가 주인 되는' 사회주의적 지향을 띠고 있었고, 권위적인 정치 체제와 재벌 위주의 독점자본주의 체제에 반대하는 것이었다. 민주노조운동의 전략적 목표는 계급적 단결을 위한 산별노조 건설과 노동자 정치세력화였지만, 당면과제는 임금인상과 노동기본권 보장이었다. 민주노조운동은 노동3권의 완전한 보장을 위한 노동법 개혁을 요구했고, 특히 민주노조들의 조직적 구심인 전노협과 민주노총을 인정하지 않는 복수노조 금지조항, 민주노조들의 연대와 산별노조 전환을 불가능하게 하는 제3자 개입금지조항, 노동자 정치세력화를 봉쇄하고 있는 정치 활동 금지조항의 철폐를 주장했다. 이는 새로운 노동운동의 폭발과 확산, 노사관계의 새로운 제도화를 위한 격렬한 쟁투를 의미하는 것이었다. 국가에 종속된 '어용' 한국노총과의 절연, 반노동적 태도를 견지하는 자본과 국가에 대한 전투적 투쟁, 이를 위한 민주노조들의 지역적, 전국적 연대는 민주노조운동의 정체성에서 핵심적 가치를 이루는 것이었다.

민주노조운동의 확산과 성장은 사용자들의 광범위한 반(反) 동원으로 이어졌다. 사용자의 반동원은 기업 수준에서 물리적 억압과 노조 회피를 포함한 신경영전략, 국가 수준에서 노동시장 규제 철폐를 위한 제도 개혁으로 이루어졌다. 노동자 대투쟁으로 확산한 임금인상과 노조민주화 투쟁, 노조의 현장 권력에 대항하여, 대기업들은 '물리적 억압과 외주 확대를 통한 노조 회피전략을 추구했고, 정리해고, 파견근로, 변형 근로 등 노동시장 유연화 제도의 입법화를 요구했다. 그 결과 자본은 노사관계개혁위원회 협상을 통해 노동기본권과 노동 유연화를 대등한 수준의 교환 의제로 만드는 데 성공했다(노중기, 2008; 조효래, 1997).

국가 역시 물리적 억압만으로 노사관계를 안정화할 수 없었다는 점에서, 민주노총을 제도 내로 흡수하기 위한 새로운 전략을 구상하기 시작했다. 1993년 김영삼 정부는 자신을 '문민정부'로 규정하고 과거 군사정권과 차별화했다. 1996년 4월 발표한 '신노사관계구상'은 김영삼 정부의 마지막 개혁 정책으로 추진되었다. 1987년 대투쟁을 통해 출현한 민주노조운동은 권위주의 체제의 노사관계제도와 충돌하고 있었고, 기존 노사관계제도는 민주노조운동으로 이미 무력화되고 있었다. 이러한 의미에서 '1987년 노동체제'는 노사관계의 제도적 틀이 주요행위자들의 상호작용을 적절하게 규율하지 못하는 불완전한 체제였다(노중기, 2008; 임영일, 2002). 결국, 1987년 노동체제란 1997년 민주노조운동의 제도화 이전 시기 동안, 투쟁의 확산으로 시작된 새로운 노사관계제도 수립을 향한 전환기에 해당한다. 민주노총은 합법조직은 아니지만 이미 상당한 대중적 기반과 정치적 영향력을 갖고 있었기 때문에, 정부 입장에서는 민주노총을 노사관계 개혁의 파트너로 포섭하기 위한 제도적 협상이 불가피했다.

2) 1996년 노사관계개혁위원회 협상과 1997년 노동법

신노사관계 구상이 권위주의 체제와 차별화하려는 문민정부 내 개혁파 주도의 '통합' 정책이었기 때문에, 이는 민주노조운동에게 국가와 새로운 관계를 정립하고 민주노총의 합법화와 사회개혁 투쟁을 활성화할 수 있는 '정치적 기회'로 인식되었다. 급진적인 전노협을 흡수하면서 출범한 민주노총 지도부는 '국민과 함께하는 노동운동', '사회개혁 투쟁'을 강조하는 상대적으로 온건하고 개혁적인 지향을 보였다. 민주노조운동은 문민정부의 개혁과 통합이라는 반응을 기대하며, 새로운 정치적 기회를 적극적으로 활용하기 위해 참여와 투쟁의 병행전략을 선택했다.

그리하여 1996년 출범한 노사관계개혁위원회(이하 노개위)는 불안정한 노사관계를 규율할 새로운 제도를 만들기 위한 협상과 갈등의 장이 되었다. 이 협상은 민주노총에 합법적 지위와 책임을 부여함으로써, 안정적인 노사관계 체계를 구축하기 위한 것이었다. 초기 노개위에서 정부는 노사 양측의 의견을 협상테이블에 올려놓고 조정하는 자세를 취했다. 정부는 노동기본권을 보장하는 노사관계 개혁과 자본이 요구하는 노동시장 유연화를 의제로 삼아 제도화 협상을 시도했다. 노사 간 협상은 ① 노동기본권을 제약하는 복수노조 금지, 제3자 개입금지, 정치 활동 금지라는 3금의 폐지와, ② 정리해고제, 변형근로제, 파견근로제 등 노동시장 유연화를 위한 3제의 수용이라는 정치적 교환 시도로 나타났다. 이처럼 정부는 민주노조운동의 포섭을 둘러싼 제도화 협상을 노사 간의 핵심요구를 주고받는 정치적 교환으로 변질시켰다. 이는 협상과 강제를 통해 노사관계에서의 제도적 권리를 허용하는 대신에 노동조합의 실질적 양보를 요구하는 국가 주도의 통제된 제도화, '통합적 예방'을 성취하려는 것이었다.

그러나 노사 간 협상에서 적절한 균형점을 찾기는 쉽지 않았다. 노사관계와 관련해서는 교섭창구 단일화를 전제로 한 복수노조 허용, 노조 전임자 임금 금지, 방위산업체 쟁의행위 제한, 쟁의 기간 중의 대체근로, 공익사업 범위, 해고근로자의 노조원 자격, 교원·공무원의 단결권, 파업 기간 중 임금 금지가 쟁점이 되었다. 정부의 전략은 노사 간의 논의를 통해 개정을 시도하되 절충되지 않으면 공익위원 의견을 반영해 법 개정을 추진하는 것이었다(최영기 외, 2000:266-70). 이미 민주노총의 합법화는 기정사실이었기 때문에, 자본과의 협상 과정에서 한국노총과 민주노총은 과거와 달리 협력적 관계를 유지했다.

그러나 대부분의 쟁점 사항들이 미합의로 남은 상태에서 1996년 하반기부터 경제 상황이 악화하기 시작했고 그에 따라 정부의 개혁 의지도 퇴색했다. 점차 정부 내에서 경제팀의 목소리가 커졌고 협상에서 재계의 의견이 더 많이 반영되었다. 입법 초안이 공익안, 다시 정부안으로 바뀌면서 입법내용은 노동 측에 불리하게 개악되었다. 통제된 제도화에서 '통제'의 성격이 전면화하고, 노동의 제도적 통합보다는 노동의 실질적 양보로 강조점이 이동했다.

더 이상의 교환과 협상이 불가능한 것으로 판단되자, 양대 노총은 총파업 준비로 위협을 가하기 시작했고 정부는 일방적으로 정부안을 입법화하는 방향으로 돌아섰다. 그 결과 1996년 12월 안기부법과 노동 관계법이 연말 국회에서 날치기 통과되었다(최영기 외, 2001). 이에 민주노총을 선두로 한국노총이 참여하는 전국적 총파업이 진행되었다. 안기부법과 노동 관계법의 날치기 처리는 명확히 민주화에 역행하는 것이었고, 사회적으로도 공분을 불러일으켰다. 1996~97년 총파업은 민주노총과 한국노총의 협력과 경쟁, 안기부법과 노동법의 강행처리에 반발하는 시민사회와 노동조합운동 사이 협력의 산물이었다. 노동법 강행처리가 안기부법과 묶여 일방처리 됨으로써, 노동운동과 시민사회의 연대, 야권과의 협력에 이르기까지 '동맹체계' 내 연대와 협력의 범위가 크게 확장되었다. 노개위 협상 과정에서 국가의 전략이 포섭에서 물리적 억압으로 이동함에 따라, 노조 운동 역시 체제와의 교섭으로부터 충돌전략으로 이동했고 정부와의 충돌과정에서 '동맹체계'가 크게 확장되었다. 특히 노동법의 일방적 개악과 민주주의의 후퇴라는 쟁점이 패키지로 묶임으로써, 민주노조운동의 충돌전략에 대한 여론의 지지가 높아졌다.

총파업의 성과로 1997년 3월 국회 합의를 통해 변칙처리법이 폐지되고 여야 합의안이 일괄 처리되었다. 의회 내 정당들의 합의로 이루어진 노동법 개정은 노동기본권 개혁과 노동 유연화를 교환하는 내용이었다. 그러나 민주노총의 입장에서 새 노동법은 복수노조 금지, 제3자 개입금지, 정치 활동 금지, 일방중재 및 직권중재 등 노사관계상의 독소조항이 개선된 것을 제외하면 오히려 파업에 대한 여러 가지 새로운 규제 조항들이 추가된 것이었다. 무노동 무임금이 법제화되었고, 전임자 급여는 5년 유예 후 지급이 금지되며, 복수노조는 상급단체만 허용하고 기업 단위 복수노조는 5년간 유예되었다. 그 외에 해고자의 조합원 자격 인정 기간 단축, 단체협약 합의안에 대한 노조 총회 인준권 제한, 피케팅 제한, 사업장 내 쟁의행위 제한과 쟁의 기간 중 사업장 근로자의 대체근로가 허용되었고, 교사의 단결권은 허용되지 않았다. 반면에 사용자들은 긴박한 경영상의 이유와 2년 유보의 단서조항을 달아 정리해고제를 얻었으며, 변형근로제 역시 2주 단위 주당 48시간 한도 내에서 허용되었다.

이처럼 총파업 성공에도 불구하고, 새로운 노동법은 억압적 제도들을 폐지하는 대신에 노동조합 활동에 대한 새로운 규제 조항을 추가하고 노동시장 유연화 제도를 법제화했다. 보수 양당의 담합에 의한 노동 배제적 성격의 새로운 노사관계제도화가 이루어진 것이다. 이것은 15대 국회(1996~2000)에서 민주노조운동이 의회 내 동맹세력을 전혀 갖고 있지 못했기 때문에 나타난 결과였다. 신한국당과 자민련을 포함한 보수정당이 189석의 압도적 다수를 이루고 있었던 데다, 야당들도 안기부법에는 민감했지만, 노동 관계법에 대해서는 상대적으로 관심이 적었다. 1년여에 걸친 협상 과정에서 절충안으로 제시된 공익안은 노사관계의 민주적 개혁보다는 최소한의 노동기본권 보장과 노동시장 유연화를 교환해 노사관계를 안정화하는 것을 목표로 삼고 있었다. 이미 1996년 노개위 협상 과정에서 새로운 노사관계제도화의 윤곽이 결정되어 있었다. 새로운 노동법은 이 시기 노동과 자본 간의 권력 관계를 반영한 것이었기 때문에, 민주노조운동의 합법화를 넘어 '민주적 노사관계' 형성을 목표로 한 개혁을 담을 수 없었다.

더욱이 1997년 말 외환위기와 정권교체로 '정치적 기회'는 급변했다. 국가 부도의 경제적 위기상황에서 모든 것이 불확실했고, 위기극복은 무엇보다 중요한 국민적 과제로 부상했다. 사회협약과 노사정위원회 합의는 김대중 정부의 정치적 정당성과 위기극복을 위해 고통 분담이 불가피하다는 여론의 지지를 받았다. 2·6 사회협약의 핵심은 정리해고제와 근로자파견제 시행을 대가로, 교원·공무원의 단결권, 노조의 정치 활동 보장 등 노동기본권을 교환하는 것이었다. 이 합의를 통해 정리해고가 가능해졌고 노동시장 유연화는 가속화되었다. 민주노조운동은 1997년 노동법개정과 1998년 2월 사회협약에 참여했지만, 핵심조항들의 입법과 실행과정에 결정적인 영향을 미치지는 못했다. 제도화 협상 과정에서 협상 결과가 미칠 영향은 아직 불확실했고, 행위자들의 선택 역시 정치적 변화와 경제 상황 등 우연적 요소에 큰 영향을 받았다. 노동 배제적 방식으로 제도의 형태는 입법화되었지만 불확실한 국면과 유동적인 권력 관계 속에서 그 효과는 잠정적일 수밖에 없었다. 새로운 노사관계는 법적으로 제도화되었지만, 동시에 새로운 제도의 변형을 위한 압력은 더욱 강화되었다. 새로운 제도화가 주요행위자, 특히 노동운동의 요구를 충분히 반영하지 않았을 뿐 아니라, 노동의 핵심이익에 근본적으로 반하고 있었기 때문이다. 결과적으로 제도변형의 압력이 여전히 계속되었다.

그러나 1997년 여야합의와 2 · 6 사회협약을 통해 확정된 노동법 체계는 이제 민주노총의 대규모 동원을 통해서도 쉽게 변경할 수 없는 제도적 틀로 자리 잡았고, 이후 민주노조운동의 행동과 투쟁을 크게 제약했다. 1997년 노동법이 민주노총이 참여하지 않은 가운데 의회 정당들의 합의로 통과되었지만, 그 내용의 대부분이 이미 노사정 간의 긴 협상과 갈등, 타협을 통해 구체화된 것이라는 점에서, 민주노총도 새로운 노동법 체계를 전면적으로 부정하기는 어려웠다. 민주노총이 정리해고제와 파견근로제 시행에 반대했지만, 새로운 노동시장 · 노사관계제도들은 이제 노사 모두를 제약하는 게임규칙으로 확립되었고 제도의 경로 의존성이 작동하기 시작했다.

새로운 노사관계제도는 민주노조운동에 시민권을 부여했지만, 거꾸로 민주노조운동을 제도적으로 구속했다. 새로운 노사관계제도는 민주노총을 제도적 행위자로 통합하면서도, 유예기간을 달아 무노동 무임금, 전임자 급여 지급 금지, 기업 단위 복수노조의 교섭창구 단일화를 명시하였고, 실업자의 조합원자격을 부정해 산별노조 전환을 방해했을 뿐 아니라, 쟁의행위 제한이나 대체근로, 피케팅 제한 등 노조의 단체행동권에 새로운 제약을 부과하였다. 나아가 그것은 정리해고제와 변형근로제, 파견근로제를 도입함으로써 노동조합의 노동시장 규제력을 근본적으로 제한했다. 이러한 의미에서 노사관계제도화는 민주노총을 합법화하면서 동시에 노동조합의 쟁의행위에 대한 통제와 노동시장에 대한 노조의 규제력을 제약하는 법적 규율과정이었다.

3. 1998~2007년간 노사관계 '제도'의 변형을 둘러싼 쟁투

민주노조운동은 새로운 노동법 체계를 무력화하지는 못했지만, 더 이상의 개악이나 실제 구조조정과 정리해고에 대해서는 강력하게 저항했다. 비록 정리해고가 급속히 확산했고 구조조정 반대 투쟁에서 승리하지는 못했지만, 이 '결정적 국면'에 민주노조운동의 조직적 동원은 최고조에 달해 있었다. 그 결과 더 이상의 전면적 유연화는 가능하지 않았고 정리해고는 높은 비용을 지불해야 했으며, 노사관계 조항들의 유예기간은 계속 연장되었다. 1997~98년 노동법으로 노사관계 및 노동시장 제도가 동결되면서, 대기업의 조직 노동자들은 노조의 보호를 받을 수 있었다. 그러나 제도의 강력한 제약 속에서 제도변형을 위한 투쟁은 의도치 않은 결과를 가져왔다. 구조조정에 대한 강한 저항은 역설적으로 외주화와 비정규노동을 확산시키며 노동시장 분절과 노사관계 이중화를 심화시켰다. 민주노조운동은 이제 새로운 제도의 제약 속에서 제도의 '변형'을 위한 투쟁과 함께, '운동 사이클'의 변형단계에 진입하고 있었다.

노사 양측은 모두 노사관계 및 노동시장 제도의 변화를 요구하며 끊임없이 갈등했다. 노사 양측의 투쟁과 갈등은 새 노동법 체제에서 노동기본권 확대와 쟁의행위 규제범위를 둘러싼 제도의 변형 투쟁, 노동 유연화와 고용안정을 둘러싼 유연 안정성 투쟁을 두 축으로 하여 진행되었다. 제도의 변형을 위한 투쟁은 파업에 대한 규제를 강화해 노사관계제도의 안정화 효과를 극대화하려는 국가·자본과, 완전한 노동기본권 및 노동자의 계급적 단결을 쟁취하고자 하는 민주노조운동의 각축이다. 자본과 국가의 제도 관련 쟁투는 최소한의 노동기본권을 보장하는 대가로 노조의 단체행동을 확실하게 규율하려 했다는 점에서, 이는 민주노총의 탈급진화를 주요한 목표로 한 것이었다.

유연 안정성 쟁투는 노동을 더욱 유연화하고 개별화하려는 자본과 노동 유연화를 확대하면서도 부작용을 최소화하려는 국가, 정리해고에 반대하고 비정규노동을 철폐해 고용안정을 달성하려는 조직 노동 사이의 상호작용이다. 국가가 구조조정과 노동시장 유연화를 불가피한 추세로 인식하고 있었다는 점에서 민주노총의 전투적 저항을 제어하는 것은 선행과제였고, 이를 위해 민주노조운동에 대한 집단이기주의 프레임이 주로 활용되었다.

1) 노사관계제도의 변형을 위한 쟁투

1997~98년에 확립된 노동법은 이후 행위자들의 행동을 크게 제약했지만, 동시에 정치적 기회의 변화와 민주노총의 투쟁으로 끊임없이 도전받았고, 제도의 '변형'을 둘러싼 행위자들의 상호작용은 매우 격렬하게 전개되었다. 1996~97년 총파업을 기점으로 민주노조운동의 사이클은 쟁투의 '확산' 단계로부터 '변형' 단계로 진입하기 시작했다(Koopman, 2004). 자유주의 정부들은 제도적 협상과 통합전략을 구사하기도 하고 사안에 따라 억압전략을

구사하는 등 전략을 다변화했고, 민주노총 역시 사회적 합의를 둘러싼 격렬한 내부갈등을 통해 교섭전략과 충돌전략을 포함하는 여러 가지 전략을 추진했다. 정부와 민주노총은 협상과 투쟁, 양보와 억압 사이에서 상대방의 반응을 '예측'하며 가능한 대안과 비용을 계산하기 시작했다.

(1) 김대중 정부 시기의 노사관계제도 변형 투쟁

김대중 정부가 추진한 구조조정의 범위와 속도는 예상을 뛰어넘는 것이었다. 이에 민주노총은 1999년 노사정위원회를 탈퇴했으며 이에 따라 노정갈등은 격화되었다. 1999년 서울지하철노조 파업에서 2002년 발전노조 파업에 이르기까지 정부와 노동조합은 격렬하게 충돌했다. 1998~2001년 IMF 구제금융 시기의 계급투쟁에서 민주노총은 사회적 대화와 총파업 사이를 오가면서 내적인 분열과 위기를 경험했다. 사회개혁 투쟁과 사회적 합의 전술을 주도했던 민주노총 1기 지도부는 불신임당했고, 이를 비판했던 2기 지도부 역시 총파업을 조직하는 데 한계를 보였다. 사회적 합의를 둘러싼 갈등은 노동운동 내부의 분열을 심화시켜 심각한 후유증을 남겼다. 어떠한 전술도 성과를 내지 못하면서 노동조합 내부에 무력감이 광범위하게 확산했다.

구조조정에 대한 노동조합의 반대는 '동맹체계' 내에서 시민사회의 적극적인 지지와 참여를 끌어내기도 어려웠다. IMF 구제금융 상황에서 많은 사람은 구조조정과 정리해고에 대한 전면적 반대가 성공하기 어려울 것으로 생각했다. 과거 억압적인 국가에 대항해 노동운동과 연대했던 시민사회는 점차 복지 확대를 중심으로 정부와 협력하는 자세를 보였고, 민주노조운동은 대안 없는 반대세력으로 간주되는 경향이 있었다. 민주노조운동이 구조조정과 민영화를 둘러싸고 정부에 적대적이었던 것과 달리, 시민사회단체들은 김대중 정부의 제도적 개방, 복지 확대에 호응해 정부와의 비판적 협력 관계를 유지했다. 민주노조운동은 정치적 동맹자를 찾기가 어려웠고, 위기 관리를 위한 국가의 반(反) 노동정책은 신자유주의 연합에 의해 정치적으로 뒷받침되었다. 민주노조운동은 미디어의 주목을 받지 못한 채 여론에 대한 설득에 어려움을 겪었다.

반면에 민주노총은 이전까지 갈등 관계였던 한국노총과 '경쟁적 협력' 관계를 유지했다. 정부의 구조조정이 본격화되면서, 민주노총과 한국노총은 민영화와 구조조정 반대 투쟁에서 각각 직접행동과 제도적 협상이라는 방식으로 협력했다. 한국노총은 민주노총의 동원을 기반으로 노사정위원회에서의 교섭력을 강화했고, 민주노총은 한국노총의 노사정위원회 협상을 매개로 입법 과정에 영향력을 행사할 수 있었다.

(2) 노무현 정부 시기의 노사관계제도 변형 투쟁

금융과 기업부문의 구조조정이 완료되고 2002년 대선에서 친 노동적인 노무현 정부가 들어서면서, 또다시 국가의 양보와 통합, 제도적 참여와 교섭에 대한 기대가 커졌다. 노무현 정부는 '노사관계 법제도 선진화 방안'과 비정규직 보호 입법, 두 가지를 추진했다. 노사관계 로드맵이 '국제수준의 노동기준'을 적용하여 노사관계 제도화를 마무리하기 위한 법제도 차원의 정비라면, 비정규직 보호 입법은 유연화에 '안정성'을 부가함으로써 과도한 유연화의 부작용을 해결하기 위한 것이었다(정이환, 2019). 1998년 이후 노사관계 제도화를 둘러싼 협상과 갈등은 대부분 1997년 노동법에서 확정된 핵심조항들에 대한 반발, 이 법에서 유예된 조항들의 시행 시기나 시행조건, 이 법으로 인해 발생한 노동시장 변화를 새롭게 규율하기 위한 제도적 보완의 문제였다. 정리해고와 변형근로제, 파견근로제의 폐지 혹은 보완, 사업장 단위 복수노조 허용과 교섭창구 단일화, 전임자 급여문제, 해고자 조합원 자격문제, 쟁의행위에 대한 제한이나 대체근로, 교사와 공무원의 노동기본권, 비정규직과 간접고용 근로자에 대한 보호와 노동기본권 문제 등이 그것들이다.

애초에 노무현 정부는 노사관계 법제도 선진화와 비정규직 보호 입법이라는 두 가지 과제를 위해 사회적 대화와 교섭을 시도했다. 1997년 노동법 체계의 제도적 제약 속에 진행된 유연 안정성과 노사관계제도 변형 쟁투에서 국가와 민주노총은 모두 억압과 포섭, 충돌과 참여 사이에서 전략적 선택을 해야 했다.[3] 이 시기 민주노조운동은 사회적 합의와 총파업을 둘러싼 내부적 갈등, 민주노동당 내부의 정파 갈등, 노동시장 이중화로 인해 사회적 영향력이 약화하였고, 이 때문에 일관된 전략을 발전시킬 수 없었다. 민주노총은 주요한 조직기반인 대기업노조들의 이익집단화 경향을 제어하지 못했고 비정규 노동자들의 극한투쟁이 확산하는 가운데 심각한 대표성 위기에 직면했다. 민주노총이 파트너십 전략에서 교섭전략, 다시 충돌전략으로 이동해가자, 노무현 정부 초기 사회적 대화의 기조는 점차 한국노총을 파트너로 한 노사정 합의에 제한되고 민주노총은 배제하는 방향으로 변화되었다.

민주노총은 "노사관계 법·제도 선진화 방안"이 노조 활동에 대한 절차적 규제를 강화하고 공익사업장에서의 단체행동권을 제약하며, 직장폐쇄 등 사용자 대항권을 부여하는 반노동적 정책이라고 반발했다. 그러나 2006년 9월 민주노총이 불참한 가운데 노사정위원회는 '노사관계 선진화 로드맵'에

---

3 조돈문에 따르면, 민주노총의 선택지로서 제도성 게임은 노동조합이 계급이익을 실현하기 위해 다양한 노사협의기구 등 법적, 제도적 수단을 활용하는 방식이고 전투성 게임은 주어진 법적, 제도적 수단을 활용하기보다 투쟁에 의존하는 방식이다. (조돈문, 2008:474~476)

합의하였다. 합의안은 한국노총의 요구대로 사업장 단위 복수노조 허용과 전임자 임금 지급금지를 다시 3년간 유예했고, 필수공익사업장에 대한 직권중재를 폐지하는 대신 대체근로를 허용하고, 필수유지업무 인력은 파업에 참여할 수 없게 하였다. 부당해고에 따른 금전보상제도가 신설되었으며, 경영상의 해고가 쉬워졌다. 이처럼 노사관계 로드맵은 1997년 노동법 체계에 기초하여 노동기본권을 일부 강화하는 대신에, 직장폐쇄와 대체근로 등 사용자의 대항권을 강화하고 단체행동에 대한 규제를 강화함으로써 노사관계 안정을 추구한 것이었다. 이를 위해서 정부는 전임자 급여금지와 사업장 복수노조 허용을 세 번째로 유예함으로써, 한국노총을 포함한 협상 참여자의 핵심이익을 보장했다. 이처럼 주요 노동행위자를 체제 내로 통합하는 대신에 파업에 대한 규제를 강화함으로써 운동의 탈급진화를 추구하는 것은 노사관계 제도화의 보편적 특징이다.

2) 유연안정성 제도를 둘러싼 각축과 프레임 경쟁

유연안정성 쟁투는 노동 유연화와 고용안정을 둘러싼 각축이다. 이미 1998년 이후 노사관계의 주요 의제는 임금인상에서 고용안정으로 급속히 변화되었다. 고용불안이 일상화되고 고용을 둘러싼 갈등이 곳곳에서 벌어졌다. 파견근로제가 입법화됨에 따라, 정규직이 해고된 자리에 비정규직이 채워졌고, 사내 하도급, 파견 용역과 같은 간접고용 역시 급속히 확산하였다. 문제는 기업별 노조의 역할이 정규직 조합원의 보호에 한정되고 취약노동계층의 대부분이 노동법이나 단체교섭 어느 것에 의해서도 보호받지 못한 채 시장의 폭력에 시달렸다는 점이다.

사회적 양극화가 심화하는 가운데 노동시장 유연화의 부작용을 해소하기 위한 제도가 시급해졌다. 애초 노무현 정부의 노동시장 정책은 노동시장 유연화를 추구하되 사회적 취약계층에 대한 사회적 보호를 강화하여 자본과 노동의 요구를 조정하는 것이었다. 노무현 정부는 비정규직을 정규직으로 전환할 수는 없지만, 사회적 차별에 대한 시정과 균등대우 원칙을 실현하겠다는 의지를 표명했다. 노무현 정부는 비정규 노동자에 대해서는 가능한 한 사회적 보호를 확대하려고 노력했지만, 노동 유연화에 저항하는 대기업노조에 대해서는 강한 억압으로 대응했다. 노무현 정부는 합의에 이르지 못한 비정규직 보호 대책을 정부 입법으로 국회에 제출했고, 2006년 11월 '기간제 및 단시간 근로자 보호에 관한 법률'을 제정하고 파견법을 개정했다. 이와 함께, 참여정부는 두 차례에 걸친 공공부문 비정규직 대책과 비정규직 고용 개선 종합계획, 특수형태근로종사자 보호 대책을 발표했다. 그러나 비정규직 보호법은 비정규직의 확산을 방지하고 차별을 막기에는 매우 미흡한 것이었다. 유연화와 안정성을 결합한다는 원칙은 점차 유연화를 훼손하지 않는 제한적 보호, 안정성의 최소화로 귀결되었다. 비정규직의 사용 사유를 제한하지 않은 채, 사용 기간을 2년으로 제한한 것은 2년 범위 안에서 비정규직 고용의 반복갱신을 일반화하고 직접고용 비정규직을 간접고용으로 전환하는 결과를 가져왔다.

그러나 민주노조운동 역시 비정규직 확산을 저지하거나 이들을 보호하는 데 무기력했다. 민주노조운동은 노동 유연화에 대한 기업 차원의 대응이 무력하다는 것을 깨달으면서 진보정당을 통한 정치세력화와 산별노조 전환을 추진하기 시작했지만, 이는 시기적으로 뒤늦었을 뿐만 아니라 비정규직의 이익을 대변하기에는 불충분한 것이었다. 2004년 민주노동당의 총선 승리는 정당 운동에 대한 과도한 기대감을 불러일으킨 채 노동조합 내 정파 분열과 갈등을 초래했다. 역시 2006년 본격화된 산별노조 전환도 이미 기업별 노조 체제가 고착화 상황에서 실질적인 성과를 내기 어려웠다. 비정규직 노동자들의 고용안정을 목표로 한 유연 안정성 제도를 둘러싼 쟁투에서 대기업 노동자를 기반으로 한 민주노조운동의 한계는 명확했다.

이미 민주노총은 구조조정 과정에서 대규모 정리해고를 막아내지 못했다. 구조조정은 대기업 정규직 노동자들의 고용불안을 자극했고, 노동시장 유연화는 비정규직 노동자들의 사회적 배제를 가져왔다. 많은 조합원이 노동조합 투쟁으로 고용안정을 보장할 수 없으며, 고용안정을 위해서는 기업이 살아야 하고 기업의 경쟁력이 중요하다는 사실을 경험했다. 그에 따라 노사협력 이데올로기도 강화되었다. 나아가 기업별 노조로 포괄되지 못한 비정규직과 하청노동자, 간접고용과 특수고용형태의 노동자들이 큰 폭으로 늘어났고, 대기업노동자들의 고임금과 고용안정에 대한 사회적 박탈감과 불만 역시 확산했다. '민주노조' 프레임은 규범적으로나 실질적으로 효력을 잃었다. 노동자 전체의 이익을 대표하고 사회적 약자를 보호한다는 민주노총에 대한 신뢰는 크게 저하되었다(이현대, 2010).

민주노총의 이념적, 계급적 지향에도 불구하고, 민주노총의 주요 조직기반인 대기업노조들의 이익집단화 경향은 더 심해졌다. 그에 따라 민주노조운동에 대한 부정적 프레임과 이데올로기 공세는 더욱 강화되었다. 대기업노조와 민주노총의 전투성에 대하여, 무책임한 파업투쟁으로 고임금을 요구하는 집단이기주의로 비난하며, 기업경쟁력의 약화와 비정규노동의 확산, 임금 격차 심화에 대한 대기업노조의 책임을 묻는 노동귀족 프레임이 보수언론에 의해 유포되었다. 특히 2004년 이후 사회적 합의에 대한 민주노총의 거부, 노조 간부의 재정 비리나 도덕적 해이, 민주노총 내 정파 간 권력투쟁, 비정규노동에 대한 외면 등 일련의 사건이 분출하면서, 대기업노조는 노동자의 연대를 외면하며 자신들의 이익과 권력을 추구하는 노동귀족이 되었고, 민주노총은 국민경제의 발목을 잡는 무책임한 이기주의자로 형상화되었다(유범상, 2009).

민주노총과 노동조합에 대한 부정적 이미지는 민주노조운동이 전체 노동자와 사회적 약자를 대표하는 운동이라는 프레임 형성에 실패했음을 의미한다. 유연 안정성 쟁투에서 프레임 경쟁에 실패한 것은 민주노조운동이 여론의 지지를 상실하고 사회적으로 고립되는 결과를 가져왔다. 프레임의 기능이 운동의 요구를 정당화하고 참여자를 동원하는 것이라고 할 때, 1997년 이전까지 '민주노조' 프레임은 아주 성공적이었다. '민주노조' 프레임은 사업장 수준에서 민주와 어용의 구분을 통해 조합원을 동원하고 투쟁을 정당화했으며, 노동자가 주인 되는 '노동해방'과 '평등 세상'의 이념을 '민주화'의 마스터 프레임과 연결했다. '민주노조'가 집합행동 프레임 될 수 있었던 것은 자본과 국가가 부정의와 고통의 가해자로 쉽게 특정화될 수 있었기 때문이다. 자본에 타협하지 않고 투쟁하는 '민주노조'는 작업장에서의 억압과 저항의 경험, 인격적 존중의 요구와 일치한다는 점에서 효과적이었다.

그러나 1998년 이후 구조조정과 민영화 반대, 비정규직 철폐 투쟁에서 민주노총의 주요한 프레임이었던 '연대'와 '공공성'은 국가와 자본의 부도덕성이나 책임을 묻는 '부정의' 프레임으로 효과적이지 못했다. '민주'나 '시민권' 프레임과 달리, '연대' 프레임은 정부의 '경쟁력' 프레임에 대항해 '누가 비난받아야 하며, 무엇을 해야 하는지, 왜 행동에 참여해야 하는지'를 설명하는 데 어려움을 겪었다. '연대'의 프레임은 부정의에 대한 분노를 일으키지 못했고 정부와 자본의 책임보다는 대기업노조의 책임을 부각하는 역효과를 가져왔다. 계급연대 프레임이 효과를 거두기에 노동시장의 구조적 분절은 너무 심각했고 노동조합들은 분산적이어서 이익의 공통성을 찾기가 쉽지 않았다.

반신자유주의 투쟁은 조합원들의 일상적 경험에 대한 해석 틀로서는 너무 추상적이며, 기업경쟁력이 약화된 상황에서 고용보장 요구는 경험적으로 신뢰를 받기 어려웠다. 민주노조운동은 비정규직 노동자의 '권리 및 부정의' 프레임, 대기업노동자의 '분배 정의' 프레임, 공공부문 노동자의 '공공성' 프레임 등 각각의 부문-특수적 프레임들을 결합하는 데 어려움을 겪었다. 여전히 영향력을 발휘한 '민주노조' 프레임은 대기업노조의 임단협 활동을 전투적 경제주의로 가두었고, '계급연대'의 프레임은 노동시장 분절과 비정규직 문제에 대해 민주노조운동 자신을 비난하는 '인지적 부담'을 낳았다(Voss, 1996). 이러한 측면에서 신병현은 '민주노조' 정치 양식의 시효소멸을 주장한다. 그는 신자유주의 통치성 하에서, 어용과 민주의 구분이 어려워짐에 따라, '민주노조' 담론이 여성, 이주노동자, 비정규직과의 소통과 연대를 불가능하게 하고 있다고 주장한다. 민주노조운동은 공장으로 위축되고, 공장은 노동시간을 두고 국가 · 자본과 거래하는 장소로 정착되어 갔다는 것이다(신병현, 2006). 이러한 상황은 비정규직 문제에 대해 자본과 국가의 책임을 추궁하기보다, 오히려 대기업노조의 조합원들을 주변화하고 도덕적으로 고립시켰다.

민주노조운동과 자본 사이에 벌어진 민주, 연대, 공공성 프레임과 경쟁력, 집단이기주의, 노동귀족 프레임 사이의 경쟁에서 자본의 프레임이 성공적이었다. 그것이 비정규직의 배제와 착취, 대기업노동자들의 특권적 지위, 기업경쟁력에 따른 고용불안이라는 노동자들의 일상적 경험에 쉽게 다가오는 것이었기 때문이다. 노동귀족, 집단이기주의, 고용경직성과 기업경쟁력 등 자본의 프레임은 조직 노동의 특권과 책임을 겨냥했다. 자본의 프레임은 노동시장 분절과 비정규직의 증가, 고용불안의 현실을 대기업노동자의 전투성과 이기주의 때문으로 '진단'하고 노동시장의 경직성과 대기업노동자에 대한 과보호를 해소해야 한다는 '처방'을 제시했다. 이처럼 민주노조운동은 유연 안정성 쟁투, 제도를 둘러싼 각축에서 자본의 프레임을 넘어서지 못했고, 공장의 벽을 넘어 연대를 형성하는 데 실패했다. 1997년까지 민주노조운동의 성공이 정치적 기회의 확대에 부응하는 '민주노조' 프레임에 의존했다면, 1998년 이후 민주노조운동의 위기는 유연 안정성 쟁투에서 행동을 동원할 수 있는 프레임 형성의 어려움과 무관치 않았다.

4. 2008~2016년 민주노조운동의 쇠퇴

2008년 보수정부 집권 이후 민주노조운동에 대한 억압이 심화하였고 민주노조운동이 쇠퇴했다. 한편으로 신자유주의적 사회질서가 공고화되면서 민주노조운동이 사회적으로 고립되었고, 노동시장 분절로 민주노총의 대표성과 영향력은 축소되었다(노중기, 2009; 유범상, 2009; 임영일, 2013; 조돈문, 2011; 정흥준, 2017). 다른 한편으로 민주노조운동의 파업투쟁은 점차 관성화되었고, 국가와 자본이 효율적인 통제전략을 발전시킴에 따라 노동조합의 현장조직력과 정치적 동원력은 급속히 저하되었다(홍석범, 2015, 2016).

보수정부는 강화된 법 제도를 기반으로 노동조합을 통제하는 보다 효율적인 전략을 구사했고, 개별 자본은 노골적인 부당노동행위와 반노동 전략을 실행에 옮겼다. 이러한 현상은 보수 정권 10년 동안 뚜렷하게 나타났고,

이로써 민주노조운동의 사이클은 '수축'단계에 들어섰다. 노사관계의 제도적 절차와 규제가 강화됨에 따라 대기업노조들은 매년 임단협을 중심으로 관성적 투쟁을 반복하였다. 민주노총의 총파업투쟁 역시 조합원들을 효과적으로 동원하지 못했으며, 개별적 투쟁들은 분산되어 각개격파 되었다.

1) 보수정부 시기 민주노조운동의 쇠퇴

이명박 정부는 변화된 권력 관계를 기반으로 노사관계 선진화, 노동시장 유연화, '노사관계 법치화'를 주요 정책목표로 내걸었다. 노사관계 '선진화'는 사용자의 경영권 보장과 노동조합의 준법 관행 확립, 협력적 노사관계의 정착을 목표로 했고, '불법적' 노동쟁의에 대한 엄격한 법적 대응 및 노조의 권력을 약화시키는 법 제도 확립을 주 내용으로 하는 것이었다. 정부는 2009년 촛불 위기 이후 정국안정과 금융위기 극복이라는 정세의 변화, 비정규직법 시행 2년과 복수노조 유예기간 만료라는 시기적 특성을 새로운 노사관계 재편을 위한 계기로 활용했다. 특히 정부는 2009년부터 '공공부문 선진화' 정책에 따라 '불합리한' 단체협약과 노사관계를 개선하도록 강제했고, 많은 기관에서 단체협약이 해지되었다. 2009년 철도노조 파업에 대한 강경 대응, 전공노의 노조 설립 신고 취소, 교사와 공무원노조 간부에 대한 중징계와 형사 고발은 공공부문의 노사관계 재편을 노린 전형적 사례였다. 노사관계 개편이라는 측면에서 공공부문을 대상으로 선택과 집중이 이루어진 것이다.

2010년 노동조합법 개정은 1997년 이후 사용자 우위의 노사관계 재편을 마무리 짓는 과정이었다. 이는 1997년 명문화된 이후 3번에 걸쳐 유예되었던 것을 근로시간면제(타임오프) 제도와 복수노조 교섭창구 단일화 제도라는 형태로 법제화한 것이다. 근로시간면제 제도는 근로시간 면제의 최대한도를 설정하여 이를 초과하면 부당노동행위로 처벌하도록 함으로써 노조에 대한 강력한 규제 효과를 가져왔고, 복수노조 교섭창구 단일화제도 역시 산별노조와 소수노조의 교섭권을 제한하고 기업별 교섭을 사실상 법으로 강제했다. 이는 사용자의 교섭비용을 최소화하고 소수노조의 교섭권 행사를 억압함으로써 노동기본권을 위한 제도를 노조 통제의 기제로 변질시킨 것이다. 이는 노사 간 권력 관계에 따라 제도의 기능이 변형된 제도 '전환'의 대표적 사례였다(Thelen, 2011).

노동부는 타임오프 한도를 초과하는 노사합의에 대해 시정 권고, 시정 명령, 사법 조치의 순으로 압박을 가했다. 단체협약 시정명령 접수 건수는 2008년까지 5건 내외였던 데 반해 2009년 35건, 2010년 94건, 2011년 42건으로 급속히 늘어났다. 2011년 복수노조 교섭창구 단일화 제도의 시행에서도 노동부의 행정적 압박은 중요한 역할을 했다. 교섭창구 단일화가 강제되면서, 몇몇 기업에서는 회사노조를 설립해 신규노조의 교섭권을 무력화했고, 복수노조 창구 단일화로 인해 교섭권이 없는 사업장에서 산별 파업 역시 어려워졌다. 산별노조가 파업에 들어가려면 산하 사업장 모두에서 교섭대표권을 확보해야 했기 때문이다. 근로시간면제 제도나 교섭창구 단일화 제도의 준수에 대한 법적, 행정적 판단이 노사관계의 주요쟁점이 되었고, 행정부가 법률을 노동통제의 도구로 활용하는 경향이 크게 증대하였다(노중기, 2010).

민간부문에서는 사용자들의 반노동 행동이 강화되었다. 노동쟁의 절차가 제도화됨에 따라, 노동쟁의에 대항한 직장폐쇄와 용역폭력, 업무방해죄, 손해배상·가압류, 복수노조 설립 등 사용자의 제도적 대항권과 공세적 대응이 크게 강화되었다. 2005~2007년에는 540건의 쟁의와 88건의 직장폐쇄가 발생해 쟁의 대비 직장폐쇄 발생비율이 16.3%였던 반면, 2008~2010년에는 315건의 쟁의에 대해 71건의 직장폐쇄가 발생해 그 비율은 22.5%로 증가했다. 2010년 이후 유성기업, 현대자동차, KEC, 만도와 SJM 등 금속노조 핵심 사업장들에서 부당노동행위, 용역폭력을 동원한 공격적 직장폐쇄, 복수노조 설립을 통한 산별노조 무력화와 조합원에 대한 구조조정이 하나의 패턴으로 자리 잡았다. 대부분 사측이 먼저 교섭을 회피하면서 쟁의를 유도하고, 노조가 쟁의행위를 벌이면 공격적 직장폐쇄를 단행하며, 이후 기업별 노조를 결성해 기존 산별노조를 무력화하는 방식이었다(조효래, 2013a). 〈표 2〉에서 보듯이, 2010년 이후 노동쟁의는 큰 폭으로 감소했다. 많은 사업장에서 전투적 노조들이 차례로 무력화되면서 사용자 우위의 노사관계로 재편되는 양상이 나타났다.

작업장 수준에서는 조합원의 고령화와 개별화, 구조조정에 대한 공포, 집합행동의 경제적 부담, 현장조직력 약화로 노동조합의 동원능력이 크게 손상되었다. 대기업노조에서는 관료화가 심화하고 노조에 대한 냉소적 태도가 확산하였다. 2009년 쌍용자동차 파업이나 2011년 한진중공업 구조조정 투쟁 등 사회적으로 큰 파장을 불러일으킨 경우에도 노동조합의 전국적 연대 투쟁은 찾아보기 어려웠고 연대투쟁이 벌어져도 영향력을 발휘하지 못했다. 근로시간면제 제도와 같이 노동조합의 사활적 이해가 걸린 쟁점에 대해서도 노동조합은 사업장별로 해법을 찾는 데 급급했다. 산별노조 전환과 산별교섭은 정체되었고, 비정규노조들은 각개격파 되었으며, 진보정당의 분열과 몰락으로 민주노조운동의 정치적 영향력도 쇠퇴했다. 민주노총의 핵심조직인 금속노조의 경우, 조합원 고령화와 현장조직력 약화, 산별교섭의 위축, 조합원 수의 정체와 미조직사업의 난맥, 기업지부의 공고화와 지역 중심성의 약

⟨표 2⟩ 노조조직률과 노사분규 연도별 추이

	조직률 (%)	노사분규			
		발생 건수 (건수)	참가자 수 (천 명)	손실일 수 (천 일)	파업 성향 (일/천인)
1998	11.4	129	146	1,452	118.1
1999	11.7	198	92	1,366	107.9
2000	11.4	250	178	1,894	141.8
2001	11.5	235	89	1,083	79.3
2002	11.3	322	94	1,580	111.4
2003	10.8	320	137	1,299	90.2
2004	10.3	462	185	1,199	80.5
2005	9.9	287	118	848	55.8
2006	10.0	138	131	1,201	77.2
2007	10.6	115	93	536	33.6
2008	10.3	108	114	809	49.9
2009	10.0	121	81	627	38.1
2010	9.7	86	40	511	30.1
2011	9.9	65	33	429	24.7
2012	10.1	105	134	933	52.7
2013	10.3	72	113	638	35.1
2014	10.3	111	133	651	34.7
2015	10.2	105	77	447	23.2
2016	10.3	120	226	2,035	104.1
2017	10.7	101	129	862	43.2
2018	11.8	134	81	552	27.5
2019	12.5	141	85	402	19.7
2020	14.2	105	68	554	27.2
2021	14.2	119	51	472	22.7

주: 조직률=조합원 수÷조직대상근로자×100

자료: 고용노동부, 『고용 노동백서』, 각 연도.

통계청, 『경제활동인구 조사』 원자료, 각 연도.

화, 정치세력화에 대한 불신과 노동 정치 실종, 현장 간부의 관료화와 재생산 위기 등 위기의 양상은 광범위했다(홍석범, 2016; 이에 대해서는 제2장을 참조할 것).

무엇보다 민주노조운동의 정체성과 구성요소의 불일치가 심화하였다(조돈문, 2011; 임영일, 2013). 민주노조운동이 표방하는 노동계급의 보편이익과 조직 노동의 특수이익 사이에 균열이 발생한 것이다. 민주노조운동 내부의 조직 노동은 자신들의 투쟁 요구를 보편적인 프레임으로 구성하는 데 어려움을 겪었고, 노조의 보호를 받지 못한 비정규 노동자들은 조직적 자원의 결핍으로 고통받았다. 노동자들 사이에 집합행동의 비용과 혜택이 일치하지 않는 상황에서, 공통의 이익과 계급 정체성에 기반을 둔 집합행동은 점점 어려워졌다. 총파업 전술은 반복적으로 채택되었지만 정치적 위력을 보이지 못했다.

물론 민주노조운동의 위기는 상당한 부분 대기업 조합원들의 고령화와 특권적 지위, 노조에 대한 실리적 태도, 구조조정 경험의 상처, 기업별 노조의 관행과 대공장 중심의 단체교섭, 관료적 조직운영과 투쟁의 관성화와 같은 운동 내부요인에 기인했다. 그러나 운동과 체제 사이의 관계에서 보면, 민주노조운동의 쇠퇴는 노동조합 현장 간부의 수를 제한하는 근로시간면제 제도, 산별노조의 활동을 방해하고 소수노조의 교섭권을 제약하는 교섭창구 단일화 제도, 산별노조의 교섭과 쟁의를 제약하는 노동조합법 및 노동 행정이라는 제도적 환경과 개별 노동조합에 대한 사용자의 공세, 정부와 경찰, 법원의 보수적이고 억압적 대응에 큰 영향을 받았다. 미디어 담론 역시 노조에 대한 부정적 프레임을 통해 조합원들의 자부심과 효능감을 떨어뜨리고 노조 활동 참여를 위축시켰다. 민주노조운동의 운동 사이클이 일상화되고 기업별 단체교섭으로 투쟁이 분산되는 상황에서, 정부의 법적 규율과 제도적 억압, 미디어의 이데올로기 공세, 민주노조운동의 핵심노조에 대한 사용자의 물리적, 경제적 폭력은 개별 노동조합의 투쟁을 무력화하는 데 큰 효과를 발휘했다.

이처럼 민주노조운동의 쇠퇴에 가장 큰 영향을 미친 것은 운동의 수축국 면에서 본격화된 사용자의 적대와 정부의 억압이었다. 보수정권하에서 자본 의 파업 파괴와 기업구조조정, 전임자 임금 지급금지, 복수노조 설립이 민주 노조운동의 조직적 기반을 공격하기 위한 사용자의 전략으로 활용되었다. 정치체제의 권위주의화가 심화하는 가운데, 민주노조운동의 주요 구성 부분 이 제도화되어 이익집단화된 가운데, 새로운 행위자들의 조직화는 지지부진 했다.

2) 민주노조운동 세대의 퇴장

민주노조운동의 쇠퇴와 수축의 사이클은 계급 대표성의 위기뿐 아니라 민주노조운동세대의 재생산 위기와도 관련되어 있다. 휘터에 따르면, 운동 주체의 집합적 정체성은 특정한 세대적 특성을 가지며, 세대의 대체가 운동 의 변화에 영향을 미친다. 이러한 세대적 과정이 정치적 기회나 조직적 요 인과 상호작용하면서 운동에 영향을 미친다. 운동 충원의 세대적 과정과 코 호트 변화는 정치적 기회의 변화를 초래하는 미시적 메커니즘이다(Whitter, 1997). 민주노조운동세대는 1987년 노동자 대투쟁의 산물이다. 민주노조운 동의 사이클은 1987년 이후 민주노조운동을 주도해왔던 주체들의 생애주 기와도 긴밀히 연관되어 있다. 1987년 직후 민주노조운동의 주력을 이루었 던 대공장노동자들은 베이비붐 세대에 속하며 공고 출신의 청년노동자들로 이 시기 운동 리더십을 형성했다. 1980년대 작업장에서의 인격적 모멸과 무시에 대한 청년노동자들의 분노는 '인간다운 삶'과 인격적 존중에 대한 요구로 나타났고, 이들의 요구는 급진적 민주화 프레임 하에서 노동해방과 평등 세상의 이념으로 정식화되었다. 이들에게 노동운동은 단순히 임금인상을 요구하는 것일 뿐 아니라 '노동자가 주인 되는 세상'을 위한 '노동계급 운동'을 의미했다.

그러나 1987년 당시 20~30대였던 청년노동자들은 1997년에는 가족의 생계를 책임져야 하는 30~40대 가장으로 바뀌었고, 2008년 이후에는 40~50대 중고령노동자, 2010년대 후반부터 본격적인 정년퇴직을 맞고 있다. 외환위기 이후 10여 년간 이들은 35~45세가량으로 자녀교육을 책임져야 하는 위치에서 고용불안과 심각한 경제적 압박을 경험했다. 노동시장이 이중화된 상황에서, 대기업노동자들은 주택과 자녀교육에 몰두하는 중산층 생활을 영위하면서도 일상적 구조조정의 위험에 노출되어 있었다. 민주노총 조합원은 2005년에 20대 12.9%, 30대 53.7%, 40대 29.4%, 50대 3.9%로 압도적 다수가 30대와 40대였던 반면, 2016년에는 20대가 3.3%에 불과하고 30대 16.7%, 40대 43.2%, 50대 35.9%, 60대 이상 1%로 대부분 40~50대였다.[4] 2015년 민주노총 간부들의 평균연령은 46세였다(2015년 민주노총 중앙·산별 간부 의식조사). 이러한 세대 경험은 이들에게 정치적 급진화와 사회적 보수화를 동시에 내면화하게 만들었다. 2008년 이후 이들은 40대 중후반을 넘어 노후를 준비하는 장년 세대로서 작업장 내에서 어느 정도 기득권화되고 보수화되는 모습을 보였다.

계급정치의 측면에서 보면, 1987~1997년 사이에 민주노조운동은 청년

---

4 2005년 민주노총 조직 혁신을 위한 의식조사보고서; 2016년 민주노총 정치전략 수립을 위한 조합원 설문조사 보고서

노동자들을 기반으로 작업장 민주화와 '인정의 정치'를 추구했고, 기업의 경계를 넘어 자본과 대항하는 노동자 연대를 실현할 수 있었다. 반면, 1997년 이후의 '전투적 경제주의'는 구조조정과 고용불안의 맥락에서 생계압박과 가계부양의 책임에 짓눌린 중년 세대의 생존을 위한 분투와 안정 욕구가 그 배경을 이루고 있다.

이들의 생애주기 변동은 민주노조운동의 30년 사이클과 정확히 일치한다. 이들은 1987년 이후 민주노조를 통해 작업장을 민주화하고 노동자의 존엄성을 회복한 경험이 있지만 1997년 이후 구조조정과 고용불안 속에서 노동조합의 한계를 경험했다. 이러한 경험은 노동조합에 대한 강한 애착을 낳았지만, 동시에 노동조합의 투쟁만으로 삶의 불안을 해결할 수 없다는 인식을 확산시켰다. 한편으로 노조에 대한 강한 기대와 함께, 노조에 모든 것을 기대하지 않는 이중적 태도가 확산하였다. 이러한 의미에서 대기업노동자들의 보수화와 민주노조운동의 쇠퇴는 많은 대기업에서 정규직의 신규충원이 이루어지지 않아 조직 노동이 고령화되고 있는 상황과 무관치 않다.

5. 맺음말

민주노조운동의 사이클은 1987년 이후 10여 년간의 급속한 성장 이후, 1997년 경제위기를 계기로 변형과 위기단계에 진입했고, 2008년 이후에는 쇠퇴국면에 접어들었다. 이러한 운동의 사이클은 거의 10년 주기로 정치적 기회의 변동 및 운동 주체들의 생애주기와 일치한다. 민주노조운동의 성장과 쇠퇴의 동학은 민주노조운동의 제도적 통합과 노동시장의 유연 안정성 제도의 '형성'과 '변형'을 둘러싼 행위자들의 전략적 상호작용이라는 관점에서 설명할 수 있다. 행위자들의 전략적 선택은 운동 사이클의 각 국면에 따라 다른 결과를 만들어냈다. 운동의 성장국면에서 체제의 억압이 운동의 동원을 촉발했지만, 운동의 수축단계에서 체제의 억압은 운동의 쇠퇴를 가속화 했다.

1997년까지 운동의 성장과 상승단계에서 민주노조운동의 '제도적 통합'을 위한 노동법 협상은 불확실하고 유동적인 상황을 만들었고, 체제의 전략이 '포섭'에서 '억압'으로 이동함에 따라, 운동의 전략 역시 '교섭'으로부터 '충돌'로 변화되었다. 1997~98년 노동법 체계는 그 시점의 정치적 권력 관계를 반영한 것으로, 민주노조운동은 성공적인 동원에도 불구하고 정치체제 내 동맹자를 확보하지 못함으로써 제도 형성과정에서 사실상 배제되었다. 이후 노사관계제도화와 유연 안정성 입법의 형태로 새로운 제도의 '확장'과 '변형'을 둘러싼 지속적인 투쟁과 갈등이 전개되었다.

그러나 1997~98년 노동법 체계는 '제도'의 지속적 영향과 경로 의존성을 보여주었다. 민주노조운동뿐 아니라 국가와 자본 역시 이 노동법 체계를 자신의 의도대로 완전히 변형할 수는 없었다. 보수정부들은 노동 억압을 강화하고 유연화를 확대하고자 했지만, 노사정위원회와 의회의 입법 과정을 거치면서 1998년 노동법 체계를 바꾸지는 못했다. 민주노조운동과 자본·국가의 교섭·투쟁은 한국노총이나 의회, 법원, 언론 등 노사관계제도를 둘러싼 수많은 행위자에 의해 큰 영향을 받았다. 민주노조운동은 지속적으로 위기에 직면했지만, 그렇다고 완전히 무력화되지도 않았다.

2008년 이후 정치적 기회의 수축과 조합원의 고령화, 활동가 재생산의 어려움으로 인해 전투적 동원도 쇠퇴했으며, 운동의 사이클은 쇠퇴국면에 접어들었다. 정치적 기회의 변화와 운동 주체의 생애주기 변동이 민주노조운동의 성장과 쇠퇴에 중요한 요인이다. 이는 민주노조운동의 성장과 쇠퇴의 동학이 단순히 전술적 실패의 결과라기보다, 장기적인 시간 지평에서 전개되는 국가와 자본, 노동운동과 시민사회 등 여러 행위자의 복잡한 상호작용의 결과라는 것을 의미한다.

이제 민주노조운동의 한 순환이 종료되는 시점에서, 운동의 과제는 민주노조운동이 과연 대기업노조의 이익집단화 경향을 제어하고 계속 노동자의 보편이익을 대표하는 세력으로 남을 수 있을지, 민주노조운동이 새로운 집합적 정체성의 출현에 어떤 역할을 할 수 있을지에 모이고 있다. 민주노조운동은 조직 노동 외부에 존재하는 비정규직, 특수고용직, 청년노동자들의 지역적, 전국적 조직화를 위해 어떻게 기여할 수 있을 것인가?

제2장

금속 산별노조운동의 딜레마와
조직적 과제

1987년 노동자 대투쟁 이후 기업별 노조의 산별노조 전환은 전체 노동자의 계급적 단결을 추구했던 민주노조운동의 전략적 목표였다. 2000년 이후 민주노총 산하 각 연맹의 산별노조 전환이 본격화되었고, 금속노동자들 역시 2001년 전국금속노조를 출범시켰다. 이때 산별노조에 합류하지 못했던 대기업노조들이 2006년 금속노조에 합류함으로써 금속산업에서 산별노조로의 전환은 외형상 완성된 듯이 보였다. 그러나 현재 17만 금속노조로 확대된 지 10여 년이 넘었지만, 산별교섭이 제도화되지 못한 가운데 산별노조로서의 사회적 영향력은 제한적이다. 오히려 금속노조가 대기업 정규직 노동자들을 위한 귀족노조라는 비판은 더 거세졌다. 산별노조운동이 기업별 노조의 한계를 넘어 전체 노동자의 연대적 정체성을 구체화하려는 노력이라는 점에서, 금속노조가 전체 금속노동자의 연대와 계급적 대표성을 확보하지 못하고 있는 현실은 매우 역설적이다.

전국금속노조가 산별노조로 출범한 지 20여 년이 넘었지만, 기업별 노조의 관성에서 벗어나지 못하고 산별노조다운 활동과 체계를 보여주지 못하는 이유는 무엇인가? 단순히 사용자들이 산별교섭에 강력히 반대하고 있고 대기업 정규직 노동자들이 금속노조를 좌지우지하고 있기 때문이라고 평가할 수 있을까? 기업별 노조 체제의 유산이 강력한 가운데 '진정한 산별노조'로의 발전을 위해 무엇을 해야 할 것인가?

이 장은 금속노조에서 연대적 정체성이 발전하지 못하고 기업별 노조의 관성이 강화되는 조직 내적 요인들을 검토하고, 산별노조 발전을 위해 추구해야 할 조직적 과제가 무엇인지를 탐색한다. 특히 금속노조가 기업별 노조의 관성을 극복하고 산별노조다운 활동을 펼치기 위해서는 노조 내부의 연대적 정체성을 확립하기 위한 전 조직적 노력과 혁신이 필요하다는 점을 강조한다.

이를 위해 먼저, 노동조합 조직과 관련된 이론적 개념들을 검토하고, 산별전환 이후 금속노조의 조직실태를 진단한다. 다음으로 기업지부 해소와 지역지부 강화라는 조직적 쟁점을 중심으로 연대적 정체성과 분권화된 조직구조의 딜레마를 검토한다. 마지막으로 산별노조의 조직 혁신을 위한 원칙과 과제를 정리한다.[5]

---

5 연구의 주요 내용은 2018년 1월에서 6월까지 진행된 금속노조 전략위원회 조직강화 분과의 토론 내용과 전·현직 노조 간부와의 심층 면접에 주로 의존하였다. 금속노조 전략위원회 조직강화 분과는 이 기간에 매월 1회 모임을 진행했고, 심층 면접은 2018년 4~6월에 걸쳐 금속노조 전·현직 임원 A, B, C, D, 현대차지부 전·현직 임원 및 교육위원 E, F, 현직 지역지부장 G, H, I, 비정규지회장 J. 지역지부 상근간부 K를 대상으로 평균 2~3시간가량 진행했다. 심층 면접은 간부들이 담당하고 있는 조직단위를 중심으로 조직실태와 문제점, 조직 내외의 요인들, 발전 방향과 대안, 쟁점에 대한 견해를 중심으로 항목별 질의응답 형식의 대담으로 진행하였다.

1. 노동조합의 집합적 정체성과 조직구조, 전략적 역량

산별노조운동에 관한 기존연구들은 기업별 노조들의 산별 전환 초기 단계에서 전환의 당위성과 전환경로, 산업별 교섭체계의 상을 둘러싼 논의(임영일, 1998: 강신준, 1999; 김재훈, 2004. 2009)와 산별노조 전환이 본격화된 이후 산별 교섭의 발전 가능성과 현실적 대안 모색(은수미 외, 2008; 이주희, 2009, 조성재, 2009: 박태주, 2009, 2016), 이후 산별노조의 성과와 한계에 대한 실증적 평가(정이환 · 이주호, 2016; 이철승, 2016, 2018; 유형근, 2014; 유병홍, 2016), 산별노조운동의 조직적 문제점에 대한 진단과 운동 방향에 대한 제언들(이종래, 2013; 노중기, 2015; 박근태, 2015; 유병홍, 2017)을 포함한다.

초기 산별 조직화의 주요쟁점은 조직모델과 과도적 조직체계, 교섭구조, 총연맹의 위상과 역할, 관료화와 현장 공동화 문제에 집중되었다(임영일, 1998). 김재훈은 2006년 산별노조 전환 과정에서 노사관계에 대한 가치지향의 차이 때문에 전환경로를 둘러싼 일시적 전환론과 단계적 전환론의 경쟁이 발생했으며, 정작 산별노조 전환의 방향과 관련한 쟁점이 부각되지 못했다는 점을 한계로 지적하고 있다(김재훈, 2009).

2006년 산별노조 전환 이후에는 노동연구원을 중심으로 산별교섭의 실현 가능성과 한계에 대한 체계적인 검토가 이루어졌다. 정주연은 산별교섭에 대한 노조의 노력에도 불구하고 사용자의 반대나 정부의 무관심으로 교섭구조 전환의 가능성이 크지 않으며, 금속노조 역시 조직 교섭상의 심각한 한계를 안고 있다고 지적했다(정주연, 2008). 은수미는 노동시장 변화로 중소기업의 산별 선호 요인이 증가했고, 전임자 임금 금지나 비정규직 문제가 노동조합의 산별교섭 전략을 압박했다고 강조했다(은수미, 2008). 이주희는 산별 협약의 마스터 프레임 하에서 업종별로 세분화한 단체교섭과 지부 수준 보충 교섭이 이루어지는 전략적 유연성을 주문했다(이주희, 2008). 그러나 조성재는 2008년 이후 산별 교섭에 관한 관심이 현저히 떨어졌으며, 노조의 집중화가 전제되지 않는다면 산별교섭은 큰 의미가 없을 것이라고 평가한 바 있다(조성재, 2009). 박태주는 2007년 이후 산별 교섭의 실패가 산업별 교섭구조에 대한 상과 중앙의 통제력이 취약했기 때문이며, '조율된 분권화'를 향한 노력이 필요하다고 주장했다(박태주, 2009).

이후 산별노조의 노동시장 성과와 정책적 문제점에 대한 검토가 많이 이루어졌다. 이철승은 대기업노조의 임금인상이 불평등 확대로 귀결되었다는 점을 지적하고, 산별노조가 지역 노동시장에서 숙련체계에 개입하고 실직 조합원의 재취업을 지원하는 역할을 해야 한다고 제안했다(이철승, 2016, 2018). 유형근 역시 자동차산업에서 노조의 임금정책이 기업별 교섭을 통한 임금 극대화와 임금 평준화라는 목표 사이의 긴장을 스스로 해결하기 힘든 수준에 이르렀다고 지적했다(유형근, 2014). 정이환·이주호는 보건의료노조가 산별 수준의 임금 균등화를 위한 비전과 정책을 갖지 못해 기업 간 임금 격차 축소를 정책과제로 설정하지 않았다고 비판했다. 즉, 현장 중심주의는 노조의 집중화를 방해했고, 투쟁을 통한 균등화 전략은 양보를 포함한 '조율'을 어렵게 만들었다는 것이다(정이환·이주호, 2017). 이처럼 대부분 연구는 산별노조의 취약한 집중성, 임금 균등화 정책의 한계를 지적하면서, 임금정책에 대한 조율을 중요한 과제로 강조하고 있다.

한편, 2006년 산별노조 전환 이후 산별노조운동의 방향과 과제에 대한 논의들 역시 노동운동의 방향과 조직의 괴리라는 '구조적 모순'을 둘러싸고 이루어졌다. 임영일은 새롭게 부상한 다양한 조직화 운동들을 산별노조건설

운동이라는 큰 틀 속으로 수렴할 것을 제안한 바 있고, 노중기 역시 '전략적 조직화' 모델은 전체운동 차원에서 장기적인 전략적 기획으로 추진해야 한다는 점을 지적했다(임영일, 2010: 노중기, 2015). 이종래 역시 금속노조가 구조화된 위기에 직면해 있으며, 교섭체계 정비보다는 조직화로 나아가야 하며, 지역지부를 중심으로 '전략 조직화' 사업을 강화해야 한다고 지적했다(이종래, 2013). 그러나 조합원들에 대한 혜택이 분명하지 않은 새로운 목표를 위해 조직자원을 어떻게 동원할 수 있는지는 명확하지 않다.

이러한 연구들이 산별노조의 방향을 '교섭으로부터 조직화'로 이동할 것을 강조한다면, 박근태는 산별노조운동의 문제점을 금속노조의 취약한 '전략 능력'에서 찾았다. 산별노조 전환으로 산별노조의 전략 능력이 오히려 약화하였으며, 산별 교섭의 실패는 전략적 비전과 실행능력을 가진 리더십이 취약했기 때문이라는 것이다. 대안은 산업정책에 대한 개입 역량을 키우는 것이다(박근태, 2015). 이는 현재 상황에 대한 적절한 진단이라 할 수 있지만, 여전히 산별노조의 전략 능력을 강화하기 위한 전제조건과 제약요인이 무엇인지 명확하지 않다.

이처럼 산별노조운동에 관한 기존연구들은 산별 전환의 외부환경으로 노동시장 분절과 고용시스템 변화, 노사관계 법·제도의 변화, 사용자의 반대와 정부의 억압을 지적하고 있고, 산별노조의 조직구조와 관련하여 조직의 집중과 분권화, 동원과 조율의 어려움, 조직역량과 집합적 정체성, 전략적 리더십, 정책에 대한 정당화와 프레이밍을 강조하고 있다. 이러한 논의에 따르면, 산별노조는 조직의 성장과 생존을 위해 외부환경의 변화에 적응해야 하며, 동시에, 조직목표를 추구하기 위해 구성원의 헌신을 동원하고 하위집단들의 요구를 조율하는 내적인 과정이 필요하다.

이 장에서는 산별노조의 내적 과정으로 집합적 정체성과 조직구조, 리더십을 주로 검토한다. 산별노조인 금속노조가 외부환경 변화에 적응하고 조직목표 달성에 성공하지 못한 조직 내부요인들을 분석하고, '진정한 산별노조'로의 발전을 위한 조직적 과제를 검토하는 것이다. 이는 곧 산별노조의 '조직능력' 강화를 모색하는 것이다. 이때 '조직능력'은 보통 조직의 목표를 달성하기 위한 사회정치적 영향력이나 정책 역량과 같은 '전략적 역량', 조직자원의 '집중'과 하부조직에 대한 강력한 '지도집행력', 조합원들의 조직에 대한 신뢰나 참여 의지, 높은 조직몰입과 같은 '현장조직력', 조직 내 하위집단들의 일체감을 강화하는 '집합적 정체성'과 '연대의 문화' 등 여러 차원을 포함한다. 여기에서는 산별노조의 조직능력을 설명하기 위한 이론적 개념으로 ① 노동조합의 집합적 정체성, ② 조직 집중성과 현장조직력을 포함하는 조직구조, ③ 리더십의 '전략적 역량'을 검토한다.

1) 노동조합의 집합적 정체성

먼저, 노동조합의 집합적 정체성은 노동조합이 "누구의, 어떠한 이익을, 어떻게 대표할 것인가에 관한 자기인식"이다(Hyman, 2003, 1994). 노동조합은 항상 노동자 집단 중 누구를 조합원으로 포섭하고 배제할 것인지, 다양한 이익 중에서 어떠한 이익을 당면의 목표와 의제로 추구할 것인가를 선택해야 한다. 또한, 요구를 달성하기 위해 전투적 동원과 제도적 타협 사이에서 적절한 행동수단을 결정해야 한다. 이러한 모든 선택은 조직의 역사와 이념, 전통에 영향을 받으며, 내부정치과정에 의해 결정된다. 매 시기 노동조합의 선택은 일정한 행위 패턴을 만들고, 이렇게 형성된 집합적 정체성은 구조화된 전통으로 확립된다. 노조의 집합적 정체성은 장기적으로 행동에 영향을 미치며, 조합원들의 충성을 유인하는 기제로 기능한다. 하이만은 노동조합을 시장, 사회, 계급이라는 세 축에 따라, 실리적 노조, 사회통합 노조, 계급투쟁 노조로 구분한다(Hyman, 2001).

이러한 구분에 따라 정이환은 보건의료노조의 정체성을 '투쟁/동원화'와 '현장 중심성'을 특징으로 하는 '민주노조' 정체성과 '산별노조' 정체성의 결합으로 요약하고 있고(정이환·이주호, 2016), 노중기는 금속노동자의 '전투적 조합주의'에 대해 '민주성', '자주성', '연대성', '변혁성'을 요소로 하는 '사회운동 노조주의'의 성격을 갖는 것으로 평가한다(노중기, 2008). 실제 제조업 노동운동 내에서는 업종이나 기업 규모, 사업장의 투쟁전통에 따라 다양한 노선과 입장, 정체성이 경합해왔고, 시기별로 지배적인 집합적 정체성이 변화하는 양상을 보였다.[6] 〈표 3〉에서 보듯이, 금속부문 노동조합들의 집합적 정체성은 크게 보면, 사회운동 노조주의, 전투적 경제주의, 사회적 조합주의, 실리적 노조주의로 구분할 수 있다(조효래, 2006:236). 먼저, 사회운동 노조주의는 전체 노동자의 이익과 관련된 사회적 요구를 제기하고, 대중동원에 주로 의존하며 다른 사회운동과의 긴밀한 연계를 추구한다. 노동조합은 사회운동의 성격을 띠며, 조직화와 적극적 동원을 추구한다. 둘째, 실리적 노조주의는 조합원들의 임금과 근로조건 개선을 최우선의 목표로 추구하며, 비조합원의 복지와 관련된 쟁점을 고려하지 않는다. 이를 위해 조합원 동원보다는 조합

---

6 노중기는 1987년 이후 민주노조운동의 변화를 전투적 조합주의로부터 사회적 조합주의, 사회운동 노조주의로의 '노선' 변화로 요약하고 있다. 하지만, 이 글은 민주노조운동의 '집합적 정체성'이 명확한 운동노선을 의미하는 것이라기보다는 노동조합의 규범적 목표나 의제, 행위 양식과 수단에 대해 대다수 조합 간부들이 느슨한 수준에서 공유하고 있는 이미지로 파악한다.

간부들의 협상력과 관료적 교섭에 의존한다. 셋째, 사회적 조합주의(Societal Corporatism)는 전체 노동자의 이익을 포함한 공공적 의제를 추구하지만, 제도적 수단으로서의 사회적 대화나 정치적 협상을 통해 국가의 시장개입을 추구한다. 마지막으로, 전투적 경제주의는 조합원들의 이익을 극대화하기 위해 조합원들의 동원과 참여를 주된 교섭수단으로 활용한다. 자본의 비타협성과 국가의 억압이라는 조건에서는 노조와 조합원 간의 호응성이 높지만, 조합원들의 직접적 요구에 의존하기 때문에 사회적 의제설정과 전략적 조율이 어렵다.

〈표 3〉 노동조합의 집합적 정체성

수단/목표 · 의제	전체 노동자의 계급적 의제	조합원의 경제적 의제
동원 · 투쟁	사회운동 노조주의	전투적 경제주의
조정 · 타협	사회적 조합주의	실리적 노조주의

　　이러한 구분에 따르면 1987년 이후 제조업 노동조합운동 내부에는 4가지 경향들이 서로 경합해왔다. 약간 단순화하면, 1987년 직후 전노협 시절에는 '사회운동 노조주의' 정체성이 지배적이었다면, 기업별 노조 제도화 이후 대공장에서는 '전투적 경제주의'와 '실리적 노조주의'가 경쟁해왔고, 민주노총 합법화 이후 전국수준에서는 '사회운동 노조주의'와 '사회적 조합주의'가 경합해왔다고 할 수 있다. 많은 대기업에서 '실리적 노조주의'가 강화되고 있지만, 비정규직 노동운동에서는 오히려 '사회운동 노조주의'의 흐름이 형성되고 있으며, 민주노총 차원에서는 '사회적 조합주의' 경향도 적지 않은 것으로 보인다.

2) 노동조합의 조직구조: 조직 집중성과 현장조직력

노동조합의 조직능력은 '노동조합이 조직의 자원을 활용하여 목표를 효과적으로 달성할 수 있는 전략적 능력'으로 조직집중성과 현장조직력, 전략적 리더십을 포함한다. 조직집중성과 현장조직력이 조직구조의 문제라면, 리더십은 지도자의 효율성 및 스타일과 관련된 문제이다. 먼저, 노조의 조직구조에서 집중성과 분권화는 중앙-지부-지회의 수직적 체계에서 권한과 자원을 어떻게 배분하고 각 단위의 이익을 어떻게 조정·조율할 것인가와 관련된다. 특히 금속노조가 기업별 노조들의 조직형태 전환을 통해 형성되었다는 점에서 기업지부의 권한과 역할을 어디까지 인정할 것인가가 쟁점이되었다. 금속노조의 인력과 자원이 대기업지부에 집중된 상황에서, 기업 규모와 고용형태, 소속 지부에 따른 이해관계와 인식의 차이를 공통의 의제로 조율하고 조정하는 능력은 산별노조의 효과성에 직접적인 영향을 미친다. 이 때문에 많은 연구가 산별노조의 취약한 조율능력과 과도한 분권화에 대한 우려를 표해왔고, 분권화된 교섭에 대한 '조율' 강화를 가장 중요한 과제로 지적해왔다.

그러나 노조 간부들은 분권화된 교섭의 조율보다는 오히려 현장조직력의 약화를 산별노조의 가장 큰 취약점으로 생각하는 것으로 보인다. 집중/분권화가 파편화된 교섭체계에 통일성을 부여하기 위한 조정·조율의 문제라면, 현장조직력은 노조의 활력을 유지하고 밑으로부터 조합원 동원을 가능하게 하는 핵심자원이다. 1987년 이후 민주노조운동의 힘은 집합행동에 대한 조합원들의 관심과 참여에 의존해왔고 강력한 현장조직력을 기반으로 한 전투성은 '민주노조' 여부를 판가름하는 가장 주요한 지표로 간주되었다. 현장조직력은 조합원들의 관심과 참여, 조직에 대한 신뢰와 자부심, 파업이나 집회, 각종 노조 활동 참여율, 간부 수임 의사 등으로 표현된다(홍석범, 2016a). 노동조합은 현장조직력을 기반으로 사용자에 대한 투쟁을 조직하며, 조직목표에 대한 동의를 창출하고 실천적 연대의 수준을 높여간다.

문제는 '현장조직력' 혹은 현장 중심성이 사업장(현장)을 무대로 작동하는 현상이라는 점에서 중앙 집중성과 리더십의 조율을 강조하는 '산별노조 정체성'과 충돌하기도 한다는 점이다(정이환·이주호, 2016). 그러나 (구) 금속노조에서 현장조직력이 강한 사업장일수록 산별노조에 대한 신뢰와 금속노조 방침에 대한 동의 수준이 높았다는 점에서, 현장조직력과 산별 집중성을 대립적으로 보는 것은 일면적인 시각으로 보인다. 단순히 현장 중심성이나 현장조직력 강화가 분권화를 촉진하고 중앙 집중성이 관료화를 초래한다는 명제는 그것이 운동의 성장 과정과 역사적 맥락에 의존한다는 사실을 무시한다. 많은 대기업노조에서 확인할 수 있듯이, 현장조직력이 취약할수록 '실리적 노조주의'가 강해지고, 실리적 노조주의 경향이 강할수록 파편화된 분권화가 심화하고 있다. 강한 현장조직력이 곧 분권화를 의미하지는 않으며, 현장조직력이 강할수록 계급적 연대적 정체성이 강화되고, 그에 따라 산별 집중성에 대한 동의 역시 높아진다. 현재 금속노조에서 산별 차원의 조율능력이 발휘되지 못하는 것은 단순히 조직구조의 분권화 때문이라기보다는 계급적 정체성의 약화와 실리적 노조주의의 확산과 결부된 현상이다.

그러나 현장조직력 강화가 곧 연대적 정체성에 기반을 둔 산별노조 조직 발전 전망을 보장하는 것은 아니다. 공장의 벽을 넘는 계급적 단결을 구체화하기 위해서는 중앙차원의 전략적 기획과 조정이 불가피하고, 교섭과 투쟁, 기능과 역할의 배분에서 각 조직단위 간의 적절한 균형이 필요하다.

3) 리더십의 전략적 역량

운동의 성공에는 권력 자원뿐 아니라 리더십의 전략적 역량이 매우 중요하다. 리더십의 '전략적 역량'은 자원과 기회를 효율적으로 활용하기 위해 학습능력을 기반으로 효과적인 전략을 발전시키는 능력이다. 운동의 목표와 타이밍, 자원을 동원하고 배치하는 전술, 의제설정, 동맹에 관한 결정 등 여러 요소 사이의 개념적 연관을 만드는 것이 '전략적 역량'이다(Ganz, 2004). 현장조직력이 자원이고 계급적 단결이 목표라면, '산별노조'의 전략적 리더십은 산별노조의 조직과 사업이 '계급적 단결'을 지향하도록 전략적으로 유인하고 조율하는 것이다.

리더십의 전략적 역량을 강조하는 시각은 전략적 자원이 풍부한 행위자가 기회나 제도적 자원을 더 효율적으로 활용하며, 프레이밍을 더 잘 수행한다는 점에 주목한다. 박근태의 분석에서 금속노조의 가장 큰 난관은 바로 전략 능력의 취약성이며, 적절한 프레이밍과 정책 능력을 통해 설득력 있는 비전과 전략과정을 주도할 수 있는 리더십이 문제다(박근태, 2015). 중요한 것은 금속노조의 리더십이 노동조합 정체성을 둘러싼 분파적 경쟁과 기업별로 분권화된 단체교섭, 단기적인 노조 선거의 부정적인 영향을 받고 있다는 점이다. 매년 반복되는 단체교섭과 2년마다 돌아오는 조합선거가 금속노조 리더십의 조율능력, 조합 내 숙의 과정에 기반을 둔 전략적 역량을 제약하고 있다.

단순하게 보면, 현재 산별노조운동의 가장 큰 딜레마는 운동의 목표인 연대적 정체성과 파편화된 조직구조의 긴장이다. 운동의 목표와 노조의 정체성은 계급적 연대를 위한 집중화를 지향하는 데 반해, 조직구조는 과도하게 분권화되어 대기업 조합원들의 이익이 과잉 대표되고 있다. 기업별로 분권화된 조직구조와 집중화에 기초한 연대적 정체성의 긴장을 해소하기 위해,

금속노조는 산별노조에 적합한 사회적 의제를 설정하고, 부분 이익들을 조율할 수 있는 조직체계를 만들어야 하는 과제를 안고 있다.

2. 산별노조 전환 이후 금속노조의 조직실태

산별노조 전환 이후 15년이 넘었지만, 금속노조의 조직적 어려움은 오히려 심화하였다. 먼저, 기업별 의식과 관행이 고착되고 조합원 참여와 현장조직력이 약화하고 있다. 산별노조의 조직, 교섭, 일상 활동이 정체되어 산별노조의 발전 전망이 불투명해지고 있다. 투쟁의 성과는 미미한 가운데, 금속노조의 사회적 영향력 역시 감소했다. 둘째, 금속노조 내부에서 지부, 기업 규모, 고용형태, 세대에 따른 내부 균열이 심화하고 '계급적 연대'를 목표로 한 조직구심력이 약화하고 있다. '연대'가 서로 다른 집단들 사이에 목표의 공유, 상호활동의 지원과 공동행동, 서로 간의 공감과 친밀감을 의미한다면, 현재 금속노조 내부의 지부·지회 사이에는 '연대' 활동이 크게 위축되어 있고 연대를 위한 조율능력 역시 한계를 보인다. 셋째, 매년 반복되는 임·단협과 선거 중심의 관성적 활동이 계속되면서, 간부들의 관료화가 진행되어 운동에 대한 열정은 약화하고 노조에 대한 조합원들의 신뢰와 자긍심도 떨어지고 있다. 많은 사업장에서 노동조합'운동'이라기보다 연례적인 단체교섭 기능을 수행하는 노동조합'활동'이 지배적 형태로 되고 있다. 전체적으로 금속노조의 현장조직력과 사회적 영향력, 계급적 연대, 운동에 대한 열정과 조합에 대한 신뢰가 약화하고 있다.

1) 집합적 정체성의 변화

1987년 이후 현재까지 민주노조운동의 성장과 변형, 쇠퇴 과정에서 금속 산업 내에는 '사회운동 노조주의'와 '전투적 경제주의', '실리적 노조주의', '사회적 조합주의'라는 집합적 정체성이 경합해왔다. 그러나 중요한 것은 금속노조의 다수를 이루고 있는 대기업지부에서 '전투적 경제주의'와 '실리적 노조주의' 흐름이 지배적인 경향으로 자리 잡았다는 점이다. 양자는 노사관계에서 갈등과 협력, 전투성과 관료적 교섭이라는 활동형태의 차이에도 불구하고, 조합 활동의 중심이 기업별 단체교섭의 성과 극대화에 집중되어 있다. 이 점에서 전체 노동자의 연대와 계급적 이익을 우선하는 '연대적 정체성'과는 거리가 있다.

조직 정체성에서 이러한 변화는 조합원 사이에서 '도구적 집합주의', 노조에 대한 도구적 태도의 확산과 관련되어 있다(Goldthorpe, 1968: 금속노조, 2015b). 노사관계가 제도화되고 대규모 고용조정을 거치면서 노동조합에 대한 도구적 태도가 늘어났고, 조합원들은 노동조합을 노동자 정체성을 공유하는 공동체로 인식하기보다는 경제적 이익을 위해 활용할 수 있는 집합적 수단으로 생각하는 경향을 보여왔다. 이러한 현상은 단체교섭을 통해 높은 경제적 이익을 향유해 온 대기업 조합원들에게 더욱 뚜렷하다(이범연, 2017). 노동조합을 고용안정과 임금인상을 위한 도구로 생각하는 경향은 노조에 대한 지지와 참여의 동력이기도 하지만, 노동조합 활동이 교섭에서 얻어내는 혜택과 성과를 통해 평가되는 결과를 낳았다.

노조에 대한 도구적 태도와 실리주의적 경향은 조합원의 고령화, 일에 대한 도구적 태도, 임금과 고용의 상대적 우위와 결합하여 강화되었다. 대기업

노동자들은 1987년 당시 20~30대 젊은이에서 1997년 이후 가족의 생계를 책임져야 하는 30~40대 가장으로 바뀌었고, 2010년대 이후에는 50대 고령 노동자로 퇴직을 앞두고 있다. 이러한 조합원의 생애주기와 가족 구성 변화는 가족부양과 노후 준비를 위한 현금 수요를 증가시켰다. 노동시장 이중화 속에서 대기업노동자들은 중산층 생활을 영위하면서도 구조조정 위험에 노출되어 있고, 노후를 준비하는 세대로서 작업장 내에서 기득권화되는 모습을 보였다. 더욱이 1997년 외환위기 이후 직간접적으로 구조조정을 경험한 조합원들은 직장에 대한 장기적 비전이나 공동체 의식을 갖기보다는, 직장을 오직 자신과 가족의 생존을 위한 경제적 수단으로 생각하기 시작했다. 청년층 조합원들 역시 가중되는 취업난 속에서 경쟁주의와 개인주의를 내면화하고 있고, 이미 작업장 노사관계가 제도화된 상황에서 투쟁경험이 적고 노동조합의 필요성에 대한 인식과 애착이 높지 않다. 이러한 조합원들의 생애경험과 직장에서 공동체 의식의 약화는 역시 직장생활의 일부인 노동조합에 대해서도 도구적 태도를 확산시켰다. 경제적 여건이 개선되고 사회경제적 지위가 변화됨에 따라, 조합원들의 생활양식이나 관심사도 다양화되어 직장 생활이나 노조 활동에 관심이 낮아지고 있다. 그 결과 임금과 근로조건, 고용 안정 이외에 노동조합 활동에 대한 참여는 급격히 저하되고 있다.

"조합원이 노조에 바라고 있는 게 크게 없다. 뭐라고 해야 하나. 현재 고용 불안이 드러나지 않고 있다. 고용불안 없으면 그다음에 조합원이 요구하는 것이 임금/복지/근로조건이다. 임금이나 복지는 자기들이 생각해도 상대적으로 이미 높다. 거기에 대해서 절박하게 문제가 있다고 느끼지 않는다. 노동과정에 대해서도 특별히 불만이 없다. 다만 상대적인 불만이 있다. 누구는

노는데, 나는 더 한다는 거다."(금속노조 기업지부 간부)

노동조합의 도구화는 대공장에서 노조 정체성의 변화를 초래했다. 하나는 실리적 노조주의 경향의 강화이고, 다른 하나는 전투적 경제주의 자체의 퇴행이다. 실리적 노조주의는 노동조합 활동에서 단기적, 경제적 이익에 집중된 의제설정, 노동조합의 운동성 약화와 관료적 교섭의 증가로 나타난다. 많은 대공장에서 고용불안에 대한 조합의 전망 부재가 조합원들의 실리적 경향을 강화하고, 이는 조합선거와 구체적 성과에 대한 압박, 물량과 임금에서 성과를 얻기 위한 사측과의 거래, 다시 임단협 중심의 실무적 노조운영이라는 악순환을 이루고 있다(공계진 외, 2012:52). 그리하여 실리주의는 민주성과 자주성을 바탕으로 조직하고 투쟁하던 전통으로부터 이탈해 성과에 집착하는 관료적 운영의 관행을 낳고 있다.

중요한 것은 '전투적 경제주의' 정체성조차 점차 실리적 노조주의로 퇴행하는 경향을 보여주고 있다는 점이다. 대기업노조에서 '노동해방과 평등 세상'에 대한 의지가 뒷받침되지 않은 '전투적 경제주의'는 점차 '조합원 참여 없는 전투성'이라는 형태로 간부 위주의 투쟁, 대리주의적 경향을 확산시켰다. 경제주의는 더욱 강화되어 실리적 노조주의와 거의 차이가 없어지고 있다. 조합원들은 투쟁에 참여하지 않고 간부들의 교섭력에 의존해 경제적 이익을 극대화하고자 하고, 노조 간부들은 임단협에서 최대한의 성과를 얻어내는 데 모든 노력을 집중한다. 더 많은 성과를 얻어내야 이후 선거에서 승리할 수 있기 때문이다. 실리주의의 강화와 '조합원 참여 없는 전투성'은 노조'운동'을 노조'활동'으로 퇴행시키고 있다. "대의원이나 활동가들은 당선을 위해 조합원들을 귀찮게 하지 않으면서 조합원들이 원하는 것을 해결해야 하고, 그러기 위해서는 힘이 실리지 않는 투쟁보다는 관리자와 거래하는 것"이 더 효과적인 경우가 많다(공계진 외, 2012). 그 때문에 회사와 거래하거나 협상을 통해 실리를 챙기고 투쟁을 최소화하려는 경향이 강해졌다.

대공장에서 '실리적 노조주의' 경향이 강화되고 '전투적 경제주의'가 '참여 없는 전투성'으로 퇴행하는 현상은 산별노조 전환 이후에도 극복되지 못했다. 대기업노조의 산별노조 참여가 계급적, 연대적 정체성이 강화된 결과라기보다 환경 변화에 적응하기 위한 '집합적 도구주의'의 연장선에 있었기 때문이다(김재훈, 2009). 이러한 가치지향은 2016년 금속노조의 전략적 핵심과제에 대한 인식에서도 그대로 나타났다. 금속노조 간부들은 노조의 전략적 과제로 '노동법개정과 삶의 질 향상', '조합원 임금인상과 고용안정', '산별 교섭체계 완성' 등 조합원들의 이익과 이를 위한 제도적 조건 마련을 중시했던 반면, '미조직 노동자 조직화', '현장에 기반한 산별노조의 투쟁력 조직력 강화', '기업지부 해소 및 지역 중심 재편', '정치세력화', '지역연대·사회연대 활동' 등 연대적 정체성과 관련된 과제에 대해서는 상대적으로 관심이 적었다(홍석범, 2016a). 2018년 금속노조의 중장기 발전 전망을 위한 중요과제에 대해서도 '산별교섭 제도화 및 산별협약 발전전략', '제조업 발전과 양질의 일자리 쟁취', '국민연금·정년연장 등 사회제도 개혁' 등 고용과 복지 제도와 같은 교섭 의제를 중시했던 반면, '사내 하청과 함께하는 1사 1조직 집중 추진', '사회정치적 영향력 확대 강화', '완성차 중심의 사업방식 개선', '기업지부의 지역지부 재편', '청년·비정규직 활동가 양성체제 확립', '개별 사업장 임단투에 매몰되는 풍토 개선' 등 계급적 연대를 위한 조직적 과제에 관한 관심은 상대적으로 낮게 나타났다(금속노조 사업보고, 2018).

이처럼 조합원들의 경제적 이익과 실리적 활동을 중시하는 경향은 산별

노조의 기능과 효율성에 대한 회의적 태도를 낳기도 하고, 동시에 금속노조 소속 자체가 교섭 활동을 위한 자원으로 활용된다는 점에서, 금속노조에 대한 이중적인 태도를 낳기도 한다.

> "'조합원들도 금속 깃발이 없어지면, 언젠가 당할 거야' 하는 생각을 하고, 자기들만의 힘으로 사업장에서 자본과 싸워서 이길 수 있다는 자신감은 없고, 지금 당장은 도움은 안 주지만 금속노조가 보험 같은 역할을 하고 있다. 일종의 보호막이랄까. 조직사업은 안 되는데, 금속노조는 활용이 되고 있다."(금속노조 지역지부 간부)

2) 현장조직력의 약화

'실리적 노조주의' 정체성이 강화되고 노조에 대한 충성과 참여가 약화하면서 현장조직력은 급격히 저하되고 있다. 현장조직력 약화는 노조 활동에 대한 무관심과 대리주의 성향, 노조운영의 관료적 관성과 간부 기피 현상, 계파 간 불신과 갈등으로 드러난다. 노사관계가 제도화되어 임단협이 매년 예측 가능한 방식으로 진행되면서, 조합원들 사이에는 군이 자신이 신경 쓰지 않아도 조합에서 알아서 처리할 것이라는 대리주의적 태도가 만연하게 된다. 많은 조사에서 금속노조의 가장 큰 애로점은 '조합원의 무관심과 현장조직력 약화'로 나타나고 있다. 현장 간부들은 노조 활동의 가장 큰 한계로 '조합원 참여 부족'(48.9%)을 꼽고 있다. 노조에 대한 정서적 몰입은 상대적으로 높은 수준이지만, 행동적 몰입은 상대적으로 낮으며, 간부 활동에 대한 기피 현상이 심각한 것으로 나타나고 있다(홍석범, 2016b). 조합 간부들이 조합원들과의 소통이나 의견 수렴에 열의를 보이지 않고, 정보의 충분한 유통과 일상적 대화, 활발한 소통과 토론이 없는 상태에서 의사결정과 집행이 이루어지는 경우가 늘어나고 있다.

> "2006년 초반에 금속노조가 가졌던 의지나 결의가 많이 무너져 있다. 결정도 잘 안 되고 결정을 해도 집행이 안 된다. 과거엔 지부운영위원회에서는 논쟁이 좀 붙었다. 그러나 지금 운영위는 논쟁이 별로 없고 중집의 경우에도 과거에 비해 생산적이지 않은 방식이다. 운영위원회는 실제로 보면 논의가 안된다. 이게 '맞다 틀리다'부터 시작해 논의를 해야 결정이 되고, 결정된 사항에 대해 집행이 될 텐데, 논의가 안 된 채 내려오는 사업이 너무 많고, 결정된 사항은 많은데 집행이 잘 이루어지지 않는다. 집행이 안 되는 게 한두 번이 아니라 몇 차례 계속되니까 회의가 형식적으로 되는 경향이 많다. 논의가 없으니 집행이 안 되고, 이게 악순환이 된다."(금속노조 경남지부 간부)

여기에는 산별노조 전환이 운동의 쇠퇴기에 이르러 뒤늦게 추진되었다는 사실도 크게 작용했다. 운동의 외부환경과 사회정치적 맥락이 조직의 성장에 미치는 영향은 매우 크다. 대기업노조의 산별노조 전환이 이루어진 2006년은 이미 기업별 노조가 제도화되고 노동운동이 구조적 위기국면으로 접어들고 있는 시점이었다(노중기, 2008, 2009). 2008년 이후 노사관계 법·제도의 개악과 노조 운동에 부정적인 사회여론, 자본의 노조파괴 공세 등 부정적인 외부환경은 금속노조가 계급적 연대와 사회적 의제를 중심으로 공세적인 투쟁을 조직하기 어렵게 만들었다(노중기, 2013; 조효래, 2012, 2018). 조합 활동가들은 사업장 수준에서 노조의 생존에 급급해야 했다. 산별노조 전환 이후 투쟁과 교섭에서 산별노조의 교섭력이 대단치 않으며 대기업노조의 자원을 투자한 만큼 혜택을 줄 수 없다는 것이 확인된 순간, 산별노조에 대한 기대는 급속히 식어갔다. 산별교섭이나 구조조정 투쟁, 노조파괴에 대한 대응에서 금속노조의 계속된 실패와 무기력은 산별노조에 대한 조합원들의 신뢰를 약화시켰다. 특히 2010년 이후 전임자 임금 지급금지와 복수노조 교섭창구 단일화가 시행되면서 금속노조의 현장조직력은 크게 약화하였고, 대부분의 사업장 지회들이 현장조직력을 유지하기 어려운 상황에서 사업장 밖의 연대 활동 참여를 점차 줄이기 시작했다.

결과적으로 금속노조의 담론과 현실의 격차가 커졌다. 금속노조의 정체성에서 '전투성'은 정치적 쟁점을 둘러싼 전국적 투쟁으로 확대되지 못했다. 오히려 현장의 자발성이 뒷받침되지 못한 전국적 투쟁들은 별다른 성과를 거두지 못하면서 조합원들의 투쟁피로감을 높였고 금속노조에 대한 신뢰역시 저하되었다. 특히 2009년 쌍용차 투쟁 이후 일련의 노조탄압과 전국적동원의 실패는 '전체 노동자의 단결된 투쟁'이라는 계급적 정체성에 대한 회의를 심화시켰다.

2009년 이후 노동조합을 바라보는 사회의 부정적 시선과 '귀족노조' 프레임의 이데올로기 공세 역시 조합원들의 참여를 위축시킨 중요한 요인이었다. 사회적 여론이 악화하는 가운데 주위 사람들의 우려와 만류가 조합원들의 적극적 참여를 꺼리게 만드는 원인이 되기도 했다.[7] 주류 미디어 담론과 사회여론은 금속노조에 대해 '귀족노조', '정규직 대공장노조', '억대 연봉 생산직' 등의 부정적인 프레임을 덧씌웠고, 조합원들이 일상적으로 접촉하는 동료나 가족, 친구들 또한 이러한 부정적 담론에 큰 영향을 받았다. 더욱이 언론 보도를 통해 확산한 대공장노조 간부들의 채용 비리 사건과 도덕적 해

---

7 금속노조 조직강화 분과 집담회 2018.2.14

이, 일부 대공장노조들의 비정규직 배제 행동은 이 같은 프레임을 더욱 공고히 했다. 조직 노동이 시민들로부터 지지받지 못하는 사회적 환경과 노동운동 지형은 노동조합에 대한 조합원들의 자부심과 소속감을 약화시켰다.

대기업의 경우 조합원 고령화도 적지 않은 영향을 미쳤다. 현대차지부의 경우 2018년 4월 현재 생산직 조합원의 평균연령은 48.9세에 이르고 있다. 2018년 이후 매년 2,000여 명가량이 정년퇴직 대상자이며, 향후 10년간 퇴직예정자가 21,765명에 이르렀다(2018 현대차 자료). 2017년 12월 설문 조사에 참여한 금속노조 대의원 353명의 연령분포를 보면, 50대 이상이 31.7%, 45~49세 이상이 26.6%로 45세 이상이 전체 인원의 58.3%에 달했던 반면, 30대 이하는 22.4%에 불과할 정도로 간부들의 고령화도 심각하다(2018년 대의원 설문 조사). 조합원과 간부의 고령화 현상은 전체적으로 조합 활동의 활력을 떨어뜨리고 있으며 젊은 조합원들의 조합 활동 참여 역시 미약하다(금속노조 전직 임원 D 면담).

"10년 안에 2만6천 명이 나간다. 40% 이상이다. 정년퇴직 대상자 간담회를 하면 후배들도 생각해야 한다는 사람은 1~2명이고, 대부분은 내심 나가기 전에 많이 챙겨달라는 거다. 고령화에 따른 세대교체 문제가 심각하다. 신진세력에게 지도부를 넘겨야 한다는 이야기는 하지만, 넘겨받을 역량이 안 키워지고 있다. 경험상으로 보면 치열한 투쟁 속에서 인물을 발굴하기도 하는데, 최근에는 그런 투쟁이 벌어지지 않는다. 노사관계가 정형화되고 제도화되어 있다. 그러니까 특별히 싸울 일이 없는 거다. 회사는 야금야금 도발하는데. 이런 야금야금 도발에 대해서는 전면적인 투쟁이 안 된다. 그러니까 초급간부들의 눈에는 극한적 대응이 아니라 제도적 순응을 보게 된다. 공장별 노사협의회 같은 경우를 보면 정보는 회사가 제공하고, 거기서 요구되는 것들(주말 특근 숫자)에 대해서 대의원이 그 결정을 한다. 그러니까 아주 제도적 틀에 익숙해져 버린다. 그걸 넘어서지 못한다. 그다음에 그 활동가가 상집이 돼도 똑같은 패턴을 반복한다."(금속노조 현대차지부 간부)

  기업지부의 경우 조합원과 간부의 고령화가 현장조직력을 약화시키는 반면, 지역지부에서는 간부 기피 현상이 심각하다. 간부 활동을 그만둘 생각인 사람이 기업지부 간부 중에는 1/4 수준이지만, 지역지부에서는 전체 간부의 절반에 이르고 있다. 상집 구성도 어렵고 대의원의 경우 사다리 타기나 순번제로 정하고, 아예 뽑지 못하는 경우도 발생한다(홍석범, 2016a).

  여기에 현장조직 간 갈등 역시 활동가들의 소통을 가로막고 조합 내 반목을 낳는 요인이 되고 있다. 현장조직이 선거조직으로 변질하였다는 지적은 오래되었으며, 현장조직 내부에서조차 소수 지배가 강화되는 양상을 보였다. 현장조직 내 학습이나 토론에 참여하는 회원 비율이 떨어지고 조직원을 대상으로 한 교육 활동이나 학습 팀 활동은 거의 이루어지지 못하고 있다(금속노조 노동연구원, 2010b).

3) 조율되지 않은 분권화와 기업지부 문제

  산별노조 전환에도 불구하고 분권화된 조직구조와 교섭의 틀은 별로 변하지 않았다. 기업별 노조의 조직형태 전환을 통해 확대된 금속노조는 여전히 중앙-지부-지회 모두에서 독자적인 집행체계와 자율적인 선거제도를 갖고 있다. 조합의 의제와 투쟁방식, 투쟁 일정이 기업지부 단위로 독자적으로 결정되는 조건에서, 기업 울타리를 넘는 공동교섭과 투쟁을 조율하는 것은 대단히 어려운 과제이다.

조율되지 않은 분권화의 가장 주요한 결과는 금속노조의 지도집행력이 완성차 기업지부에까지 미치지 못한다는 점이다. 완성차 기업지부가 금속노조에서 차지하는 비중이 압도적으로 높다는 점에서, 기업지부에 대한 금속노조의 지도집행력은 중요한 의미를 갖는다. 2017년 12월 현재 전체 조합원 16만8천 명 중에서 기업지부 소속은 현대차지부 5만 명, 기아차 2만9천 명 등 전체 조합원의 63.3%에 달하고 있다. 지역지부 조합원은 59,843명에 불과하고 경남, 충남, 경기지부를 제외하면 각각 2,000~3,000명 수준에 불과하다. 업종별 불균형 역시 심각해서, 완성차지부 소속 조합원이 50%를 넘고 있으며, 부품사를 포함한 자동차업종 조합원이 78%에 육박하고 있다(금속노조 사업보고, 2018). 문제는 조합원의 2/3 이상이 완성차 기업지부에 소속되어 있는 상황에서, 기업지부와 대기업지회들이 임금, 복지, 고용과 같은 노조의 핵심의제들을 작업장 노사관계 안에서 소화하고 있다는 점이다. 이들은 각종 사업과 활동, 투쟁 일정을 금속노조의 방침과 무관하게 독자적으로 진행하는 경향이 강하다. 완성차 기업지부들은 임금이 높고 노사관계도 안정적이어서 금속노조 차원의 투쟁과 사업에 결합해야 할 필요를 거의 느끼지 않는 것이 현실이다.

　그 결과, 금속노조의 사업과 활동에서 기업지부(지회) 중심성이 더 강화되는 모습이 나타나고 있다. 노조의 사업이 일상화되어 있어 (지역) 지부와 (기업) 지회 사이에 갈등이 있는 것은 아니지만, 공유해야 할 것이 공유되지 않은 채 사업장별로 알아서 교섭을 진행한다(지역지부 임원 H). 사업장 수준의 현장조직력은 약화하고 있지만, 조합원의 관심은 임금과 근로조건을 결정하는 사업장 교섭에 한정된다. 기업지부·지회가 임금 및 근로조건을 둘러싼 사업장 교섭에 몰두하면서, 기업지부 간부나 조합원들은 금속노조 공통의 사회적 의제나 지역사회 쟁점에 대해 무관심해지고 있다.

> "사업장별로 원심력으로 작용하고 정책적 차원의 지부개입이 이루어지지
> 못한다. 점점 더 사업장 단위별로 각자 인식과 태도, 사업이 따로 이루어진
> 다. 같이 결정해야 할 부분이 결정이 안 되고, 사업장별로 알아서 한다. 정책
> 적인 문제에 대해 지부가 잘 개입하지 못하는 것이 문제다."(금속노조 지역지
> 부 간부)

더 중요한 것은 1987년 이후 현재까지 조합원들에게 기업별 교섭을 넘어
서는 노동조합 의제와 운동 양식에 관한 상이 매우 취약하다는 점이다. 기업
울타리를 넘어 전체 노동자의 단결이라는 인식은 존재했지만, 산업 및 전국
차원의 교섭이나 지역 활동이 노조 운동의 핵심영역이라는 인식은 없었다.
기업별 노조에는 해당 기업 사용자와의 투쟁에서 승리하는 것이 관건이며,
전국적 단결과 투쟁은 국가의 억압적 개입에 대한 대응의 일부였을 뿐이었
다. 이미 기업별 교섭이 제도화한 조건에서 산별노조의 의제와 조직체계, 활
동형태가 과거와 어떻게 달라져야 하는가에 대해 충분히 공유되지 않은 것
이다.

산별노조 전환 이후 가장 중요한 조직적 쟁점은 기업지부의 해소 문제였
다. 금속노조는 기업지부를 해소하고 지역지부 중심의 조직체계로 재편할
것을 결의했지만, 기업별 교섭체계가 정착되어 있던 대기업노조의 현실을
고려해 한시적으로 기업지부를 인정할 수밖에 없었다. 그러나 기업지부 해
소에 대한 규범적 합의에도 불구하고 기업별 노조 운동의 관성과 현실 속에
서, 기업지부의 해소는 10년째 무한정 연기되고 있고. 이제는 변화의 동력을

상실했다.

> "기업지부 해소를 10년 전에 주장했고, 상당히 많은 그림을 그렸는데, 지금
> 이나 그때나 '이제는 해소하자'라고 말할 만한 변화가 없다. 특히 교섭구조
> 에 관한 문제를 말하는데, 기업지부를 지역으로 분산했을 때도 사업장 단위
> 는 교섭을 같이해야 한다. 중앙교섭이 이뤄지면 파업단위가 교섭구조에 맞
> 춰서 진행되는데, 지금처럼 협상하게 되면 결국 기업 단위에서 교섭하고 파
> 업하게 된다. 중앙교섭이 안 만들어지면 기업지부 해소를 주장하기가 난망
> 한 상황에 빠져 있다."(금속노조 지역지부 간부)

기업지부와 지역지부 사이의 화학적 결합 역시 이루어지고 있지 못하다.
2001년부터 산별노조로 활동해온 지역지부와 2006년 뒤늦게 합류한 기업
지부 사이에는 연대 활동의 경험과 전통에서 상당한 격차가 있다. 기업지부
는 자원만 제공하고 혜택을 못 받는다고 생각하는 반면, 지역지부들은 대기
업지부의 이기적 선택에 금속노조 전체가 휘둘린다는 불만을 표시하고 있
다. 대기업지부·지회의 자기 중심성에 대해 지역지부 소속 중소사업장 조
합원들은 상대적 박탈감과 대공장에 대한 불신을 표시하면서도 대공장의 실
리주의를 닮아가는 양상을 보이기도 한다.

그러나 지역지부 역시 지역 활동의 성과 비전을 만들어내지 못하고 있다.
기업지회 간의 일상적 연대와 탄압에 대한 공동투쟁을 제외하면, 지역지부
의 활동 역시 일상적 회의체계나 탄압에 대한 방어적 대응 이상으로 발전하
지 못하고 있다. 지역지부 간부들 역시 기업별 노조 활동에 익숙하며, 산별교
섭이 정체된 상태에서 지역 차원의 일상 활동 비전을 찾지 못하고 있다.

지부 집단교섭은 실질적 내용을 채우지 못하고 있으며, 미조직 노동자 조직화 사업은 기존 조합원들의 참여를 끌어내기 어렵고 상당한 노력에도 별다른 성과를 거두지 못하고 있다. 지역 활동을 강화해야 한다는 당위만 있을 뿐이지, 지역 활동을 어떤 내용으로 누가 주체가 되어 어떤 방식을 추진해야 할지 난감해하고 있는 현실이다. 지부마다 상황이나 조건이 다양하며 지역 사회에서 노동자들의 공동이익을 어떻게 쟁점화하고 의제화할 것인가에 관한 명확한 상을 마련하지 못하고 있다.

> "지부 집단교섭하면서 지역 의제로 갖고 갈 만한 게 마땅히 없다. 노동 안전 관련해서는 대부분이 법에 저촉되는 상황에서 법만 지켜도 되고, 임금은 가이드라인 수준 정도로 다룬다. 정말로 열악한 사업장을 빼면 집단교섭이 해줄 수 있는 것이 없는 거다. 여력이 되는 사업장은 지회 보충 교섭이 중요하며 집단교섭은 하나 안 하나 똑같은 것이다. 이 사업장 사용자는 '어차피 집단교섭보다 더 줄 건데, 왜 집단교섭하냐'라는 말을 하고 있다. 지부 집단교섭이 OO 지역에 모두 적용되는 것도 아니고, 자기들한테 혜택이 있는 것도 아닌데, 왜 자꾸 나오라고 하느냐는 불만들이다."(금속노조 지역지부 간부)

이처럼 금속노조는 기업별로 분산된 조직적 자원과 계급과 지역을 중심으로 한 연대적 정체성 사이에서 딜레마에 처해 있다. 금속노조의 산별 체계와 활동은 지역지부를 축으로 설정하고 있음에도, 노조의 자원이나 동원은 대기업지부에 의존하는 불일치가 계속되고 있다.

4) 전략적 리더십의 취약성

노조의 리더십은 조합의 목표달성을 위해 자원을 동원하고 전략을 구체화하는 '전략적 기획자' 역할과 함께, 하위집단들의 이익과 요구를 통제하고 조율하는 '조정자' 역할을 해야 한다. 그러나 금속노조 지도부는 이 두 가지 역할 모두에서 그다지 성공적이지 못했다. 이는 서로 다른 정체성을 가진 현장조직들의 대립과 갈등, 짧은 임기와 선거경쟁으로 인한 지도부의 불안정성, 기업지부를 통제할 수 없을 만큼 과도하게 분권화된 조직체계, 산별노조에 적합한 의제와 전술을 끌어내지 못한 전략적 미숙함에 기인한 것이었다.

먼저, 2007년 산별노조 전환 직후 중앙교섭을 성취하기 위한 노력은 사용자의 반대와 전략적 기획의 취약성으로 별다른 성과를 거두지 못했고, 이후 산별노조에 대한 기대는 급속히 식어갔다. 산별노조의 일차적 과제가 산별 중앙교섭을 통한 '통 큰 단결'과 투쟁이라고 생각했던 조합원들은 중앙교섭의 실패로 산별노조의 효용성에 의문을 갖게 되었다. 조합원 입장에서는 임금과 근로조건의 결정에서 기업별 노조의 기능방식과 별다른 차이가 없다(조성재, 2009; 박태주, 2009; 박근태, 2015). 더욱이 2009년 쌍용차 투쟁에서 금속노조의 무기력한 대응과 기업지부 해소에 대한 대기업지부들의 저항은 금속노조의 리더십을 추락시켰다. 2011년부터 본격화된 유성기업, 갑을 등 노조파괴 공세에 대한 금속노조의 판단과 대응은 연대집회 수준을 넘어서지 못하는 관성적인 것이었다. 조합원 사이에서 '투쟁은 많지만 해결되는 게 없는' 현실에 대한 피로감이 확산하였다. 금속노조로 단결하고 공동으로 투쟁해서 의미 있는 승리를 쟁취한 경험이 별로 없다는 사실은 금속노조가 의지할만한, 힘 있는 조직이 아니라는 인식을 확산시켰다(전략위원회 조직강화분과 토론; 지

여전히 금속노조는 산별노조의 발전 전망과 비전을 제시하지 못하고 있다. 금속 산별노조를 통해서 무엇을 할 것이고, 조합원들의 삶을 변화시킬 수 있는 어떤 의제를 설정할 것인지, 어떤 방식으로 이러한 목표를 실현할 것인지에 대한 희망을 제시하지 못하고 있다. 기업별 노조 활동에 익숙한 조합 간부들은 산별노조에 어울리는 의제와 활동방식을 구체화하지 못하고 있다. 산별교섭에 대한 대기업 사용자들의 완강한 반대와 대기업 조합원들의 무관심, 규모별, 업종별 노동조건의 심각한 격차를 고려할 때, 어떤 체계와 의제, 방법으로 초기업 교섭을 확대하고 제도화할 것인가는 쉽지 않은 과제이다. 조직화 모델이 하나의 대안으로 제시되고 있지만, 지역 수준의 조직화 전략은 기존 조합원들의 참여를 끌어내지 못하고 있고 상당한 노력에도 별다른 성과를 거두지 못하고 있다.

"지역 의제와 관련해, 어느 공단에 어떤 의제를 설정하고, 어떤 유인책으로 가입시키고, 또 어떻게 돌파할 것인지에 대해서는 아직 답이 없다. 지역에서 금속노조원으로서 연대할 만한 의제를 우리는 찾지 못하고 있고, 금속노조 지침에 따라다니기도 바쁘다. 지역지부는 크게 금속노조 지침을 수행하는 것과 지역에서 투쟁사업장 지지 엄호하는 것 두 가지다. 그 말고는 민주노총 지역본부에서 함께하는 것들이다."(금속노조 지역지부 간부)

둘째로, 금속노조 지도부는 내부적으로 상충하는 하위집단들의 이익과 요구를 통제하고 조율하는 조정자 역할에서 어려움을 겪고 있다. 현대기아차를 정점으로 하는 자동차산업의 위계적 구조는 완성차지부의 영향력을 뒷받침하고 있고 금속노조는 조합원 동원과 재정에서 완성차지부에 크게 의존하고 있다. 12개 지역지부 사이에도 격차가 매우 커서, 경남과 충남, 경기지부를 제외한 대부분 지역지부는 소규모 지부로서 독자적인 정책기획과 동원역량을 갖고 있지 못하다.

> "(지역)지부는 일을 만들면 엄청나게 많고, 안 하려고 하면 아무것도 없는 것 같다. 사실상 지부는 적당하게 안 해도 큰 문제가 없는 것 같다. 예전에 비해서 전체적으로 뭘 하고 어떻게 가자는 기획부터 많이 약해져 있다. 그리고 집행부 성격에 따라 다르지만, 형식적 내용만 하는 곳도 있다."(금속노조 지역지부 간부)

또한, 금속노조에는 대기업 정규직 조합원 외에도 상당수의 사내 하청, 비정규 조합원들이 소속되어 있다. 그러나 비정규지회들 역시 업종, 지역, 원청업체, 규모에서 매우 다양해 사업 방향이 명확하지 않으며, 정규직 지부·지회들과 함께 효과적으로 사업을 진행할 수 있는 조직적 편제를 갖추고 있지 못하다. 비정규 활동가들은 지역지부가 비정규사업을 지도할 능력이 없거나 금속노조 차원에서 전 조직역량을 기울여 비정규 조직화 사업을 떠안을 의지가 없다고 생각한다.

> "지부들이 지도할 능력이 없다. 실력이 없다. 지역지부장들이 그룹 노무관리 방식에 대해서 이해하지 못하는 지역지부가 수두룩하다. 지도를 못 한다. 지역지부 중심으로는 안 맞다. 금속노조 미조직·비정규실도 마찬가지다. 금속노조가 비정규직 조직화 사업을 강조하지만, 조직 전체적으로 받아안을 의지가 있는가? 없다. 작년 비정규직 대표자 회의 끝나고, 비정규직 지

부 만들자는 이야기까지 나왔다. 이 구조에서는 사업을 할 수 없다는 것이
다."(비정규직 지회장 J)

이와 같은 내적인 불균형과 다양성 때문에 하위집단 간의 조율과 조정이
시급하다. 지역지부를 중심으로 지역적 연대 활동을 강화해야 한다는 규범
적 합의에도 불구하고, 대부분의 지역지부에서 지부 활동의 상과 구체적 전
략을 마련하지 못하고 있다. 조합 간부 대부분이 기업별 노조 활동을 통해
성장해왔기 때문에, 지역사회에서 지역 활동 경험이 일천해 지역지부 활동
의 상과 전망을 못 찾고 있다. 많은 조합 간부가 계급적 단결과 지역적 연대
의 구체적 활동을 만드는 데 상상력을 발휘하지 못하고 일상적이고 반복적
인 활동에 갇혀 있다. 조합의 활동이 임단협 교섭과 조합선거에 집중되는 현
실에서, 조합 간부들은 사업장을 넘어선 산별노조 활동에 대한 상과 계획을
마련하는 데 몰두할 여유를 갖기 어렵다.

금속노조의 조정자 역할이 취약하다는 것은 기아차지부의 비정규직 배제
나 판매연대의 금속노조 가입 사태에서 명확히 드러났다. 하위집단 간의 이
익충돌이 발생하거나 완성차지부의 이해에 반하는 쟁점에 대해서 본조가 명
확한 판단과 주도력을 행사하기가 매우 어렵다. 완성차지부의 이해관계와
본조의 사업 방향 사이의 조율이 쉽지 않고 본조의 지침 불이행에 대한 제재
가 약하다는 점 때문에, 대공장 지부에 대한 불만은 대공장을 관장하지 못하
는 금속노조에 대한 불만으로 이어진다.

셋째로, 2년마다 치러지는 노조 선거 결과는 노조 리더십에 직접적인 영
향을 미친다. 금속노조는 중앙-지부-지회 각 차원에서 독자적인 임원, 대의
원 선거규정을 갖고 있다. 기업지부와 기업지회의 임원선거는 해당 단위 조

합원들의 이익 대변을 일차적인 기능으로 요구한다. 과반 득표를 요구하는 직선제 선거는 수가 많은 대기업 조합원들의 요구와 이해를 반영하는 데 유리하지만, 대기업 출신이 아닌 후보나 다수 조합원의 이익과 무관한 의제를 내세우기 어렵게 한다. 대부분 조합 간부는 2년마다 조합선거에서 평가를 받아야 하고, 그 결과는 주로 단체교섭에서 얻은 성과를 반영한다. 이는 조합 간부들이 기업별 교섭을 넘어선 활동목표와 상을 만들어내기 어렵게 한다. 조합 간부들은 각각 다양한 현장조직들에 속해 있고, 현장조직의 중요한 목표는 선거에서 승리하는 것이다. 지부 집행부가 비정규노동자나 다른 사업장 조합원과 연대 활동에 몰두하거나 조합원들의 경제적 이익 극대화에 소극적이라면 노조 선거에서 패배할 가능성이 크다. 특히 대기업 조합원들이 고령화되고 상대적으로 보수화되는 조건에서 대기업 조합 간부들이 운신할 수 있는 폭은 매우 좁다.

이러한 상황에서 대기업 지부장이 되기 위한 선거경쟁이 격화되고 대기업의 높은 비중 때문에 금속노조 전체로는 대기업 패권주의가 강화된다. 노조 내부의 의사결정과 권력 관계에서 보면, 2년 임기의 리더십으로는 대기업 정규직 조합원의 이익에 반하는 연대적 정책을 추구하거나 전략적 리더십을 발휘하기 어렵다. 노동조합에 대한 집합적 도구주의와 분권화된 조직 체계, 다수결 선거제도가 대공장 중심의 실리주의를 확대하고 산별 차원의 연대정책과 전략적 리더십을 제약하고 있다. 〈표 4〉에서 확인할 수 있는 것은 금속노조의 리더십이 정파 조직을 기반으로 구성되며, 후보들은 대부분 완성차 소속으로 금속노조의 내부정치는 철저하게 완성차 내부 정파 조직 간의 경쟁 구도를 반영하고 있다는 점이다. 금속노조 임원진 다수가 완성차, 특히 현대차 출신이라는 점에서 금속노조 리더십에서 현대차지부의 상황이 미치는 영향은 매우 크다. 현대차지부의 선거경쟁이 매우 치열해, 사업장에서 명망과 지도력이 있는 현대차지부 간부들은 지부장 선거에 집중하지 않을 수 없고, 같은 현대차 출신 간부들도 정파적으로는 경쟁 관계이다. 본조 선거건 지부 선거건 금속노조 임원진이 과거와 미래의 현대차지부장 선거에서 자유롭지 못하다는 점에서, 현대차 조합원들의 지지를 받지 못하는 정책은 추진하기가 어렵고 실제로 추진할 역량을 갖기도 어렵다.

완성차지부 선거에서 어떤 성향의 집행부가 들어서는가에 따라 금속노조와 기업지부 사이의 관계는 커다란 영향을 받는다. 더 많은 인력과 예산, 자원을 가지고 자기 완결적인 활동체계를 가진 기업지부 지부장들이 금속노조 위원장과 다른 가치와 성향으로 대립하는 경우, 금속노조의 방침이 제대로 추진되지 못한다는 것은 너무도 분명하다. 금속노조 위원장이 기업지부장을 통제할 수 없고, 지역지부장이 대기업지회장에 대해 영향력을 발휘할 수 없는 조직구조가 금속노조의 조직 체계상의 가장 큰 한계라고 할 수 있다. 금속노조 6기와 8기의 경우 금속노조 리더십과 현대차지부 리더십 사이에는 노선과 활동방식에서 커다란 차이가 있었고 본조와 지부 리더십의 협력에 상당한 어려움이 있었다. 2009년에는 기업지부의 지역지부 편제가 실행될 예정이었으나 현대차지부 대의원대회는 지역지부로의 조직개편안을 부결시키며 금속노조 지침의 이행을 거부했다. 기아차지부 역시 지역지부 전환반대 운동을 벌여 지역지부 규약을 거부했고 쌍용차지부는 민주노총을 탈퇴했으며, 한국GM지부는 금속노조의 교섭방침을 어기고 임금동결에 합의했다.

금속노조 지도부가 되기 위해서는 완성차 조합원들의 지지를 받아야 하지만, 완성차 조합원들은 금속노조 선거보다는 기업지부 선거를 더 중시한다. 2017년의 경우에도 현대차지부장 선거는 투표율이 86.9%인데 반해, 금속노조 위원장 선거는 65.06%에 불과했다. 특히 현대차와 기아차지부에서는 실리적 노조주의를 대표하는 현장조직이 항상 30% 이상의 지지기반을 갖추고 있다. 현대기아차 지부 선거의 결과에 따라 금속노조 리더십의 조정 능력이나 전략적 역량은 큰 영향을 받을 수밖에 없다.

〈표 4〉 금속노조 위원장 및 현대차지부장 선거 결과

	금속노조 위원장 결선투표 (위원장–수석부위원장–사무총장)	현대차지부장 결선투표
5기 2007	(전국회의) 정갑득, 남택규–최용규 (현대차–기아차–세종공업) 51.4% (현장연대) 정형기–이장우–김현미 (기아차–현대차–서울) 44.6%	2007–02 (민투위) 이상욱 50.93% (현장연대) 홍성봉 47.98% 2007–10 (민투위) 윤재모 50.05% (민주현장) 최태성 49.29%
6기 2009	(현장노동자회) 박유기–구자오–김영재 (현대차–기아차–삼호조선) 49.39% (결선 64.22%) (현장실천연대) 김창한–박상철–나용곤 (만도–현대차–기아차) 43.3%	(전현노) 이경훈 52.56% (민주현장) 권오일 46.98%
7기 2011	박상철–허재우–김연홍 (현대차–S&T–사무처) 투표율 80.37%/득표율 81.34%	(민주현장+금속연대) 문용문 51.25% (전현노) 이경훈 48.09%
8기 2013	(노동전선) 전규석–남문우–윤욱동 (현대차–기아차–경기) 투표율 74.76%/득표율 85.07%	(현장노동자회) 이경훈 52.0% (들불) 하부영
9기 2015	(전국회의) 김상구–박상준–오상룡 (기아차–현대차–경남) 투표율 80.7%/득표율 86.8%	(금속연대) 박유기 53.41% (현장노동자회) 홍성봉 46.17%
10기 2017	(현장노동자회) 김호규–신승민–황우찬 (현대차–GM–포항) 투표율 65.06%/득표율 50.7% (전국회의) 남택규–강오수–김성열 (기아차–현대차–GM) 46.2%	(들불) 하부영 34.1% 투표율 86.9%/ 득표율 53.24% (민주현장) 문용문 29.7%

3. 지부 체계를 둘러싼 조직적 쟁점

금속노조의 가장 중요한 과제는 산별교섭의 법적 제도화와 함께, 내부적으로는 기업지부 해소와 지역지부 체계로의 전환이다. 금속노조 발전의 전제조건은 기업지부의 과도한 영향력과 의존을 넘어 산별노조의 연대적 정체성을 강화하는 것, 기업별 교섭과 기업별 노조 관행을 대체하는 지역적 연대의 체계와 사업을 구체화하는 것이기 때문이다. 이러한 의미에서 금속 산별노조운동의 딜레마는 연대적 정체성과 조직적 분권의 긴장이다. 금속노조 내부에는 기업지부와 지역지부를 두 축으로 하는 균열구조가 강하게 작동하고 있고, 산별노조의 효용성에 대해서도 지부별 편차가 매우 크다. 특히 지역사업 및 지역연대의 강화는 기업별 교섭 중심의 노조 활동을 어떻게 극복할수 있는지, 이를 대체할 지역지부의 상과 역할을 어떻게 만들어낼 것인지 하는 문제와 맞닿아 있다.

1) '기업지부 해소'를 둘러싼 쟁점

'기업지부 해소'를 둘러싼 쟁점은 규약상 '기업지부 해소'를 언제까지 유예할 것인지, 현실적으로 기업지부 해소가 불가능하다면 어떤 대안을 모색할 것인가의 문제다. 여전히 기업별 관행과 의식이 뿌리 깊게 남아 있어 기업지부 조합원의 지역지부에 대한 결합이 취약하며, 기업지부가 중앙교섭 체계에 포괄되지 못하고 있고, 복수노조 입법으로 인해 기업별 노조설립이 언제라도 가능하다는 점, 기업지부의 압도적인 조직역량 등을 고려할 때, 무조건 기업지부를 해소하는 것은 가능하지 않은 것으로 보인다(금속노조, 2012). 오히려 임단협 중심의 기업별 노조 체제가 고착되고 기업지부(지회)의 중심성이 더 강화되고 있는 게 현실이다.

　그 때문에, 한편에서는 더 이상 소모적 논란을 계속하기보다는 현실을 인정하고 기업지부가 기여할 방안을 찾아야 한다는 주장이 제기되고 있다. '기업지부 해소'를 10여 년 이상 유예해왔지만, 여전히 기업지부를 해소한다면 혼란과 갈등만 발생할 뿐 지역지부 중심의 활동체계를 만들어 낼 수 있는 상황이 아니라는 것이다. 따라서 조직형식을 바꾸는 데 몰두하기보다는 실질적인 산별 중앙교섭을 진척시키는 데 초점을 맞추어야 한다는 것이다.

"포기할 땐 포기할 수밖에 없다. 이제는 결단을 내리자는 거다. 경과규정으로 두나 인정하는 것이나 지금 현재나 크게 다를 게 있겠나? 조직운영에 경과규정이라는 것이 현재의 조직형태에 아무 영향을 미치지 못하고 있다. 기업지부냐 지역지부냐 논쟁에 머리 싸매는 것보다는 산별교섭 시스템을 만드는 것으로 방향을 틀었으면 좋겠다."(금속노조 지역지부 임원)
"더 이상 형식적인 통합 가능성이 없는데 계속 유예해서 고착화하는 게 필요한 것인지, 아니면 오히려 발상의 전환을 통해서 기업지부의 독자적인 사업 영역을 구체화하는 자율과 집중이라는 측면에서 모티브를 주는 것이 필요한 것인지에 대해 고민해야 한다. 인위적인 기업지부 해소는 되지도 않을 것이고 후유증도 클 것이다. 그리고 이후 정세에서 새로운 형태의 교섭을 고민할 수 있다. 기업지부 문제도 어떻게 금속노조라는 큰 우산 안에서 가져갈 것인가의 문제다."(금속노조 임원 A)

　다른 한편에서는 기업지부 해소야말로 산별노조의 정체성과 관련된 문제이며, 기업지부가 존재하는 한 산별노조로서 제대로 된 활동과 기능이 불가능하다는 점에서, 당장 기업지부 해소가 어렵다면 기업지부 해소를 계속 유예하는 방식으로라도 기업지부 해소의 원칙과 당위성을 고수해야 한다는 주장 역시 강력하다.

"해소 외에는 방법이 없다. 해소 외에는 한시적인 조직으로 두고, 지역사업에 복무토록 강제해야 한다. 해소 역시 지금 현재는 불가능하다. 노동조합 전체의 마인드를 바꾸지 않고는 해소는 불가능할 수밖에 없다. 지금 상황에서 기업지부 유지한다고 내부에서 결의한다고 하면, 금속노조는 더 이상 진보적인 시각을 못 가져갈 것이다."(금속노조 충남지부 임원 G)

"새로운 변화를 말하고 싶은데, 시간이 감에 따라서 급속하게 나타나는 세대교체와 기술변화에 따른 산업재편과 인적 변화다. 그래서 기업지부만 바라보고 금속노조의 전략을 짜서는 안 된다고 본다. 조직 확대가 필요하다. 자동차에 국한된 시야를 넓히면, 자연스럽게 지역지부의 역할이 필요할 것이다."(금속노조 경남지부 임원 H)

전자의 입장은 대체로 기업지부 간부들에게서 많이 나타나며, 후자의 입장은 지역지부 간부들에서 많이 확인된다. 2가지 입장 모두 근거가 없지 않으며, 어떻게 해도 당장 큰 변화가 불가능한 것도 사실이다. 기업지부 해소가 당장 가능하지 않다는 현실 인식에 대해서는 모두 동의하고 있지만, 어떻게 할 것인가에 대해서는 입장이 갈린다. 사실 기업지부를 해소할 것인가, 아니면 인정할 것인가의 양자택일로 접근할 때, 어떤 대안도 서로를 설득하기 쉽지 않다. 기업지부 해소를 결의해도 내부의 분열과 갈등이 격화될 것이 분명하며, 기업지부 해소를 계속 유예한다고 해서 기업지부가 스스로 '과도적' 조직으로서 자기의 위상을 분명히 하지도 않을 것으로 보인다.

그러나 두 입장 모두 앞으로 진행될 구조조정의 충격이 기업별 교섭구조에 커다란 파열음을 가져올 것으로 예상한다. 현재 진행되고 있는 자동차, 조선, 철강 산업의 구조조정과 조합원의 세대교체, 중앙교섭 및 업종교섭의 전망 등을 고려한다면, 현재의 기업별 조직을 뒤흔들 정세 변화에 주목할 필요가 있다. 임금 및 고용을 둘러싼 교섭 의제의 내용과 성격이 달라지고 산별 중앙의 역할이 강화될 수밖에 없는 상황을 예상할 수 있다. 교섭체계 변화와 조직체계 변화가 자연스럽게 연동될 것으로 전망할 수 있는 대목이다.

오히려 시급한 문제는 기업지부가 지역사업에 거의 참여하지 않거나 지역에서 중심사업장 역할을 하지 않고 있다는 점이다. 대부분의 기업지부 간부들이 단체교섭과 고충 처리, 지부 선거에 몰두하고 있는 현실에서, 지역의 미조직 노동자 조직화나 조합원 교육, 복지, 실업과 직업훈련 등 일상적으로 조합이 수행해야 할 지역사업이 진척되지 못하고 있다. 투쟁사업장 연대를 제외하면 노동조합 활동이 기업 내부로 제한되어 있고 이러한 관행이 수십 년째 계속되고 있다. 지부교섭이 내실화되지 못한 상황에서, 지역지부를 중심으로 조합 활동의 상을 세우기는 쉽지 않다. 조직 형식적 재편보다 더 시급한 것은 기업지부에 집중된 자원을 지역사회 전체 노동자를 위한 활동에 투입하는 것이다.

이러한 맥락에서 가장 시급한 과제는 '산별'노조의 정체성과 사업 방향을 명확히 하고, 이에 근거해 기업지부의 지역적 결합을 강화하기 위한 사업과 활동을 구체화하는 것이다. 실제로 과거 산별노조 전환 과정에서 지역편제를 위한 준비사업을 제대로 하지 않았으며, 임금 등 근로조건 관련 교섭의 상, 지역으로 편제 시 기업지부의 지역에서의 역할 등을 세밀하게 준비하고 대공장 조합원들과 소통해야 했는데, 그렇지 못하고 조직 형식적 편제문제로만 접근했던 것이 산별노조 실패의 원인이라는 평가가 있다(공계진 외, 2012).

기업지부 해소와 관련한 결의가 어떤 방향으로 이루어지든, 기업지부·지회와 지역지부 사이에 산별노조의 목표와 가치, 사업을 공유하는 화학적 융합이 필요하다. 대공장 조합원과 간부들이 기업지부 해소, 지역지부 활동 참여에 깊이 공감하도록 만드는 의식적-문화적 전환의 계기들과 숙성과정이 필요하다. 대공장이나 기업지부 간부들이 지역 수준에서 협력하고 연대할 수 있는 구체적인 사업내용과 실천을 만들어내는 것이 일차적인 과제가 될 것이다.

2) 지역지부의 역할 강화

지역지부의 강화는 기업별 교섭을 넘어 전체 노동자의 연대라는 산별노조 정신을 구체화하는 데 핵심적이다. 그러나 현재 지역지부가 집단교섭을 통해 존재감을 발휘하지 못하는 상황에서, 지역지부가 무엇을 해야 하고, 지부 역량을 어떻게 강화할 수 있을지, 지역사업의 내용을 어떻게 풍부하게 해나갈 것인지에 대한 상은 명확하지 않다. 지역지부의 기능과 역할에 대한 상을 명확히 하고, 조직자원을 재배치해 지역지부 중심체계로의 이행경로를 구체화하는 것이 필요하다. 기업별 체제를 지역지부 중심체계로 전환한다고 할 때, 여기에는 지역지부와 사업장 지회의 관계, 지역 차원의 조직화 전략, 지부교섭의 의제 발굴, 지역사회 연대와 개입의 방식 등 다양한 쟁점들이 포함된다. 현재 지역지부의 활동은 대체로 금속노조 지침의 집행, 노조탄압에 대응하는 공동투쟁과 사업장 현안에 대한 공유 등 지회들의 연대 활동, 중소·영세업체나 비정규직 노동자에 대한 조직화 사업, 지역사회 의제를 중심으로 사회운동과 연대, 진보정당 지지나 정치적 개입을 위한 정치 활동으로 이루어져 있다.

먼저, 지역지부의 강화는 일차적으로 지회들의 통일성과 지부로의 구심력을 강화하기 위해 지부 중심의 활동체계를 만드는 문제이다. 지역지부와 기업지회의 관계에서 가장 큰 문제는 사업장별 원심력이 작용하고 사업장 노사관계에 대한 지부의 개입과 지도력이 관철되지 못하고 있다는 점이다. 특히 타임오프제 실시로 지부로의 파견인력이 축소되면서, 지회 현안에 대한 지부 차원의 공유나 관장력도 약화하였고 지부 사업에 대한 활발한 토론과 참여 역시 이루어지지 않고 있다. 지역지부의 구심력은 지부가 각 지회의 현안에 대해 충분히 공유하고 지회의 의사결정과 논의과정에서 긴밀한 관계를 유지하는 것을 전제로 한다. 특히 지부가 지회 활동에 일상적으로 결합하고, 지부 차원에서 개별 지회가 해결할 수 없는 의제를 선점해서 지회들을 묶어내고 활동 전망을 열어 줄 수 있는가가 중요하다.

> "지부가 지회와 함께 움직이고 모아내려고 해야 한다. 그래야 관장력이 생긴다. 지회는 지회 자체로 돌아가고, 지부 문제는 별도로 하려고 하면 관장력이 떨어진다. 그리고 지부가 무언가 선도할 수 있는 것들을 끊임없이 만들어서 지회들을 같이 모아서 가야 한다. 이 두 가지가 핵심이다. 일상적으로 결합하고, 지부 차원에서 개별 지회가 해결할 수 없는 의제를 선점하고, 그것으로 지회를 묶어내는 것… 현장에 전망을 줄 수 있어야 한다. 지부가 어떤 지점들로 관장하고 할 것인가에 대한 마인드와 계획이 있어야 한다. 지회 간부하고 사전에 공유하고 협의해 나가는 관계를 설정해야 한다. 지회의 인력은 지부로 나와야 하지만, 지부의 활동영역은 지회로 들어가야 한다."(금속노조 충남지부 임원 G).

둘째로, 지역지부가 해야 할 역할과 과제는 많지만, 지부교섭이 취약한 상황에서 지역사업을 무엇으로 집중해서 어떻게 해야 할 것인가 하는 상이 명확하지 않다. 지역사업과 지부 활동의 성과와 문제점, 전략에 대한 고민이 필요하다. 지역지부가 수행해야 할 주요사업들이 어떻게 기획되고, 실제 어떻게 진행되고 있는지, 안 되면 잘 안 되는 이유가 무엇인지, 잘 되면 어떤 부분에서 어느 지역이 잘 되고 있는가에 대한 검토가 이루어져야 한다. 그러나 지역지부마다 처한 조건이 다르고 지부 활동의 역사적 경험도 일정하지 않다. 지역지부마다 산하 지회의 기업 규모나 업종구성, 비정규직 지회의 비중이 다르고 지역 내 기업지부 사업장과의 관계도 차이가 있다. 지역지부와 비정규직 지회의 관계 역시 지부마다 다르다.

이러한 상황에서 모든 지역지부에 동일한 모델과 활동체계를 요구할 수는 없다. 지역별로 지역지부의 독자적인 발전 전망을 고민하고 모색해야 할 필요가 있다(금속노조 임원 A). 지역지부의 사업기획과 활동에서 창의성과 유연성이 필요하다. 지역지부로의 구심력을 만들어갈 수 있는 다양한 경로와 가능성을 다 열어두고, 각 지부의 자율성이 충분히 보장되어야 한다. 미조직 조직화 사업, 조합원 교육사업, 탄압에 대한 공동대응, 지역 노동시장 개입과 취약근로자 보호, 복지환경 개선, 숙련과 직업훈련 제도개선, 지역 현안 공동 대응 등 활동의 영역과 가능성을 최대한 열어놓고, 지부별로 지부의 역량과 지회의 상태, 지역의 조건에 맞는 사업기획과 창의적인 발전 전망을 모색해야 한다.

"산별노조의 일상 활동 거점은 지역이다. 지역지부가 중요하다. 그런데 사실은 교섭을 못 하는 노조가 집중력을 발휘할 수 있겠는가? 그러면 그것을 만들어가는 과정에서는 다양한 루트를 다 열어야 한다."

"현재는 상대적으로 중앙에 모든 역할과 기능이 있는데, 지역이 모든 일을 할 수 있도록 해야 한다. 지역지부는 어떤 정체성으로 활동해야 할 것인가에 대해서 스스로 만들어가야 한다. 모든 것을 중앙에서 이야기하는 것은 바람직하지 않다. 중앙과 지부의 역할분담 차원에서 상당 부분은 판단해 줘야 한다." (금속노조 임원 A)

셋째, 지역지부의 발전모델이라는 측면에서 보면, 초기업 교섭모델과 조직화 모델을 두 이념형으로 놓고 단위별로 자율적으로 무게중심을 잡아가는 노력이 필요하다. 먼저, 초기업 교섭모델은 기업 범위를 넘어선 완성차/부품사의 원·하청 연대 교섭, 원청 기업을 상대로 한 하청업체 조합원들의 공동교섭이나 그룹사별 교섭, 자동차, 조선, 철강 등 고용 및 산업정책에 개입하기 위한 업종별 협의나 노사정 대화 등 다양한 형태의 초기업 교섭의 가능성을 열어놓고 산별교섭을 제도화하는 방향으로 나아가는 것이다. 둘째로, 조직화 모델은 전 조직 차원의 조직화 운동을 전개하고, 지역 사회운동과의 협력과 연대를 통해 지역 노동시장에서 흐름으로 존재하는 미조직 영세사업장 노동자, 비정규직, 여성, 청년, 이주노동자 등 사회적 약자의 조직화와 이익 대변으로 산별노조의 활동 방향을 전환하는 것이다. 초기업 교섭모델에 따르면, 지부 집단교섭을 강화하기 위해 지부교섭 의제의 확장, 지부교섭 참여 사업장, 적용 범위의 확장을 위해 모든 노력을 기울여야 한다. 그러나 조직화 모델에 따르면, 교섭을 통한 성과보다는 미조직 노동자의 조직화와 밑으로부터의 동원, 지역 사회운동과 연대 활동에 집중해야 한다.

지부 집단교섭이 내실화되지 못한 상황에서 지역지부 활동을 강화하는 것은 사실상 단체교섭에 한정하지 않고 비정규직의 처우개선과 조직화, 전체 노동자의 복지 확대와 정치적 개입을 위한 지역연대로 활동 중심을 이동하는 것을 의미한다. 대공장의 조합원 규모가 계속 축소될 수밖에 없는 현실에서, 노조의 장기적 전망은 조직 확대사업의 전략적 추진에 달려 있다. '지역지부 강화'는 규범적 요구일 뿐 아니라, 예상되는 구조변동에 대한 조직적 대응으로 지역 차원의 노동시장 규제와 직업훈련, 복지를 의제화하고 이에 대한 정치적 규제를 강화하기 위한 노력이라고 할 수 있다. 그러나 두 모델을 꼭 대립적으로 사고할 필요는 없다. 오히려 이 모델들은 모두 대공장 조합원들의 의식과 전망을 변화시키기 위한 교육시스템을 전제하고 있다는 점에서 공통적이다.

넷째, 조직 확대사업은 지역지부의 노력만으로 성과를 거두기 어렵고 기업지부와 함께 전 조직적 역량을 투입해야 가능하다. 산별노조의 조직체계를 완성하기 위해서는 지역사업에 대한 기업지부의 결합과 역할을 높이고, 공동사업을 통해 기업지부와 지역지부의 협력을 강화해야 한다. 지역공동위원회를 중심으로 한 '사업적 결합', 기업지부 활동가들의 지역지부 파견, 간부들의 일상적인 교류와 협력, 지역 공동사업에의 참여 등 기업지부와 지역지부의 접촉면을 넓히기 위한 노력이 필요하다(홍석범, 2016a; 금속노조, 2012). 특히 기업지부는 지역사업을 지부의 핵심 사업으로 배치하고 지역사업에 상근 역량을 파견해 지역사회에 대한 개입과 영향력을 넓혀야 한다(금속노조, 2012). 현재 지역공동위원회는 교육과 조직사업을 중심으로 한다는 원칙만 있을 뿐 사업내용이 명확하지 않다. 사업 진행이 미진하기 때문에 기업지부가 지역지부 사업에 재정을 지원하는 형태를 띠고 있고, 자기사업이 아니라고 생각하기 때문에 공동사업에 대한 책임이 불명확한 것이 현실이다(지역지부 간부 K).

지역공동운영위원회를 내실화하고, 지역 특성에 맞게 주요 사업으로 미조직조직화사업, 지역 차원의 교육위원회 운영, 노동 안전 보건사업, 지역 정치사업을 배치하며, 기업지부와 지역지부의 통합부서회의 운영, 통합 간부 수련회, 통합 대의원간담회 등을 통해 양자의 협력과 결합을 강화해야 한다. 이를 위해서는 지역공동위원회 사업을 미조직 노동자 조직화사업단과 같이 구체적 목표를 갖는 상설기구로 구성해 운영하는 것이 필요하다. 이를 통해 기업지부 · 지회와 지역지부 활동가들을 대상으로 공동의 교육을 진행하고 미조직 노동자 대상의 선전과 홍보, 상담을 담당할 인력을 조직할 수 있다. 이러한 활동의 축적을 통해 기업지부와 지역지부 사이에 산별노조의 목표와 가치, 사업을 공유하는 화학적 융합이 가능할 것이다. 물론 이러한 공동사업단을 구성하고 구체적인 활동내용을 채워가기 위한 적절한 방식은 지부별로 자율적으로 모색해야 한다.

4. 맺음말

그렇다면 기업별 노조의 관성과 산별교섭의 정체 속에서, 금속노조는 어떠한 대안을 생각할 수 있을까? 무엇보다 사용자들의 산별교섭 참여, 산별교섭의 법적 제도화가 필요하지만 당분간 이러한 변화를 기대할 수 없다는 점에서, 조직 내부적으로 산별노조의 정체성을 강화하고 기업의 틀을 넘어서는 노조 활동의 전망과 내용을 명확히 하는 방향으로 조직구조를 혁신할 수밖에 없다.

먼저, '산별노조운동'의 목표와 방향에 대한 합의가 필요하다. '산별'은 공장의 울타리를 넘는 '계급적 단결과 연대'를 지향하며, '노조'는 근로조건의 유지개선을 위한 노동자들의 자발적 결사체로서 '민주적' 특성을 포함하고, '운동'은 사회적 변화와 약자의 권리를 옹호하는 집단적 노력을 의미한다. 현재 노조 운동의 구분 선은 어용과 민주, 협력과 투쟁의 문제라기보다는 이익집단이냐 사회운동이냐, 조합원 이익 우선이냐 사회적 연대 우선이냐의 구분이다. 산별노조운동의 목표에 대한 성찰과 반성이 없다면, 금속노조는 이익집단을 위한 단체교섭 제도를 넘어 전체사회의 변화와 사회적 약자의 통합을 위한 운동으로 발전하기 어렵다. 사회적 연대를 위한 조합원 교육이 강화되어야 하는 이유다.

둘째, 노조의 의사결정이 다수결 투표에 의존하기보다는 일상적 토론과 소통, 숙의 과정에 기반을 둬야 한다. 조합의 의사결정이 다양한 부문별 요구를 수렴하고 반영할 수 있어야 한다. 노조 내 숙의 과정은 조합원들 사이의 선호와 이익의 경쟁보다는 민주적 대화와 토론, 소통을 통해 최선의 방향에 대한 합의를 끌어내는 것이다. 노조의 전략과 방침에 관한 토론과 설득, 숙의 과정이 없다면, 노조의 방침이 힘 있게 집행되기 어렵다. 노동시장 분절이 심각하고 노동운동의 사회적 토대가 파편화되고 있는 상황에서, 내적으로 합의의 규칙이 다수결 원리에 우선해야 하며, 이를 위한 공론화와 충분한 토론, 설득이 필요하다. 이는 산별노조가 내부의 물질적, 이념적 차이에도 불구하고 계급적 통일성을 유지하고 전략적 리더십을 강화할 수 있는 전제조건이다.

셋째, 사업과 활동에 대한 조직적 평가와 일상적 토론이 활성화되어야 한다. 노조 활동이 제도화되면서 토론 없는 의사결정, 위로부터 지침에 대한 책임 없는 집행, 결과에 대한 평가가 없는 관료적 사업작풍과 관성적 투쟁이 늘어나고 있다. 그 결과 의사결정과 집행 사이의 격차가 커지고 있다. 적절한 의사결정을 위해서는 정세에 대한 정확한 이해가 필요하고, 정세판단의 통일을 위해서는 치열한 토론이 필요한데, 이러한 고민과 토론 없이 현안에 대응하는 노조 활동의 관성화가 심각하다. 사업기획에 대한 고민, 객관적 정세와 진행 과정, 사업결과에 대한 치열한 평가가 활성화되어야 한다.

넷째, 산별노조의 활력과 운동에 대한 헌신을 강화하기 위해서는 조직의 모든 수준에서 자율성과 자발성이 존중되어야 한다. 기업지부와 지역지부, 기업지회와 지역지회, 정규직 지회와 비정규지회들은 서로 다른 조건에 처해 있는 만큼, 각 조직단위의 발전 방향에 대한 기획과 사업에서 자율성과 자발성을 존중해야 한다. 산별 중앙은 정책적 대안과 정치적 개입, 전국적 조정에 집중하며, 지부와 지회에서는 학습과 토론과정을 통해 자율적인 조직 운영과 자발적 참여를 극대화하려는 노력이 필요하다. 노동조합이 노동자들의 생활세계에 뿌리박고 있는 문화적 공동체이자 자율적 공론장으로 기능해야 하기 때문이다. 권한과 자원을 지역으로 집중시켜, 지역이 연대의 중심, 투쟁과 조직화의 중심으로 기능할 수 있어야 한다. 지역지부별로 조직진단을 진행하고 조직의 정체성과 발전 전망에 대한 고민을 구체화해야 한다. 특히 대공장에서 조합원 규모가 축소되고 운동의 활력이 저하되는 현실에서, 노조 운동의 장기적 전망은 지역지부 차원의 조직 확대사업을 전략적으로 추진할 수 있는가에 달려 있다.

다섯째, 정책적 대안 마련과 정치적 개입을 위한 금속노조의 전략적 역량을 강화해야 한다. 지부들이 각자의 조건에 맞는 활동방식을 모색하는 가운데, 산별노조 중앙은 공통의 문제에 대한 정책적 방향과 구체적 대안을 제시해 전국적 조정과 정치적 개입을 주도해야 한다. 금속노조가 정책적 주도권을 발휘하기 위해서는 노조 내외의 정책적 네트워크를 형성하고 산별 중앙이 그 허브 역할을 해야 한다. 이미 노동조합의 의제에서 임금체계, 근로시간, 산업 및 고용정책, 복지와 직업알선, 훈련 등 정책에 대한 대안이 중요해지고 있다. 전체 노동자의 연대를 강화하는 방향의 정책연구와 대안 마련을 산별 중앙이 주도해야 한다. 나아가 금속노조 내부의 지역, 업종, 기업 규모, 세대에 따른 격차가 확대되고 있는 만큼, 금속노동자 공통의 정체성을 강화하는 교육시스템을 체계화해야 한다.

제3장

공장체제와 노동조합 공론장의 변화
- 현대로템과 두산모트롤 사례

그동안 노동조합에 관한 연구들은 노동조합이 단체교섭과 노사관계에 미치는 영향이나 계급 운동의 일부로서 노동조합의 역할을 분석하는 데 초점을 맞추어왔다. 이 장은 노동조합이 단체교섭 제도이자 사회운동일 뿐만 아니라, 노동자들의 생활세계에 속하는 공적 공간이라는 점에 주목한다. 노동조합은 노동자 집단이 공유하는 불만과 욕구, 이익이라는 일상적 삶의 영역에서 출현한다. 특히 기업별 노조의 전통이 강한 한국에서, 노동조합은 일상적 의사소통과 사회적 교류가 이루어지는 작업장 영역에 위치하며 집합적 요구나 의제에 관한 토론, 집합행동에 대한 합의와 참여가 이루어지는 공적 공간이다. 이러한 의미에서 노동조합은 노동자들이 다양한 의견을 표출하고 여론을 형성해 집합적 의사결정을 내리는 공론장(the Public Sphere)이다. 노동조합을 통해 노동자들의 작업공간에서 무엇이 문제이고 어떻게 변화되어야 하며, 무엇을 해야 할 것인지에 관한 공론이 형성되고, 이를 기반으로 조직의 투쟁 방향이 결정된다.

이 장은 노동조합이 노동자들의 문화적 공동체, 정치적 공론장이라는 시각에서 접근한다. 공론장은 모두가 관심을 가진 공적 쟁점에 관해 누구나 참여하여 의견을 표명할 수 있고, 서로의 의견에 대한 비판적 검증을 통해 공론을 모아가는 열린 공간이다(Habermas, 2000). 이런 점에서, 노동조합은 노동자들이 공통으로 관심을 가진 문제에 대해 제약 없이 의견을 표명하고, 토론을 통해 공론을 형성하고 실천 의지를 모아가는 공적인 공간이다.

노동조합을 공론장으로 접근하는 것은 두 가지 의미가 있다. 먼저, 부르주아법치국가가 시민사회의 자율적 공론장에서 전개되는 민주적 의견 표현과 의지 형성을 통해 정당화된다는 점에서, 지배적 공론장에서 배제된 사회집단은 시민사회의 공론형성과 국가의 정책 결정으로부터 소외될 수밖에 없다. 노동조합은 자본주의사회의 지배적 공론장으로부터 배제된 노동자들의 평민적 공론장, 계급적 공론장의 잠재력을 가진다. 노동자들은 노동조합을 통해 공적 쟁점에 대한 자신들의 의견을 형성하고 정치적 목소리를 낸다. 노동조합은 지배적 여론과 구분되는 대안적 공론장으로 기능할 뿐만 아니라, 지배 이데올로기에 도전하는 대항 공론장의 성격을 갖는다.

둘째로 노동조합 내에서 공적 의제에 대한 의견 표현과 토론을 통해 민주적 합의를 형성해나가는 것은 노동조합 민주주의 문제와 직결되어 있다. 공론장 개념은 상이한 의견에 대한 비판적 논증과 설득을 통해 합의를 끌어내는 숙의민주주의(deliberative democracy), 복수의 참여자들이 공적 쟁점에 대해 적절한 말과 설득을 통해 집합적 의사를 결정하는 '정치' 행위로서 평의회 민주주의라는 이상을 대표하고 있다. 노조 내부의 분열과 갈등이 심화되는 현실에서, 노동조합 공론장의 구조와 가능성을 검토하는 것은 노동조합 민주주의의 대안적 모델을 모색하는 의미를 갖는다.

이 장은 먼저, 공론장 개념에 대한 이론적 검토를 통해, 노동조합 공론장이란 무엇인지, 노동조합 공론장이 가진 대항 공론장의 성격은 과연 무엇인지 분석한다. 둘째로, 노동조합 공론장의 특성을 경험적으로 파악하기 위하여, 공장체제와 관련하여 노동조합 공론장의 유형화를 시도한다. 이를 토대로 1987년 이후 한국에서 노조 공론장이 어떻게 변화해 왔으며, 다양한 공장체제에서 노조 공론장의 형태는 어떠한 모습을 보이는지 분석한다.

1. 부르주아 공론장과 프롤레타리아 공론장

공론장(Öffentlichhkeit, the Public Sphere)이란 "국가의 공권력으로부터 분리된 사적 영역으로, 사회의 중요한 문제에 관심을 가진 모든 사람이 비판적 토론을 통해 공통의견을 추구하는 사회적 공간이다"(하버마스, 2000). 이 공론장의 본질적 특성은 참여자나 주제에 대한 어떠한 제한도 없이 오직 이성의 힘에 의거해 비판적 토론을 벌이고, 이를 기초로 공통의견을 형성함으로써 정치적 영향력을 산출한다는 것이다. 특히 『사실성과 타당성』에서 하버마스는 정치적 공론장을 "시민사회적 기초를 매개로 하여 생활세계에 뿌리내리고 있는 의사소통 구조"로 간주한다. 공론장은 상호이해 지향적인 의사소통행위 속에서 산출되는 "사회적 공간"이다. 공론장은 의견들의 소통을 위한 네트워크로, 여기서 의사소통의 흐름들이 걸러지고 종합되어 공적 의견들로 집약된다. 공론장은 "정치체계와 생활세계의 사적 부문, 기능적으로 전문화된 행위체계 사이를 매개하는 중간구조를 형성한다."(Habermas, 2007:478~9)

하버마스에 따르면, 부르주아 공론장은 그 구성이나 범위, 주제에서 다양할 수 있지만, 공통의 제도적 기준을 갖는다. 첫째로 그것은 지위와 무관한 사회적 교류를 요구하며, 대등한 인격으로서 동등성의 예의를 요구한다. 둘째, 공중은 원칙적으로 모두를 포섭할 수 있으며, 토론은 모두에게 열려있다. 그것은 의사소통행위를 통해 형성된 '열린 공간'이라는 특성을 갖는다. 셋째, 토론의 주제는 권위에 의해 제한되지 않으며, 공중은 공동의 관심사가 되는 모든 문제를 토론한다. 넷째, 공중은 공동의 관심사에 대해 이성에 기반을 둔 비판적 담론이라는 형태로 정치적 토론을 조직한다. 공론장 내부의 토론은 경쟁과 투쟁의 성격을 갖지만, 그 경쟁은 비판적 검증과 토론에 종속된다. 그 결과 가장 합리적 주장이 공통의견으로 인정받게 되고, 주장의 정치적 영향력은 일반 공중이 보여주는 공명과 동의에 기초한다(Habermas, 2007:107~109, 482~483). 원칙적으로 모든 사람이 각자의 개인적 의견을 제시할 동등한 기회를 가지며, 이 개인적 의견들이 비판적 토론을 통해 여론으로 형성될 수 있는 한에서, 공론장이 존재한다.

부르주아 공론장에 대한 하버마스의 논의는 많은 주목을 받았지만, 그 한계에 대한 비판들이 제기되면서 대안적 공론장, 대항 공론장에 관한 논의를 촉발했다. 특히 공론장의 이상과 현실의 격차, 부르주아 공론장의 배제적 성격과 계급지배의 은폐라는 측면은 집중적 비판의 대상이 되었다. 즉, 공론장에 대한 개방적 접근이나 참여자들의 사회적 동등성은 역사적으로 실현된 적이 없으며, 부르주아 공론장은 배제된 자들의 선호나 이익, 정체성에 대해서 무관심하다는 것이다. 역사적으로도 부르주아 공중에 대해 민중적 공중, 엘리트 여성 공중, 노동계급 공중과 같은 경쟁적인 대항 공중이 동시에 존재해왔다는 것이다(Fraser,1992). 사이토 준이치에 따르면, 대항적 공론장은 무엇보다 지배적 공론장에 대립하면서 자신들의 필요에 대한 외부의 해석을 문제 삼고 자신들에게 부과된 정체성을 의문시하며, 그동안 폄하되어온 자신들의 삶의 존재 방식을 긍정하는 재해석, 재정의의 실천을 시도한다. 또한, 대항적 공론장에서는 자신이 말하는 의견에 다른 사람이 귀 기울여준다는 경험, 자신의 존재가 무시되지 않는다는 경험이 가능해진다. 이 공론장은 그것을 구성하는 사람들의 구체적인 삶을 배려하는 친밀권의 성격을 가진다. 셋째, 대항적 공론장은 공적 공간을 정치화하는 효과를 가진다(사이토 준이치, 2000, 37~39).

페미니스트들이 지배적 공론장으로부터 배제된 소수자들의 대항적 공론장을 강조했다면, 계급론자들은 공론장이 부르주아계급의 헤게모니적 지배 공간이라는 점을 강조한다(Negt & Kluge, 1993). 그에 따르면, 공론장은 시민의 동의를 창출하는 새로운 헤게모니적 지배양식의 제도적 공간이다. 공론장은 사적 개인들이 사회적 정치적 삶의 규칙에 관한 합리적 토론에 참여하는 영역이지만, 동시에 특정 계급이 다른 계급 성원을 통합하고 이들에 대한 헤게모니를 획득하는 장소다(Kohn, 2013:74). 부르주아 공론장이 그 물질적 토대를 무시하고 전체로서 사회를 대표한다고 주장하는 한, 이곳에서 프롤레타리아의 경험과 이익이 스스로 조직할 기회는 존재하지 않는다. 넥트와 클루게에 따르면, 부르주아 공론장은 세 가지 계급적 기능을 수행한다. 무엇보다, 부르주아 생산양식을 사회질서로 '공적으로'(publicly) 제시하기 위해서, 부르주아 공론장은 부르주아적 질서의 공적 확립을 방해하는 모든 장애물을 '사적'인 것으로 배제해야 한다. 둘째, 부르주아 공론장은 정치적 공론장이 부르주아 생산질서를 왜곡하거나 무력화하지 못하도록 절차적 규칙과 정당화를 제공하고 한계를 설정한다. 셋째, 사회의 총체성에 대한 환상적 종합으로서의 공론장은 자신이 사회의 총체성을 대표한다고 계속 주장해야 한다. 이는 집합적 의지의 출현과 참여에의 환상을 만들고 전체세계를 포괄하는 의미 있는 맥락을 형성함으로써 사회적 규율을 확립한다(Negt & Kluge, 1993).

　부르주아 공론장에 대한 이러한 비판적 인식은 프롤레타리아 공론장에 대한 대안적 모색으로 이어진다. 넥트와 클루게는 '프롤레타리아 공론장' 개념을 통해서, 공론장에서 구체적인 욕구와 이익, 저항과 권력의 문제를 강조한다. 이들에게, 공론장은 사회 구성원과 관련된 모든 것들이 통합되는 "경험의 일반적인 사회적 지평"이다. 공론장을 통해 사회적 경험이 어떻게 표현되고 어떠한 메커니즘에 의해서, 누구의 이익을 위해, 어떠한 효과를 가지면서 형성되는가가 관심사이다. 공론장은 사회의 총체성과 관련된 범주로서, 지배체제의 정당성을 창출하는 기제이자 사회에 대한 인식을 통제하는 메커니즘이다(Negt & Kluge, 1993).

　그들은 사회적 경험을 조직하는 세 가지 양식으로 부르주아 공론장과 생산 공론장(public spheres of production), 프롤레타리아 공론장을 구분한다. 먼저, 부르주아 공론장은 자본주의발전의 초기 단계에서 봉건체제에 대항한 혁명적 슬로건이자 사회적 부의 전유를 위한 정치적 투쟁이 이루어지는 매체로 기능했다. 그러나 자본의 이윤 극대화가 사회조직의 일차적 원리가 되면, 새로운 형태의 생산 공론장이 출현한다. 후기 자본주의의 현실에서 생산 공론장은 더 이상 시장으로부터 분리된 영역이 아니라 생산과정의 즉각적 표현으로 이윤 창출을 위해 소비자의 "생활맥락" 그 자체, 삶의 영역을 대상으로 한다. 컴퓨터와 대중매체, 미디어 카르텔, 이익집단과 대기업의 홍보 활동이나 법률부서 등 산업화한 공론장들은 생산과정과 생활맥락이라는 개인의 사적인 영역을 포함하며, 실제는 공공적이지 않지만 사람들에게는 공적인 것으로 표상된다. 반대로, 프롤레타리아 공론장은 소외된 노동과 삶의 역사적 주체로서 노동계급에 기초하지만 경험적 범주가 아니다. 그것은 인간노동과 존재의 파편화, 사회적 총체성 속에서 기존 조건의 실천적 부정을 의미하는 '부정의 범주'이다. 프롤레타리아 공론장은 노동자들의 경험적 공론장이라는 맥락 내에서 발전하는 것이 아니라, 경험을 사회의 총체성에 연결함으로써, 프롤레타리아적 생활맥락에서 봉쇄된 경험을 지양하는 것이다.

여기서 넥트는 노동자들의 직접적 경험이 이루어지는 '경험적 공론장'과 매개적 경험이 이루어지는 '프롤레타리아 공론장'을 구분하고 있다. 노동자의 경험적 공론장은 노동계급 공론장 내에서 작동하는 과정이면서 동시에 부르주아적 구조를 갖는다. 예컨대, 임금인상, 노동조건 개선에 대한 요구는 추상적 형태로 부르주아 공론장으로 흡수되며, 수많은 경제적 파업은 노동자들의 특수한 이익을 전체사회의 이익으로 전환하는 데 실패한다. 반면에 프롤레타리아 공론장은 넓은 의미의 '계급의식'과 '계급투쟁'으로 파악될 수 있다(Negt & Kluge, 1993). 프롤레타리아 공론장은 계급의식을 향한 발전과정을 지칭한다. 이러한 측면에서 프롤레타리아 공론장은 사회적 모순과 사회적 이익에 대한 파편화된 경험들이 이론적으로 매개된 의식과 변혁적 실천을 향한 생활 스타일로 결합하는 과정에서 매개의 필연적 형태다(Knodler-Bunte, 1975).

미래의 요소로서 프롤레타리아 공론장이 존재하기 위해서는 세 가지 조건이 필요하다. 첫째, 생산계급의 이익이 추동력이어야 한다. 둘째, 생산적 부문의 특수한 이익과 전체사회를 연관 짓는 접촉의 매개를 창출할 수 있어야 한다. 셋째, 그 발전과정에서 부르주아 공론장의 억제적이고 파괴적인 영향력이 제압되어야 한다. 프롤레타리아 공론장은 프롤레타리아 이익 자체가 발전하는 형태를 의미한다. 프롤레타리아 공론장은 노동운동의 상이한 발전 정도나 해당 시기 노동계급 해방의 정도를 보여주는 지표이다. 그들에게 프롤레타리아 공론장은 부르주아 공론장에 대한 역사적 대항개념이자, 경험의 공적 조직에서 근본적으로 새로운 구조를 대표한다(Negt & Kluge, 1993:57).

노동계급의 이익이 프롤레타리아 공론장으로 조직화되면, 노동자들은 부르주아에 대한 저항을 통해 자신의 정체성을 정의한다. 이 과정에서 프롤레타리아적 생활맥락은 정체성 발전의 핵심을 이룬다. 프롤레타리아 공론장은 노동계급의 실제적인 핵심이익에 의해 풍부해진 총체성에 대한 인식으로, 계급의식 형성의 잠재적 토대를 제공한다. 프롤레타리아 공론장은 하나의 장소라기보다는 과정이다. 프롤레타리아 공론장이 노동계급의 핵심이익과 전체사회를 연관 지으며 그것을 표현하는 상호작용의 한 형태이기 때문에, 그것은 사회적 존재와 의식 사이의 매개라는 적극적인 기능을 담당한다(Knodler-Bunte, 1975). 따라서 이들은 프롤레타리아 공론장에서 비판적 토론에 앞서 학습 과정을 강조한다. 물론 이 학습은 지식인에 의한 교육이 아니라, 노동계급의 경험적 맥락으로 집합적으로 변형되고 그 속에서 재구성될 수 있는 학습을 의미한다.

결국, 프롤레타리아 공론장은 계급적 이익의 은폐, 부르주아 계급이익의 보편화, 프롤레타리아 이익의 배제에 대항하여, 계급적 이익의 표출, 계급적 이익과 계급 경험의 재해석, 보편화를 시도하는 대항 이데올로기의 영역으로 존재한다. 이 대항 이데올로기 영역으로서의 프롤레타리아 공론장은 시민으로서가 아니라 노동자로서 개인적 삶의 경험과 의식을 교류하고 소통함으로써 계급적 경험을 집단으로 조직화하는 것을 의미한다.

2. 노동조합 공론장과 공장체제

1) 노동조합 공론장의 특성

프롤레타리아 공론장이 이념적 범주라면, 노동조합 공론장은 현실로 존재하는 경험적 범주이다. 공론장의 시각에서 노동조합을 분석하고 있는 유일한 연구는 아로노위츠의 미국노동조합에 대한 분석이다(Aronowitz, 2000). 아로노위츠에 따르면, 노동조합은 단체교섭의 대리인일 뿐만 아니라 공간적으로 노동계급 문화의 장소이다. 노동자들이 경험을 자율적으로 공유할 때, 그것은 공공영역이라기보다는 문화영역(a cultural sphere)의 형태를 취하며, 노동계급의 문화영역은 관료적 공공성과 부르주아 공론장 모두에 대한 저항의 장소가 될 수 있다. 그러나 미국노동운동의 역사에서, 일상적인 모임을 위한 장소이자 여가와 토론을 위한 공적 공간이며 조합원들의 사회적 유대를 공고히 하는 장소였던 노동조합의 구조가 소멸하고, 대신에 서비스모델에 기초한 노동조합이 지배적인 형태로 자리 잡았다(Aronowitz, 2000:83).

아로노위츠가 강조하는 노동조합 공론장의 모습은 생활세계 맥락에서 비공식적인 대화와 토론, 일상적 여가와 공감을 통해 사회적 유대를 형성하는 공적 공간이다. 생활세계에 기반을 둔 비공식적 공론장은 일상세계의 친숙한 관계를 특징으로 한다. 그것은 노동자의 경험과 요구, 생각을 표현하고 교류하는 생활세계 영역이자, 자신의 목소리가 드러나고 자신의 의견에 대한 반응과 응답이 직접 이루어지는 영역이다. 소통은 권력 관계를 전제하지 않으며, 정서적 표출과 공감을 특징으로 한다. 다양한 의견들은 경쟁의 형식을 띠기보다는 하나로 모이고 수렴되면서 현안에 관한 관심을 제고해 구체적 요구로 집약된다. 이때 노동조합 공론장은 노조의 집회와 시위, 회의, 행사와 같이 공식적이고 제도화된 공론장과 일상적인 소모임, 선술집, 취미모임, 문화 활동과 같이 일상적 삶의 경험과 교류 속에서 드러나는 비공식적 공론장으로 구분할 수 있지만, 양자는 상호 긴밀하게 연계되어 있다. 이러한 시각에서 노조 공론장은 작업장 내에서 감정과 경험을 공유하는 문화적 공동체이자, 일상적인 의사소통과 의견 교류를 통해 공유된 경험에 대한 해석과 의미부여가 이루어지는 과정이다. 중요한 것은 조합원들의 경험과 의견 형성이 소외된 노동으로부터 유발된 공통의 감정과 느낌에 기초해 있다는 점이다. 그것은 생산과정의 물적 토대로부터 그 자양분을 끊임없이 공급받는 문화적 규범과 집합적 연대, 행위 양식과 결부되어 있다.

나아가 노동조합 공론장은 생산 공론장에서 유포되는 지배 이데올로기에 대한 대항 담론이 출현하는 공간이다. 동시에 노동조합 공론장은 자본에 의해 구조화되고 포위된 공간이자 자본의 개입으로부터 영향을 받는 영역이다. 기업 수준의 생산과정과 노동자의 생활세계는 자본에 의해 일상적으로 관리되고 통제되며, 자본의 헤게모니는 노동자들의 경험과 의식을 끊임없이 재구성하는 압력으로 작용한다. 노동자들의 의견 형성과 경험에 대한 해석은 기업 경영진이 주도하는 공장 공론장=헤게모니적 지배의 영향을 받는다. 그리하여 노조 공론장에서는 프롤레타리아 공론장의 요소와 생산 공론장의 논리가 끊임없이 충돌하고 그 경계가 중첩된다. 노동조합은 자본의 지배적 담론과 끊임없이 경쟁하고 그 영향으로부터 조합원들을 보호해야 하는 과제에 직면한다. 특히 기업별 노조 체제에서 노동조합 공론장은 기업 내부에 위치하며, 노동자의 기업 정체성과 경쟁해야 한다.

그리하여 노조 공론장은 부르주아 헤게모니와 자본의 영향력에서 벗어나기 위한 의식적 노력이 이루어지는 공간이다. 윌리스에 따르면, 노동자들은 지배문화의 이데올로기적 실천과의 대항 관계 속에서 스스로를 재생산한다. 노동자들은 부르주아 문화의 타자들로 스스로를 정치적, 사회적 주체로 재생산하는 것이다. 계급문화는 다른 집단, 제도, 성향과 일정하게 '대결'하면서 발생한다(Willis, 2004). 이러한 점에서 노동조합 공론장은 노동조합의 교육적 기능과 긴밀히 연관되어 있다. 이곳에서 노동조합을 통한 의견의 교환과 집합적 의지의 형성, 지배 이데올로기로부터의 탈각과 대항 이데올로기의 형성, 계급 의식적인 노동자의 형성과 훈련이 이루어진다. 노조 공론장은 노동자들의 자율적인 목소리를 확대하고 지배 이데올로기에 대항하는 교육과 설득 과정이다. 자유로운 의견 표현과 대화, 교육과 설득의 방식으로 공론을 형성하고 집합적 의지를 형성하는 과정은 곧 민주주의를 배우고 실천하는 과정이다.

요약하면, 노동조합 공론장은 ① 생활세계 맥락에서 소외된 노동으로부터 유래하는 노동자들의 집합적 불만과 감정, 욕구, 의지가 표출되는 공간이며, ② 노동자들의 의식을 조작하고 관리하기 위한 헤게모니적 지배와 대항 헤게모니 사이의 각축장이다. ③ 그것은 노조 내부의 비판적 토론과 교육 선전을 통해 노동자들의 집합적 경험을 계급적 단결과 투쟁이라는 실천 의지로 조직하는 과정이다. 부르주아 공론장과 비교해 노동조합 공론장의 특성을 정리하면 다음과 같다.

먼저, 공론장의 이상과 관련하여, 부르주아 공론장이 사적 개인들에 의한 이성의 공적 사용으로 쟁점에 관한 비판적 토론을 통해 보편적 합의에 도달하는 것을 목표로 한다면, 노동조합 공론장의 이상은 생산과정에서 유래하는 집합적 경험의 조직화를 통해, 사회적 총체성에 대한 인식, 계급의식에 도달하는 과정이다.

둘째, 공론장의 특성과 관련하여, ① 부르주아 공론장이 이성에 기초한 보편적 합의를 지향함으로써 소수자의 목소리를 배제하는 경향이 있는 데 반해, 노동조합 공론장은 사회적 상황을 우리-그들 관계로 단순화하고 소수자의 목소리를 드러냄으로써 계급적 적대성을 인식하고자 한다. ② 부르주아 공론장이 이상적 담화상황에서 비판적 토론을 통해 합의 가능성을 찾아내고자 한다면, 노동조합 공론장은 생활세계에서 공유된 감정과 경험을 표출하고 조직화하며, 언어적 표현을 넘어 물리적 친밀성, 감정적 공유, 연대를 지향한다. ③ 부르주아 공론장이 전적으로 추상적이고 보편적인 담론의 규칙에 의존한다면, 노동조합 공론장에서 의제나 토의, 합의는 물질적 토대의 영향에서 자유롭지 않다. ④ 부르주아 공론장이 자유로운 사적 개인들의 '여론' 형성을 통해 법치국가의 정당화를 지향한다면, 노동조합 공론장은 산업

〈표 5〉 부르주아 공론장과 비교한 노동조합 공론장의 특징

	부르주아 공론장	노동조합 공론장
공론장의 이상	개인 이성의 공적 사용, 비판적 토론에 의한 보편적 합의	집합적 경험의 조직화를 통한 사회적 총체성의 인식(계급의식)
공론자의 특성	형식적 보편성과 소수자의 배제	사회적 상황의 단순화와 계급적 적대에 대한 인식
	논리적, 추상적 언어규칙에 따른 토론, 이상적 담화상황에서의 언어적 설득을 통한 합의	생활세계의 공유된 감정, 경험의 표출과 조직화, 물리적 친밀성과 감정적 공유, 감각적으로 인식 가능한 연대
	물적 토대로부터의 분리	생산과정 및 물적 토대의 영향력
	공론장을 통한 법치국가의 정당화, 부르주아 헤게모니	산업적 시민권과 공장 전제체제의 모순, 취약한 정당화와 높은 강제
공론장의 기능	부르주아 계급이익의 보편화와 지배질서의 안정화 지배 담론을 통한 이데올로기적 합의	노동계급 이익과 경험의 조직화를 통한 지배질서의 변화, 대항담론을 통한 지배 이데올로기에 도전

시민권의 이상과 전제적 공장체제의 모순을 안고 있다는 점에서 여론 형성과 공장체제의 정당화 사이에 직접적 연관을 찾기 어렵다.

셋째 공론장의 기능이라는 측면에서, 부르주아 공론장은 부르주아 계급이익을 보편화함으로써 지배질서의 안정화를 추구하는 반면, 노동조합 공론장은 배제된 노동계급의 이익과 경험을 조직하여 지배질서의 변화를 추구한다. 부르주아 공론장이 지배적 담론을 통한 이데올로기적 합의를 요구한다면, 노동조합 공론장은 대항 담론의 형성을 통해 지배 이데올로기에 도전한다.

2) 공장체제와 노동조합 공론장의 유형

노조 공론장이 대항적 성격의 공론장이 될지는 공장체제가 생산과정에서 헤게모니적 지배질서를 확립하고 있는지에 달려 있다. 부라보이는 '생산의 정치'라는 개념을 통해 '헤게모니적 공장체제'의 형성과 '동의'의 창출을 강조하고 있다. 부라보이는 그람시의 헤게모니 분석이 국가와 시민사회뿐만 아니라 공장체제에도 적용될 수 있다고 주장한다. 그는 생산의 경제적 계기인 노동과정과 생산의 정치적 계기인 생산장치('작업에서의 투쟁들을 규제하고 형성하는 제도들')를 구별했다. 그는 생산의 정치적 장치들과 노동과정의 정치적 효과를 포함한 전반적인 생산의 정치적 형태를 '공장체제'로 개념화하고 있다 (Burawoy, 2000).

부라보이는 공장체제를 크게 헤게모니 체제와 전제체제로 대별한다. 그는 공장체제에 대한 국가의 개입(노동력 재생산에 대한 국가의 보호), 공장 장치들과 국가의 제도적 관계를 기준으로 공장체제를 헤게모니 체제, 시장 전제체제, 관료제적 전제체제, 집단적 자주관리 체제로 구분한다. 헤게모니 체제는 공장 장치들의 상대적 자율성에 의존해 노동계급의 투쟁을 규제하고 경영진의 개입을 제한하는 것이지만, 전제체제는 경영진에게 노동력을 무제한으로 지배할 수 있는 강제수단을 제공한다. 시장 전제에서 자본은 사적인 입법자처럼 노동자들에 대한 권력을 자기 마음대로 행사하며 시장의 경제적 채찍이 이를 뒷받침한다. 그러나 헤게모니 체제에서는 단체교섭, 고충 처리기구, 내부노동시장 제도와 같은 생산장치들이 노동자 투쟁에 한계를 설정하고 경영진의 권위적인 충동을 억제함으로써 게임을 둘러싼 노동자들의 협력과 동의를 창출한다. 경영자들은 시장의 경제적 채찍에만 의존할 수 없으며 경영진에 협력하도록 노동자들을 설득해야 한다. 노동자와 경영자 모두가 규칙들을 받아들이는 가운데 협력이 이루어지는 '게임'이 진행된다는 것이다(Burawoy, 2000). 나아가 그는 헤게모니 체제의 특징을 지닌 새로운 전제적 생산정치로 '헤게모니적 전제' 체제의 출현을 강조하고 있다. 이때, 경영진은 자본의 국내적, 국제적 이동에 대한 노동의 취약성을 이용해 '희생에 대한 동의'를 요구하며, 헤게모니적 전제의 두 면모로서 양보 교섭과 '노동 생활의 질 향상' 프로그램이 나타난다는 것이다.

헤게모니 공장체제와 노동조합 공론장의 관계는 명확하다. 시장 전제적 공장체제에서는 노조나 노동자의 산업시민권이 허용되지 않기 때문에, 노동자들이 노조를 매개로 공론을 형성할 가능성은 존재하지 않는다. 노동조합의 승인과 단체교섭의 제도화, 고충처리제도의 활성화, 내부노동시장의 형성과 같은 헤게모니 체제가 형성되면, 노동자들은 산업시민권을 확보하게 된다. 이를 통해 자율적 담론과 행동의 공간이 생겨나고 동의의 창출과 대항 담론의 형성을 둘러싸고 치열한 헤게모니 쟁투가 벌어질 가능성이 커진다. 중요한 것은 헤게모니 체제의 제도적 요소인 단체교섭과 고충 처리기구,

내부노동시장이 어떻게 기능하는가 하는 점이다. 내부노동시장을 통한 고용 안정과 상대적 고임금, 기업복지를 통해 헤게모니적 공장체제가 노동자들의 '동의'를 확보하는 데 성공하고 있는지, 경영으로부터 노조의 자율성과 경영의 자의적 권한 행사에 대한 실질적 규제력이 존재하는지가 결정적이다. 이 점에서 헤게모니적 공장체제와 헤게모니적 전제체제의 구분이 중요하다.

경험적으로 노동조합 공론장의 성격은 저항과 경쟁, 종속 등 여러 가지 형태를 띨 수 있다. 그와 관련하여 윌리스의 '분화'와 '통합'이라는 개념이 유용하다. 윌리스는 노동계급 문화가 구체적 형태로 표출되고, 특정한 제도의 영향을 받으면서도 제도로부터 분리되는 과정을 '분화'라고 말한다. 반면, '통합'이란 계급적 저항과 그 의도들이 외견상 정당한 제도적인 관계와 교환 속에서 재정의되고 수정되는 과정이다. 분화는 당사자들에게 부과된 제도적 억압으로부터 결정적으로 분리되는 집단적 학습 과정으로 체험되고, 제도의 담당자들에게는 이해하기 힘든 붕괴와 저항, 반항으로 체험된다(Willis, 2004). 노동조합 공론장이 생산 공론장의 지배문화에 대항해 자율적 공간으로 존재하기 위해서는 '분화'의 과정이 필요하다. 만약 생산 공론장과 노동조합 공론장의 관계가 '통합'의 형태를 띤다면 노동조합 공론장은 종속적 성격을 가질 수밖에 없고, '분화'의 형태를 띤다면, 저항적 성격을 띠게 될 것이다. 양자 사이에 '경쟁과 타협'의 형태를 띤 노조 공론장이 존재하게 될 것이다. 지배문화로서의 생산 공론장과 하위문화로서의 노동조합 공론장이 분화와 통합 중 어떤 방향에서 관계 맺는가는 공장체제의 헤게모니적 성격, 노동조합의 권력에 의존한다.

먼저, 공장체제가 헤게모니적 형태를 취하면서 노동조합의 권력이 취약하다면, 노조 공론장은 자율적인 형태로 존재하기보다 작업장의 지배문화,

생산 공론장에 '통합'되거나 종속된다. 이때, 노동자들의 경험과 의식은 기업이 제공하는 해석 틀과 이데올로기적 기제에 통합될 것이다. 조합원들은 노조를 최소한의 견제장치로서만 인식하게 되고, 자신들의 경험을 집합적으로 조직하고 의견을 교류하며 공동의 일상을 영유하는 문화적 공동체로 인식하지 못한다. 기업이 유포하는 이데올로기와 지배적 담론이 노동자들의 의식과 경험을 지배하게 된다. 넥트의 용어로, 자본에 의한 공론장의 실질적 포섭이 이루어져 노동조합 공론장이 자율성을 상실한 채, 자본이 일방적으로 조작·통제하는 생산 공론장이 지배적인 경우이다.

둘째, 공장체제가 전제적 형태를 띠고 노동조합의 권력이 강하다면, 명확한 계급적 경계와 강한 응집력을 가진 저항적 공론장이 출현하기 쉽다. 노동조합이 양보 교섭을 강제 받고, 핵심이익인 고용안정을 위협받거나 고충 처리에 대한 기업의 태도가 권위적이며, 노조에 대한 사용자의 공격이 격화될 때, 공장체제는 '헤게모니적 전제'로 변화된다. 사실 노동조합이 대중화되고 노동법에 따른 노사관계 규율이 제도화되면, 엄밀한 의미의 시장 전제는 불가능하다. 오히려 단체교섭과 고충 처리기구, 내부노동시장과 같은 헤게모니적 요소들이 제도화되어 있다고 할지라도, 자본은 강압적이고 권위적인 방식으로 노동의 양보와 희생을 요구하는 헤게모니적 전제체제를 구축할 수 있다. 일정한 공장 장치들에 기초한 헤게모니가 작동하는 방식에 따라 동의와 강제의 스펙트럼 위에 특정한 공장체제가 위치할 것이다. 이 경우, 노동조합의 현장 권력이 살아 있다면, 노동조합은 자본의 공격에 대한 장벽으로서 명확한 경계를 갖는 문화적 공동체로 기능하기 쉽다. 외부적으로 노사 간의 경계가 강화되어 적대적 노사관계가 확립되지만, 내부적으로는 조합원들의 정서적 유대, 조합에 대한 헌신과 일체감이 강화되면서, 저항적 공론장이 형성되기 쉽다. 노동자들의 경험은 소외된 노동과 자본의 적대라는 맥락에서 집합적으로 조직화되며, 노동자들의 행동은 계급갈등의 관점에서 재해석된다. 조합 활동이 조합원들의 사적인 특수이익을 넘어 전체 노동자라는 맥락에서 수용된다는 점에서, 노조 공론장은 대항 이데올로기의 공간으로 기능한다.

셋째, 공장체제가 헤게모니적 형태를 취하면서 노조의 권력도 강한 경우, 노조 공론장은 보다 복잡한 양상을 띠게 된다. 자본의 헤게모니적 지배가 이루어지지만, 자율적 노조 공론장이 존재하여 그에 기반을 두고 기업과 노조의 경쟁이 벌어진다. 단체교섭을 통한 경제적 지위 향상, 내부노동시장을 통한 고용안정, 고충 처리기구를 통한 불만의 관리, 기업복지에 기반을 둔 종업원 정체성을 특징으로 하는 헤게모니 체제에서, 노사 간의 헤게모니 쟁투는 예측 가능한 범위 내에서 일정한 균형점을 찾아가는 경쟁적이고 타협적인 공론장으로 귀결되기 쉽다. 산업시민권에 기반을 둔 노동자의 권리가 존중되기 때문에 노사 간의 이념적 거리가 크지 않으며, 상식 수준에서 노사의 합리적 토론과 교환이 이루어진다는 점에서 타협적이다. 개별 노동자들은 기업의 생산 공론장과 노조 공론장 모두로부터 영향을 받으며, 노동조합을 명확한 경계와 소속을 가진 공동체로 인식하기보다는 경제적 이익을 실현하기 위한 도구로 파악할 가능성이 높다. 그리하여 노동조합 내 여론은 조합원 개개인의 사적 이익들의 총합으로 나타난다.

마지막으로, 노조가 용인되지 않는 시장 전제적 공장체제나 헤게모니적 전제체제에서 노조가 무력화되어 있다면, 노동조합의 자율적 공간은 존재하기 어렵다. 공론장은 근대적 의미의 사적 개인과 시민권을 전제로 하는 개념이기 때문에, 공장체제 내부의 산업시민권이 확립되지 않은 곳에서 노동조합 공론장은 존재하기 어렵다.

<표 6> 노동조합 공론장의 유형들

공론장의 성격		공장체제 (규제제도와 자본의 전략)	
		헤게모니 체제	헤게모니적 전제체제
노조의 권력	강하다	경쟁적 · 타협적 공론장	저항적 공론장
(현장 권력)	약하다	종속적 공론장	공론장 소멸

3. 노동조합 공론장의 출현과 변화 양상

1) 1987년 이후 노동조합 공론장의 출현

1987년 이후 1990년대 초중반까지 한국의 많은 노동조합은 자본과 국가의 탄압에 대항하는 저항적 공론장의 특성을 보여주었고, 조합원들의 일상적 참여와 투쟁에 기반을 둔 문화적 공동체로서 기능했다. 자본으로부터 자율적인 '민주노조'의 존재 그 자체만으로 작업장 지배질서의 붕괴를 의미했다는 점에서, 민주노조의 결성과 승인, 단체교섭 과정은 자본의 강력한 저항과 억압에 직면했고, 이를 극복하기 위해서 조합원들의 활발한 참여와 투쟁이 불가피했다. 노동자들은 회사에 대한 소속감보다는 노조에 대한 소속감과 '우리-그들'의 노사관계 의식을 보였고 자본으로부터 자율적인 계급문화를 형성하기 시작했다. 노동자들은 다른 기업 노동자들과의 연대에 강한 의욕을 보였고, 투쟁에 대한 지역적, 전국적 연대는 일상적인 경험이 되었다. 노동자들은 노조결성 과정에서 사용자의 탄압, 어용노조의 경험을 통해 민주노조에 높은 가치를 부여했고, 민주적인 노동조합을 인간다운 삶을 위한 전제조건으로 생각했다.

　노동조합은 단체교섭의 제도적 절차에 한정되지 않고 노동자들의 생활상의 불만과 요구를 표출했고, 노동자들은 사용자의 권위적 지배와 차별에 대한 도덕적 분노, 새로운 작업장 질서를 향한 강한 열망을 드러냈다. 노동조합은 수직적 위계를 가진 관료적 제도가 아니라 수평적 의사소통과 밑으로부터의 참여 열기로 작동하는 해방적 공동체였다(김동춘, 1995:242~246). 노동자들에게 노조는 근로조건 개선을 위한 교섭제도일 뿐 아니라 자신의 생활상 요구를 표출하고 동료노동자들과의 교류와 연대를 실천하는 문화적 공동체, 자본의 전제적 지배에 저항하는 저항적 공론장의 의미를 갖게 되었다. 노조가 제기하는 의제나 요구 역시 단순히 사적 이익이나 실리적 요구에 한정되지 않았다.

　이 시기 노동조합의 의제는 작업장에서 노동시민권의 확립과 관련된 것들이었다. 노동자들은 작업의 규칙과 관행, 평가와 보상방식, 노동강도의 결정과 관련하여 경영의 권위에 도전하였고, 작업장의 규칙과 관행을 새롭게 정의할 것을 요구했다(박준식, 1997:158~161). 노동조합 공론장의 의제들은 대부분 비인간적 대우에 대한 도덕적 분노라는 성격을 띠고 있으며, 쟁의 과정에서 중요했던 것은 조합원 개개인의 사적 이익이라기보다 노조의 인정과 해고자 문제와 같은 조직적 이익이었다. 이 시기 단체교섭은 단순히 임금, 복지를 둘러싼 줄다리기 양상을 띠지 않았으며, 노사 간 권력 관계를 재편할 수 있는 쟁점이 중요하게 부상했다. 노동자들은 사회체제에 대한 급진적 인식을 보여주었고, 협상을 통해 적당히 실리를 얻는다는 발상과는 구분되는 논리와 불만, 열망이 투쟁의 중요한 동기가 되었다(허재영, 2000:150~151).

　노동조합 공론장은 공식적인 공론장과 비공식적 공론장으로 구분된다.

비공식적 영역에서 노동조합 공론장은 작업장 내 사회관계, 동문회와 향우회와 같은 연고 네트워크, 취미모임과 같은 생활세계 전반의 의사소통 네트워크를 기반으로 했다. 비공식적인 공간에서 권위적인 공장체제에 대한 불만을 표출하고 의견을 교류하던 이러한 네트워크들은 노동운동을 목표로 한 현장 소모임과 결합함으로써 노동자들의 대화와 토론, 교육을 위한 조직적 기반으로 발전했다. 노동조합에서 다양한 형태의 소모임이 중요한 역할을 했다는 것은 업종과 직종을 가리지 않고 일반적으로 확인되는 사실이다. 비공식적 현장 소모임은 조합원들의 의사소통과 토론, 학습을 통해 소외된 노동경험을 집합적으로 해석하고 자본-임노동 관계의 사회적 총체성을 인식하는 교육의 장으로 기능했다. 또한, 현장 소모임들은 노동계급의 유기적 지식인이라 할 수 있는 수많은 노동조합 활동가를 배출했으며, 노조 내 의사소통과 토론문화를 주도하고 노조 집행부의 관료화를 견제하는 역할을 했다. 비공식적 소모임들은 의제에 대한 비판적 토론을 통해 공적인 관심을 불러일으키고 계급의식을 강화하는 중요한 매개였다. 보통 4~5명으로 이루어진 팀을 통해서 주 1회나 2주에 1회 정기적으로 학습하는 경우가 많았다(금속노조, 2009:135~6). 중요한 것은 이러한 소모임에서의 교육이 대부분 토론의 형식으로 이루어졌으며, 변혁적 관점에서의 실천을 의제로 하고 있었다는 점이다. 대부분의 토론이 노동자들의 집합적 경험과 작업장에서의 실천적 과제, 사회적 총체성을 매개하는 쟁점을 중심으로 진행되었다(금속노조, 2009: 98).

공식적 영역에서 노동조합 공론장은 현장 분임토의와 조합원총회, 소위원회와 대의원대회, 노동조합 신문과 소식지를 통해 투쟁 방향과 관련한 공론을 형성하고 투쟁 의지를 확인했다. 대의원들은 대의원회를 통해 조합집행부의 관료적 의사결정을 견제하고, 부서 단위에서 경영의 통제를 견제하면서 조합의 현장 권력을 행사했다. 노조 집행부에 대한 대의원의 견제는 평조합원들의 의견 수렴과 현장토론, 즉, 현장에서 형성된 공론의 뒷받침을 받아야 했다. 노조 공론장의 핵심축은 대의원과 소위원에 의해 주도되는 현장의 의견 수렴과 토론, 현장여론의 형성과정이었다. 노동조합 집행부는 대의원과 소위원을 통해 현장의 의견을 수렴하고 정책에 대한 설명을 진행했으며, 조합원들은 현장 분임토론과 소위원, 대의원을 매개로 한 의견 수렴을 통해 조합의 정책 결정에 참여했다. 조합원총회는 전체 조합원의 투쟁 의지 표명이나 교섭결과에 대한 승인, 집행부에 대한 재신임, 파업 결정과 같은 주요한 의사결정을 위해 수시로 소집되었다.

그러나 1987년 이후 형성된 민주노조는 항상 자본과 국가의 탄압에 노출된 불안정한 공간이었고, 노동자들은 자신들의 열망을 담고 있던 공적 공간을 보호하기 위해서 적극적으로 참여하지 않을 수 없었다. '민주노조'는 소외된 삶과 차별이라는 집합적 경험과 변화에 대한 열망을 집약하는 공간이었고, 사용자와 국가의 탄압으로부터 이 공간을 지켜내기 위해서는 집합적 투쟁과 계급적 연대가 필요했다. 이는 어용노조와 민주노조의 선명한 구분, 민주노조의 역할에 대한 조합원들의 높은 기대와 폭발적인 참여로 나타났다.

이처럼 1987년 직후 노동조합의 의제와 활동방식, 노동조합에 대한 노동자들의 태도 등을 종합할 때, 노동조합은 단체교섭을 위한 제도라기보다는 생활세계 영역에서 노동자들의 불만을 표출하고 내적인 유대와 의사소통, 연대 행동 참여를 고무하는 문화적 공동체의 성격을 갖고 있었다. 노동조합은 내부적으로 조합원들의 높은 관심과 참여, 활성화된 의사소통 구조를 특징으로 했다. 그것은 외부적으로 자본의 개입과 타협에 대한 단호한 거부, 민주와 어용의 선명한 경계를 포함하는 저항적 공론장의 성격을 띠었으며, 탄압에 대한 저항을 통해 계급적 의식을 일깨워가는 프롤레타리아 공론장의 요소를 포함하고 있었다.

2) 노동조합 공론장의 쇠퇴

그러나 1990년대 초중반 이후 단체교섭이 제도화되고 기업들이 신경영 전략으로 반격에 나서면서, 노사 간의 각축은 '헤게모니 공장체제'의 형성으로 귀결되었다. 노동조합은 단체교섭을 통해 근로조건 결정에 개입할 수 있는 권한을 얻는 대신, 단체교섭에서 일정한 타협을 할 수밖에 없고 단체교섭의 결과에 책임을 져야 하는 위치에 서게 되었다. 이는 곧 게임의 규칙을 결정하는 데 참여할 권리를 얻는 대신, 그 규칙에 순응해야 하는 '헤게모니 지배'에 포섭되었음을 의미했다.

정례적인 단체교섭이 노동조합 활동의 중심이 됨에 따라 조합원들의 일상적 참여는 느슨해졌고, 노동조합은 교섭 성과를 통해 자신의 존재 이유를 증명해야 했다. 급격한 임금인상, 기업복지 확대, 신경영전략의 효과를 통해, 노동조합에 대한 노동자들의 태도 역시 점차 실리적이고 개인주의적 방향으로 변화되기 시작했다. 조합원들은 단체교섭을 통한 근로조건 향상에 만족하기 시작했고 노조 간부들은 더 많은 성과를 얻어내기 위해 경쟁해야 했다. 단체교섭 성과가 노조에 대한 평가 기준이 되면서, 사용자가 노동조합에 영향을 미칠 가능성도 증가했다. 경영진은 노조가 아니라 기업에 충성하는 것이 더 많은 이익을 가져오며 회사와 협력하는 노조가 더 많은 성과를 가져올 수 있다는 점을 조합원들에게 인식시키고자 했다. 노조 활동을 개인적 부담으로 인식하고 노조의 교섭 효과에 무임승차하려는 경향이 증가하면서 노조는 더욱 관료화되었다. 교섭이 전문화되고 노조 간부들도 전문적 지식이 필요하게 되었기 때문이다(금속노조, 2008:210~213).

　노동조합의 의제 역시 단체교섭을 통해서 성과를 얻어낼 수 있는 쟁점으로 한정되기 시작했다. 노조 공론장 내부의 토론은 조직 활동가들의 세력경쟁 양상을 띠기 시작했고, 집행부와 조합원들의 관계에서도, 성과와 진정성을 조합원들에게 과시하기 위한 관료적 공공성이 증가했다. 노동조합 공론장은 소외된 노동의 경험과 사회적 총체성의 연계를 위한 토론과 교육의 장으로부터, 조합원 개개인의 사적 이익을 실현하기 위한 도구적 공간으로 변하기 시작했다. 이제 노동조합의 지배적 원리는 '공동의 것'에 대한 공적 관심이라는 '정치적인 것'으로부터, 일반화된 사적 이익이라는 '사회적인 것'으로 변화되었다. 공동의 것에 관한 관심과 헌신, 직접적 참여가 줄어들면서, 노동조합의 공론장으로서의 성격은 약화하였다. 계급적 연대는 점차 수사로 그쳤고, 단체교섭을 통해 얼마나 성과를 얻어낼 수 있을 것인지, 성과를 얻어내기 위해 어떤 수단을 활용할 것인지가 관심의 대상이 되었다. 노동조합이 대항적 공론장이기보다 '불만의 관리자'로서 지배체제에 '통합'되는 경향이 증가했다. 노동조합은 점점 관료적 합리성과 효율성을 강조하게 되었다.

　이는 노동조합의 의제에도 변화를 가져왔다. 1990년대 동안 현장의 요구에 기초한 생생한 문제 제기는 거의 사라졌다. 오직 노사 양측이 합의한 쟁점만이 협상의 의제로 남게 되고 사측과 협의할 수 없거나 협상할 필요가 없는 쟁점들은 체계적으로 배제되었다. 노동운동을 양적인 기준을 통해서 이해하며, 요구가 현실적으로 받아들여질 가능성에 주목하는 시각이 지배적인 경향이 되었다(허재영, 2000:175~179). 노조가 자신의 의제를 교섭 가능한 쟁점으로 제한하면서, 사회적 상식에 기초한 교섭의 논리는 부르주아 공론장의 지배적 담론에 포섭되었다. 노조는 조합원과의 의사소통에 주력하기보다 노사가 공유하는 의제의 설정과 양적 논리에 기초한 관료적 교섭에 집중하게 되었다.

특히 1998년 IMF 이후 노동조합 공론장은 급격히 쇠퇴하였다. 노동시장의 급격한 변화와 고용불안은 노동자들의 사회적 연대를 크게 위축시켰고, 작업장 내에서 시민권을 가진 집단과 배제된 집단, 일등시민과 이등 시민의 구분이 노동조합 공론장의 경계를 형성하게 되었다. 노조는 더 이상 전체 노동자가 참여하는 개방적 공론장이라기보다 폐쇄적 이익집단에 기초한 관료적 권력체계의 성격을 갖게 되었다. 공론장 내부에서 생활세계 의제의 배제, 배타적인 성원 자격, 의사소통에서 비판적 토론과 교육적 기능의 약화, 사적이익의 일반화가 진행되면서, 공론장 행위자와 청중의 분리, 행위자들 간의 세력경쟁과 소통 부재, 과시적 공공성이 증가했다.

노동조합 공론장의 쇠퇴를 보여주는 주요한 징후의 하나는 노동조합의 교육적 기능이 매우 취약해졌다는 점이다. 노동조합 공론장이 공론장인 이유는 그것이 사적 이익의 집합체가 아니라 일반이익에 대한 비판적 토론과 공론의 형성을 특징으로 하기 때문이다. 공론이 형성되기 위해서는 공적 관심으로 결집한 공중이 필요하며, 조합원 교육은 조합원들이 사적 이익에 매몰되지 않고 공적 관심을 가진 공중으로 결집하는 데 결정적인 역할을 한다. 노동조합의 교육은 자율적 의사소통이 비판적 토론으로 이어져 공론을 형성할 수 있도록 훈련하는 기능을 수행하기 때문이다.

노동조합의 교육 기능은 매우 위축되었고, 전통적으로 노동자들의 토론과 교육 기능을 담당했던 현장 소모임들 역시 자취를 감추었다. 금속노조의 경우, 노조가 주관하는 취미모임이나 학습 소모임에 참여하는 노동자는 각각 7.0%, 6.0%에 불과했고, 거꾸로 회사주관의 취미모임에 참여하는 노동자는 18%에 이르고 있다(경상대, 2003:118). 1987년 이후 노동조합 내 비공식적 공론장 역할을 수행해왔던 학습 소모임은 크게 위축되어, 노조 간부 중 학습 소모임을 통해 운동역량을 키운 경우는 대의원의 9.8%, 집행 간부의 10.4%에 불과했다(금속노조, 2008:106). 노조 간부 활동을 위해서 더 이상 개인적 희생에 대한 각오와 결단이 필요하지 않게 되었다. 노조 간부가 주로 인맥이나 주위의 권유로 충원됨에 따라, 노조 내 학습의 필요성은 크게 저하되었고, 노조 활동의 전망과 시야가 협소해졌다는 것이 일반적인 평가이다(금속노조, 2009:166).

노동조합 공론장의 쇠퇴를 보여주는 또 다른 징후는 노동조합에 대한 조합원의 무관심과 제도적 공론장의 위축이다. 단체교섭이 제도화되면서, 노동조합은 조합원이 적극적으로 참여해 지켜야 할 공동체라기보다, 관료적으로 운영되는 권익 보호 기구로 인식되는 경향이 늘어났다. 또한, 제도적 공론장으로서 대의원의 기능이 약화하고 의결기구와 회의체계에서 의사소통이 왜곡되고 있다. 비판적 토론이 이루어지지 않거나 광범위한 의견 수렴과 활발한 의사소통 없이 정책이 결정된다. 대의기구가 집행부의 관료적 결정에 대한 거수기의 역할을 하는 경우가 많아지고 있다.

4. 공장체제와 노동조합 공론장의 사례들

1987년 이후 대기업을 중심으로 내부노동시장과 단체교섭의 제도화, 기업복지를 통해 헤게모니적 공장체제가 형성되었지만, 강제를 동의로 대체하는 정도는 기업별 노조라는 특수성 때문에 기업별로 다양한 양상을 띠었다. 공장체제는 시장 전제와 유사한 체제로부터 헤게모니적 전제, 헤게모니 체제에 이르는 넓은 변이를 보여주고 있다. 노동조합 공론장은 전국, 산업, 기업 수준 등 수직적 위계에 따라 구분해볼 수 있다. 전국과 산별 수준의 노동조합 공론장은 대항 이데올로기나 계급의식 등 공론장의 계급적 성격을 분명히 볼 수 있는 장점이 있다. 그러나 기업별 노조 체제에서는 노조의 단체교섭과 일상 활동이 노동자들의 생활세계 맥락과 직접 연결되어 있고 작업장이 노동자들의 경험이 조직되는 일차적 공간이라는 점에서, 기업 수준의 노조 공론장은 다양한 공장체제에서 노동자들의 집합적 경험이 조직화되는 방식을 보여준다. 이 장에서는 노동조합의 권력을 기반으로 자율적인 노동조합 공론장을 형성하고 있는 경쟁적 · 타협적 공론장과 저항적 공론장의 사례를 통해 상이한 공장체제에서 노동조합이 어떻게 공론장을 만들어가고 있는가를 검토한다.

금속노조 경남지부 산하의 현대로템 지회와 두산모트롤 지회의 사례는 대기업 공장체제에서 노동조합 공론장의 경쟁적 유형과 저항적 유형을 전형적으로 보여주고 있다. 이 두 노조는 모두 창원지역에 있는 재벌 대기업의 계열사로, 높은 기술과 숙련에 기초한 경쟁력을 가지고 있으며 임금수준도 높은 편이다. 두 노조는 지역에서 모범적인 노조 활동과 단체협약을 확보한 대표적인 사업장으로, 자율적인 노동조합 공론장을 형성하고 있는 사례들이다. 현대로템은 노조 활동의 자유로운 공간을 보장하는 헤게모니적 공장체제를 형성하고 있고, 노조 역시 안정적인 노조 활동을 통해 조합원들의 신뢰와 충성을 얻고 있다. 반면, 두산모트롤(현재는 모트롤)은 노조에 대한 탄압을 통해 노조의 양보를 요구하고 복수노조를 설립하는 등 '헤게모니적 전제' 체

제의 특성을 보이며, 노동조합 역시 저항적 공론장의 특성을 띠고 있다.[8]

1) 헤게모니적 공장체제와 경쟁적·타협적 공론장: 현대로템

현대로템은 현대기아차그룹 계열사로 주로 철도차량과 중기 방산 제품을 생산하고 있다. 2013년 현재 조합원은 1,949명(전체 종업원 3,777명)이다. 사업부별로 철차가 1,000명, 중기가 800명 정도이며, 사내에는 11개 협력업체 442명의 비정규직이 근무하고 있다. 노조의 주요기구로는 총회-대의원회-운영위원회-집행위원회가 있다. 지회 대의원은 임기 1년에 50명당 1명씩을 선출하며 총 38명이다. 운영위원회는 노조의 전반적인 사항을 결정하는 기구로 선거구별로 1인씩 총 14명으로, 선거구별 소위원기구의 추천으로 위원장이 임명한다. 현장조직위원은 반별로 1명씩 선출해 총 123명이다.

현대로템 노조는 현장 규제력과 교섭력이 높아 기업경영에 깊숙이 개입했고, 전체적으로 단체교섭을 통해 조합원의 이익을 관철하고 조율하는 데 효율적이며, 회사 측은 타협적이다. 노조는 채용 및 승진과 같은 인사 관리 체계에도 직접 개입한다. 단체교섭에서 그해 생산직 채용인원에 관한 큰 틀의 합의를 하고, 구체적인 사항을 구두로 합의한다. 노조가 사내 하청노동자의 정규직화를 요구하면, 경영진은 일부 인원을 확보하는 방식으로 타협한다. 조장·반장 승진 역시 노사합의로 '직책 보임자 관리규정'을 만들어, 현

---

8 두 사례에 대한 인터뷰는 2013년 4월 두산모트롤 지회, 6월 현대로템 지회를 대상으로, 각각 노동조합 지회장과 사무장, 간부 3인의 해당 노조에 대한 기초사항과 투쟁 과정에 대한 발표와 질의, 응답 방식의 토론으로 이루어졌다. 두산모트롤 지회의 2008년 기업 인수 직후의 투쟁 과정에 대해서는 2008년 이루어진 투쟁사례 발표와 질의응답 방식의 인터뷰로 보완하였다. 현대로템 지회의 비정규직과 정규직의 관계에 대해서는 2009년 이루어진 비정규직 면접 조사 내용을 참고하였다. 2024년 1월 이루어진 두 지회 간부들의 회고 형식의 인터뷰 내용을 추가로 활용하였다.

장노동자들이 자격을 갖춘 사람을 추천하면 사측이 인정하는 방식으로 선임된다. 전환배치 역시 본인의 동의가 없으면 사측이 임의로 할 수 없도록 규제하고 있다.

단체교섭과 관련해서도, 노조는 노동시간 단축을 위해, 잔업을 1시간으로 축소하고 일요 특근을 금지하는 대신 이 부분에 대해 임금을 보전해주면 생산성을 높이는 방식으로 교환을 추진했다. 내부노동시장 역시 정규직 노동자들의 고령화에 따라 더욱 강화되는 추세여서 60세 정년이 법제화되기 전까지 정년 58세+기본급 인상 없는 정규직 1년+계약직 1년이라는 형태로 연장되었다. 현재도 60세 정년 이후 촉탁직으로 2년 동안 더 근무할 수 있다. 노조는 노사합의로 기업 상장을 합의한 바 있고, 이는 성과 배분적 차원에서 우리사주 배분을 위한 것이었다. 노조는 회사의 경쟁력에 높은 관심을 가지며, 사측은 일상적인 노조 활동 시간에 대해서 타임오프 적용을 하지 않는 방식으로 노조와 타협하고 있다. 노조의 일상 활동이 활발한 만큼, 노조는 일상적인 회의체계나 현장에서의 고충 처리 활동을 통해 조합원들의 요구를 신속히 해결하고 있다.

현대로템 지회의 활발한 일상 활동은 소위원이라 불리는 현장조직위원 제도의 활성화에 기반을 둔다. 현대로템의 현장조직위원 활동은 단체협약으로 보장되어 있다. 현장조직위원 주도의 간담회나 교육도 이루어지기 때문에 부서마다 회의공간을 가지고 있으며, 의무적으로 1주일에 한 번씩 조직위원 회의를 해야 한다. 보통 1반에 1명의 조직위원이 15명가량의 조합원을 관할하며, 이들에게는 조합에서 지급하는 활동비와 조합원들이 자발적으로 납부한 활동비를 지급한다. 이처럼 제도화되고 일상화된 조직 활동체계가 노조의 현장 규제력을 유지하는 동력이며, 일상적 고충 처리와 조합 내 의사소통의 핵심메커니즘으로 자리하고 있다.

　노동조합의 촘촘한 조직체계는 노조 내 의사소통, 체계적인 홍보 활동과 연결된다. 평조합원-현장조직위원-노조 집행 간부-지회장으로 이어지는 상향식 의사소통은 조합원들의 원활한 의견 수렴과 고충 처리로 이어지며, 역으로 위계적 조직체계는 노조 방침의 효과적 집행과 교육, 홍보 활동의 활성화로 이어진다. 현장조직위원은 작업장에서 노조의 홍보물과 유인물을 최종적으로 현장조합원에게 배포한다. 민주노총 신문, 금속노조 신문, 경남지부 노보, 대자보, 유인물, 지회가 발간하는 주간 유인물, 대자보, 공고문 등이 항시적으로 현장의 부서별 게시판에 배포된다. 이러한 홍보 활동은 조합원들의 알 권리를 보장하며, 조합집행부가 조합원과 소통하는 가장 중요한 방법이다.

　현대로템의 노조 공론장은 조합원들의 원활한 의견 수렴과 활발한 홍보, 교육 선전이 이루어지는 조합민주주의의 모범적인 모습을 보여준다. 이는 반 단위까지 현장조직위원이 주도하는 공식 체계를 통해 조합원의 의견 수렴과 여론 형성, 조합방침의 전달이 원활하게 이루어지기 때문에 가능한 것이다. 물론 이는 현대로템 지회가 오랜 투쟁경험과 현장조직력을 기반으로 단체교섭과 고충 처리에서 사측을 압도하고 있기에 가능하다. 조합원들의 고충이나 이익 대부분을 노동조합이 잘 처리해주기 때문에, 노동조합 및 노사관계에 대한 조합원들의 만족도도 높다.

　문제는 현대로템의 활성화된 의사소통과 체계화된 조직구조가 임단협 중심의 실리적 활동 방향과 연관되어 있다는 점이다. 조합의 현장 권력은 정례적인 단체교섭에서 구체적인 교섭 성과와 작업장 내 효과적인 고충 처리를 통해 노동조합이 조합원들의 요구를 충족시킬 수 있는 한에서 가능한 것이다. 조합원들의 민주적 의견 수렴과 노동조합의 현장 규제력은 조합원들의 일상적 이익을 실현하는 한계 내에서 작동한다. 그리하여 비정규직 문제와 같이 조합원들의 관심 밖에 있는 쟁점은 노조 공론장의 의제에서 배제되거나 의제로 채택되더라도 비판적 토론이 이루어지기 어렵다. 예컨대 비정규직들도 노조에 가입할 수 있게 문호를 개방하는 지회의 규칙개정은 5차례에 걸쳐 대의원회에서 부결되었다. 노조가 비정규직을 조직화하기 위한 방침을 결정하거나 논의를 한 바도 없고 비정규직 노동자들이 조직화 움직임을 보인 적도 없다.

기업 역시 원활한 생산 흐름을 유지하기 위해 노동조합과의 직접적 충돌을 회피하면서, 정년연장이나 우리사주, 타임오프제와 같이 조합의 실리적 요구에 대해서는 수용적 태도를 보인다. 그러나 비정규직 문제나 산별 중앙교섭 등 기업 내부화하기 어려운 의제에 대해서는 완강한 태도를 보이며, 노조 역시 이러한 부분에 대해서는 일정하게 타협하는 방식으로 노사관계가 유지되고 있다. 즉, 헤게모니적 공장체제가 제도화되면서, 노조의 역할은 조합원들의 요구와 관련하여 강한 교섭력으로 더 많은 성과를 얻어냄으로써 조직 내 활력과 지지를 얻어내는 것이다. 현대로템에서 노조 공론장은 노동자들의 소외 경험을 사회적 총체성과 연결하는 계급의식의 강화보다는, 사회적으로 통용되는 상식에 기초해 산업시민권을 강화하고 노사관계에서 더 많은 성과와 실리를 얻어내는 데 초점이 맞추어져 있다고 평가할 수 있다.

2) '헤게모니적 전제'의 공장체제와 저항적 공론장: 두산모트롤(현 모트롤)

두산모트롤은 건설 중장비용 유압모터와 유압펌프, 전동 지게차와 방산 부품을 생산하는 유압 부품 생산업체이다.[9] 생산직 노동자가 250여 명(전체 종업원 390명)으로, 방산 부문 100명, 민수 부문 150명으로 구성되어 있다. 두산모트롤은 대표적인 복수노조 사업장으로, 2013년 현재 조합원 수는 금속 노조 지회 100여 명, 기업별 노조가 150명이며, 지회 소속 조합원의 80%는 방산 부문에 근무하고 있다. 2008년 두산 자본에 인수된 이후, 두산모트롤 노사는 3년 넘게 단체협약 해지 등으로 심각한 갈등을 겪어왔고, 2010년 노동법개정 이후 복수노조가 들어선 대표적 사업장이다. 2011년 기업별 노조가 만들어진 이후, 두산모트롤 지회는 소수노조로 전락하였다. 그러나 2018년 이후 세가 역전되어 2020년에는 지회가 143명, 기업노조가 87명으로 바뀌었다.

두산모트롤은 원래 경쟁력 있는 중견기업으로 큰 갈등 없이 원만한 노사관계를 유지해왔다. 독점적 부품업체로서의 시장 지위를 가진 덕분에 생산 중단 효과가 매우 커서, 노조는 회사의 양보를 쉽게 얻어낼 수 있었다. 그러나 2008년 동명모트롤을 인수한 두산은 노조탄압을 본격화했다. 사측은 과거 동명모트롤의 임금과 단협 수준이 지역에서는 높은 수준이어서 무엇보다 강성노조를 제압하는 것을 최우선의 목표로 삼았다. 사측은 금속산업 사용자협의회 탈퇴, 중앙-집단교섭 불참을 시작으로 지회 단체협약의 전면 개

---

9   최근 두산모트롤은 두산그룹의 유동성 위기로 사모펀드로 매각되어 ㈜모트롤로 명칭이 바뀌었으며, 2023년 방산 부문은 MNC솔루션, 민수 부문은 ㈜모트롤로 법인이 분할되었지만 2사 1노조 체제를 유지하고 있다.

정을 요구하며 노조에 대해 공세를 펼쳤다. 2008년 9월 단체교섭에서 사측은 단체협약 28개 조항에 대한 개악 안을 제출하고 노조의 일방적인 수용을 요구했다. 사측은 단체협약 조항 중에서 취업규칙 개폐 시 노동조합과 사전 합의, 근무시간 중 조합 활동 보장, 징계위원회 노조 참여 등 노조 활동 조항, 휴직 기간 30일 전 해고예고, 부서이동과 배치전환에 대한 본인 동의, 결원 시 정식사원 채용 및 고용안정 보장, 희망퇴직 시 노조와의 사전 합의, 시간제 임시직 채용인원 제한, 임시직의 고용 기간 제한과 우선 채용, 회사의 분할·합병·양도에 관해 노조와의 합의, 퇴직금 누진제 조항들을 폐지하는 사측 요구안을 수용할 것을 압박했다.

두산모트롤 지회가 이를 수용하지 않자 사측은 단체협약 일방 해지를 통보했다. 단체협약 해지는 정리해고나 비정규직 활용 등 노동 유연화에 대한 제약을 제거하고 노조를 길들이기 위한 것이었다. 이후 단체교섭은 교착상태에 빠졌고 2009년 5월부터 사측은 단협 해지를 선언했고 노사 간에는 거의 3년간 무단협 상태가 계속되었다. 금속노조에서 가장 모범적인 단체협약을 가졌던 두산모트롤 지회에 대한 단협 해지는 기존의 노사관계를 폐기하고 게임의 규칙을 사측에 유리하게 재구성하기 위한 것이었다. 사측은 조합원들에게 회사와 노조 중 어느 한 편에 설 것을 강요했다. 이는 기존의 '헤게모니 공장체제'를 새로운 형태의 '전제'체제로 대체하려는 시도였으며, 이에 노조는 강하게 반발했다.

사측은 한발 더 나아가 2010년부터 조합원들의 노조 탈퇴 공작을 본격화했다. 노조를 탈퇴하면 2년 치 임금인상 소급분과 성과금을 합해 이천만 원이상 지급할 뿐 아니라, 조합원의 보직을 해임하고 노조 탈퇴자로 보직을 발령했다. 승진과 부서이동을 고리로 한 노조 탈퇴 작업은 사무직에서부터 시작하여 가계 지출이 많은 고령 노동자로 확대되었다. 2010년 3월, 사측은 이전 집행부 간부였던 노조 탈퇴자들을 중심으로 '기술직 협의회'를 구성하고 협의회와 단체협의라는 이름의 교섭을 진행했다. 2011년 7월부터 공식적으로 복수노조가 허용되자, 기술직 협의회 40명을 중심으로 기업노조를 설립했고, 기업노조는 교섭대표권을 획득하기 위해 신입사원 60여 명을 포함하여 150명으로 다수 노조 지위를 확보했다. 사측은 지회 조합원들을 파업이 어려운 방산 부문으로 배치하고, 민수 부문에만 신입사원을 채용해 기업노조에 가입시키는 방식으로 분할 지배방식을 추진했다. 복수노조 체제가 확립된 이후 교섭대표권을 획득한 기업노조가 회사의 일방적 단체협약안을 수용하면서 이후 단체협약은 크게 후퇴하였다.

금속노조 두산모트롤 지회는 과거 370명이던 조합원이 98명까지 감소한 소수노조로 전락해 교섭권을 상실했지만, 지회는 2012년 기업노조의 단체교섭 과정을 비판하는 여론을 주도했고, 통상임금 집단소송을 통해 기업 측을 압박했다. 기업별 노조와의 임금교섭에서도 사측은 물질적인 양보를 전혀 하지 않았고 그 결과 교섭안은 조합원들에 의해 두 번에 걸쳐 부결되었다. 이는 두산모트롤의 노사관계가 두산그룹기획실의 명령에 종속되어, 경영측이 기업노조 포섭전략을 적극적으로 추진하지 못했기 때문이다. 금속노조 지회와 회사가 지원하는 기업노조 사이의 경쟁은 갓 입사한 신입사원들이 어느 쪽을 지지할 것인지에 달려 있었다.

두산모트롤 지회의 특징은 회사의 탈퇴 압력에도 불구하고 금속노조 잔류를 선택한 조합원들의 높은 소속감과 일체감이다. 단협 해지라는 상황이 계속되면서 노조를 탈퇴하지 않은 조합원은 임금인상분이나 성과급을 받지 못했기 때문에 한 해에 천만 원 이상의 손실을 감수하면서 조합 잔류를 선택했다. 회사의 탄압에 물러설 수 없다는 노동자의 자존심이 잔류를 결단한 동기였다. 지회 잔류조합원들은 과거 4년여의 투쟁을 통해 노조에 대한 자긍심이 높고 지역 내 두산중공업과 두산인프라코아에서 두산 자본의 분할지배와 탄압 행태에 대해 익히 알고 있었기 때문에, 상당한 금전적 손실을 수반하는 지회 잔류를 돈보다 인격적 자존심을 선택한 것으로 해석했다. 이들은 오랜 기간 활발한 노조 활동을 통해 강한 인간관계를 형성하고 있었고, 지회 집행부를 중심으로 공동체적 연대감을 공유하고 있다는 점에서 노조를 문화적 공동체로 이해했다. 일반조합원의 의식 수준이나 연대감, 책임의식이 간부에 못지않았다.

탄압에 굴하지 않은 98명의 조합원을 기반으로 지회는 조직의 내적인 단결과 조합원 확대에 초점을 맞추어 활동했고, 조합원들의 대면적 접촉과 문화 활동을 통한 인간관계 활성화에 전력했다. 특히 복수노조의 경쟁적 조건에서 조합원 수 98명과 156명의 세력 관계를 역전시키기 위해서, 지회는 2012년부터 조합원 조직강화와 확대사업에 전력을 다했다. 특히 신입사원과 고령자가 많은 기업노조 조합원을 지회로 가입시키는 것이 중요했는데, 지회 임원들에 대한 회사의 감시와 견제로 지회 임원들이 조합원 확대사업을 진행할 수 없었기 때문에 조직대상과 같이 근무하는 일반조합원의 노력과 설득이 중요했다. 이를 통해 지회에 가입할 의사가 있는 사람이 확인되면 지회 임원이 회사 밖에서 가입원서를 받았다가 교섭창구 단일화 절차 때에 공개하는 방식으로 다수 노조의 지위를 확보하기 위한 노력을 계속했다. 결국, 2018년에는 지회가 교섭 대표노조 지위를 회복했다.

소수노조인 지회의 조직강화사업에서는 조합원의 공동체 의식을 유지하는 것이 무엇보다 중요했다. 지회는 조합원 간담회를 통해 조합의 방침을 전달하거나 조합원 의견을 수렴하고, 문화행사를 통해 유대를 강화했다. 여기에는 조합원이 노조를 편안하게 여기고 노조를 일상적인 소통의 공간으로 느끼도록 하는 데 초점이 있었다. 노조의 교육 역시 교육과 단합행사를 병행하거나 체육행사와 같은 문화적 접근을 우선시했다. 조합원 가족들이 복수노조 상황이나 두산 자본의 탄압 상황을 이해하지 못하면 조합 활동이 어렵다는 인식하에서 매년 상당한 예산을 투입해서 가족 사업을 진행했다. 젊은 조합원 가족들이 많을 때는 갯벌 체험이나 감 따기 같은 사업을 매년 진행했고, 이처럼 가족들이 다 모였을 때 회사와 노조의 상황을 이야기하며 함께할 것을 설득했다.

조직 확대사업 역시 조합원들이 반별로 식사나 술자리에서 신입사원과 직접 대화를 시도하거나, 취미모임과 동호회를 통해 노조의 영향력을 확대하는 방식으로 이루어졌다. 복수노조가 되면서 기업노조와 겹치는 모든 동호회 모임이 중단되고 동문회조차 제대로 이루어지지 않는 상황에서, 지회를 중심으로 써클과 동호회를 다시 만들기 시작했다. 축구, 야구, 볼링, 낚시, 스쿠버, 산악회, 캠핑, 당구, 배드민턴 등 10여 개의 사내 동호회는 조합원 중심으로 재편되었고, 노조의 영향력을 확대하는 효과적인 수단이 되었다. 기업의 규모가 크지 않아 일상적 교류와 정서적 상호작용에서 비공식 집단의 영향력이 크기 때문이다. 동시에 이러한 활동은 생활세계 맥락에서 노동자들의 정서적 유대와 상호작용 네트워크를 노조의 조직기반과 연결해 노동조합을 문화적 공동체로 확장하려는 전략의 산물이기도 했다.

두산모트롤 지회는 회사의 견제에도 불구하고 점차 노조 간 경쟁에서 상당한 우위를 보였다. 이는 회사가 적극적인 물질적 양보를 통해 노동자들의 동의를 확보하지 못했을 뿐 아니라, 지회가 문화적 공동체적 성격을 활성화함으로써 조합원들의 소속감과 애착을 강화하고 조합원들의 생활세계에 뿌리내릴 수 있었기 때문이다. 조합에 대한 탄압이 강하고 거칠었기 때문에, 노조에 대한 조합원들의 자긍심과 신뢰가 강화되었다. 두산 자본으로 인수된 이후 임금이나 성과급은 별로 개선되지 않았고, 오히려 단체협약이나 노동조건, 노조 활동에 대한 제약이 크게 악화한 데 대한 반발이 컸다. 단체협약 해지나 노조 활동에 대한 회사의 압박이 노동자들의 산업시민권을 허용하지 않고 전제적 공장체제로 재편하겠다는 자본의 전략을 반영한 것이라면, 이에 대한 조합원들의 저항은 인격적 자존심을 유지하고 대등한 노사관계에 기초한 이전의 작업장 질서를 복원하겠다는 의지의 표현이었다.

두산모트롤에서 노조의 투쟁은 작업장에서 확보한 노동자들의 자율적 공간을 지키는 문제, 화폐와 교환될 수 없는 노동시민권의 보존, 물질적 이해관계를 넘어 노조를 매개로 노동자들의 공동체적 유대 관계를 유지하기 위한 저항이었다. 특히 물질적 이익을 중시한 조합원들이 지회를 탈퇴하면서, 경제적 손실을 감내하고 남은 조합원들에게 노조는 자신들이 투쟁으로 얻어낸 작업장 체제를 상징하는 것으로, 자본의 탄압에 굴하지 않고 화폐에 영혼을 팔지 않은 사람들만의 공동체를 의미하게 되었다. 노조는 자본의 강압과 회유에 맞서 지켜야 할 자유로운 공통공간이자, 분명한 경계를 가진 '우리'의 공간으로 인식되었다. 이 공동체는 인격적 자존심에 의해 구축된 공간이고, 여기에 소속한다는 것은 노조에 대한 개인적 헌신을 의미하게 되었다.

5. 맺음말

민주노조운동의 위기가 계속되고 있다. 노동자의 고령화와 개인주의화에 따라 가족과 시장의 영향력이 커지고 자본의 헤게모니가 강화하는 데 반해, 노조에 대한 소속감, 대항적 담론공간으로서의 성격은 점점 약화하고 있다. 노조로부터 조합원의 이탈은 없지만, 고용상황에 따라 노조를 통한 격렬한 저항과 노조에 대한 무관심이 반복되는 패턴이 나타나고 있다. 많은 노동조합이 조합원들과의 의사소통으로부터 유리되어, 양적 쟁점을 중심으로 성과를 따내는 데 몰두하거나, 일방적으로 조합원을 동원하는 방식에 익숙해져 있다.

노동자들이 노동조합에 대한 소속감을 느끼고 노동조합을 서로 어울리고 의사소통하는 친밀한 영역으로 인식하게 될 때, 노동조합에 대한 애착, 노동조합운동의 재활성화가 가능해질 것이다. 노동조합 공론장이란 노동자들이 자기 생각과 감정, 불만을 거리낌 없이 얘기하고, 자유롭게 의사소통하며, 정서적 친밀감을 느낄 수 있는 공적 공간을 의미한다. 생활세계로서의 노동조합은 공장체제 내에서 일상적 접촉과 교류를 통해 집합적 경험에 대한 해석과 의미를 창출하는 공적 공간이다. 그것은 노동자들이 소속된 공동체이며, 작업장에서 삶의 경험을 더 넓은 맥락에서 해석하는 '의미의 해석자'이다. 노동조합은 대화와 소통, 어울림과 학습을 통해 자신의 경험에 의미를 부여하고, 생활세계를 민주화하는 공적 공간인 것이다.

동시에 노동조합 공론장의 활성화는 조합민주주의의 내실화를 의미한다. 노동조합에서 민주주의를 활성화하는 기제는 선거가 아니다. 노동조합에서는 조합에 대한 조합원들의 관심과 참여가 선거참여를 통해 확대되지는 않는다. 선거에 앞서서 토의가 필요하고 공장 세계 내에서 계급적 의식과 정체성을 강화하기 위한 일상적 토론과 교육, 대항 헤게모니가 필요하다. 공론장은 친밀한 의사소통, 문화적 교류, 비판적 토론과 설득을 통해 유지되고 발전하는 공간이다. 노동조합은 작업장에서 친밀한 의사소통의 구조, 제도화된 공론장에서 비판적 토론을 통해 집합적 경험을 사회적 총체성과 연결하는 공통공간이다. 기업문화에 대항하는 노동자문화, 일상적 공론장의 활성화, 다양한 수준에서의 토론과 교육의 조직화, 현장토론에 기반을 둔 숙의민주주의, 밑으로부터 위계적으로 올라가는 평의회 민주주의를 고민해야 한다.

제4장 │ 노동조합 공론장에서의 감정 동학
      │ - S&T중공업 사례

이 장은 노동조합 공론장의 변동과정에서 노동자들의 집합적 '감정'의 발생과 그 영향을 분석한다. 이는 대항 공론장에서 노동자들의 집합적 감정이 어떻게 발생하며, 그들의 감정 동학이 저항적 공론장의 변화에 어떤 영향을 미치는가를 분석하는 것이다. 연구의 출발점은 노동조합이 노동자들의 생활세계를 구성하면서 특정한 의제에 관해 자신의 의견을 표현하고 공적 여론을 형성하는 공론장이라는 점이다. 노동조합은 노동자들에 영향을 미치는 주요한 의제와 관련하여 무엇이 문제이고, 무엇을 해야 할 것인지에 관한 공론이 형성되는 공적 공간이다. 그러나 노동조합 공론장은 노동자들의 집합적 경험을 조직하는 대항 공론장의 성격을 갖는다는 점에서, 하버마스의 (부르주아) '공론장'과 상당한 차이를 보인다.

하버마스의 공론장에서 참여자들은 이성을 사용하여 합리적으로 판단하고 언어적 소통과 비판적 토론을 통해 최선의 합의에 도달할 수 있다. 그러나 현실에서는 공론장 참여자들의 권력 관계에 따라 의사소통의 체계적 왜곡이 항상 발생한다. 공론장 참여자들은 언어적 능력의 격차, 사회적 권력 관계의 불균형으로 의사소통에 제약을 받는다. 자유로운 의사소통과 비판적 토론이라는 부르주아 공론장의 이상은 대안적 언어와 의견을 구성하는 정치적 능력이라는 측면에서 노동자들에게 근본적으로 불리하다. 이 때문에 노동자들은 비판적 개인으로서가 아니라 노동조합을 통해 집합적 목소리를 내왔고, 노동조합 역시 언어적 규칙보다는 공유된 계급적 경험에 의존하는 특징을 보여왔다.

보통 노동자들의 의견 표현은 자신의 일상과 관련된 구체적인 요구, 쟁점에 대한 규범적 판단, 집합적 감정의 표출이라는 형태로 이루어진다. 소통은 비판적 토론뿐만 아니라 노동자의 일상적 경험에 대한 재해석과 공감에 의존한다. 공론장 참여자들이 공유하는 집단적 분노, 의제와 주장에 대한 공감, 인격적 존엄을 유지하려는 의지, 약자로서의 연대감과 같은 감정적 요소들은 노동조합 공론장의 특성과 동학을 이해하는 데 매우 중요하다. 많은 경우 노동자들의 의견 표현은 감정적 개입을 수반하며, 토론은 집합적 행동과 동시에 이루어진다. 노동자들은 관심이 집중된 의제나 쟁점에 특정한 '의미'를 부여하며, 부여된 의미에 따라 의견 표현과 의사소통은 사용자에 대한 분노와 공포, 기대와 희망과 같은 감정적 반응을 수반한다. 노동자들이 특정한 상황에서 어떠한 '감정'을 경험하고, 이러한 감정이 행동에 어떤 영향을 미치는가는 특정 시기 노동조합 공론장의 성격을 규정한다. 노동자들이 경험하는 집합적 감정의 성격에 따라 지배적 공론장으로의 통합이 이루어질 수도 있고, 반대로 저항적 공론장이 활성화될 수도 있다.

이 장은 작업장 수준의 노동조합 공론장에서 집합적 감정의 동학을 분석하기 위해 1987년 이후 대표적인 민주노조로 손꼽히는 금속노조 경남지부 S&T중공업지회의 사례를 검토한다. 먼저, 대항 공론장과 감정사회학에 대한 이론적 검토를 통해 노조 공론장의 특성과 집합행동의 감정 동학에 대한 논의를 정리한다. 다음으로 S&T중공업의 사례를 통해 1987년 이후 저항적 노조 공론장이 어떤 모습으로 전개되어왔는지 분석한다. 끝으로 민주노조운동의 역사 속에서, 조합원들이 집합적 감정을 어떻게 경험해왔고, 그러한 감정 동학이 노동조합의 투쟁에 어떤 영향을 미쳤는지 분석한다.

S&T중공업 노동자들의 집합적 감정을 분석하기 위해, 1985년 이후 현재까지 S&T중공업지회에서 발간한 노보와 소식지, 유인물을 기초 자료로 삼았다. 노보와 소식지에 실린 조합의 성명서, 조합원 주장과 편지글, 집행부의 지침 등을 주된 분석대상으로 삼았다. 2001년 전국금속노조가 출범한 이후 지회 차원에서는 자체 노보를 제작하지 않고 대신에 평균 2주에 1회꼴로 소식지만 제작했기 때문에 상대적으로 조합원의 직접 발언이나 목소리를 싣는 경우가 줄어들었다. 그러나 조합의 성명서나 집행부 지침은 조합원들의 상태와 감정에 대한 언급을 주요한 내용으로 다루기 때문에 여기에 조합원들의 지배적 감정들이 담겨 있다고 보는 데 무리가 없다.[10]

---

10 매 시기 현안과 쟁점에 대한 객관적 이해를 위해 회사가 발행한 성명서와 유인물을 참조하였고, 내용을 보완하기 위해 2009년 9월 노조 지회장과 사측 노무관리자 면담, 2013년 11월 노조 지회장과 수석부지회장, 교선부장 3인과의 면담, 2016년 6월 교육 · 선전을 담당했던 부지회장과의 면담 내용을 주로 활용했다. 앞의 두 번의 면담은 주로 투쟁 현안에 대한 노사 양측의 전략과 조합원 상태에 초점을 맞추었다면, 2016년 면담은 노조의 일상 활동, 특히 노조 공론장의 공식, 비공식적 메커니즘이 어떻게 작동했는지에 초점을 맞추었다. 최근의 변화에 대해서는 2024년 전직 지회장 인터뷰를 통해 보완하였다.

1. 대항 공론장과 감성 공론장, 사회운동의 감정 동학

1) 대항 공론장과 감성 공론장

공론장은 시민들이 공통의 문제를 토의하는 공간, 담론적 상호작용의 무대이다. 하버마스가 말하는 공론장의 특징은 공적 이성을 통해 주장의 타당성을 비판적으로 검토함으로써, 자유롭고 평등한 참여자들이 최선의 합의에 도달할 수 있다는 점이다. 그러나 하버마스의 공론장 개념은 언어적 합리성과 이상적 담화상황에 준거하기 때문에, 현실에서 다양하게 존재하는 소수자들의 공론장, 지배적 공론장으로부터 체계적으로 배제된 자들의 평민적 공론장, 지배적 공론장에 도전하는 대항 공론장을 분석하는 데는 여러 가지 난점이 있다. 무엇보다, 하버마스의 공론장 모델은 이해관계를 초월한 의사소통적 합리성에 기초하여 참여자들의 '차이'를 괄호로 묶어버리기 때문에, 계급적 차이나 정체성을 무시한다. 집단과 개인의 정체성이나 이익을 '사적인' 것으로 간주하기 때문에, 공적 영역에서는 차이가 의제로 되지 못한다(Calhoun, 1992). 또한, 하버마스의 생활세계는 '직접 경험되는 원초적 세계'로서의 생활세계가 아니라 우리가 지향해야 할 정형화된 규범적 세계라는 의미로 의사소통 합리성의 측면에서만 파악된다. 그 결과 생활세계가 가질 수 있는 우연성, 차이는 배제되며 감정적 불화나 갈등은 고려되지 못한다(박인철, 2006).

대항 공론장에 대한 논의는 부르주아 공론장이 수많은 배제에 의존해왔다는 점에서 출발한다. 캘훈은 공론장을 '단일한 공중'의 영역이 아니라 '공중들'의 영역으로 간주할 것을 제안하며, 정체성 형성이나 이해관계 문제가 사적인 것이 아니라 공적인 것이라고 주장한다(캘훈, 2000). 프레이저에 따르면, 대항 공론장이란 '종속적 사회집단 성원들이 자신의 정체성, 이익, 욕구에 대한 대안적 해석을 공식화하는 대항 담론을 만들어내고 유통하는 담론 무대'이다. 이것이 의미하는 바는 공론장을 다양한 공중들 사이의 문화적, 이데올로기적 쟁투나 협상이 발생하는 구조적 세팅으로 파악하는 것이다(Fraser, 1992). 대항 공론장에서 종속집단들은 외부에서 자신들에게 부여된 정체성을 의문시하며, 폄하되어왔던 자기 삶의 방식을 긍정적인 것으로 재해석하고 재규정한다(사이토 준이치, 2000).

넥트와 클루게 역시 노동자들이 과거의 기억을 재구성하고 미래를 상상하는 집합적 '경험'을 조직하는 쟁투적 공간으로 프롤레타리아 공론장을 제시한다. 그것은 노동자들의 경험을 파편화하고 억압하며 탈 정치화하는 헤게모니적 지배에서 벗어나, 노동자의 경험을 밑으로부터 자율적으로 조직화하는 과정이다(Hansen, 1993). 프롤레타리아 공론장은 소외된 조건에서 생산과 재생산의 경험, 공적 표현의 네트워크로부터 주체의 분리, 소외된 경험에 근거한 저항과 상상적 전략이라는 요소들을 포함한다(Negt & Kluge, 1993). 프롤레타리아 공론장은 공적인 것과 사적인 것, 현실과 대안적 상상 사이의 연계를 만들어내면서, 노동자들의 직접적 경험을 사회의 총체성에 연관되도록 조직화한다. 저항의 과정에서 노동자들은 자신의 정체성을 재구성하고 자신의 이익과 정체성에 대한 공적 인정을 요구한다(Negt & Kluge, 1993).

이처럼 대항 공론장은 비판적 토론이라는 이성적, 언어적 합리성만으로 구성되지는 않는다. 대항 공론장이 배제된 자들의 목소리, 억압에 대한 해방을 지향한다는 점에서, 토론은 감정적 개입을 수반하며 '행동 의지'를 동원한다. 부르주아 공론장이 이성과 감정의 이분법에 근거하는 한, 그것은 지배적 공론장에 도전하는 대항 공론장의 특성을 포착하기 어렵다. 이런 점에서

'감성 공론장' 개념은 대항 공론장의 주요한 특성을 포착하는 데 중요한 시사점을 제공한다.

김예란에 따르면, 사적 개인들의 느슨한 유대가 정치적 능력으로 변화되기 위해서는, '감정과 경험의 소통'이라는 매개가 필요하다. 감성 공론장은 "감정과 느낌의 공유, 언어의 표출, 대화와 사회적 행위의 발현이 진행되는, 사적이면서 동시에 공적인 관계, 과정, 활동"이다. 주변적 집단의 분노와 연민이 사회적 공론화로 발전하는 데는 언어소통을 넘어 함께 경험하며, 공감하고, 느낌이 전이되는 과정이 필요하다(김예란, 2010). "토론에서 이성적 논증과 감정적 반응은 분리될 수 없고, 감정적 반응을 배제해야 한다는 원칙 자체가 참여자들의 자유로운 의견 주장을 억압한다."(이강형 · 김상호, 2014). 오히려 감정은 특정한 지향성을 갖기 때문에, 타인과 자신의 감정에 대한 반성적 성찰이 숙의를 촉진할 수 있다는 것이다. 감성 공론장 개념은 상호이해나 합의가 반드시 타당성 요구라는 언어적, 합리적 절차에 따라서만 이루어지는 것은 아니라는 점을 보여준다.

대항 공론장과 감성 공론장이라는 시각에서 접근하면, 노조 공론장은 소외된 노동으로부터 유래하는 불만과 감정, 욕구, 의지가 표출되는 공간이며, 노동자들의 일상적 경험을 재해석하고 행동 의지를 조직하는 과정이다. 그것은 이성적 합의의 공간이 아니라, 노동자들의 의식을 조작하고 관리하는 헤게모니적 지배와 그와 반대로 일상의 경험을 재해석하고 변화된 세계를 상상하는 대항 헤게모니 사이의 이데올로기적 각축장이다. 노동조합이 대항 공론장, 감성 공론장의 특성을 갖는 것은 그것이 자본의 사적 지배가 이루어지는 공장체제에서 소외된 노동의 경험을 조직화하고 노동자로서의 긍정적 정체성을 형성하려는 집합적 노력에서 비롯되기 때문이다. 노조 공론장의 특징을 요약하면 다음과 같다.

먼저 노조 공론장에서는 조합원들이 공유하는 집합적 경험과 가치 규범이 토론의 기반을 형성한다. 자율적 개인의 이성적 판단을 강조하는 부르주아 공론장과 달리, 노조 공론장은 조합원의 공통된 목소리를 대변하고 공통의 이익과 비전을 제시하는 조직과의 일체감을 강조한다. 토론은 전체 조합원이 공유하는 목표나 가치 규범에 준거해서 이루어지며, 집합적 경험에 대한 재해석, 노동자 정체성에 대한 긍정적 재규정, 조합원들 사이의 정서적 공감과 단결이 강조된다. 개개의 주장은 조합원들의 공유된 경험과 감정, 공통의 이익이나 욕구와 관련하여 평가된다. 주장의 타당성을 인정받고 호응을 얻기 위해서는 논리적 타당성과 함께, 동료노동자들의 일상적 경험과의 일치, 정서적 공감, 규범적 타당성이라는 기준을 충족해야 한다.

둘째, 노조 공론장은 담론의 공간이면서 집합행동의 과정이다. 참여는 토론과 의사결정 과정, 집합행동에의 참여를 모두 포함한다. 동시에 주장은 집합행동의 실천과 행동결과에 대한 책임을 전제한다. 토론은 의견에 대한 찬반의 문제일 뿐 아니라 실천에 대한 참여의 문제이기도 하다. 이는 공론장의 쟁점에 관한 토론이 대부분 노조의 집합행동과 관련되기 때문이다. 노조 공론장은 쟁점에 대한 의견 표현과 함께, 투쟁에 대한 신념과 집합적 정체성의 표현, 부정의에 대한 저항, 불굴의 '행위'에 대한 '인정'의 공간이다. 인정은 조합원을 위한 헌신과 희생, 용기에 대한 인정, 정서적 공감의 성격을 띠게 된다. 노조 공론장이 활성화되기 위해서는 의사결정을 위한 토론에 적극적으로 참여하며 토론결과와 실천을 책임지는 공적 시민, 참여적 조합원이 요구된다. 노조 내부의 공론화는 비판적 토론과 설득의 과정일 뿐 아니라, 노동조합의 전통과 기풍, 합의된 가치와 정체성, 정의에 대한 도덕적 헌신이라는 시민적 덕성의 표현이기도 하다.

셋째, 감성 공론장에서는 친밀한 사람들의 자기표현과 정서적 지지, 감정적 유대가 중시된다. 참여자들은 일상의 문제와 쟁점에 대해 자신의 느낌과 감정을 표현하고 정서적 지지를 공유하며 집합적 일체감을 경험한다. 리프만에 따르면, 여론이란 사실들을 도덕적으로 해석하고 규범화한 의견으로 사실들에 대한 도덕적 판단을 형성한다. 합의는 사실들에 대한 도덕적 해석을 통해 이루어지며, 감정적 반응을 수반한다(리프만, 2012). 의제를 둘러싼 공론의 형성은 대부분 규범적 타당성에 대한 감정적 반응을 통해서 이루어지기 때문이다.

노조 공론장에서 토론의 의제는 대부분 소외된 노동 현실과 관련된 것이기 때문에, 참여자의 주장은 일상현실에 대한 규범적 판단을 전제한다. 작업장 경험에 대한 규범적 판단과 '부정의'에 대한 감정적 공분, 적절한 행동방침에 대한 전략적 판단이 동시에 이루어진다. 노조 공론장에서 대화와 토론은 집합행동에 대한 합의를 목표로 하기에, 불공정이나 모멸감에 대한 분노와 당면한 위협에 대한 공포, 희망과 절망, 자부심과 수치심, 노조에 대한 신뢰와 자본에 대한 적대, 집합행동의 결과에 대한 무력감이나 체념과 같은 주관적 감정의 표출과 정서적 공감에 영향을 받게 된다. 토론과 설득의 과정은 조합원들의 분노와 공포, 희망과 기대 등 감정을 통제하거나 감정의 해방과 고양을 추구하는 감정투쟁의 양상을 띠게 된다. 그리하여 공론장에서 의사소통은 의제를 둘러싼 집합적 감정의 조직화 과정이 된다.

2) 사회운동의 감정 동학

사회운동의 감정 동학에 관한 연구들은 대부분 이성과 감정의 이분법을 넘어 사회관계 속에 구조화된 감정을 강조한다. 감정사회학 이론들은 크게 문화적 접근과 구조적 접근으로 구분할 수 있지만, 이 장은 첫째, 어떤 요인들에 의해 집합행동과 관련한 긍정적, 부정적 감정들이 발생하는지, 둘째, 집합적으로 경험된 감정이 집합행동에 어떤 영향을 미치는지에 주목한다.

(1) 집합적 감정의 발생

사회적 관계로서의 감정의 '발생'에 대한 대표적인 접근은 캠퍼의 사회적 상호작용이론이다. 캠퍼의 모델에 따르면, 사회적 관계의 핵심적 차원인 권력 관계와 지위 관계가 어떻게 변하는가에 따라 다양한 감정이 산출된다. '권력' 관계에서 주체의 권력이 적절하거나 증가한다면 '안전' 감정이 발생하지만, 권력이 불충분하거나 감소한다면 '공포-불안'이 일어난다.[11] 권력 사용이 과도하다면 '죄책감'이 생겨날 수 있고, 권력이 감소하더라도 예상보다 덜하다면 오히려 '낙관'/'희망'의 감정이 생겨난다. 권력이 변하지 않았을 때 더 높은 권력을 기대했다면 '실망'과 '불안'이 생겨나고, 권력 감소를 예상했다면 '낙관'/'희망'이 발생한다. 또한, 지위 관계에서 지위 하락의 원인이 타자라고 간주하거나 지위는 변함없지만 기대와 욕망이 상승한다면, '실망'과

---

11 권력 관계에서 순응은 비자발적이지만, 지위 관계에서 순응과 동의는 강압이나 보상의 기대 없이 자발적으로 이루어진다. 불충분한 권력의 책임이 자신에게 있다고 생각하면 공포-불안은 임박한 불행, 파멸, 재난의 느낌으로 내사되지만, 타자에 책임이 있다고 본다면 공포-불안은 타자에 대한 분노와 적대로 외사 된다. 불충분한 권력으로 인한 좌절은 그에 대한 대안이 없다면, 예속으로 나타나고, 대안이 있다면 반란으로 나타난다(Kemper, 1978).

'분노'가 발생한다. 지위 상실이 돌이킬 수 없거나 어쩔 수 없는 것으로 생각될 때 '우울'이 발생하며, 지위 하락의 원인이 자신에 있다고 생각되면 수치심이 발생한다(Kemper, 1978, 2012).

캠퍼의 모델에서 집합행동과 관련된 공포-불안, 분노와 우울, 수치와 실망 등 부정적 감정은 기본적으로 권력과 지위 관계의 부정적 변화에서 발생한다. 특히 지위 관계에서 발생하는 '분노'와 권력 관계에서 발생하는 '공포'가 어떻게 결합하는가에 따라 운동의 양상은 달라진다(Kemper, 2012). 공포는 개인이 대응하기 어려운 외부 위협에 대한 반응으로 위험 회피와 결부되지만, 분노는 소망과 반대되는 부정적 사건에 대한 반응으로 위험 감수 행동과 연결된다. 분노가 위험 감수 행동과 연결되고 공포가 위험 회피 행동과 연결되는 이유는 '희망'과 '우울'이라는 감정이 이를 매개하기 때문이다(카스텔, 2014). 분노는 '타인의 부당한 이익, 부적절하고 부당한 결과와 절차에 대한 감정적 판단으로 '권리'에 초점을 둔다. 분노의 일종인 복수심은 공개적인 모욕에 대한 적극적 판단이자 보복을 향한 욕망으로 주체의 자존감이 손상될 때 발생한다. 한편, 공포는 '바람직하지 못한 사건의 전망으로 인한 불쾌함'으로 미래의 손상이나 위해에 대한 전망을 의미한다. 공포의 선행조건은 '낯선 사람'이나 '새로운 상황'과의 접촉이지만, 근본적인 '원인'은 '위험에 대처할 능력의 결여'다(바바렛, 2007).

호네트 역시 '인정 투쟁'은 '무시'로 인해 발생하는 부정적 감정반응, 수치심과 분노를 토대로 한다고 지적한다. 인격체의 정체성을 위협하는 '무시'는 개인의 신체에 대한 폭력과 학대, 권리로부터의 배제와 자기존중을 훼손하는 굴욕, 특정한 생활방식과 신념체계를 열등한 것으로 평가 절하하는 모욕으로 경험된다. 주체는 이러한 사회적 모욕에 대해 감정 중립적으로 반응할 수 없으며, 자신의 도덕적 행위기대가 파괴된 데 대해 '정서적 흥분'을 경험하게 된다. 무시 경험에 수반되는 '수치'는 자존감의 붕괴다. 수치심은 타인의 시선에서 자신을 바라봄으로써 자기 자신의 행위를 평가할 때 발생하는 사회적 감정이다. 수치심의 근원은 주체에 대한 타인들의 평가에 대한 자기인식이다. 자신의 이상적 자아상을 뒷받침하는 도덕적 규범을 상대방이 훼손했기 때문에 수치심은 분노와 적대를 낳는다(호네트, 2011).

이처럼 집합행동의 주요 동력인 분노는 다양한 요인에 의해 발생하며, 다른 감정들과 다양한 방식으로 결합한다. 분노는 '무시'의 경험에서 발생할 뿐 아니라, 타자와의 관계에서 충족되지 못한 기대와 욕망의 상승, 도덕적인 가치 기준에 반하는 타인의 부당한 이익 및 행동에 관한 판단 등 '부정의' 관념과도 결부되어 있다. 작업장에서 소외와 무시의 경험, 부당한 대우와 '부정의'한 상황은 노동자들의 분노를 촉발한다. 또한, 고용 관계에서 노동과 자본 간의 근본적인 권력 불균형은 불안과 공포를 노동자들의 일상적 감정으로 만든다. 고용불안과 실업에 대한 공포는 노동자의 기본적 안전, 생존 위협에 대한 감정적 반응이다. 이런 측면에서 저항적 노조 공론장에서는 '부정의한' 현실에 대한 분노와 고용 및 안전에 대한 불안·공포가 조합원들의 심층 감정을 형성한다.

(2) 집합적 감정이 집합행동에 미치는 영향

집합적으로 경험된 감정이 행동에 미치는 영향과 관련해, ① 부정적 감정이 어떠한 인지적 프레임과 결합하여 새로운 정체성과 투쟁으로 나아가는지, 그리고 ② 집합행동을 낳는 기본감정들이 다른 배후감정들과 어떻게 결합하여 투쟁으로 발전하는지를 설명하는 논의들이 있다. 전자는 행위자가 경험한 부정적 감정이 집합행동의 인지적 신념을 강화하는 특정 프레임과 결합하여 투쟁 동력으로 작용하는 것이다. 후자는 분노와 공포, 수치와 죄책 감과 같은 기본감정들이 다른 배후감정과 결합하거나 특정한 감정이 확산하는 감정변형을 통해 사회운동을 위한 집합적 흥분을 일으키는 것이다. 도덕적 분노가 희망이나 신뢰와 결합하여 집합행동을 촉발하거나, 불안·공포가 우울 및 절망과 결합하여 무기력한 상태를 낳는 것, 죄책감이나 수치심 같은 도덕 감정이 행동을 촉발하는 것이다.

먼저, 집합적 감정은 특정한 프레임, 해석 지평을 통해 집합행동으로 발전한다. 벤포드에 따르면, 프레임은 현재와 과거의 환경 내에서 대상이나 상황, 사건과 경험, 행위의 결과를 선택적으로 개입시키고 부호화함으로써 세계를 단순화하고 압축하는 해석적 도식이다. 프레이밍은 "사건이나 쟁점의 어떤 측면들을 선택적으로 강조하고, 특정한 해석과 평가, 해결을 촉진하기 위해 그 측면들을 연결하는 과정"이다(까스텔, 2012). 보통 사회운동의 첫 단계는 예기치 않은 사건이나 단편적 정보가 분노를 일으키는 '도덕적 충격'으로부터 발생한다. 활동가들은 도덕적, 인지적, 감정적 태도를 하나로 묶어내는 프레이밍 과정을 통해 비난의 표적을 제공하고 감정을 인지적 신념으로 전화시킨다. 그리하여 인지적 전환과 감정적 전환이 동시에 진행된다(굿윈·재스퍼·폴레타, 2012). 운동이 출현하기 위해서는 참여자들이 상황을 '부정의'하고 집단행동을 통해 변화시킬 수 있다고 생각해야 한다. 즉 '인지적 해방'은 인지된 부정의에 대한 '분노'와 변화의 전망에 대한 '희망'이라는 감정을 필요로 한다. 갬슨의 '부정의' 프레임은 '지각된 부정의에 대한 분노를 표출하고 비난받을 만한 책임자를 확인'하는 것으로, '정당한 분노'와 결부되어 있다. 특히 부정의를 인격화하는 것은 분노를 행동으로 동원하는 핵심적인 요소다

(Aminzade & McAdam, 2001).

　　호네트 역시 인정 투쟁이 정치적 저항의 형태를 띨 수 있는 것은 모욕에 대한 부정적 감정과 인지적 내용의 도덕적 통찰이 결합하기 때문이라고 강조한다. '사회적 투쟁'은 '상호인정의 내재적 규칙'이 훼손되어 발생하기 때문에, 정치적 저항을 위해서는 부정적 감정이 '도덕적 부정의에 대한 경험'으로 '해석'되어야 한다. 개인적 무시 경험이 한 집단 전체의 전형적인 핵심 체험으로 해석됨으로써, 새로운 정체성의 사회적 인정을 위한 투쟁으로 확장되는 것이다. 저항행위를 위해서는 모욕에 대한 부정적 감정과 함께, 이 모욕을 집단 전체에 해당하는 것으로 해석할 수 있는 도덕적 이론과 이념이 필요하다. 이런 측면에서 '인정' 투쟁은 정체성 정치다. 이 때문에 정치적 저항을 위해서는 규범적 해석을 위한 공적 공간이 있어야 한다(호네트, 2011:266~268). 노동조합은 조합원이 경험하는 감정들이 문화적으로 해석될 수 있는 공적 공간의 역할을 하며, 노조 공론장에서 교육과 참여는 조합원들이 경험하는 부정적 감정을 '부정의'에 대한 인지적 해방과 연결한다.

　　문제는 부정의에 대한 '분노'가 어떻게 변화의 전망에 대한 '희망'과 결합하는가이다. 아민자드는 희망을 동원하고 공포를 극복하기 위한 요소들로, 운동 발생을 촉진하는 특정한 문화적 변동, 대중동원의 신호가 되는 정치적 기회의 확대와 제도적 영역에서의 투쟁, 도전집단의 감정적 분위기를 변화시키고 체제에 대한 공포를 약화하는 충격적 사건, 신중한 조직적 실천을 통해 축적된 작은 승리들, 불만을 효과적으로 프레이밍하고 감정적 에너지를 동원하기 위해 문화적 지식과 감정 지능을 활용하는 리더십 등을 강조한다. 동시에 위험 회피 행동과 연관되는 공포도 일상적 삶의 급작스러운 붕괴나 붕괴의 인지된 위협, 특정한 집단구성원 지위의 상실에 대한 위협과 결부될 때는 집합행동의 동기가 된다(Amizade & McAdam, 2001).

둘째, 기본감정들이 다른 배후감정과 결합하여 집합적 투쟁으로 발전하는 데는 감정변형과 도덕 감정의 역할이 중요하다. 콜린스에 따르면 집합적 동원의 성공은 집단 내에서 특정한 감정이 확산하여 집단적 관심의 초점이 되는 '감정변형'에 달려 있다. 감정변형은 도덕적 분노의 초기감정이 집단적 관심을 통해 더욱 강화되거나 의례와 같은 과정을 통해 자부심이나 수치심 같은 강렬한 연대감과 열광, 도덕성을 유발하는 감정 에너지를 산출하는 것이다. 이때 동원의 성공은 참여자들의 열정과 확신이라는 감정 에너지를 통해 감정적 연대를 만들어내고, 옳고 그름의 판단 기준인 도덕 감정을 산출하는 데 달려 있다(콜린스, 2012). 박형신·정수남에 따르면, 자본주의 무한경쟁 체제에서 불안과 공포의 감정 동학은 배후감정들이 지향하는 대상과 시간성에 따라 다양한 행위 양식으로 귀결된다. 공포는 분노, 수치심, 무력감, 체념과 같은 배후감정과 결합하여 각각 저항(체제변혁), 자기계발(체제 재생산), 예속(체제 순응), 비행위(체제 이탈)라는 행위 양식으로 발현된다. 분노가 지속적 투쟁으로 이어질 수 있는 것은 노동자들을 보편적인 도덕적 주체로 자리매김하는 배후감정들(동료애, 희망, 도덕 감정)을 동반하기 때문이다(박형신·정수남, 2013).

켐퍼는 시간 지평에서 우울(과거 사건에 대한 후회)과 근심(미래 사건에 대한 두려운 예감), 신뢰('미래에 대한 확신'의 느낌)를 '예기적 감정'이라고 말한다. 우울은 사람들이 활동에 관여하지 않게 하며, 근심은 자신의 현실에 수세적으로 집착하게 한다. 집합행동을 설명하기 위해서는 분노와 희망, 신뢰가 어떻게 결합하는지, 위험 회피 행동을 촉진하는 불안과 공포가 우울이나 근심과 어떻게 결합하는지, 이러한 감정변형을 위해 어떠한 노력이 이루어지는지를 검토해야 한다. 특정한 문화적 변동이나 정치적 기회의 확대, 충격적 사건, 작은 승리들의 축적, 효율적인 프레이밍 전략과 같은 조건들이 전제된다면, 불안과 공포는 분노로 전환되고 분노는 변화에 대한 '희망'이나 노조에 대한 '신뢰'와 결합하여 투쟁으로 발전할 것이다. 정반대의 경우 분노나 불안·공포는 우울과 절망, 체념의 감정과 결합하여 무기력을 낳을 것이다. 집합적 저항은 이러한 투쟁의 결과에 따라 새로운 권력 관계를 만들어내고, 새로운 권력 관계의 국면에 따라 감정은 다시 변형되어 새로운 행위 양식으로 귀결된다.

2. S&T중공업 노조 공론장의 특성

1) 금속노조 S&T중공업지회의 역사적 개관

S&T중공업은 자동차부품과 방산 부품을 주로 생산하는 대기업으로, 금속노조 S&T중공업지회는 1987년 노동자 대투쟁 이후 전투적이고 연대적인 노조의 대표적 사례였다. S&T중공업의 공장체제는 '헤게모니적 전제'체제의 전형적인 특징을 보여준다. 단체교섭 제도화에도 불구하고 회사 측은 노조를 우회하고 무력화하려는 시도를 계속해왔다. 통일중공업은 1999년 법정관리를 거쳐 2003년 S&T그룹에 인수되어 사명을 S&T중공업으로 바꾸었다. 그러나 새로운 자본의 지배하에서도 노사관계는 여전히 갈등적이었다. 2003년 인수합병 이후 구조조정을 통해 노사관계는 사용자 우위로 변화되었지만, 노동조합은 저항적 공론장, 연대적 공동체의 성격을 유지해왔다.

S&T중공업은 수십 년간 신규충원 없이 구조조정을 계속해왔기 때문에, 조합원 고령화가 심각하다. 조합원들은 1987년 전후 20대 청년기부터 현재 50대 후반에 이르기까지 같은 직장 경험을 공유해왔고, 조합원들의 작업장

경험은 노조 운동의 발생과 성장, 쇠퇴의 과정을 반영한다. 조합원들은 1988년 당시 3,900명에서 2015년 554명으로 크게 줄었고, 2023년 말에는 조합원 수가 187명에 불과하다. 조합원의 평균연령 역시 1988년 당시 28.4세에서 꾸준히 감소해 2016년 현재 51세, 2023년에는 57~58세에 이르고 있다.

S&T중공업 인수 이후 종업원과 조합원 수의 급격한 감소는 S&T중공업이 주물과 공작기계 사업에서 철수했을 뿐 아니라, 구조조정과 정년퇴직으로 직접고용 정규직을 대폭 줄인 데다가, 작업공정 대부분을 소사장제로 전환하여 현재 방산과 차량 각각 10여 개 소사장 업체를 중심으로 1,000여 명 이상의 비정규직으로 공장을 운영했기 때문이다. 이들 소사장 업체 노동자의 절반 이상은 원래 S&T중공업에 근무하다가 퇴직 후 재입사하여 신분이 바뀐 채 근무하고 있다. 소사장 업체는 물량변동에 따라 인원변동이 심하며, 고령자와 외국인노동자들을 고용해 낮은 임금과 열악한 근무조건을 유지하고 있다(2024년 1월 지회장 면담).

〈표 7〉 S&T중공업지회 조합원현황 추이

년도	종업원 수	조합원 수	평균연령(세)	평균 근속(년)	가구원 수(명)
1988	4,712	3,934	28.4	3.6	2.3
1989	4,636	3,200	28.9	4.2	–
1992	3,691	2,455	–	6.5	3.9
1993	–	1,500	32.8	8.5	3.4
1996	2,547	1,390	36.0	11.0	3.8
1997	2,500	1,354	37.8	12.4	4.1
2002	–	974	41.4	16.8	3.1
2004	–	–	45.0	20.0	–
2015	994	554	51.3	27.8	–

자료: 노동조합 신문 및 소식지에서 재구성

1987년 이후 현재까지 노동조합은 수많은 사건과 투쟁을 겪어왔고, 지회의 역사는 운동의 성장과 쇠퇴 사이클에 따라 몇 번의 시기로 구분할 수 있다.[12] 먼저, 1985년 이후 1988년까지 노조 민주화 시기에는 소수 활동가 중심의 노조 민주화 투쟁이 1987년 노동자 대투쟁으로 발전해 갔다. 1985년 파업농성으로 통일중공업 노조가 민주화되었으나, 곧바로 지도부가 구속·해고되어 해고노동자들을 중심으로 한 선도적 투쟁이 전개되었다. 1987년 8월 민주집행부가 출범했지만, 이후 지도부 구속에 항의하는 파업과 시위, 지역 연대투쟁, 서울 상경 투쟁, 마창노련 결성, 해고자복직 투쟁이 숨 가쁘게 이어졌다.

둘째, 1989년 이후 1996년까지는 민주노조 사수 투쟁 시기로, 이 기간 내내 통일중공업 사측은 노조를 무력화하기 위한 탄압을 계속했다. 사측은 통일교 교인들과 사무직을 동원해 물리적 억압을 시도했고, 공장매각과 경영 합리화를 통해 노조 무력화 공세를 계속했다. 이러한 탄압에 맞서 1990년 이영일 조합원이 분신으로 항거했고 1994년에는 임종호 조합원이 투쟁 중 교도소에서 사망했다. 1992년 1,000여 명의 대량감원 사태 이후에도 조합원들은 민주노조를 지키기 위해 치열하게 투쟁했고 지역과 전국의 연대투쟁에 앞장섰다.

셋째, 1997년 이후 2003년 사이에는 경영위기와 법정관리 상황에서 임금체불과 정리해고를 막기 위한 생존권 투쟁이 전면화하였다. 1997년에는 매출액 연동제 저지 투쟁이 격렬하게 벌어졌고, 1998년 법정관리 이후에는 체불임금 해소와 정리해고 반대 투쟁이 전개되었다. 강제적인 휴업·휴가가

---

12 시기 구분과 각 시기 투쟁의 자세한 내용에 대해서는 김정호(2015)를 참조.

계속되는 가운데, 노조가 조합원들의 임금채권 확보를 위해 전면에 나섰고, 정리해고에 맞서 1달여간 총파업을 벌였다.

넷째, 2003년 S&T 자본으로 인수합병이 이루어지면서 노사관계에 커다란 변화가 생겼다. 사측은 많은 작업공정을 외주화하고 유휴인력을 구조조정하는 방식으로 생산성을 극대화했고, 이를 위해 현장통제를 강화하고 노조 무력화 정책을 추진했다. 이 시기 동안, 현장통제가 강화되고 조합원들이 위축되는 가운데, 노사관계는 사용자 우위로 재편되었다.

마지막으로, 2010년 노동법개정 이후 현재까지 공정분배를 위한 투쟁이 강화되는 시기이다. S&T중공업으로의 인수합병 이후 지속적인 이윤 증가에도 저임금정책이 계속되었고 현장통제도 강화되었다. 노동자들은 저임금과 부당해고, 사내외 하도급을 통한 비정규직 확대, 정년동결과 생산직 신규채용 중단 등 노동유연화정책과 권위주의적 기업경영, 노조 무력화에 대해 분노했다. 노조 역시 저임금과 불공정한 분배정책에 대한 조합원들의 분노를 조직하는 데 집중하는 양상을 보였다. 그러나 점차 외주화가 확대되고 신규입사자가 없는 가운데, 조합원 수는 계속 축소되어 대부분이 정년퇴직을 앞두고 있는 상황이다.

2) S&T중공업 노조 공론장의 특성

S&T중공업지회의 공식적인 의사소통 채널에는 의결기구와 회의체계, 노조 신문과 소식지 같은 매체가 있다. 또한, 조합원들의 전체적인 참여가 가능한 공론장으로는 총회를 비롯한 조합원 집회, 교육 활동과 체육대회, 문화행사, 현장간담회 등이 중요하다. 공식적인 노조 체계는 아니지만, 계파별 조직

과 동문회, 향우회 같은 연고 네트워크, 노조 간부가 참여하는 취미모임이 있으며, 비공식적인 술자리와 작업장 회식도 일정 부분 공론장 기능을 수행한다.

노조 신문과 소식지는 주요쟁점에 관한 방침과 해설, 주요 소식 등 노조 내부의 정보가 유통되는 주요한 매체이다. S&T중공업 노조는 1주일에 1~2회 양면 소식지를 발간하며 아침 출근길에 이를 배포해왔다. 소식지는 현장 상황에 대한 정보와 노조 방침을 전달하고 확산하는 매체다. 동시에 조합원들의 여론 수렴은 대의원이나 집행 간부의 몫이다. 현장 간부들이 조합원들의 의견을 수렴하고 이를 확대간부회의에서 전달하거나, 집행 간부들이 2~3일에 한 번 정도 현장을 순회하면서 조합원들의 고충과 이야기를 듣는 방식이다. 이렇게 수렴된 의견은 정리되어 다시 소식지를 통해 배포되기도 한다.

조합원 전체가 참여하는 공간은 정기총회와 쟁의 때의 임시총회, 임단협 인준 투표, 지회장 및 대의원선거이다. 총회는 지회장이 필요하다고 생각하거나 지회 대의원 혹은 조합원 1/3 이상이 요청할 때 소집된다. 보통 총회는 중식 시간에 열리며 조합원 80% 정도가 참석한다. 1990년대 이후 파업을 벌일 때는 주로 위원장배 족구대회, 다양한 주제의 선거구별 토론회, 장기, 윷놀이, 유인물 읽기, 민중가요 교육, 야외에서 뒤풀이, 부서별 집회 등의 프로그램을 진행했다. 제도적으로 노조가 확보한 교육시간은 1년에 8시간으로, 보통 정세와 관련한 금속노조의 의무교육이나 주요쟁점에 관한 설명으로 채워진다. 교육은 의무적으로 참여하지만, 주제가 정치 경제, 임단협 사안 등 무거운 편이라 적극적인 의견 개진이나 토론이 이루어진다고 보기는 어렵다(2016년 6월 부지회장 면담). 1990년대 초반에는 노조 교육에 대한 조합원들의 관심이 높았지만, 현재는 각각 수십 년의 경험을 통해 임단투 결과에 대해 자신의 판단을 내리고 있는 50대 후반 조합원들에게 매년 반복되는 임단투 교육은 새로울 것이 없기 때문이다.

현장 분임토의로는 점심시간에 대의원 선거구별로 70~80명씩 모아 진행하는 지회장 간담회가 있다. 선거구별 간담회는 평조합원들이 노조 현안에 대해 직접 설명을 듣고 의견을 표명하는 기회로, 보통 단체교섭이나 중요한 사안이 있을 때 1년에 4~5회가량 열린다. 간담회 역시 2000년대 초반까지는 의견교환과 질문, 주장이 활발하게 이루어졌지만, 인수합병 이후에는 주로 집행 간부들이 설명하고 조합원들이 듣는 양상으로 진행된다.

"다들 피곤하고 위축된 상태에서 조합원을 끌어모으기 쉽지 않다. 20여 년이상 같이 해와서 조합원 개개인의 성향을 서로 다 알고 있고, 새로운 조직활동을 전개할 것이 없다. 관성도 있지만 새로 이야기할 것도 없고 뻔한 상태이기 때문이다."(2009년 9월 노조 지회장 면담)

하지만, 비공식적 공론장인 술자리 모임은 여전히 지속되고 있다. 조합원 연령이 40대일 때는 가족 중심의 모임이 많았지만, 50대를 넘어서면서 조합원들의 술자리는 오히려 늘어나는 모습을 보였다. 조합 간부들 역시 사측의 공세가 심할 때 필요한 부서의 조합원들과 술자리를 갖는 방식의 조직 활동을 많이 시도했다. 대체로 부서 파트별로 회식이 잡히면 노조 간부들이 참석해 같이 대화하는 것이 일반적이다. 연말 송년회 때는 각 파트별로 조합 간부들이 참여하는 술자리가 거의 매일 이루어지며, 이런 자리는 조합원들이 솔직한 의견과 감정을 표현하고 대화하는 소통의 장으로 활용된다(2016년 6월, 부지회장 면담).

노조 공론장의 또 다른 주요한 장은 동호회, 향우회와 같은 연고 모임이다. 이런 모임들은 대부분 생산직 노동자들로 조직되어 있으며, 지역별로 군 단위 향우회가 활발한 편이다. 2000년대 이전부터 노조 간부들이 조직 활동의 일환으로 동문회, 동호회, 향우회 조직에 많이 참여했고, 이러한 연고 모임들은 여론 형성에 매우 중요하다. 노조는 문화행사나 운동회, 야유회와 같은 행사를 주관하기도 한다. 임·단협 기간에는 조합원 참여프로그램으로 임·단협 승리를 위한 지회장배 축구, 탁구, 제기차기 등의 운동회를 조직하기도 하고, 때에 따라 가족 야외활동이나 체험 마을과 같은 것을 시도하기도 했다.

노조 내 주요한 토론과 논쟁은 계파들 사이에서 이루어진다. S&T중공업 지회의 경우 선거에서 계파별 조직이 경쟁하고 한 계파가 집행부를 맡으면 소속 계파 구성원들을 중심으로 대의원을 구성한다. 이는 간부 기피 현상 때문이기도 하고, 노사관계가 힘겨운 상황에서 노조 활동의 책임을 지회장을 배출한 계파가 떠맡기 때문이다. 매년 투쟁이 장기화하고 투쟁 성과를 둘러싼 논란이 벌어지면서 집행부가 교체되는 일이 빈번하게 발생했다. 두 계파는 지지하는 진보정당이 달랐고 각각 노조 집행부와 야당 견제세력으로 기능했다. 임단협을 둘러싸고 매년 반복적인 토론이 계속 이루어졌다. 토론참여자들은 다른 참여자들의 주장뿐 아니라 의도, 행동 의지에 대해 선-판단을 가진 경우가 많고, 참여자들의 소속 계파나 행동성향을 염두에 두면서 주장의 타당성을 평가했다. 그러나 조합원들이 고령화되고 조합원 수도 감소하면서 극심했던 계파 갈등도 점점 완화되는 경향을 보였다. 계파 간 경쟁과 대립은 최근 '합리적' 관계로 변화되고 있는 것으로 보인다. 단순히 네 편, 우리 편이 확실했던 계파관계는 노조 전술의 합리성 여부에 따라 함께 힘을 모아주는 양상으로 변화되고 있다.

> "옛날에 대립적일 때는 이 계파에서 이 말을 하면 그 사람이 싫기 때문에, 모든 게 좋더라도 사람보고 싫었지만, 지금은 무슨 사안이 있으면 말을 들어보고 내용에 대한 합리적인 판단에 기초해 결정하지, 사람보고 하지는 않죠."" 똘똘 뭉치게 되는 부분들이고 그전에는 좀 보이지 않게 너희끼리 잘해봐라, 말로는 투쟁 외치면서도 그랬거든요." (2013년 11월, 지회장 외)

주요한 투쟁에서 승리에 따른 자신감과 패배에 따른 피해의식, 무력감은 이후 노조 공론장에 지속적이고 광범위한 영향을 미쳤다. 1987년 대투쟁 전후 청년기의 투쟁경험과 체계적 학습 소모임은 이후 노조를 이끌어갈 핵심 활동가들을 만들어냈고, 1997~99년 투쟁의 경험은 일반조합원들에게 깊은 영향을 미쳤다. 1997년 전후 30대 중반이었던 조합원들은 모두 임금체불과 무급휴직을 경험했고, 투쟁을 통해 고용을 지켜냈던 경험은 투쟁적 노동조합에 대한 일관된 지지의 원천이 되었다. 고용안전판으로서 노동조합이 절대적으로 필요하고, 이를 위해서는 회사로부터 독립적이고 투쟁적인 노조여야 한다는 의식이 내면화되었다. 1987년 노동자 대투쟁을 통해 형성된 활동가들의 노력과 1997~99년 생존권 투쟁의 집합적 경험은 자주적이고 투쟁적인 민주노조의 상과 역할을 유지하는 동력이 되었다.

3. 노조 공론장의 역사적 변동과 감정의 역할

1987년 이후 노조 공론장이 활성화되고 조합원 참여가 활발했던 시기가 있는가 하면, 노조 공론장이 소수 활동가의 공간으로 위축된 시기도 있고, 시기별로 조합원들의 지배적 감정에도 상당한 차이가 있었다.

투쟁 양상의 변화를 이념형으로 구분해본다면, 매 시기 집합적 투쟁참여의 위험과 비용에 따라서, 조합원 참여의 정도에 따라 4가지 투쟁 양상을 구분해볼 수 있다. 약간 단순화한다면, S&T중공업지회의 노조 투쟁은 1987년을 전후로 소수 활동가가 주도하는 선도적 투쟁에서 조합원 다수가 참여하는 전투적 대중투쟁으로 변화했고, 1997년 경영위기와 2003년 인수합병 이후 조합원들이 위축되면서 다시 간부 중심의 선도적 투쟁으로 변화하는 양상을 보여왔다. 그러나 불공정 분배에 대한 불만이 커지면서 2013년에는 조합원 다수가 사내외 대중적 캠페인에 참여하는 참여적 투쟁 양상을 보였다.

〈표 8〉 노동조합 투쟁의 형태

참여비용/조합원 참여	낮음	높음
고위험 행동	선도적 투쟁	전투적 대중투쟁
저위험 행동	관료적 투쟁	참여적 투쟁

노동자들이 느끼는 지배적 감정 역시 1987년 전후에는 인격적 무시에 대한 분노와 복수심, 모멸감과 수치심이 민주노조에 대한 희망, 신뢰와 결합하는 모습을 보였다면, 1990년대 중반 민주노조 사수 투쟁이 전개되는 동안에는 노조탄압에 대한 분노와 공포, 노조에 대한 신뢰와 투쟁에 참여하지 못

하는 데 대한 죄책감이 복합적으로 나타났다. 1997년 경제위기 이후에는 정리해고에 대한 분노와 불안공포가 심화하면서 절망과 우울감이 나타났다. 2003년 S&T중공업으로 인수합병 이후에는 법정관리를 벗어난 것에 대한 안도와 기대감과 함께, 구조조정에 대한 불안공포, 현장통제와 노조탄압에 대한 분노가 병존하는 양상을 보였다. 이어 2010년대 이후에는 기업의 성장세가 계속되었음에도 처우개선 기대에 대한 좌절감과 불공정한 분배에 대한 분노가 커지고 있다.

〈표 9〉 S&T중공업 노조 공론장에서 노조 행동과 지배적 감정들

	공론장 형성 1985–89	공론장 팽창 1989–97	공론장 위기 1997–2003	공론장 쇠퇴 2003–2009	공론장 재활성화? 2010–2016
노조 행동	선도적 –> 전투적 투쟁	전투적 투쟁	선도적 투쟁	선도적 투쟁	참여적 투쟁
지배적 감정	분노 · 복수심 모멸감 · 수치심 희망–신뢰	분노 · 복수심 신뢰–죄책감 공포	분노 불안 · 공포 절망 · 우울	불안 · 공포 안도 · 기대 분노	부정의–분노 기대–좌절

1) 저항적 공론장의 형성: 노조 민주화 시기(1985~1989)

1985년 임금인상 투쟁에서 통일중공업 노동자들은 처음으로 노조 민주화를 성취했다. 이 시기 노동자들의 투쟁은 노예적 삶을 거부하고 인간으로서의 존엄과 최소한의 권리, 인격적 존중을 요구하는 것이었다. 1987년 이전 작업장에서, 고된 장시간 노동과 턱없이 적은 임금, 강제 잔업과 휴가 · 휴일을 제대로 쓸 수 없는 억압적 노무관리체계, 작업장 내에서 관리감독자의 사적이고 비인격적 폭력과 강압적 태도는 노동자들에게 인격적 모멸감과 수치심을 불러일으켰다. 이 시기 화장실 낙서는 억압적 관리자에 대한 불만과 작

업장에서의 고통과 울분, 회사에 대한 불만과 투쟁을 선동하는 소극적 저항 행위로, 이는 노동자들의 의견과 감정을 표출하는 공간으로 활용되었다. 익명성이 보장되고 보복으로부터 자유로운 '은밀한 공적 공간'이었기 때문이다. 젊은 노동자들은 관리자의 언어적, 물리적 폭력과 학대, 근로기준법에 정해진 노동자의 권리에 대한 부정과 인격적 '무시'에 저항하지 못하는 자신에 대해 모멸감과 수치심을 느낄 수밖에 없었다. 특히 노동자들은 조합원들의 이익과 불만을 대변해야 할 노조의 무성의와 외면, 회사와의 야합, 활동적인 노조 간부에 대한 사측의 부당한 해고·징계, 단체교섭에서 위원장의 직권 조인에 대해 크게 분노했다. 그 결과, 비인격적 대우에 대한 노동자들의 집합적 분노는 노동조합으로 향했다.

> "저들은 우리가 인간 이하로 취급받는 것을 얼마나 싫어하는지를 모릅니다. 우리 가슴에 맺힌 한을 하나도 모를 것입니다. 여기에도 인간이 있다는 것을 보여주고야 말겠다는 어느 후보의 이야기가 용기를 보여줌과 동시에 우리 가슴에 새겨진 상처를 보여주는 것임을 그들은 정말 모르는 것입니다. 왜 우리가 빈번히 인간으로서 권리와 자존심을 짓밟혀야 하겠습니까? 노동조합이란 것은 노동자에게 있어 인간임을 증명할 수 있는 유일한 것입니다." (1985.9. 노보)

1987년 6월 항쟁 이후, 노동자들은 작업장에서 경험했던 자존감 손상, 인격적 모욕에 대한 수치심, 어용노조에 대한 분노, 폭력적 관리자에 대한 복수심 등 집합적 감정을 '민주노조 쟁취와 작업장 민주화'라는 프레임과 결합하기 시작했다. 노동자 대투쟁 과정에서 1,000여 명의 노동자들이 '어용노조

퇴진', '해고자복직', '임금인상' 등을 요구하며 파업농성을 전개했다. 노조는 조합원총회를 부활시켰고, 해고자들은 선도적 투쟁을 통해 투쟁 분위기를 이끌어갔다. 이 시기의 조합원총회는 조합원들의 불만과 분노를 표출하고, 의사결정에 민주적 정당성을 부여하며, 토론을 촉진하는 공론장으로 기능했다. 이는 의사결정을 공개적이고 투명하게 함으로써 직접민주주의를 실현하려는 의지의 표현이었고, 동시에 조합원들의 도덕적 분노를 모아 지속적 동원을 위한 감정 에너지를 재생산하는 의례(ritual)의 과정이었다.

이 시기 농성장에서 쓴 노동자들의 편지는 노동자로서 삶에 대한 비하와 수치심으로부터 자존감과 자긍심으로 정체성의 변화를 보여주고 있다. 파업투쟁에의 참여는 노예적 삶을 거부하고 인격적 주체로서 삶을 영위하고자 하는 강한 의지와 감정적 전환을 수반하고 있다. 이 글들에는 인격적 존중을 요구하는 권리의식, 젊은이로서 부끄러움 없는 도덕적 삶에 대한 성찰, 좋은 세상에 대한 헌신이 담겨 있다. 특히 스스로를 '노동자'라는 집합적 이름으로 재정의하는 것은 자신에 대한 긍정적인 집합적 정체성을 구성하는 것을 의미했다.

"노동자로 살아가는 내 인생이 보잘것없는 삶이라고 비하하며 부모님을 원망하는 것으로부터 역사의 주인, 역사발전의 주체가 될 수 있다는 자신감과 노동자의 긍지와 자부심으로 전진하고 있다."

"이제는 천시받는 공돌이, 공순이가 아닌 진정한 노동자로서 우리의 권리를 되찾을 때가 되었다. 젊다는 것은 무엇인가를 할 수 있고 이룰 수 있다는 것과 상통한다."

"우리는 목구멍이 포도청이라고 시키면 시키는 대로 살아왔다. 하지만 앞으로 그렇게 살 필요가 없을 것 같다는 결론을 내렸다. 이 한목숨, 뭐 그리 대단한가, 산다는 게 무어냐 말이다 이렇게 살 바엔 열심히 싸우다 가리라"

"오직 지금까지 사람 취급받지 못한 한을 되씹으며 진정한 노동자를 위한 세상이 올 때까지 온갖 위협과 협박에도 굴하지 않고 싸우기로 했다."(1987.10. 농성조합원 편지글 중에서)

이처럼 1987년 노동자 대투쟁 시기 노동자들의 지배적 감정은 작업장에서 관리자들의 비인격적 대우와 모욕, 불법적 폭력과 같은 '무시'로부터 야기된 수치심과 도덕적 분노였다. 나아가 6월 항쟁으로 변화된 사회상황은 노동자들의 감정적 분위기를 변화시키고 작업장에서 전제적 억압에 대한 공포를 완화했다. 노동자들은 '민주노조'와 '노동해방'이라는 새로운 담론과 이념체계를 수용했고, 억압적 노사관계에 대한 '분노'와 노조 민주화, 작업장 민주주의의 전망에 대한 '희망'을 결합할 수 있었다. 노동자들에게 민주주의는 곧 '노동자가 사람 취급받지 못하는 세상'을 변화시키는 것을 의미했다.

1988년 이후 해고자 복직문제는 단체교섭에서 가장 중요한 의제로 부상했다. 조합원들이 해고자 문제를 우선한 것은 이들이 노조의 투쟁을 지도했던 지도자들이었고 가장 앞장서 헌신했던 사람들이었기 때문이다. 해고자 문제는 공통의 문제를 위해 헌신하고 희생했던 사람에 대한 감정적 유대와 죄책감과 관련된 것이자, '민주노조'가 수단을 넘어 주요한 가치로 인식되었다는 점에서, 손상된 '정의'를 회복하는 문제였다.

노동자 대투쟁 이후 계속된 자본과 정권의 탄압, 수많은 구속과 해고에도 불구하고 민주노조를 지켜냈다는 사실은 노동자들에게 스스로에 대한 자부심을 갖게 했고, 민주노조를 지키는 것은 인격적 모멸감이 없는 세상, 작업장 민주주의에 대한 장기적 전망에 대한 '희망'과 같은 것이었다. 조합원들에게 노조 없는 현장이란 비인간적 폭력과 모멸감, 저임금과 각박한 생활을 의미했고, 민주노조를 지키는 것은 인간다운 삶을 유지하기 위한 최소한의 조건으로 인식되었다. 파업투쟁에 참여하는 것은 억압적 일상과 굴종으로부터 노동자의 자존감과 정체성을 회복하는 것이었다. 이 과정에서 자유로운 의견 표현과 감정적 고양, 민주적 참여와 토론에 기반을 둔 저항적 공론장이 활성화되었다. 파업과 집회에서 확보된 공적 공간은 노동자로서의 정체성과 민주주의 실천, 노동자의 권리와 가치에 대한 신념을 내면화하는 교육장이었다.

1986~89년 사이의 격렬한 투쟁경험은 노조에 장기지속적인 효과를 낳았다. 이 투쟁을 통해 조합 활동가들은 경제적 이익을 넘어 계급적 연대에 대한 강한 신념을 갖게 되었다. 이들은 격렬한 투쟁과 조직 활동, 학습 소모임을 통해 노동자의 삶을 사회적 총체성과 연관해 해석하는 계급적 정체성을 내면화했다. 이들은 현장의 여론을 주도했고 대규모 투쟁 과정에서 집합적 토론의 문화, 직접민주주의, 전투적 행동의 전통을 만들어갔다.

2) 저항적 공론장의 팽창:
민주노조 사수 투쟁 시기(1989~1996)

1987~89년 투쟁을 거치면서 노조의 현장조직력은 크게 강화되었지만, 사측과 정부의 탄압도 갈수록 심해졌다. 이 시기 노조는 1989년 통일교도들의 노조 난입과 4공장 매각, 테러, 현장통제, 고소·고발, 구속, 전노협소속 노조에 대한 정권의 탄압과 이영일 조합원의 분신, 1992년 총액임금제 투쟁

과 1천 명 대량감원, 1994~95년 해고자복직 투쟁 등 수많은 부침을 겪었다. 그러나 수많은 구속과 해고에도 불구하고 노조는 치열하게 투쟁했다. 노조는 빈번한 조합원 집회를 통해 총회 민주주의를 활성화하고, 전투적 투쟁을 통해 지역연대를 주도했으며, 대정부 투쟁에 적극적으로 참여했다. 정치적 탄압으로 노조 지도부가 와해되고 조직력이 크게 약화하였지만, 사측의 탄압과 임금억제에 대한 조합원들의 분노는 컸다.

이 시기 노동자들은 자본과 정권의 계속된 탄압으로 노조 투쟁에 참여하는 것에 관한 실존적 고민에 직면했다. 조합원들은 노조에 대한 사측의 물리적 폭력과 강압적 현장통제, 공권력 개입과 구속, 부당한 해고 등 정치적 탄압에 분노했고, 복수심과 적대감이 높아졌다. 파업투쟁은 억압적 일상으로부터의 해방과 노동자로서 자긍심과 긍정적 정체성, 같이 투쟁하는 동료들에 대한 신뢰와 연대감을 부여했지만, 동시에 상당한 불이익과 구속·해고에 대한 공포를 수반했다. 이미 1987년 대투쟁을 통해 작업장 민주주의를 경험한 노동자들에게 파업투쟁에서의 이탈은 투쟁하는 동료들에 대한 죄책감과 수치심을 수반했다.

"원혼이 되어서라도 영원히 저놈들과 싸우겠습니다. 사는 것이 왜 이리 힘듭니까? 이 세상이 사람을 힘들게 만듭니다. 착하고 정직하게 사람답게 살아보려는 사람을 악하고 분노하게 만들더군요. 잘못된 것, 잘못 돌아가는 것을 잘못됐다고 나쁘다고 한 것이 무엇이 잘못되었는지 모르겠습니다. 좀 더 강직하게 살지 못한 저 자신이 부끄럽습니다. 잘 못 먹고 잘 못 입어도 인간다운 삶의 맛이 나는 세상이 그립습니다. 정의가 살아 있는 사회, 같이 어우러져 사는 세상, 얼마나 인간다운 삶을 살아가느냐가 문제인 것 같습니다.

그러나 후회는 없습니다. 전 제가 사는 동안에 가장 보람찬 시간이 있었다면 지난 1년간이었습니다. 우리 노동자들과 같이, 가진 놈, 권력 있는 놈들에게 마음대로 하고 싶은 말 다 해가며 인간다운 생활을 해보았다는 것이 자랑스럽습니다."(1990년 이영일 열사 유서 중에서)

이영일 열사의 유서에는 인간의 권리를 부정하는 '부정의'한 현실에 대한 분노와 자본과 정권에 대한 적개심, 올바르게 사는 것의 어려움과 그렇지 못한 것에 대한 부끄러움, 정의로운 사회와 좋은 세상에 대한 갈망, 노동조합 투쟁에의 참여를 통해 느꼈던 기쁨과 자아 존중의 감정 경험들이 담겨 있다.

이 시기 노조는 파업뿐 아니라 준법투쟁과 조합원 집회 등 다양한 형태로 투쟁을 전개했다. 교섭 과정에서 조합원의 참여는 족구대회, 분임토론, 노래 배우기와 경연, 노보 작성과 선전, 집회에서 발언과 선동의 형태를 띠었다. 그것은 저항적 노래를 배우거나 노래 가사를 바꾸어 부르면서 불만과 조롱을 내뱉고, 행동 의지를 다짐하는 것이었다. 공론장 참여는 불만의 자유로운 표현과 자본에 대한 조롱과 욕하기 등 감정적 고양을 주된 내용으로 했다. 저항은 억압적 경영에 대한 조합원들의 분노와 적대, 활동가들의 계급적 신념과 운동문화를 기반으로 한 것이었다.

3) 노조 공론장의 위기:
임금체불과 정리해고 반대 투쟁기(1997~2003)

1997년 8월부터 시작된 임금체불은 조합원들을 극도의 생활고로 몰아넣었다. 생활고로 자살하는 조합원도 생겨났고, 조합원들은 사실상 실업 상태에서 생계를 돌보지 못하게 된 데 대한 수치심을 크게 느꼈다. 그럴수록 경영부실의 책임을 떠넘기며 일방적 희생을 요구하는 사측에 대한 분노 역시 깊어졌다. 1998년 11월 통일중공업은 부도 처리되었고, 945명의 정리해고 계획에 반대하는 총파업이 1달여간 이어졌다. 결국, 사측이 정리해고를 철회하는 대신에 노조는 임 · 단협 동결과 상여금 반납에 동의했다.

이 시기 조합원들의 지배적 감정은 경영부실을 노동자에게 전가하는 회사에 대한 '분노'와 법정관리에 따른 '불안 · 공포'였다. 이미 저임금에 시달리던 조합원들은 임금체불 상태에서 임금과 고용의 선택을 강요하는 사측에 대해 몹시 분노했다. 이 분노는 인격적 정체성이나 권리에 대한 무시에서 비롯된 것이라기보다, 구성원들이 공유하고 있는 기준, 가치, 규범에 반하는 부당한 결과, 암묵적 사회계약에 대한 규범적 훼손에서 비롯된 것이었다. 그것은 경영부실과 고용유지에 전적인 책임을 져야 할 경영진이 오히려 정리해고를 통해 노동자들에게 책임을 전가하는 것에 대한 분노이자, 노동자들을 기업의 파트너가 아니라 필요 없으면 가차 없이 내버리는 소모품으로 간주하는 것에 대한 분노였다.

> "우리 노동자들은 쓰다가 버리는 부품이 아닙니다. 열심히 일한 죄밖에 없는 우리가 왜 정리해고되어야 합니까?"(1999.6.23. 노조 유인물)
> "우리는 필요하면 쓰고 다 쓰고 나면 쓰레기통에 버리는 일회용 컵이 결코 아닙니다. 우리는 지금 벼랑 끝에 내몰려 있는 상태입니다. 한마디로 죽기 아니면 까무러치기입니다."(1998.12.17. 노조 유인물)
> "우리는 통일에 청춘을 바쳤고 가족들의 생계를 걸고 열심히 일했다. 그런데 이제 와서 회사를 살리기 위한 제물로 우리를 활용하려 한다. 달면 삼키고 쓰면 뱉는 통일자본의 더럽고 반인륜적인 행태에 쐐기를 박기 위해 우리는 싸울 것이다."(1998.12.18. 노조 유인물)

정리해고가 노동자들에게 일상의 급작스러운 붕괴를 의미한다는 점에서, 정리해고계획에 대한 분노와 공포는 즉각적인 동원 효과를 가져왔다. 체불임금 및 퇴직금에 대한 불안과 정리해고·실업에 대한 공포가 동시에 영향을 미쳤다. 언제 회사가 문을 닫을지 모르는 상황에서 체불임금과 퇴직금확보는 조합원들에게 당면 과제였다. 체불임금과 퇴직금에 대한 불안은 투쟁을 통해 해결할 수밖에 없었고, 이에 노동조합은 실제로 체불임금과 생계 해결에 대한 희망을 제시했다. 노조는 제품 출하를 통제하고 물품 대금을 압류함으로써 임금채권을 확보했고, 이를 통해 투쟁에 동참하는 조합원들에게 직접 임금을 지불했다.

> "삶의 벼랑 끝까지 밀려난 입장에서 우리가 무엇을 두려워하고 무엇을 겁내하겠습니까? 이제 우리는 더 이상 물러설 곳도 물러날 곳도 없는 신세입니다. 투쟁할 수밖에 없습니다." (2000.6.29. 노조 유인물).
> "잘리면 먹고 살길이 막막하다고 합니다. 그 흔한 붕어빵 장사나 트럭 행상도 경쟁이 치열하다고 합니다. 그렇다고 막노동 자리가 많은 것도 아니랍니다. 이제 우리에게 선택은 오직 하나, 싸워서 일터를 지키는 것밖에 별다른 도리가 없습니다. 살아남기 위해 모든 갈등을 접고 노동조합을 중심으로 하나 되어 일터를 지킵시다." (1999.5.27. 노조 유인물)

　　그러나 법정관리 상태에서 정리해고의 공포는 노조의 투쟁으로 실마리를 찾기가 어려웠다. 체불임금 투쟁과 달리 정리해고문제는 투쟁을 통한 해결의 희망을 찾지 못하면서 우울과 절망의 감정을 낳기 시작했다. 파업 참여는 위축되었고, 정리해고 발표 이후 투쟁이 장기화하면서 정리해고자와 생존자

사이의 의견 차이도 커졌다. 정리해고에 대한 분노와 불안 · 공포, 생계 곤란
으로 인한 우울, 부도 상태에서 문제 해결에 대한 절망감이 조합원들의 일반
적인 정서였다. 특히 사측이 발표한 정리해고자들이 대부분 활동적 조합원
이었다는 점에서, 파업투쟁에 참여하는 것에 대한 불안과 공포, 절망감은 이
내 체념으로 나타났다. 조합원들은 회사의 처사에 분노했지만, 노조에 대해
서도 점차 기대를 접기 시작했다.

> "누가 투쟁을 하지 말자고 합니까? 아무런 정책도 전략도 없이 무조건적인
> 투쟁보다도 누울 자리를 보고 다릴 뻗어야지, 여태껏 쌔빠지게 투쟁해서 쟁
> 취한 것이 빈곤입니까? 우리는 강하고 탄탄한 노동조합을 원합니다. 그러나
> 불필요한 행위, 그리고 논쟁과 언쟁, 소모전으로 벌써 매년 똑같은 행사를
> 치르며 우리 조합원들의 마음고생 또한 이만저만이 아닙니다. 이제는 대의
> 명분도 좋지만, 조합원의 이익과 실리에 맞추어서 가는 집행부가 되기를 바
> 라는 마음입니다"(2002.5. 평조합원 유인물)

사측에 대한 분노와 불신이 누적되었지만, 문제 해결의 전망이 어두워지
면서 체념과 절망, 정리해고에 대한 공포가 강화되었다. 애초에 지배적 감정
이었던 사측에 대한 분노는 법정관리가 지속되고 정리해고의 불안이 계속되
면서 우울과 절망, 체념의 상태로 변화했다.

4) 저항적 공론장의 쇠퇴:
S&T 인수합병 이후 노사관계 재편 시기(2003~2009)

2003년 S&T 자본으로 인수합병이 이루어지면서 노사관계 지형은 크게

변했다. 사측은 공정을 외주화하고 유휴인력을 정리하는 방식으로 생산성을 극대화하고자 했고, 이에 저항하는 노조를 물리적으로 제압하려 했다. 이제 막 법정관리를 벗어난 상태에서 조합원들은 새로운 경영진에 대한 기대와 실망이 교차했지만, 극단적인 충돌은 피하고 싶어 했다. 조합원들의 일차적 관심은 물량을 확보해 저임금을 해소하는 것이었고, 감정은 복합적이었다. 법정관리 시절의 불안한 삶으로부터 빠져나온 '안도감'과 적자경영을 탈피하기 위해 생산성을 높여야 하고 흑자로 돌아서면 보상이 돌아올 것이라는 '희망'은 경영진에 대한 기대감으로 작용했다. 여기에는 오랜 기간 경영불안으로 인한 생계난과 정리해고에 대한 불안, 실업의 공포를 되풀이하고 싶지 않은 바람이 크게 작용했다.

그러나 이러한 안도감과 기대는 역설적으로 흑자전환을 위한 생산성 향상, 작업장 규율의 강화, 현장통제, 인건비 절감을 위한 임금동결과 외주화, 휴업휴가, 노조에 대한 가혹한 공세에 직면했다. 새로운 S&T 자본의 전략은 조합원들의 고용에 대한 '불안'과 노조 활동 참여에 수반된 불이익에 대한 '공포'를 극대화함으로써, 조합원들의 순응을 얻어내려는 것이었다. 이는 전투적인 노조를 무력화하고 노조와 조합원을 분리하려는 적극적 노력을 수반했다. 특히 사측이 400명의 유휴인력에 대한 구조조정, 생산성 향상을 압박하면서, 고용불안에 대한 공포가 더욱 확대되었고 조합원들은 심리적으로 크게 위축되었다.

> "20년 이상 회사생활에 백만 원도 안 되는 월급을 받고 사는 우리는 최○○가 M&A할 때 돈이 많은 사람이라서 혹시나 형편이 좀 나아질 수 있을까 기대도 했었다. 흑자가 나면 다 준다고 하기에 희망도 가져 봤다. 하지만

M&A한 지 3년이 지난 지금 우리는 배신과 분노에 치를 떨어야 했다. 기존 단체협약 위반을 식은 죽 먹기로 하고 인원감원 협박, 임금동결, 부당휴가, 부당인사명령, 부당해고, 잔업 통제, 노동강도 강화, 노동부 행정명령 불이행, 모자 쓰기 강요, 현장통제, 관리직 사원 연봉제, 비정규직화 등등 오히려 이전보다 못한 저임금구조와 힘든 노동이 우리의 현실이다. 오죽하면 법정 관리 시절이 좋았다고 푸념하는 사람들이 많아질까?"(2005.12. 노조소식지)

노조는 근로조건의 악화, 임금동결, 노조탄압에 대해 조합원들의 분노를 촉구하고 도덕적 분개의 감정을 적극적 행동 의지로 전환하려고 노력했지만, 조합원들이 느끼는 불안과 공포는 분노를 압도하고 있었다. 조합원들이 위축될수록 조합 간부들은 전제적 규율을 강제하는 사측에 대해 더 많은 분노와 수치심을 느껴야 했다. 사측이 기존의 작업장 문화에 비추어 수용할 수 없는 희생과 양보, 순응을 요구하는 데 대해, 노조는 간부 중심의 투쟁을 관성적으로 반복할 수밖에 없었다. 조합원들이 파업에 대한 자신감을 잃고 위축된 가운데, 노조 간부들의 선도적 투쟁이 계속되었다. 사측과 노조 사이에는 서로에 대한 혐오와 폭력이 일상화되고, 불신과 갈등이 극대화되었다. 2005년 사측은 사규 위반을 이유로 조합원 96명을 해고했고 이 중 41명은 전·현직 노조 간부였다. 2005년 한 해 동안 연인원 718명이 고소·고발을 당했으며 707명이 징계를 받았다.

그러나 사측의 강도 높은 현장통제로 인해 투쟁이 장기화하고 현장 분위기도 침체하였다. 조합원들 사이에 직장폐쇄에 대한 두려움이 커졌고, 투쟁 승리에 대한 확신이 사라졌다(2009년 9월, 지회장 면담). 인수합병 이후 계속된 투쟁에서 패배함으로써 조합원들 사이에서는 S&T중공업 자본을 넘어설 수 없는 벽으로 느끼는 체념과 패배의식이 짙어갔다. 고용에 대한 불안과 공포가 사용자에 대한 분노와 불신을 압도하고 있었고, 노조의 투쟁을 통해 근로조건을 개선할 가능성에 대한 회의가 지배적이었다. 회사의 노조탄압이 격화되는 상황에서 징계를 당하면 해고될 가능성이 컸기 때문에, 징계에 대한 조합원들의 공포는 극대화되었다. 회사에 대한 불만이 팽배하고 노조에 대한 신뢰는 있지만, 권력 관계가 일방적인 가운데 불이익에 대한 공포로 조합원들은 움직이지 않았다(2009년 9월 노조지회장 면담). 공포와 체념, 냉소의 감정은 조합 활동에 대한 소극적 태도로 나타났고 노조로부터 '감정적 철수' 현상이 나타나기 시작했다.

> "요즘 현장을 보면 모두 하나같이 얼굴에는 웃음이 사라지고 주름만 늘어나고 있는 것 같습니다. 생활이 나아지기는커녕 도리어 더 어려워지고 노동강도는 강화되어 몸은 자꾸 처져가고 있습니다. 희망이 없고 재미가 없는 현장, 있어야 할 동료가 부당휴가를 받고 떠난 자리를 보면 죄스러운 마음까지 생기기도 합니다."(2004.6. 노조소식지)
> "사원들의 인격과 인권은 상실되고 오로지 한 사람만을 찬양하고 우상화하는 회사, 자신들의 지시가 곧 법이 되는 회사, 징계를 남용하고 인사권을 남용하며 사원들에게 복종만을 요구하는 회사, 이러한 회사의 모습에 조합원들은 하나같이 '이놈의 회사 어찌 되려 그러는고'라는 한탄과 염려의 이야기가 자연스럽게 나오고 있습니다."(2005.3. 노조소식지)

저임금과 열악한 처우, 억압적 관리방식과 노조에 대한 전면탄압, 외주화를 통한 구조조정이 상시화하면서 조합원들의 우울감과 직무 스트레스도 크게 높아졌다. 노동조합은 현장 권력을 빼앗긴 채 조합원들의 분노를 조직화하는 데 실패했다, 노조 공론장은 조합 간부들만의 공간으로 협소해졌고, 불안과 공포, 노조 권력에 대한 회의와 절망은 침묵과 순응, 우울과 체념으로 귀결되었다.

5) 저항적 공론장의 재활성화?: 공정분배 요구 투쟁(2010~2016)

2003년 인수합병 이후 회사의 경영실적은 계속 호조를 보였다. 경영실적이 매년 상승했음에도 소득은 정체되고 일은 힘들어졌으며 고용은 불안해졌다. 외주 확대로 조합원 수는 계속 줄어들었고 노사의 권력 불균형은 크게 벌어졌다. 이러한 상황은 노조 내부의 단결과 통합의 움직임을 강화했고, 간부 중심의 선도적 투쟁이 실패하면서 조합원들의 참여를 높일 수 있는 대중투쟁 전략에 대한 고민이 불가피해졌다.

> "1987년을 기점으로 우리 지회는 간부, 활동가를 중심으로 소위 '선도투'를 많이 해왔습니다. 그러나 2003년을 전후하여 선도투가 쉽지 않습니다. 간부 기피 현상도 갈수록 심해지고 있습니다. 이제 조합원 동지 한 사람 한 사람이 주인으로서 역할을 해주어야 합니다. (2010.1.4. 노조소식지)
> "여기서 더 밀리면 87년 이전의 노예적 삶으로 돌아가지 않을까 하는 위기 감까지 봉착되어 있는 실정이다. 한 사람이 백 걸음이라는 80~90년대의 소위 선도 투쟁은 조직의 고령화로 불가능하게 되었다. 이제는 백 사람이 한 걸음 가는 '전체 조합원과 함께하는 투쟁'만이 유일한 희망이다."(2010.8.27. 노조소식지)

조합원들은 기업 성장에 따른 성과를 사측이 독점하는 상황에 크게 실망했다. 2009년에는 임금은 성과급을 포함해도 동종업체 대기업의 60~70%에 불과했고, 노동강도는 인수합병 이후 새로운 기계가 도입되지도 않은 상태에서 단위 시간당 생산물량을 기준으로 최소 30%에서 60~70% 이상 증가하였다(2009년 노조 지회장 면담). 조합원의 가장 큰 불만은 분배의 불공정이었다. 높은 이윤과 비교되는 저임금은 노동자들에게 경제적 이익과 관련된 것일 뿐 아니라, 노동자들이 받아야 할 정당한 대우, 공정한 분배에 대한 규범적 의식에 반하는 것이었다. 기업의 흑자는 조합원들의 저임금, 대규모 외주와 조합원의 인력재배치, 노동강도 강화 등 전적으로 조합원의 희생에 힘입은 것이었기 때문이다. 이는 법정관리 이후 10여 년간 고용불안과 현장통제를 견디고 임금 감소와 노동강도 강화로 고통받았으면서, 막상 기업이 성장했을 때 그 과실로부터 소외된 데 대한 분노였다. 1987년 이후 민주노조의 전통을 유지해온 S&T중공업지회 조합원들에게 억압적 현장통제는 작업장에서 부당한 권리 침해에 침묵해야 하는 데 대한 수치심과 모멸감을 초래했다. 문제는 이러한 수치심과 모멸감을 감내한 대가가 도저히 받아들일 수 없는 불공정한 분배였다는 점이다. 이는 노동자들의 가치와 규범으로 볼 때 대단히 불공정하고 부정의한 것이었다.

> "지금 현장노동자들의 회사에 대한 불신과 불만은, 일은 엄청 고되게 하고 회사는 돈을 엄청 잘 버는데 분배가 공평하지 않은 데 있는 것 아닙니까? 회사만 이윤을 많이 남기고 회사라는 공동체의 생산 주체인 노동자와 그 가족들은 외면해도 되는 겁니까? S&T중공업에는 분배의 법칙, 분배의 정의는 없는 건가요? 최소한의 인간으로서 품위를 지키면서 살 수는 있게 해주어야

하는 것 아닙니까?"(2009.10.23. 노조소식지)

"탐욕스러운 S&T 자본은 파이를 키울 줄만 알았지 파이의 공정한 분배에 대한 철학이 없는 것인가? 땀 흘려 일하는 사람인 노동자를 이렇게 무시하고 천시해도 되는 건가? 성장의 과실은 최대주주인 최 회장이 대부분 독식하는 비민주적인 독재 경영을 규탄한다."(2010.9.9. 노조소식지)

"우리가 단결했던 이유 중 제일 큰 것은 공정분배에 대한 분노였습니다. 10년 동안 해마다 흑자이면서 흑자를 만들어준 조합원들에게는 단 한 번도 그에 걸맞은 대우를 해주지 않은 것에 대한 공정분배의 분노였습니다."(2013.12.3. 노조소식지)

이처럼 기업의 계속된 흑자와 노동자의 저임금이 부정의한 상황으로 정의되면서, 이제 불공정한 분배에 대한 분노는 '부정의'한 상황을 초래한 책임자를 특정화하는 것으로 구체화하였다. 전제적 경영의 책임자인 회장은 이러한 부정의한 상황의 원인이자 이를 해결해야 할 책임자로 규정되었다. '부정의' 프레임이 힘을 발휘하면서 분노의 감정은 더욱 집단화되고 도덕적 정당성을 얻으면서 점점 고양되었다. 부정의에 대한 분노는 정의에 대한 열정을 강화하면서 집합행동의 동력을 축적해갔다.

그 결과 2013년 임금투쟁에서 조합원들은 사내 하도급 확대와 징계해고, 임금억제에 항의하며 장기간 투쟁을 계속했다. 조합원들은 집회에서 직접 연설하면서 울분을 터뜨리고 노래를 부르는 등 투쟁에 적극적으로 참여하는 모습을 보였다. 과거와 달리, 간부와 활동가들은 계파를 초월하여 단결했고, 조합원들은 그동안의 패배의식과 무력감을 넘어 끈질기게 저항했다. 그러나 전체적으로 회사의 공세와 노조의 수세라는 상황은 크게 변하지 않았다. 노동자들의 분노는 장기간의 완강한 투쟁으로 나타났지만, 연장근로를 통제하는 생계압박과 외주처리, 사내 하도급화는 지회의 요구를 무력화했다. 이제 소사장제가 확대되는 가운데, 조합원 대부분은 정년퇴직을 맞고 있고, 그중 많은 이들은 신분이 바뀐 채 소사장 업체에 취업하고 있다.[13]

4. 맺음말

노조 공론장은 노동자들이 스스로 목소리를 내고 긍정적인 집합적 정체성을 형성하는 공간이다. 여기서 의사소통은 조합원들의 경험을 노동자의 시각에서 재해석하고 새로운 미래를 상상하는 담론을 형성하면서, 소외된 노동경험에 스며들어 있는 불만과 분노를 집합적으로 동원하는 감정변형의 과정이다. 소외된 노동의 경험은 도덕적 분노와 수치, 적대, 불안·공포와 같은 공통의 감정적 분위기를 만들어낸다. 노동조합은 조합원들이 경험하는 감정들이 문화적으로 해석될 수 있는 공적 공간의 역할을 하며, 노조 공론장에서의 교육과 참여는 조합원들이 경험하는 부정적 감정을 인지적 해방으로 연결한다.

저항적 공론장에서는 부정의한 작업장 현실에 대한 분노와 고용에 대한 불안·공포가 조합원들의 심층 감정을 형성한다. 작업장에서의 신체적, 언어적 폭력, 권리로부터의 배제, 인격적 자기존중의 훼손 등 소외와 무시의 경

---

13 정년퇴직자는 2011년 28명, 2012년 26명, 2013년 35명, 2014년 51명, 2015년 50명, 2016년 63명, 2017년 73명으로 꾸준히 증가했고, 정년이 60세로 변경된 이후에도 2020년 52명, 2021년 61명, 2022년 67명, 2023년 106명이 퇴직했다

험, 부당한 대우와 부정의한 상황은 노동자들에게 도덕적 분노를 촉발한다. 인격적 무시, 집합적 권리에 대한 침해, 불공정한 분배가 정당한 가치 규범의 기준에 반한다는 '부정의' 프레임은 부정적 감정을 인지적 신념으로 전화시킨다. 부정의에 대한 분노는 변화에 대한 확신이나 희망과 결부될 때 집합행동으로 이어진다. 또한, 고용 관계에서 노동과 자본의 권력 불균형 때문에 노동자들에게 불안과 공포 역시 일상적인 감정이다. 고용불안과 실업에 대한 공포는 노동자들의 안전, 생존의 위협에 대한 감정적 반응이다. 파업투쟁 참여가 유발할 불이익이나 공권력 개입, 구조조정과 정리해고에 대한 공포는 조합원들의 행동에 큰 영향을 미친다. 불안과 공포가 일상화되면 안전에 대한 희구가 강해진다.

S&T중공업지회의 경우 1987년 이전에는 관리자의 인격적 무시에 대한 분노와 수치심이 노조 민주화 투쟁의 동력이 되었다. 6월 항쟁 이후, 노동자들은 작업장에서 경험했던 자존감 손상, 인격적 모욕에 대한 수치심, 어용노조에 대한 분노, 폭력적 관리자에 대한 복수심 등 집합적 감정을 작업장 민주화라는 프레임과 결합했다. 노동자들은 억압적 노사관계에 대한 '분노'를 노조 민주화, 작업장 민주주의에 대한 '희망'과 연결할 수 있었다. 이 시기 조합원총회는 조합원들의 불만과 분노를 표출하고 직접민주주의를 실현하는 공론장으로 기능했고 조합원들의 감정 에너지를 고양시키는 의례의 과정이었다. 스스로를 '노동자'라는 이름으로 재정의하는 것은 긍정적인 집합적 정체성이 형성되었음을 의미했다.

1997년 이후 법정관리 상황에서, 조합원들의 지배적 감정은 경영부실의 책임을 노동자에게 전가하는 사용자에 대한 '분노'와 법정관리에 따른 '불안·공포'였다. 분노는 정리해고가 정당한 가치와 규범, 암묵적 사회계약을 훼손한다는 사실에서 비롯된 것이었다. 그러나 전체적으로 정리해고에 대한 분노와 불안·공포, 생계 곤란으로 인한 우울, 부도 상태에서 문제 해결에 대한 절망감이 조합원들의 일반적인 정서였다.

2003년 인수합병 이후, 법정관리로부터 탈출했다는 '안도감'과 적자경영을 탈피하기 위해 생산성을 높이고 흑자로 돌아서면 보상이 돌아올 것이라는 '희망'은 경영진에 대한 기대감으로 작용했다. 그러나 새로운 자본의 전략은 조합원들의 고용에 대한 '불안'과 노조 활동 참여에 수반될 불이익에 대한 '공포'를 극대화함으로써, 조합원들의 순응을 얻어내려는 것이었다. 노조는 조합원들의 분노를 촉구하고 도덕적 분개의 감정을 동원하려고 노력했지만, 구조조정에 대한 불안과 공포는 분노를 압도했다. 공포와 체념의 감정은 조합 활동에 대한 소극적 태도로 귀결되었고 노조로부터 '감정적 철수' 현상이 나타나기 시작했다. 그러나 계속되는 저임금과 불공정한 분배, 구조조정 정책에 대한 분노는 2013년 예상치 않은 대규모 투쟁을 불러왔다. 높은 이윤과 대비되는 저임금은 노동자들이 받아야 할 정당한 대우, 공정한 분배에 대한 규범적 가치에 반하는 것이었다. 불공정한 분배라는 '부정의' 프레임이 힘을 발휘하면서, 분노의 감정은 크게 고양되었다.

이처럼 S&T중공업지회는 1987년 이후 인격적 무시에서 비롯된 분노와 수치심이 작업장 민주주의의 프레임과 결합하면서, 노동자 정체성을 형성하는 저항적 공론장으로 기능했다. 부정의한 작업장 현실에 대한 분노와 노조 탄압 및 구조조정에 대한 불안·공포가 노동자들의 심층 감정으로 작용하면서, 저항적 공론장의 변화에 영향을 미쳤다.

제2부

경남지역의 '지역노동운동' 재활성화 전략

제5장

민주노총 경남지역본부의 지역노동운동 활성화 전략

1987년 노동자 대투쟁 이후 '지역'은 국가권력의 탄압에 저항하는 노동자 연대의 공간이었고 기업 울타리를 넘어 노동자의 계급적 정체성이 형성되는 단위였다. '민주노조운동'은 전노협으로 상징되는 지역연대의 전통에서 출발했지만, 1997년 경제위기 이후 산별노조운동이 본격화되고 산별노조로의 집중성이 강화되는 만큼 지역연대에 대한 문제의식은 약화되었다. 이후 산별노조 전환과 지역노동운동의 관계에 관한 명확한 합의가 이루어지지 않은 채, 산업과 지역이 민주노총 조직의 두 축으로 자리 잡았다.

그러나 산별 전환이 본격화한 2000년대 이후에도 산별 교섭은 지지부진하고 노동시장 분절과 기업별 노조의 관성이 심화하면서, '민주노동운동'의 대안으로 '지역노동운동'이 다시 주목받기 시작했다. 지역을 거점으로 한 사회운동노조주의' 담론이 부상하고 노동조합의 지역연대, 지역사회 개입의 필요성에 대한 담론들이 꾸준히 제기되고 있다(김현우 외, 2006; 김원, 2009; 김영수, 2013). 그에 따라 지역노동운동의 활성화, 미조직 · 비정규 노동자의 지역 조직화, 지역사회 연대와 지역 정치의 활성화, 지역사회의 진보적 재구성이라는 과제가 화두로 떠 올랐다(김현우 외, 2006; 이병훈 외, 2014). 특히 민주노총 지역본부가 산별 경계를 넘어 노동조합들의 지역적 연대, 노동자 정치세력화, 지역사회 정책개입을 위한 사회운동의 구심으로 기능해야 한다는 문제의식이 확산하였다(김형탁, 2006; 공성식, 2006; 박준형, 2006; 김성란, 2015).

이런 맥락에서 창원·마산지역의 노동운동은 일찍부터 산별노조 전환과 계급적 연대를 추구해온 '민주노조운동'의 중심으로 주목의 대상이었다. 창원지역 노동조합들은 앞장서서 산별노조운동을 이끌어왔고 미조직 노동자의 처우개선과 조직화에도 상당한 노력을 기울여 왔다. 물론 창원지역 노동조합들이 초기업적 노동조합운동으로의 전환에 성공한 것은 아니지만, 여전히 강력한 지역연대의 전통을 유지했고 지역 수준의 노동자 정치세력화에서도 풍부한 경험을 보유하고 있다. 그뿐만 아니라 최근 경남지역은 자동차, 조선, 기계 등 전통제조업의 위축으로 다른 어느 지역보다 심각한 고용위기를 경험하고 있다. 제조업 위기와 지역경제 침체라는 상황을 맞이하여 산업도시들은 위기 탈출과 재구조화의 필요성에 직면하고 있다. 산업도시의 위기극복과 재구조화에는 노동조합의 협력과 지지가 필수적일 뿐만 아니라, 노동조합은 지역발전을 위한 진보적 대안을 추구할 수 있는 유력한 행위자이다.

과연 지역사회에서 노동조합이 노동 취약계층을 포함한 전체 노동자의 이익과 요구를 사회적 의제로 쟁점화하고 지역공동체의 대안적 발전을 추구하는 전략적 행위자로 기능할 수 있을지는 변화하는 환경 속에서 노동운동의 새로운 활로를 모색하고 노동조합의 사회적 영향력을 확대하는 데 매우 중요하다.

이 장은 민주노총 경남지역본부의 사례를 통해 지역노동운동의 활성화와 지역사회 개입을 위한 노동조합의 전략을 분석한다. 지역 차원의 노동조합운동을 활성화하고 지역사회에 대한 노동운동의 영향력을 강화하기 위해서 지역노동운동은 어떠한 전략을 추구했고, 변화하는 환경 속에서 노동조합의 전략은 어떻게 변화했는가? 이러한 전략의 성공과 실패에 영향을 미친 요인들은 무엇인가? 산업도시의 변화하는 환경에서 노동조합은 당면한 도전에 대응하기 위해서 어떻게 변화해야 하는가?

1. 지역 노조총연맹과 노조-시민사회 연대

지역사회와 노동조합의 관계, 지역사회에서 노동조합의 역할에 관한 연구들은 ① 노동자 정치세력화 및 노동운동의 재활성화를 위해 '지역'노동운동의 전략적 방향을 모색하는 사회운동론적 접근과, ② 산업 및 기업 구조조정으로 발생한 고용위기에 대한 지역 차원의 대응이나 협력적 노사관계 구축을 위한 사회적 대화에 초점을 둔 노사관계론적 접근으로 구분할 수 있다. 노사관계론적 접근이 지역 차원의 사회적 대화를 통해 대립적 노사관계를 참여 · 협력적 노사관계로 변화시키려는 노사관계 개혁의 문제의식, 구조조정에 따른 지역 차원의 고용위기를 노사정 협력모델로 극복하려는 사회 정책적 논의에 기반을 두고 있다면, 사회운동론적 접근은 노동조합운동의 전략적 재구성을 위한 미조직 비정규 노동자의 지역 조직화, 노동자 정치세력화를 위한 진보정당 강화, 산별노조의 지역지부 강화와 지부 집단교섭 활성화, 지역사회운동과의 연합과 지역사회 개입전략에 관한 논의들을 포함하고 있다.

노동조합의 지역연대, 지역사회 개입을 강조하는 '지역노동운동' 담론의 문제의식은 임단협 중심의 노조 활동에 대한 반성과 자본의 신자유주의 공세에 대한 대응 지점으로 '지역'에 주목하는 것이다. 특히 이러한 논의는 지역의 불안정노동자들을 새로운 주체로 구성하는 사회운동적 노조 운동과 노조, 정당, 사회운동이 결합한 지역 정치 활동의 새로운 모델을 강조한다 (김원, 2009; 김혜진, 2012). 이러한 관점에서 노동자 지역 운동은 산별노조운동과 노동 운동 주체의 혁신, 미조직 · 비정규 노동자 운동의 활성화, 노동 중심의 진보 정치, 공공성을 중심으로 한 반신자유주의 연대를 강화하기 위한 전략적 방안으로 인식된다(김성란, 2015).

지역노동운동 담론에 기반을 둔 연구들은 다시 지역사회 개입전략의 내용과 성공을 위한 조건들을 분석하는 연구들(김현우 외, 2006; 이병훈 외, 2014)과 지역노동운동의 현실을 진단하고 사례분석을 통해 운동의 전략을 제시하는 연구들(이종래, 2009; 정영섭, 2012; 이성호, 2008; 김혜진, 2012; 유형근, 2015; 윤영삼 · 최성용, 2014)로 대별된다. 김현우 · 이상훈 · 장원봉(2006)은 노동운동의 지역사회 개입전략으로 지역 노동시장에 대한 개입, 지역 파트너십기구의 활용, 지방 정부의 사회경제정책에 대한 개입, 지역 현안에 대한 사회 공공성 강화, 지역 주민과의 유대 강화를 제시하고, 이를 '커뮤니티 노조주의'로 요약하고 있다. 이병훈 등(2014)은 산별노조의 지역 운동전략을 모색하며, 지역연대에 대한 리더십 의지, 정책적 전문역량과 지역 네트워크 형성, 주민들과의 일상적 생활연대 등 내부조건과 외부 위협, 정치적 기회, 지방분권화 등을 지역연대의 성패에 영향을 미치는 요인으로 제시하고 있다.

이종래(2009)는 산별 전환 이후 중앙의 방침 때문에 지역노동운동의 자율성이 위축되고 정파 갈등으로 조직민주주의가 훼손되는 현실을 지적하고 있고, 정영섭(2012) 역시 민주노총 지역본부의 위상과 권한, 인력과 재정이 취약한 현실을 지적하면서, 업종과 산별을 뛰어넘는 일상적 지역연대 투쟁을 제안하고 있다. 김혜진(2012)은 대구 성서공단 사례를 통해 지역협약과 개별 가입에 기초한 공단 조직화의 필요성을 강조하고 있고, 유형근(2015)은 노동조합과 사회운동의 연대·연합 사례로 서울 남부지역 공단 조직화 캠페인 연합의 형성과 활동을 분석하고 있다. 윤영삼·최성용(2014)은 '노동조합운동 재활성화' 논의에 기초해 조직화 모델, 연대·연합 형성, 정치 행동, 조직 혁신의 네 영역에서 민주노총 부산지역본부의 사례를 평가하고 있다.

이처럼 지역노동운동에 관한 연구들은 지역노동운동에 대한 시론적 논의이거나 외국의 사례에 기반을 두고 지역사회 개입전략을 모색하는 탐색적 연구에 머물러 있어서, 지역사회의 구체적 조건과 관련하여 지역노동운동의 전략과 실천을 분석한 연구는 많지 않다. 지역노동운동에 대한 사례분석을 시도하는 연구들 역시 아직은 개별 노동조합의 연대사례에 대한 분석(유형근, 2015; 김혜진, 2012; 이성호, 2008)이거나 민주노총 지역본부의 사업을 영역별로 평가하는 데 머물러 있다(윤영삼·최성용, 2014). 개별 노조의 조직화 전략에 대한 사례분석에서 한발 더 나아가 지역사회 주요행위자들과의 관계에서 사회적 영향력을 높이기 위한 '지역노동운동'의 전략을 검토하는 것이 필요하다.

이 장에서는 지역노동운동 활성화를 위한 노동조합의 전략을 분석하는 이론적 자원으로, 지역 수준의 노조 연합체의 형성과 기능에 관한 연구, 노조-커뮤니티 연합(coalition)에 대한 논의, 노동 정치에 관한 '배태된 응집성' 논의를 검토한다.

1) 지역 노사관계에서 노조 연합체의 기능

엘럼과 쉴즈는 자본-노동관계의 공간성을 개념화하기 위해, 지역 노동시장에 대한 지역적 규제양식을 의미하는 '지역 노사관계'를 '노사관계체계' 모델에 대한 대안적 프레임으로 제시한다(Ellem & Shields, 1999). 노동시장은 사회적으로 규제되고 지역적으로 구성되기 때문에 노동 규제의 지역적 양식이 존재하며, 지역 노동시장이 사회적으로 배태되고 제도적으로 규제되는 방식이 '지역 노사관계'다(Herod & Walker, 1998; Rainnie & Herod, 2007). 이때 지역 노사관계에서 가장 중요한 노동 행위자는 지역 노조총연맹과 노동-커뮤니티 연합이다. 지역 수준의 노조총연맹은 "공동의 전략을 통해 특정한 공통이익이나 목적을 추구하는 항구적인 노동조합 연대조직"으로 정의될 수 있다. 엘럼과 쉴즈는 노조총연맹을 형성하기 위한 노조들의 자발적 협력은 결코 자연스런 현상이 아니라고 주장한다. 총연맹의 구조는 노조 행동의 역사적 맥락과 노조를 둘러싼 권력 관계에 영향을 받으며, 내적, 외적 요인의 상호작용에 따라 결정된다는 것이다. 이 가설은 노동조합이 내적으로 협력적인 통일된 조직이라기보다 분파적이고 경쟁적인 조직이며, 총연맹이 유지되기 위해서는 노조들 사이의 내적인 균형이 존재하고, 노조들이 명확한 외적 위협이나 기회에 직면해야 한다고 설명한다(Ellem & Shields, 1996).

지역 노조총연맹의 세 가지 기능은 가입 노동조합들로부터 위임된 권력을 행사하는 동원의 대리인, 국가 및 자본과의 구조적 결합(structural coupling)에서 오는 교환의 대리인, 집합적 서비스나 재화의 공급자로서 노동시장과 상품시장에 대한 사회적 규제의 대리인이다. 이때 가장 중요한 것은 동원과 교환인데, 정치적 동원은 특정한 정치적, 이념적 캠페인과 홍보, 선거 동원이며, 산업적 동원은 경제적 쟁점에서 조합 간 관계를 관리하고 산업캠페인을 조정하는 것이다. 교환 대리인 역할은 정부나 사용자와 거래할 때 집합적으로 노조를 대표하는 능력으로, 정치적 교환은 특정 쟁점에 대한 로비에서 코포라티즘 정치기구에 참여하는 것까지 포괄한다.

이들에 따르면, 지역 노조총연맹의 목적과 권력은 다차원적이고, 역사적으로 우연적이며, 공간적으로 특수하다. 지역총연맹은 느슨한 협의체와 집중화된 단일노조 사이의 다양한 형태를 띠는데, 그 영향력은 역사적으로 가변적이며, 단일노조로 통합을 요구하는 세력과 개별 노조의 자율성을 주장하는 세력 사이의 균형과 타협의 결과다. 지역총연맹의 권력은 노조 운동 내부나 노조와 다른 사회세력 사이의 관계를 매개하고 재구성하는 능력에 있으며, 그 권위는 노조 운동 내부와 외부의 관계가 어떻게 변화하는가에 영향을 받는다. 총연맹의 목적과 권력은 개별 노조들의 요구에서 나오지만, 동시에 자신의 정체성에도 의존하며 시간에 따라 변할 수 있다(Ellem & Shields, 2001).

레갈리아 역시 '노조 재활성화'를 위한 노조의 지역 활동을 ① 직접적인 노동자 보호, ② 지역적 협상, ③ 지역 수준의 참여와 협력이라는 세 가지 논리로 구분한다. (Regalia, 2017) 먼저, 노조의 노동자 보호 활동은 조합원에게 중요한 의제나 제도적 어려움을 해결하기 위한 것으로, 지역에서 다양한 정보와 서비스를 제공하고 노동자들이 쉽게 접근할 수 있는 시설을 중심으로 한 지역 활동이다. 둘째, 사용자나 지방정부를 대상으로 한 지역 협상은 지역 노동시장이나 복지프로그램 등 전체 노동자의 이익에 관한 포괄적 협상이나, 취약노동자의 근로조건 개선을 위한 커뮤니티 캠페인, 직업훈련, 노동시장 및 사회정책과 관련한 협상이다. 셋째, 파트너십 제도에의 참여와 협력은 지방정부의 보호제도 밖에 있는 노동자들에게 복지급여와 서비스를 제공하기 위한 행위자들 사이의 협력이다. 노동조합 지역 활동의 세 가지 유형 중 어떤 형태가 지배적인가는 노조와 사용자단체의 조직적 구조, 지방정부의 권한 및 역량, 시민사회와 사회운동의 조직화 정도, 노동시장과 복지체계의 특성 등 제도적 조건에 달려 있다.

2) 노조와 시민사회, 정당의 연합

노조 재활성화 전략 중의 하나가 시민사회단체와의 연합(coalition)이다. 노조의 지역연대, 커뮤니티 연합은 노조가 시민사회 제도나 사회운동과 함께 공통의 목표를 추구하기 위한 공동활동 또는 동맹을 통해 자신의 권력을 증대시키는 메커니즘이다(Frege etc. 2004; Holgate, 2015, 2018; Tattersall, 2005, 2006, 2009).[1] 노조-시민사회단체 연합은 기본적으로 노조가 지역사회 자원을 활용하기 위한 것이지만, 동시에 사회정치적 변동을 위해 노조의 목표를 재구성하고 사회정의 캠페인에서 사회운동과의 협력을 추구하는 것이기도 하다.

프레게 등(2004)은 연합의 유형과 관련하여, 파트너들 사이의 상호작용 패턴에서 어느 쪽이 주도권을 행사하는가에 따라, ① 계급연대 차원에서 노조가 주도하는 '전위적 연합', ② 양측 모두의 공동이익을 추구하는 '공동대의 연합', ③ 노조가 다른 집단이나 사회단체의 목표를 수용하는 '통합적 연합'으로 구분한다. 다른 한편으로 이들은 노조가 국가와의 상호작용하는 방식과 관련하여, ① 노조가 정당한 대표자로서 정책에 대한 전문성과 정당성을

---

1 태터솔과 엘럼은 커뮤니티노조가 커뮤니티조직과의 연합, 정체성 집단과의 활동, 지역적으로 특수한 권력의 형성이라는 세 차원을 포함하는 것으로 정의한다. 엘럼은 커뮤니티노조에 대해 정체성 집단과의 관계를 통해 노조를 근본적으로 변혁하는 것, 정체성 집단의 사회운동과 연계를 통해 관료적인 낡은 계급정치를 극복하는 것으로 정의한다(Ellem, 2008; Tattersall, 2009).

활용하기 위해 시민사회조직과 구성하는 '영향력(influence) 연합'과 ② 정부에 외부적 압력을 가하기 위해 조합원과 구성원들을 동원하는 '항의(protest) 연합'을 구분한다. (Frege etc. 2004) 이들의 비교연구에 따르면, 계급적 노조 정체성이 강한 나라들은 연합에 덜 의존하며 연합이 형성된 경우에도 '전위적 연합'에 대한 선호가 높고 주로 '항의 연합'을 구성한다. 그러나 사회적 파트너십 지향이 강한 나라에서는 '통합적' 형태의 '영향력 연합'이 형성되는 경우가 많다.

한편, 태터솔은 노동-커뮤니티 연합의 유형을 파트너들의 공통이익, 연합의 구조와 전략, 조직적 승인과 조합원 참여, 연합의 공간적 스케일에 따라, 임시(ad hoc) 연합, 지지(support) 연합, 상호지지(mutual support) 연합, 심층(deep) 연합의 네 가지로 구분한다. ① '임시연합'은 어느 한쪽의 요청으로 행사 참여나 연대집회, 재정 지원과 같은 일회적인 지원이 이루어지는 도구적 관계이며, ② '지지 연합'은 서로 공유되지 않은 단일의제 중심의 단기적 연합이지만, 공식적 구조를 통해 조직들이 연계되고 전략을 공유하는 연합이다. ③ '상호지지 연합'(공동대의 연합)은 공통이익의 확장된 프레임과 파트너들 사이의 강한 유대를 통해 의사결정을 공유하는 '지지 연합'이다. 상호지지 연합에는 노조 지도자들이 자신들의 요구를 공동체의 의제로 프레이밍 할 수 있는 비전이 필요하다. ④ '심층 연합'에서는 공통이익과 조직적 다양성의 폭이 확장되고, 의사결정에서 조합원 참여가 높아 조직적 지지의 강도가 높다 (Tattersall, 2005).

태터솔에 따르면, 노조는 심각한 위기와 '인식된 기회'가 존재할 때 노동-커뮤니티 연합에 참여하기 쉽다. 그는 연합 형성을 촉진하는 기회 요인과 행위자 선택 요인을 구분하는데, 기회 요인은 ① 적대적인 경제적, 정치적 환경으로 사용자 권력이나 산업의 공간적 입지, 노조-정당 관계의 약화와 같은 정치적, 제도적 권력의 약화, ② 노조 규모와 분권화된 참여구조, 조합원 동질성, 총연맹과 노조들 간의 관계, 연대할 사회단체의 존재와 같은 노조의 조직적 구조와 관계, ③ 폭넓은 이익대표를 지향하는 노조 정체성과 조합원의 특성들, 교육프로그램 등을 포괄한다. 한편, 행위자 선택 요인은 ① 리더십의 지지와 조합원들의 민주적 압력, 다른 사회운동 경험이 있는 노조 간부의 가교 형성자 역할, ② 연합에서 쟁점의 성격과 공통이익에 대한 조합원들의 인식과 경험, ③ 노조 간부와 조합원이 연합 활동에 참여하는 조직적, 공간적 스케일 등이 포함된다(Tattersall, 2009).

그러나 연합에 관한 외국의 연구들은 시민사회 제도 및 사회운동과의 연합에 초점을 두고 있지만, 한국에서 노조-지역사회의 연합은 시민사회단체뿐 아니라 진보정당과의 공동활동으로까지 확장될 수 있다. 노동조합이 노동자 정치세력화를 노동 중심의 진보정당 건설로 이해해왔고, 진보정당의 제도화 정도가 낮아 여전히 사회운동이나 시민사회단체의 성격을 강하게 띠고 있기 때문이다. 이러한 측면에서 노동-시민연대를 통해 복지국가 동학을 설명하는 이철승의 '배태된 응집성'(embedded cohesiveness) 접근은 지역 차원의 노조-시민사회 연대를 설명하는 데도 유용한 시사점을 제공한다. 배태된 응집성은 "노동운동가들이 시민사회 및 정당과의 사회적 연대를 구축하고 유지해나가기 위한 규칙과 관습"으로 이해될 수 있는데, '응집성'은 정당과 노조의 연계, '배태성'은 노조와 시민사회단체의 연계로 정의된다. 노조의 배태성은 노조가 시민사회와의 긴밀한 소통·협력을 통해 사회의 일반이익을 추구한다는 점에 주목하며, 노조와 정당의 응집성은 선거 동원과 정책개발을 위해 조직자원을 공유하는 협력구조를 강조한다(이철승, 2019). 배태성과 응집성의 정도를 측정하는 개념이 동원역량과 정책 역량이다. 노조의 '동원역량'은 공통의 목적을 위해 조합원을 동원할 수 있는 조직역량, 시민단체와 함께 공통의 목적을 추구하는 조직간 동원(연대·연합 형성) 역량, 선거 동원역량으로 구성된다. 노조의 '정책 역량'은 조합원을 만족시키는 정책의제를 생산하는 정책 생산역량, 조직 간 숙의와 협상을 통해 정책 연대집단의 이익을 극대화할 수 있는 대안적 정책 조율역량(지식 네트워크), 조율된 정책의제를 협상하는 로비역량을 포함한다. 이러한 측면에서 동원 배태성이 노조와 시민단체가 조직자원을 공유할 수 있는 연대·연합 형성능력이라면, 정책 배태성은 정책의 생산과 조율을 위한 지식 네트워크를 의미한다. 이는 결국 사회세력들의 이해관계를 조율하고 국가와 협상하면서 노조의 이익을 극대화하는 리더십 역량과 연결된다.

3) 연구의 관점

이러한 논의에 기초해 연구의 관점을 정리해보면, 먼저, 노동조합은 단일한 행위자라기보다 내적으로 분화된 복합적 행위자이다. 지역사회 행위자로서 민주노총과 한국노총, 중앙과 지역본부, 산별 연맹 지부들, 사업장 지회나 비정규지회 등 조직 스케일의 차이와 이념지향, 조합원 요구에 따라 노조 행위자들의 주요한 관심이나 지역사회 관계는 다양하며, 시민사회단체나 진보정당과의 관계, 지방정부를 보는 시각 역시 상이하다.

둘째, 노동조합과 지역사회의 관계나 연대양상은 역사적으로 형성되고 지역적으로 특수하다. 창원·마산지역은 기계, 자동차부품, 조선기자재 등 제조업 중심의 산업·업종구조와 대기업 중심의 산업생태계로 특징지어진다. 지역 노동시장은 생산직 남성 노동자 중심의 동질적인 노동력 구조로부터, 고령화된 대기업 조직 노동자와 영세 · 하청부문의 미조직 비정규 노동자, 공공부문과 서비스산업을 중심으로 한 비정규, 여성노동력으로 다변화되고 있다. 노사관계에서도 창원 · 마산지역은 지역적 연대투쟁의 전통을 갖고 있고 노동운동의 정치세력화와 진보세력의 전략적 거점으로 기능해왔다는 점에서, 1987년 이후 노동운동의 역사적 경험과 노조 리더십의 특성을 고려해야 한다. 노조의 정체성과 리더십의 가치지향, 조합원 구성의 변화, 정파적 균열과 갈등, 노조의 자원 변화 등 노조의 내부적 요인이 중요하다.

셋째, 노조의 지역사회 개입 형태와 전략은 외부행위자들의 태도나 권력관계 변화를 포함하는 역사적 국면에 따라 달라진다. 대규모 구조조정이나 고용위기, 노동운동에 대한 전면적 탄압과 같은 심각한 외부 위협이나 선거결과에 따른 중앙정부와 지자체장의 교체와 같은 정치적 기회 역시 노조의 전략에 변화를 가져올 수 있다. 이 경우 노조가 외부 위협이나 정치적 기회를 어떻게 인식하고 있는가가 중요하다.

넷째, 지역사회에서 노동조합의 정책적 개입전략은 중앙정부와 지자체의 노사관계 개입방식, 지역사회에서 노조의 정치적 영향력에 따라, 시민사회 연대에 기반을 둔 정치적 동원과 지자체와의 정치적 교환을 선택적으로 활용할 수 있다. 이때 정치적 교환의 성격은 노조의 응집성과 진보정당의 영향력에 따라 크게 달라진다. 이런 점에서 진보정당의 성장과 쇠퇴가 노조 운동에 미친 영향, 진보정당을 매개로 한 노조 간부와 시민사회 활동가들의 협력을 검토할 필요가 있다.

요약하면, 지역총연맹은 총연맹 중앙의 방침을 집행하고 산하 산별 연맹 지부나 사업장 조직의 요구를 조율하는 것이 주된 기능이면서, 노조의 정체성과 권력 자원, 리더십 특성에 따라 지역 활동의 전략을 구체화한다. 특정 시기 지역 활동의 구체적인 전략은 외부환경에서 정치적 기회의 변화와 고용위기와 같은 시장 위협에 큰 영향을 받는다. 그러나 노조의 전략 선택은 근본적으로 지역 노동시장의 구조와 지역 노사관계의 역사적 경험에 제약된다. 지역총연맹의 행동전략은 지역사회의 다른 행위자들을 목표로 한 것이고, 이는 중앙정부 및 지방정부를 향한 동원과 교환, 시민사회와의 연대(배태성)와 진보정당과의 협력(응집성)을 포함한다. 경제적 동원에는 다양한 캠페인과 구조조정 투쟁, 정치적 동원에는 노동운동 탄압에 대한 저항이나 정치적 반대, 선거 지지 활동이 포함된다. 경제적 교환이 지역 사용자단체와의 교섭, 협의를 의미한다면, 정치적 교환은 노정 교섭이나 노사민정협의회와 같은 제도적 기구에의 참여를 포함한다. 다만 지역사회에서 사용자단체와의 노사정 교섭 관계가 형성되어 있지 않을 뿐 아니라, 사용자단체와의 단체교섭은 산별노조의 역할이라는 점에서 지역 노조총연맹의 활동에서 사용자단체와의 관계는 중요한 분석대상이 아니다.

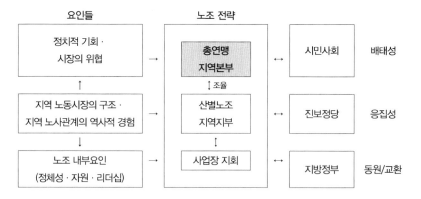

〈그림 1〉 지역사회에서 주요행위자들에 대한 노조의 전략과 요인들

연구의 기본자료로 1998년 출범 이후 현재까지 민주노총 경남지역본부의 각 연도 '사업보고'를 분석하였고, 내용을 보완하기 위해 2020년 2월~6월 사이 민주노총 경남본부의 임원과 사무처 간부 3명에 대해 각각 2시간 30분에서 3시간가량 면담을 진행했다. 면담은 사업보고에 나온 사실을 확인하기 위한 보조적 방편으로 이루어졌으며, 사실에 대한 해석의 차이를 고려하여 면담자 선정에서 임원과 실무자, 정파적 대표성을 고려하였다. 면담은 민주노총 경남본부와 산별 연맹 지부의 관계, 경남본부의 미조직 조직화 사업, 시민사회 연대사업, 정치세력화를 위한 정치사업, 지자체 사업의 내용과 그에 대한 평가를 중심으로 진행하였다.

2. 민주노총 경남본부의 조직과 운영

1) 민주노총 경남본부의 조직체계와 주요활동

경남지역의 노동조합연합체로는 1987년 '마창노련'에서 시작하여, 1995년 민주노총 마창지역협의회, 1998년 민주노총 경남본부가 결성되었다. 1995년 민주노총 창립과 동시에 광역단위 지역본부가 만들어진 다른 지역과 달리, 경남지역에서는 '마창노련'의 연장선에서 먼저 마창지역협의회가 만들어졌고, 민주노총 대의원이 광역단위로 배정됨에 따라 1998년 5월 새롭게 광역단위 조직으로 민주노총 경남본부가 결성되었다. 한동안 두 조직이 공존하다가 2000년 경남본부는 마창지역협의회와 통합하여 마산·창원지역을 직접 관장하고, 진주, 거제, 김해, 양산에는 시 단위 지역지부를 두게 되었다.

민주노총 경남본부의 총회는 3년마다 임원선거 때만 열리며, 보통은 대의원대회가 최고의결기구로 기능한다. 초기에는 민주노총 중앙과 지역본부 선거가 따로 진행되었지만, 현재는 민주노총 중앙과 지역본부가 동시에 직접 선거를 한다. 일상적인 의사결정은 경남본부 임원과 지역지부 대표, 산별 연맹 대표들로 구성된 운영위원회에서 이루어진다. 운영위원회는 매월 1회 개최되며 위원은 총 37명으로 산별 연맹의 규모에 따라 운영위원 수가 배정된다. 진주, 거제, 양산, 김해 등 4개 지역지부 역시 해당 지역의 단위노조 대표로 구성된 지부 운영위원회를 운영한다. 민주노총 지역본부 규정은 지역본부의 목적과 사업으로, 민주노총의 방침에 따른 사업의 추진, 지역 내 노동조합 간의 연대·교류사업, 지역 내 미조직 비정규 노동자 조직화와 미가입 노조의 가입 등 조직사업, 조합원 교육·선전 활동과 지역 차원의 조사 활동, 쟁의의 공동지원과 노동운동 탄압에 대한 공동대응, 노동자 정치세력화와 지역 내 제 민주세력과 연대 등을 명시하고 있다. 민주노총은 "산별 연맹은 임단투, 지역본부는 정치세력화와 사회개혁 투쟁을 주요 사업"으로 제시하고 있는데, "지역본부의 위상은 민주노총 중앙의 집행조직으로 지역사회를 중심으로 정치세력화와 사회개혁 투쟁을 주도하고 이를 뒷받침할 각종 정치적, 정책적 대안을 제시하며, 나아가 산별노조 지역조직의 사업을 총괄하고 조정하는 역할"을 하는 것이다.

창립 초기 민주노총 경남본부는 민주노총의 경남지역 대표 조직이라는 대중적 인식이 취약했고, 재정적 어려움과 상근인력의 부족, 모호한 위상과 중복된 업무경계로 큰 어려움을 겪었다. 사업 영역이 대관사업과 정치세력화로 한정되거나 중앙사업을 위한 지역협의회 연락창구 이상의 역할을 하기가 어려웠다(사업보고 1999). 경남본부는 조합비를 징수하지 않고 민주노총 중앙으로부터 받는 교부금으로 운영하며, 많지 않은 중앙교부금으로 상근자 3

명의 인건비를 보조하고 최소한의 사업비를 충당해야 하는 재정적 어려움 때문에, 사업을 진행하기 위해서는 산별 연맹들의 사업 분담금에 의존해야 했다.[2]

2000년 9월 경남본부와 마창지역협의회가 통합한 이후, 민주노총 중앙 - 광역지역본부 - 시 단위 지역지부 - 단위사업장으로 이어지는 집행체계가 명확해졌다. 통합 이후 경남본부의 사업은 지도집행력과 대외적 위상을 강화하는 데 집중되었다. 2000년대 초반에는 김대중 정부의 구조조정에 맞선 신자유주의반대 투쟁에 활동이 집중되었고, 2002년 발전노조 총파업에서 2008년 광우병 촛불 투쟁, 2009년 정권심판 투쟁에 이르기까지 전국적 총파업 투쟁이나 대정부 투쟁을 집행하는 것이 가장 중요한 활동이었다. 일상 사업으로는 5월 노동절과 10월 들불 대동제, 11월 전국노동자대회 등 대규모 집회 행사가 주요 사업이다. 2000년대 초반까지 경남본부의 활동은 중앙의 지침에 따라 투쟁사업을 집행하는 것이 대부분이었으며, 연맹조직에 대한 지도집행력의 불안정과 상근인력 부족으로 중앙지침을 수행하는 행정기관의 위상을 벗어나지 못했다(사업보고, 2004).

2000년대 중반 지방자치가 확대되고 민주노동당의 정치적 영향력이 강화되면서, 경남본부의 사업도 점차 지방선거 대응과 진보정당의 강화, 미조직 노동자 조직화, 지방정부와 의회에 대한 정책적 개입으로 확대되기 시작했다. 총파업 중심의 대정부 투쟁은 여전했지만, 지자체 선거의 활성화와 민

---

2 1998년 창립 당시 경남본부 수입은 교부금 385만 원을 포함해 1천만 원 수준으로, 조합원 1인당 1,000원의 분담금과 재정사업에 의존해야 했다. 2020년 현재 일반회계 수입은 2억 6,824만 원으로, 지출은 지역 교부금 3,840만 원, 인건비 7,200만 원(3명) 외에, 쟁의사업비 1,880만 원, 비정규사업비 600만 원, 대외협력사업비 450만 원(회비분담금), 직선제 사업비 600만 원, 행사비 1,500만 원, 조직사업비 250만 원, 정치위원회 1,300만 원(총선), 기타 부서사업비 각 100만 원 등이다.

주노동당의 성장으로 민생예산투쟁과 조례 제정 등 지역 의제에 대한 개입이 증가하기 시작했다. 2010년 지방선거에서 한나라당 심판과 노조법 재개정 투쟁을 전개했고, 2011~13년 이후에는 최저임금투쟁과 비정규직 처우개선 활동 및 조직화 활동이 활성화되었다. 2014년 이후 학교비정규직 노조, 건설노조, 민간서비스연맹 등에서 민주노총 전략 조직화의 성과가 나타나기 시작했다. 2014년 세월호 참사를 계기로 정권 퇴진투쟁을 본격화했고, 2015년에는 노동시장 구조 개악에 맞선 투쟁을 주도했다.

2017년 촛불혁명 이후에는 제조업 비정규직 투쟁과 정리해고 반대 투쟁, 공영방송 정상화, 공공부문 비정규직의 정규직 전환, 조선산업 정상화 투쟁 등이 주요쟁점이었다. 조선산업노동자의 고용보장 투쟁은 2017~2020년에 걸쳐 계속된 투쟁이었으며, 한국GM 비정규직 대량해고는 2019~2020년 비정규직 투쟁의 핵심 사안이었다(사업보고, 2020). 2018년 지방선거 이후 구조조정으로 인한 고용위기, 민주당 지방정부의 우호적 태도에 힘입어 지방정부와의 대화와 협력 움직임이 강화되었다. 하지만 2022년 지방선거에서 다시 국민의 힘이 승리하면서 지방정부와의 관계는 약화되었다.

2) 민주노총 경남본부와 산별노조(연맹) 지역지부들의 관계

2020년 현재 경남본부에는 16개 산별 연맹(산별노조) 66,207명의 조합원이 소속되어 있으며, 가장 큰 조직은 금속노조로 22,247명이다. 경남본부 창립 직후인 1999년에는 전체 조합원의 70.5%인 27,370명이 금속산업연맹 소속이었는데, 2020년 현재 금속의 비중은 33.6%로 크게 낮아졌고, 공공운수서비스노조와 공무원노조, 서비스연맹, 민주일반연맹, 보건의료노조 등 공공부문과 서비스부문의 조합원 비중이 52.5%로 늘어났다.

지역의 산업구성이나 노동운동의 역사, 노조의 권력 자원이라는 측면에서 금속노조의 영향력이 가장 크며, 산별 연맹 지역지부와 민주노총 경남본부의 관계는 다양하면서도 복잡한 양상을 보인다. 산별 연맹에 따라 관할 지역이 경남뿐 아니라 부산·울산·경남 전체를 포괄하기도 하고, 산별 연맹의 권력 자원이나 조직력, 리더십에 따라 민주노총 경남본부 사업에 대한 결합도 역시 크게 다르고, 산별 연맹들이 서로 경쟁 관계인 경우도 적지 않다.

민주노총 경남본부의 일상적 의결기구인 운영위원회는 도 본부 10명과 금속노조 8명을 포함하여 총 37명으로 구성되어 있다. 민주노총 도 본부와 시 지부 임원이 10명으로 다수를 점하고, 최대노조인 금속노조는 조합원 수에서 33.6%, 대의원에서 39.7%를 차지하지만, 운영위원회에서는 21.6%에 불과하다. 금속노조 경남지부와 민주노총 경남본부 리더십의 정파가 다르다는 점에서, 운영위원회 구성은 정파 간 이견을 조율하는 데 중요하다.

민주노총 경남본부가 산별 연맹들의 협의체라는 점에서, 지역노동운동에서 민주노총 경남본부와 산별 연맹들의 관계가 중요하다. 노조의 대다수 사업은 산별 연맹 단위로 이루어지고 산별 연맹과의 원활한 협력이 경남본부의 사업집행에 큰 영향을 미치기 때문이다. 보통 민주노총 중앙에서 의사결정이 이루어지면 산별 연맹과 지역본부로 지침이 내려간다. 산별 지역지부 입장에서는 산별 연맹 중앙과 민주노총 경남본부 양쪽에서 사업지침이 내려오는 것이기 때문에, 사업의 중복을 방지하고 효율적 협력이 이루어지기 위해서는 조직 간 소통이 중요하다. 보통 산별 연맹으로의 응집력이 강할수록 경남본부의 관장력이 떨어지거나 경남본부 사업에 대한 결합이 약하다(민주노총 경남본부 임원).

사업을 집행하는 위원회나 부서들 역시 산별 지부의 해당 위원회나 부서 담당자와 협력하는 방식으로 사업을 진행한다. 경남본부와 산별 지부의 위원회나 부서들은 중앙에서 내려오는 지침에 따라 사업내용을 조율한다. 의견 차이가 있는 경우 계속 회의를 반복할 수밖에 없다. 경남본부의 사업방침

〈표 10〉 민주노총 경남본부 조합원 수 변화

산업별 연맹		조합원 (1999)	조합원 (2008)	조합원 (2020)	대의원 수 (2020)	운영위원 수 (2020)	산하 주요지부, 지회
건설산업연맹		–	1,145	2,306	4	1	전기원, 건설, 타워, 건설기계
공공연맹 민주버스 화물노련	공공 운수 서비스	2,959 314 176	5,456	9,395	25	4	가스공사, 국민연금, 자치단체, 버스, 건강보험, 발전, 화물연대, 교육공무직
공무원노조		–	76	9,600	14	3	지자체
교수노조		–	66	43	1	–	
금속노조(연맹)		27,370	24,868	22,247	75	8	단위사업장 65개 지회
대학노조		121	327	224	1	–	
민주일반연맹		–	1,000	3,727	10	2	자치단체 공무직, 환경 공무직, 경남에너지, 경남농업기술원
보건의료		1,100	1210	2,717	9	1	10개 병원
비정규교수		–	–	80	1	–	
사무금융서비스		468	1550	800	3	1	농협
– 민주택시	서비스 연맹	– 1734	447 1,155	8,808	24	3	마트, 골프장, 택시, 대리노조, 학교 비정규직
언론노조		346	504	256	1	1	
전교조		3,200	8,643	4,057	14	1	
정보경제연맹		–	1,287	47	1	–	
화학섬유식품		981	1,418	1,900	6	2	제약, 식품, 인쇄
(직가입) 본부		42	–	–	–	10	
합계		38,811	47,761	66,207	189	37	대의원 300명당 1명

출처: 민주노총 경남본부 사업보고 각 연도.

이 산별 지부에 대해 조직적 구속력을 갖는 것이 아니어서 산별 지부들의 동의가 없으면 사업을 집행하기가 어렵기 때문이다. 끝까지 합의가 이루어지지 않는다면 해당 사업은 보류되거나 사업방침을 정하기 어렵다. 다수결로 결정이 이루어졌다고 해도 산별 지부 차원에서 집행을 보장할 수 없고 오히려 갈등만 격화되기 때문이다. 이러한 갈등이 발생하는 경우는 주로 정치방침을 결정할 때이다.

그렇지만 경남본부는 지역사회에서 노동계 대표로서의 위상을 갖고 있다는 점에서 지자체 사업, 정치사업, 통일사업, 연대사업과 같은 고유한 사업영역을 가지고 있어, 일상 활동에서 경남본부와 산별 지부가 충돌하는 일은 거의 없다. 지역 차원에서 전체 노동자의 이익을 대변해야 하는 경남본부 사업에는 정책과 관련된 사업이 적지 않은데, 이 정책사업들은 주로 미조직 노동자 보호와 관련한 의제인 경우가 많다. 지방정부와의 교섭이나 협력이 필요한 정책적 사안에 관한 대응은 경남본부의 고유사업이다. 금속노조를 제외하면 대부분 산별 지부들은 따로 상근 정책담당자를 둘 만큼 자원의 여유가 없다. 현장의 요구에 끊임없이 반응해야 하는 산별노조 간부들은 현안투쟁과 연대사업에는 적극적이지만, 정책 사안에 대해서는 정보가 부족하고 고민할 여유가 많지 않다.

산별 연맹과의 관계에서 가장 중요한 것은 민주노총 경남본부와 금속노조 경남지부의 관계다. 민주노총 경남본부는 지역사회에서 노조 대표성을 가지고 노정 교섭과 정치사업에서 중심역할을 수행하지만, 금속노조 경남지부 역시 강력한 동원능력과 상대적으로 풍부한 인적, 재정적 자원을 바탕으로 지역노동운동에서 강력한 영향력을 행사한다. 문제는 최대노조인 금속노조 및 공공운수노조와 다른 공공 및 서비스노조 사이에 지배적 정파 및 지도자들의 정치적 갈등이 오랫동안 지속되어 왔다는 점이다. 노조 간부들 사이의 견해 차이는 운영위원회에서 재정과 인력을 어떤 사업에 우선 투입할 것인지, 특정 정파가 선호하는 사업에 대한 사업 분담금을 얼마나 배정할 것인지를 둘러싼 논쟁으로 나타나기도 한다. 특정 정파가 중시하는 통일사업에 대한 사업비지출이나 노동조합의 교육 내용과 관해서도 정파적 갈등이 표출되기도 했다. 무엇보다 갈등이 첨예한 부분은 노동자 후보에 대한 선거 지원문제다. 2008년 민주노동당과 진보신당이 분당한 이후, 통합진보당과 노동당, 진보당과 정의당에 이르기까지 진보정당의 정치적 분열은 노동조합의 선거 지원과정에서 심각한 갈등으로 나타났다. 후보경선과 단일화 문제는 정파 갈등의 심각한 후유증을 남기기도 했다. 이런 점에서 민주노총 경남본부와 산별노조 지역지부들 사이의 관계, 사업과정에서 협력과 갈등은 기본적으로 정파 문제라고 할 수 있다.

정파 간 균열과 경쟁은 조직화 사업에서도 조직단위 간의 원활한 협력을 방해하기도 한다. 미조직 노동자들은 고충 처리나 조직화를 위한 상담 과정에서 민주노총 내 어떤 산별 연맹인지를 구분하지 않지만, 산별 연맹과 경남본부의 조직담당자들 사이에 정파적 성향이 다른 경우 원활한 소통과 협력이 이루어지지 않을 수 있다. 조직화 성과와 정파 간 경쟁이 분리될 수 없는 상황에서, 신규로 조직된 조합원들을 둘러싸고 정파적 경쟁이 벌어지기 때문이다. 이 문제는 산하연맹들의 관할권 문제와도 관련된다. 산별 연맹에 따라 지배 정파가 다르고, 같은 조직대상 노동자에 대해 여러 산별 연맹들이 독자적으로 조직화 사업을 진행하기 때문에, 신규로 조직된 조합원들이 어느 산별 연맹에 소속되는가를 둘러싸고 긴장과 갈등이 발생하기도 한다. 같은 조직대상 노동자를 어느 연맹이나 어느 단위에서 조직했는가에 따라 소속 연맹이 달라지거나 정파적 영향력이 달라지기 때문이다. 산별 연맹들은 조직화 사업을 정파적 세력 확장 차원에서 접근하는 경우가 적지 않고, 그에 따라 관할권 갈등은 더욱 심화된다. 실제로 공공운수노조와 서비스연맹, 민주일반연맹은 조직대상이 상당히 중복되며, 같은 조직대상 노동자들이 세 연맹에 흩어져 있는 경우가 적지 않다. 2010년대 이후 대학청소노동자, 간병·요양보호사, 지자체 무기계약직, 학교 비정규직 조직화 과정에서 공공운수노조와 일반노조, 보건의료노조의 조직화가 중복되었다. 학교 비정규노동자에 대해 서비스연맹과 공공운수노조, 여성노조가 각각 조직화를 진행하고 있고, 학교비정규직 노조와 공공운수노조는 정파적으로 달라서 끊임없이 분쟁이 발생하는 것이다. 지자체 공무직 경우에도 일반노조와 공공운수노조가 경쟁하고 있다.

3. 민주노총 경남본부의 연대·연합 전략

1) 시민사회단체와 연대·연합: 배태성

1987년 이후 민주노조운동의 이념은 민주화운동과 변혁 운동의 마스터 프레임 속에서 형성되었기 때문에, 국가권력에 대항한 투쟁에서 노동조합과 진보적 사회단체의 연합은 자연스럽고 익숙한 운동방식이었다. 하지만 민중운동과 시민운동이 분화하는 가운데 학생운동이나 전통적 민중운동이 쇠퇴하면서, 시민사회단체와의 연대는 노동조합의 전략적 선택영역으로 변화하고 있다. 전통적으로 민주노총 경남본부는 농민단체, 학생회 조직과 함께 구성하는 상설 공동투쟁체로서 '진보연합' 건설에 관심을 집중해왔고, 자유주의 성향의 시민사회단체에 대해서는 사안별 연대 방식을 유지해왔다.

1998년 창립 초기부터 지역연대를 위한 경남본부의 노력은 주로 총파업 투쟁과 정치적 쟁점을 중심으로 '민족민주단체'와 함께하는 상설 공동투쟁체 건설에 집중되었다. 2000년대 초반까지 민주노총의 연대방침은 노동·농민·빈민 간의 정례적 협의체로 '민중연대' 조직을 상설화하며, 민중운동의 정치적 통일성을 강화하기 위해 기층 민중세력들의 교류와 연대를 강화한다는 것이었다(사업보고, 2000). 이 시기 '민중연대'와 '통일연대'를 강화한다는 민주노총의 방침에 따라, 경남본부는 '경남민중연대' 건설에 주도적으로 참여하였다. 그러나 경남민중연대 사업이 조합원 사이에 광범위한 동의를 받은 것도 아니고 실제 민주노총이 중심역할을 하지도 못했다(사업보고, 2004, 2006). 2000년대 이후 학생운동은 사실상 소멸했고, 농민회 활동 역시 서부 경남권에 한정되어 '경남민중연대'는 연합파트너들이 서로 집회에 함께 참여하는 수준의 협소한 '상호지지 연합'을 벗어나지 못했다.

2006년 창립된 '경남진보연합'이나 '6·15 공동위원회'는 대부분 민주노총 중앙의 사업을 지역 단위에서 실천하는 형태로 구체화된 것이었다. '경남진보연합'은 민주노총 경남본부와 금속노조, 전교조, 전농, 전여농과 각 시·군 단위로 조직된 진보연합과 민중연대, 자주평화통일연대 등 지역 진보단체와 대학 학생회, 시·군 단위 여성회(양산과 진주, 남해, 함안)와 여성의 전화, 여성노동자회 등으로 구성되었다. 진보연합의 강령은 "진보세력의 통일단결을 도모하고 공동의 연대투쟁을 통해 민족자주 실현과 민주주의 실현, 6.15 공동선언 이행, 민중 생존권과 사회평등 실현 등을 목적으로 한다."라고 규정하고 있다. 경남본부는 '경남진보연합'을 통한 공동투쟁 전선을 대정부 투쟁의 중심축으로 설정했다(사업보고, 2012). '경남진보연합'이 민주노총의 결의에 따라 구성된 민중 진영의 상설 연대조직이라면, '6·15 경남본부'는 6·15선언 이행과 10·4선언 실현을 위한 대중적 통일운동 단체이다(사업보고, 2009). 이처럼 민중연대나 통일연대, 진보연합 등 민주노총 방침에 따른 상설연대체 참여는 공통이익의 프레임과 파트너들의 강한 유대에 기반을 둔 '상호지지 연합'이지만, 동시에 노조가 진보적 사회단체의 목표를 수용하는 '통합적 연합'의 성격을 띠고 있었다. 이 상설연대체의 활동은 민주노총에 크게 의존하고 있지만, 조합원들의 참여가 매우 낮은 간부 수준의 상층연합이었고, 정작 노동현장에서 통일사업이나 진보단체의 사업은 활발하게 이루어지지 못했기 때문이다(사업보고, 2014). 경남본부는 경남진보연합에 대하여 조직 내부의 깊이 있는 토론과 사업 공유가 이루어지지 못했다고 평가하고 있다(사업보고, 2007). 정파적 대결 구도가 분명하고 민주노총 중앙의 진보연합 가입이 보류된 상태에서, 진보연합의 민주노동당 지지로 진보연합과의 연대사업을 정파적 사업으로 평가하는 시각도 존재했다(조태일, 2009).

한편, 경남본부는 전선 운동으로 포괄되지 않은 시민사회단체에 대해서는 사안별 연대를 강조했고, 특히 마산·창원지역에서는 사안별 협력과 지원을 목적으로 하는 일회성 연대가 많이 이루어졌다. 2000년 '대우자동차 마창지역 대책위원회'나, '경남 버스개혁 시민연대', '의료비인상 반대와 의료개혁을 위한 경남대책위원회', '시청자주권을 위한 경남 시민사회단체협의회', '창원시 의회개혁을 위한 시민사회단체 대책위원회', 2007년 '한미 FTA 저지 경남 도민운동본부', '학교급식 경남연대'를 통한 무상급식운동, '의료민영화저지 경남운동본부', '낙동강 사업 저지 비상행동', '핵발전확산 반대 경남시민행동', '밀양 송전철탑 백지화' 투쟁 등 사안별 연대 활동이 이루어졌다(사업보고 2011, 2012). 특히, '학교급식 경남연대'는 무상급식 문제를 쟁점화하는 데 큰 성과를 거두었고, '경남교육연대'는 교육 부패를 방지하고 교육의 공공성을 확보하는 데 기여했다(사업보고, 2009). 그러나 시민사회와의 연대 역시 대부분 지역사회의 쟁점 현안에 함께 대처하기 위한 대책위원회 형태였으며, 여전히 경남본부 간부 중심의 상층연대 성격을 벗어나지 못했다.

하지만 경제적, 정치적으로 심각한 위기국면에 처해 시민사회의 총력 대응이 필요한 상황에서는 상설 연합체를 형성하려는 움직임도 적지 않았다. 1999년 '실업 대책을 위한 범국민운동 경남본부'는 전례 없는 고용위기 속에서 실업 대책을 중심으로 노조와 시민사회단체의 일상적인 연대기구로 기능했고, 2008년 '민생민주 경남회의'는 '이명박 정권의 민주주의 파괴와 민생파탄, 공공성의 후퇴에 공동대응'하기 위한 '낮은 수준의 한시적 국민운동 기구'였다. '민생민주 경남회의'는 최저임금, 실업, 고용, 복지 의제 등 민생요구안을 마련하여 경남도와의 정책협의를 진행했고, 2010년 지방선거에서는 '희망자치 만들기 경남연대'를 구성해 야권단일화사업을 진행하기도 했다.

전체적으로 경남지역에서 노동조합과 시민사회단체의 연대는 정책적 전문성과 도덕적 정당성을 활용하는 정책 네트워크라기보다 중앙정부에 대한 정치적 반대와 지방정부를 압박하기 위한 동원 네트워크의 성격을 띠었다. 이러한 점에서 경남본부의 시민사회 연대는 초기 민중 부문을 중심으로 노동운동 탄압에 대항하는 '전위적 연합', '임시연합'의 성격으로 출발하였으나, 점차 단일의제를 중심으로 공동대처하는 '지지 연합', 정치적, 경제적으로 심각한 위기국면에서 '상호지지 연합'의 성격을 보여주고 있다.

2000년대 중반 이후에는 시민사회단체와의 연대를 통해서 지방정부와 의회를 압박하는 방식이 노조가 지역사회에 개입하는 주된 사업방식으로 자리 잡았다. 특히 지역사회에서 노동운동의 정치적 영향력이 증대하면서, 노동조합의 시민사회 연대는 민주노동당을 매개로 한 연대와 협력, 의회에서의 조례 제정을 통한 정책실현을 추구하는 경우가 많아졌다. 지역사회에서 진보정당의 정치적 영향력이 강했던 2000년대 중반에는 환경, 여성, 언론, 교육, 보건의료 등 시민사회단체 활동가들이 진보정당에 결합한 경우가 많았기 때문이다. 노동조합 활동가와 시민단체 활동가들이 진보정당 내에서 소통하고 정책에 대한 공유와 이해를 높이면서 진보정당의 정책으로 구체화한 경우가 많았다.

그러나 2008년 민주노동당 분열 이후, 진보정당을 매개로 노조 활동가와 시민단체 활동가들이 소통하고 협력하는 관계망은 크게 약화되었다. 민주당이 진보정당의 빈자리를 차지한 정치지형의 변화와 함께, 지역 현안에 대한 노동조합의 정책적 개입은 진보정당을 통한 연대보다는 직접 시 · 도 의원들을 상대로 정책 요구를 제안하는 방식으로 변화되었다. 그 결과 지역사회 현안에 대한 요구를 조율하기 위한 시민사회 정책 네트워크는 약화하였다. 이러한 정책 네트워크의 약화는 노동조합의 정책 역량을 떨어뜨렸고 지역 현안에 대해 노동조합이 구체적인 대안을 갖고 개입하기 어렵게 만들고 있다.

노동조합과 시민사회단체의 연대가 약화한 것은 노조만이 책임이라기보다 시민사회 측의 문제에서 비롯된 것이기도 하다. 1990년대 중반을 지나면서 민중운동 중심의 민주화 프레임이 분화되고 지방자치가 본격화되면서 일상생활의 구체적 요구를 중심으로 다양한 시민사회운동이 형성되었지만, 2000년대 중반 이후 많은 시민사회운동이 정체되어 갔다. 시민사회가 분화했을 뿐 아니라 시민단체의 회원기반이 취약해 지방정부의 프로젝트에 의존해야 하는 경우가 대부분이었기 때문이다. 참여연대나 YMCA, 경남 민언련 같은 대표적인 시민단체들의 활동역량이 저하한 것도 노동조합의 연대사업에 한계로 작용했다. 노조와 시민단체들이 서로 공동성명서에 단체 이름을 빌려주는 사안별 연대는 이루어졌지만, 공동사업으로 정치적, 정책적 프로젝트를 진행하는 경우는 드물어졌다. 시민사회단체가 정치적, 정책적으로 다원화되어, 이들을 사회개혁이나 진보적 의제를 중심으로 하나의 연합체로 결집하기는 점점 어려워지고 있다. 의제의 분화, 운동 프레임의 변화와 함께 시민운동의 인적 네트워크도 약화하고 있다.

민중운동의 재생산구조가 사라진 것도 노조-시민사회 연대가 약화한 중요한 원인이다. 2000년대 중반 이후 지역 학생운동이 사실상 소멸해 젊은 활동가의 공급이 줄었으며, 사회운동을 목적으로 한 지식인과 활동가 유입 역시 중단되었다. 노동조합은 사업장 울타리를 벗어나지 못해 노조 활동가들이 활동영역을 지역 운동으로 확장하는 사례도 드물어졌다. 기존 시민사회운동을 주도하던 활동가들은 제도정치권으로 흡수되거나 고령화되어 운동에서 이탈하기도 했다.

시민사회와의 배태성이라는 측면에서, '실업극복 국민운동본부' 활동, 전교조와 참교육학부모회, 노동조합이 연대한 '학교운영위원회' 활동, '안전한 학교급식을 위한 경남연대', 보건의료노조와 시민사회단체가 결합한 '진주의료원 정상화' 활동 등 노동조합의 목표와 시민사회의 요구가 일치한 운동들에서는 여전히 연대와 연합이 활발했다. 2013년 '진주의료원 폐업철회' 투쟁은 경남본부 사업의 중심축이었고, '진주의료원 정상화 경남대책위'에는 지역의 정치권과 시민사회단체들이 함께 결합하였다. 2014년 지방선거 이후 무상급식 예산삭감에 항의하는 투쟁, 2015년 '진주의료원 재개원 주민투표 청구' 운동과 '무상급식 실현, 홍준표 지사 주민소환' 서명운동 역시 경남본부가 지역사회와 긴밀히 연대했던 주요 사업이었다(사업보고, 2014, 2016).

2016년 국정농단으로 촉발된 '정권 퇴진투쟁'에서도 민주노총 경남본부는 촛불시위에서 중요한 역할을 했다. 2018년 '노동자 생존권 보장 조선소 살리기 경남대책위원회' 역시 정치권과 시민사회가 공동으로 구성한 범사회적 대책기구로 노동자 생존권에 대한 사회적 합의를 만들어냈다. 이들 사례에서 노조의 연합 형성은 단순한 '항의 연합'을 넘어 정책적 전문성과 네트워크, 정당성에 의존하는 '영향력 연합', 조합원들의 광범위한 참여에 기반을 둔 '심층 연합'의 가능성을 보여주었다.

2) 진보정당에 대한 정치적 지지: 응집성

경남지역의 노동조합은 지역연대 활동을 노동운동 탄압에 대한 대응과 대정부 투쟁을 넘어 노동조합의 정치적 영향력을 강화하고 정책적 의제를 실현하는 방향으로 발전시키지는 못했다. 경남지역 노동조합운동이 정치적 영향력을 확대하는 주요한 수단은 진보정당 지지를 통해 노동자 정치세력화를 추구하는 것이었다. 노동조합은 민주노동당 중심의 정치세력화를 추진했고, 민주노동당에 대한 배타적 지지방침에 따라 각종 선거에서 민주노동당과 민주노총 지지 후보를 당선시키는 정치 활동에 주력했다.

민주노총은 1999년부터 조합원들이 진보정당 창당에 적극적으로 참여할 것을 결의했고, 경남본부 정치위원회는 진보정당 지역조직 건설에 착수했다. 민주노동당 창당이 진행되면서, 경남본부 정치위원장이 민주노동당 경남추진위원회 집행위원장을 겸임했고, 민주노총은 경남지역 4개 지역구에서 민주노동당 지역지부를 창당하는 데 중요한 역할을 했다. 지역 단위로 매월 당-노조 정례회의를 통해 상호 의견을 조정했고, 연맹별로 정치위원장을 선임해 정치사업을 추진했다. 경남본부 정치위원회는 연맹별 정치위원회와 협력하여 조합원 대상 계급투표 독려 및 당원 가입 조직화, 조합원 정치의식 향상을 위한 정치학교 운영, 민주노동당과의 정례협의회, 정책개발과 여론 형성을 위한 선전·홍보, 정치기금 조성, 지역주민 사업, 정치조직 건설을 위한 제 민주세력과의 연대협력, 지역실천단 사업을 수행했다(사업보고, 2002). 실제 경남지역의 민주노동당 당원 현황을 보면, 1999년 9월 114명에서 2000년 말 1,314명으로 10배 이상 늘었고, 그중 73.7%인 969명이 민주노총 조합원이었다. 창원·마산지역 당원 961명 중 65.2%인 627명이 민주노총 조합원이었다(사업보고, 2001:156). 2004년 민주노동당 전체 당원대비 조합원 비율이 43.5%였던 것과 비교하면, 이 조합원 비중은 다른 어느 지역에 비해서도 높은 수치다. 2007년 민주노동당 당원 8만 명 중 조합원은 38,000명으로 전체 당원의 47.5%를 차지했다(김원, 2009:130). 2002년 대선을 통해 진보정당에 대한 인식이 널리 확산하였고, 2004년 총선에서 경남본부는 지역별 농민회와 함께 지역주민 정치사업을 추진하고 개혁세력과의 연대의 폭을 확대하기 위한 노력을 진행했다(사업보고, 2004).

그 결과 〈표 10〉에서 보듯이, 민주노동당은 2002년 지방선거 광역의원 비례투표에서 창원 18.64%, 거제 12.45%, 경남 전체로는 8.96%를 득표했고, 최초로 도의원 1명, 시의원 5명을 당선시켰다. 2004년 총선에서는 처음으로 창원에서 국회의원을 당선시켰고, 정당득표율은 창원 24.25%, 거제 26.19%를 기록했다. 2006년 지방선거 비례투표에서는 창원 25.87%, 거제 28.56%, 경남 전체로는 18.04%를 획득해, 경남지역에서는 열린우리당을 제치고 제2당으로 자리 잡았다. 그러나 경남본부는 선거 시기 진보정당에 대한 선거 지원을 넘어 일상적인 지역 정치 활동과 정치적 연대의 모델을 만들지는 못했다. 정치위원회는 선거 때만 가동될 뿐 일상적인 정치 활동이 없었으며, 중앙의 정치방침에만 의존하는 사업 관행으로 지역정치운동의 상이 분명하지 않았다. 후보 검증의 기준과 노동자 의원의 역할에 대한 분명한 상이 없었기 때문에, 정치세력화는 선거참여와 지지 후보 당선을 넘어 뚜렷한 지역 의제를 개발하지 못했다(조태일, 2009).

특히 2008년 민주노동당 분당과 정파 갈등으로 민주노동당에 대한 배타적 지지방침은 민주노총 경남본부에 심각한 대립과 갈등을 불러왔다. 분당 직후인 2008년 총선에서 정당득표율은 민주노동당과 진보신당이 각각 창원에서 17.34%와 4.02%, 거제에서 11.47%와 10.11%를 기록했고, 2010년 지방선거 비례투표에서도 각각 창원에서 23.80%와 4.11%, 거제에서 15.32%와 14.35%로 나뉘었다. 정당득표율보다 더 심각한 것은 분열의 내용이었다. 2008년 도의원 보궐선거에서 민주노총 지역본부 지도위원 2명(손석형, 이승필)이 각각 민주노동당과 진보신당 후보로 나와 대결하는 가운데 배타적 지지방침이 큰 논란이 되었고, 경쟁은 조직 내부의 편 가르기 양상을 띠었다. 외형적으로 2010년 지방선거 결과는 야권단일화에 따른 한나라당 패배로 나타나, 민주노동당은 창원시에서 광역의원 7명으로 교섭단체를 구성했고, 창원시 기초의원 출마자 전원이 당선되었다.

그러나 2012년 총선에서부터 진보정당들의 득표율도 본격적인 하락 추이를 보이기 시작했다. 통합진보당 창당 과정에서는 당내 노동 중심성이 약화하였고, 통합과정에서의 혼란으로 진보정당에 대한 조합원의 결집력 역시 크게 약화하였다(사업보고, 2013). 창원을 선거에서도 통합진보당과 진보신당의 두 후보(손석형, 김창근)의 득표율은 50.95%로 단일화했다면 이길 수 있었던 선거에서 패배했다. 2014년 지방선거 비례투표에서는 창원성산에서 통합진보당 9.03%, 노동당 5.26%, 정의당 3.35%로 진보정당 득표율이 모두 합쳐 17.64%로 위축된 대신에, 민주당이 34.63%를 얻어 창원과 거제 모두 보수 양당체제로 재편되기 시작했다. 2014년 통합진보당이 강제 해산당한 이후 진보정당 지지는 더욱 약화하여, 정의당 득표율은 2016년 총선에서 16.53%, 2018년 지방선거에서 14.18%, 2020년 총선 17.81%로 민주당 지지율에 크게 못 미치고 있다.

지방선거를 통해 진보정당들의 분열이 고착되고 노동운동 지도자들의 민주당 입당이 확산하면서, 조합원들은 진보정치 복원에 일정한 거리를 두기 시작했다. 경남본부가 후보 단일화를 위한 조정과 중재 역할을 제대로 수행하지 못함으로써, 진보 후보 단일화에 대한 조합원의 기대감도 점차 사라졌다. 경남본부의 정치위원회는 여전히 선거 시기 후보선출이나 후보 지원 활동을 진행했지만, 점점 선거 결과에 큰 영향을 미치지 못하고 있다. 진보정당 통합사업의 실패 이후 정치위원회 활동은 급속히 위축되었다(경남본부 사업보고. 2013). 선거구에서 진보정당 후보가 여럿인 경우가 많아졌고, 민주노총이 후보 단일화를 강제할 능력이 없으니 정치위원회 사업이 조합원들에게 권위를 갖기 어려워졌기 때문이다. 노동조합 지지 후보가 엇갈리고 단일한 선거 방침이 확정되지 못하면서, 조합원들 역시 노조 방침과 상관없이 보수 정당에 투표하는 경향이 증가했다. 무엇보다 중요한 것은 창원과 거제에서도 진보정당 지지도가 민주당에 추월당했다는 점이다. 노동자 정치세력화의 실패가 명확해졌다.

진보정당이 정의당과 진보당, 노동당, 녹색당. 변혁당 등 소수정당들로 다원화되고 정치적 영향력이 사라지면서, 노조와 진보정당의 응집성이 약화하고 서로의 관계도 큰 변화를 보였다. 진보정당의 분열과 영향력 감소로 진보

<표 11> 경남지역 역대 선거 정당별 비례대표 득표율

		한나라당	민주당 열린우리당	민주노동당	사회당		
2002 지방선거	광역창원	68.30	10.29	18.64	1.11		
	광역거제	68.99	13.07	12.45	1.85		
2004 17대총선	창원비례	40.69	31.02	24.25	0.13		
	거제비례	37.69	31.42	26.19	0.36		
2006 지방선거	광역창원	59.34	14.78	25.87	–		
	광역거제	54.56	16.86	28.56	–		
		한나라당	민주당	민주노동당	진보신당	사회당	참여당
2008 18대총선	창원비례	38.63	9.78	17.34	4.02	0.10	–
	거제비례	43.25	9.55	11.47	10.11	0.34	–
2010 지방선거	광역창원	41.99	16.03	23.80	4.11	0.20	6.90
	광역거제	44.24	12.41	15.32	14.35	1.83	7.75
		새누리당	민주통합당	통합진보당	진보신당	–	녹색당
2012 19대총선	성산비례	45.19	26.48	18.75	3.62	–	0.44
	거제비례	47.17	24.62	9.93	8.48	–	0.36
	후보득표	49.04	–	43.83	7.12	–	
		새누리당	민주당	통합진보당	정의당	노동당	녹색당
2014 지방선거	광역성산	47.02	34.63	9.03	3.35	5.20	0.74
	광역거제	57.74	30.68	5.25	2.19	9.26	0.86
		새누리당	민주당	정의당	민중당	노동당	녹색당
2016 20대총선	성산비례	34.52	22.49	16.53	0.58	0.77	0.69
	거제비례	34.94	29.66	6.94	0.52	2.17	0.55
2018 지방선거	광역성산	29.33	46.60	14.18	2.76		0.76
	광역거제	30.58	52.11	10.47	1.24		0.77
2019 보궐선거	후보득표	45.21	–	45.75	3.79	–	–
2020 21대총선	성산비례	37.38	23.22	17.81	1.40	0.10	0.18
	후보득표	47.30	15.82	34.89	1.00	–	–

출처: 중앙선거관리위원회 홈페이지.

정당을 매개로 노동조합 간부와 시민사회단체 활동가가 소통하던 구조 역시 사라졌다. 1987년 이후 민중운동 속에서 성장한 시민사회 활동가와 노동조합 활동가들이 민주노동당 지역조직 상근자를 중심으로 네트워크를 형성해 지역사회 현안과 의제들을 함께 토론하던 구조가 사라진 것이다. 주요 의제에 관한 진보정당들의 정책 역량이 한계에 직면하면서, 지역의 정책의제를 발굴하고 여론화하는 민주노총의 역할이 오히려 중요해지고 있다. 진보정당과 노조 활동가의 결합력이 취약해지고 진보정당 간 갈등의 상처가 깊어, 사안별 연대도 역시 현안을 중심으로 민주노총 중심의 공동 대책위원회에 진보정당들이 결합하는 방식으로 이루어졌다. 민주노동당 시절에는 노조와 국회의원 및 지방의원들 사이에 일상적인 정책협의 구조가 있었지만, 2018년 지방선거 이후 진보정당 소속의원은 궤멸 상태다.

진보정당이 다원화되고 배타적 지지방침이 폐기되자 정치적 분열은 노조 간부들의 정파 갈등을 심화시켰다. 노조 선거에서 정파에 따른 대결 구도가 형성되는 등 진보정당 분열은 심각한 후유증을 남겼고, 사업장 집행부의 지지 정당에 따라 경남본부의 정치사업은 큰 영향을 받았다. 민주노총 경남본부는 2005년 이후 직선으로 임원을 선출하고 있는데, 2005년과 2008년 임원선거는 모두 정파 간 대결로 진행되었고 상당한 선거 후유증을 남겼다. 혼탁할 정도로 선거가 과열되었지만, 단위사업장 및 일반조합원의 관심을 끌어내지는 못했다(사업보고, 2009). 정파 갈등은 선거 국면이 되면 민주노총의 딜레마를 초래했다. 진보정당의 다원성이 공식화되면서, 선거 시기 민주노총의 정치 방침이 어느 정당에 더 유리한가를 둘러싸고 긴장과 갈등이 반복되었기 때문이다. 진보정당 후보의 단일화가 어렵고 사업장마다 지지하는 정당과 후보가 다른 상황에서 민주노총의 정치사업이 힘을 얻기가 어려워졌다.

정파 갈등에 대한 조합원들의 반감은 정치 활동에 대한 냉소적 태도를 확산시켰고, 조합 간부의 진보정당 참여를 위축시켰다. 진보정당들을 단결시킬 구심점을 만들기 어려워지면서, 분열된 진보정당을 탈당해 정치 활동에 거리를 두는 노조 간부들이 늘어났다. 2012년 총선에서 단일화 실패 이후 2016년 총선과 2019년 보궐선거, 2020년 총선에 이르기까지 후보 단일화를 둘러싼 노조 내 갈등의 상처는 적지 않다. 사업마다 특정 정당을 지지하는 지회와 다른 정당을 지지하는 지회가 분열하면서, 특정 사업에 대해서는 특정 정파 조합원들이 주로 참여하고, 다른 사업에 대해서는 다른 정파 조합원들이 주로 참여하는 패턴이 나타나기 시작했다.

진보정당의 입지는 최근 들어 더 약화되었다. 인구 구성으로도 노동자 지지표가 줄어드는 가운데, 후보 단일화를 둘러싼 조합원들의 냉소적 태도가 증가하고 정치 활동에 참여하는 조합원 수도 확연히 감소했다. 진보정당에 가입한 조합원은 몇 번의 분열을 거치면서 급속히 감소했고, 정년퇴직과 함께 진보정당을 떠나는 조합원도 늘어났다. 2020년 현재 5개 진보정당의 전체 조합원 당원 수를 합해도 민주노동당 시절 조합원 당원 수의 1/3에도 못미쳤다. 과거에는 노조 간부라면 민주노동당 당원이어야 한다는 묵시적 동의가 있었지만, 배타적 지지방침의 폐기와 진보정당 다원화로 인해, 조합 간부들이 정당 활동에 거리를 두는 것이 가능해졌다. 민주노총 정치위원회 역시 정치사업의 동력을 상실했다. 진보정치의 전망과 목표가 명확하지 못한 가운데, 정치담당자 공백과 불안정한 회의 운영이 계속되었다. 경남본부의 정치 활동 역시 노동자 정치세력화를 목표로 진보정당과의 응집성을 강화하는 방향으로부터, 민주당이 지방정부와 지방의회를 장악한 현실에서 조례 제정이나 노정 교섭을 추구하는 방향으로 이동했다.

4. 민주노총 경남본부와 지방정부의 교환관계

경남본부의 중요한 기능 중 하나가 지방정부와의 교섭·교환이다. 지자체와의 관계에서 민주노총 지역본부의 위상은 지방선거 결과에 큰 영향을 받는다. 지방정부의 정치적 성격과 정책적 입장, 지방의회 내 세력분포가 지방선거 결과를 반영하기 때문이다. 민주노총 경남본부는 지역 노사민정협의회와 같은 사회적 대화 기구에 참여하지 않는다는 원칙을 유지하면서도, 지방정부와의 교섭이나 대화의 필요성을 인정하며 제도적인 참여에 대해 상당히 유연한 모습을 보여왔다. 이미 2000년대 중반부터 경남본부는 지방정부 차원의 위원회 현황을 파악하고 참가를 모색했으나, 민주노총의 위원회 불참 지침으로 실현되지 못하고 있었다(사업보고 2006). 지역 차원의 노사정협의회와 관련하여 노조 내부에서도 지역사회 영향력 확대나 노동 취약계층 보호, 정책 역량 강화를 위해 그 필요성이 제기되었으나, 불공정한 위원회 구성과 형식적 운영, 공동책임에 대한 부담을 이유로 실현되지 못했다(백두주, 2006). 지방정부의 예산지원 문제는 지속적인 논란의 대상이었지만, 민주노총 중앙과 달리, 경남본부는 한국노총과의 형평성을 이유로 시설에 대한 지원이나 간부 교육비 지원을 받기 시작했다.

지방정부와의 교섭, 제도적 기구에의 참여는 민주노총과 정부의 관계, 자치단체장의 소속정당이나 리더십 스타일에 따라 많은 차이를 보였다. 2000년대 초반에는 김대중 정부의 신자유주의 구조조정에 대한 저항과 총파업투쟁으로 대결적 관계가 계속되었지만, 2004~2010년 한나라당 김태호 도지사에서, 2010~2012년 무소속 김두관 지사, 2012~2017년 새누리당 홍준표 지사, 2018~2021년, 민주당 김경수 지사, 2021년 이후 국민의 힘 박완

수 지사로 바뀌는 가운데, 도지사의 리더십 스타일이나 노동에 대한 태도에 따라 지방정부와의 노정 교섭은 큰 차이를 보였다.

민주노동당의 영향력이 컸던 2004~2010년 김태호 도정과 2010~2012년 야권 단일후보로 당선된 김두관 도정 때는 노조와 지방정부의 관계가 상대적으로 원만해 노정 간의 교섭과 정책간담회가 이루어졌다. 특히 2006년과 2010년 지방선거를 전후해 대관사업과 정책사업에 대한 주목도가 높아지고 지역 차원의 정책개입에 대한 노조의 의지도 강화되기 시작했다. 지자체 교섭은 2008년 이전까지는 사안별로 도지사나 관련 부서장과의 면담이 대부분이었던 반면, 2009년부터는 13개 민생요구안에 대한 교섭을 요구하면서 시민 결의대회로 압박하는 방식으로 진행되었다. 이와 함께 학교급식센터나 보육과 같은 민생조례를 제정하거나 민생예산을 쟁취하기 위한 지방의회 내 정책개입 사업이 활성화되었다. 이 시기에는 시민사회단체와의 네트워크를 통해 노동조합의 동원역량이 높았을 뿐 아니라 민주노동당을 매개로 한 정책 네트워크와 로비 능력도 높았기 때문에, 노동조합의 정치적 압박이 큰 효과를 발휘했다.

특히 2010년 무소속 김두관 도지사 시기에는 노정 교섭이 더욱 활성화되었고, 경남본부는 도지사 자문위원회 성격의 '민주도정협의회'에 참여했다. '민주도정협의회'는 2010년 지방선거 당시 김두관 후보가 야 3당(민주당, 민주노동당, 국민참여당) 및 시민사회단체와 후보 단일화를 추진하면서 '정책연합을 통한 공동 지방정부'를 구성한다는 약속에 따라 설치한 자문기구였다. 한나라당이 도의회를 독점하고 있는 현실에서, 민주도정협의회는 야당과 시민사회단체의 협치를 통해 진보개혁세력의 목소리를 도정에 반영하는 정책 거버넌스 실험이었다. 민주도정협의회는 매월 정기회의를 열어 무상급식, 어르

신 틀니 보급 등 도정 주요 현안에 대해 자문역할을 수행했다. 경남본부 역시 도지사와 산별 대표자 간담회 형식으로 노조의 요구안을 전달하고, 경제통상국과 협의를 진행하면서 도의 답변에 대해 추가요구를 제시하는 방식으로 노정 교섭을 진행했다. 민주노총은 노정 협의를 통해 지자체 비정규직 제도개선, 50인 미만 영세업체 노동자건강센터 설치, 보호자 없는 병원 확대, 정리해고자 생계대책 및 외자기업 실태조사, 공공부문 비정규직 노동자 복지기금, 노동자연수원 건립, 돌봄서비스 참여자 소득보전, 불법 하도급 근절, 비정규직 지원센터 설립을 추진했다. 경남본부는 지자체가 주도하는 지역 노사민정협의회에는 참여하지 않으면서도 노정 교섭을 통한 정책개입을 추진한 것이다.

이처럼 이 시기의 정치적 교환은 '배태된 응집성'이라는 노동조합의 강화된 동원역량과 정책 네트워크에 기초한 것이었고, 노동조합은 이를 기반으로 지방정부와의 노정 교섭이라는 정책개입의 새로운 가능성을 모색했다. 이 정치적 교환은 김두관 도정이 시민사회 연대와 선거연합에 기반을 둔 공동 지방정부였다는 사실 때문에 가능했다.[3] 노동조합이 지지하는 민주노동당은 분당에도 불구하고 경남지역에서 여전히 제2당의 지위를 유지하고 있었고, 노동조합이 포함된 시민사회 연대기구는 야권연대를 통해 지방정부를 교체한 만큼 상당한 영향력을 행사했다. 노동조합운동은 시민사회 연대기구(배태성)와 민주노동당(응집성)이라는 두 가지 통로를 통해 지방정부에 영향력

3　2010년 지방선거를 앞두고 경남지역의 야당과 시민사회는 야권연대와 후보 단일화 없이는 선거에서 승리할 수 없다는 인식을 공유하고 있었고, 시민사회에서는 '희망자치 만들기 경남연대'를 발족시켜, 야 3당을 포함한 정당·시민사회 연석회의를 통해 야권연대와 후보 단일화를 추진했다. 그 결과 경남 도지사 선거에서 민주노동당 강병기 예비후보와 무소속 김두관 예비후보의 단일화 협상을 통해 선거연합을 실현했고, 민주도정협의회 구성을 통해 공동 지방정부를 구현한다는 원칙에 합의했다.

을 행사할 수 있었고, 실질적인 노정 교섭의 성과를 이루어냈다. 경남본부는 이 경험을 통해 노동 의제와 관련하여 지방정부의 정책에 개입할 수 있음을 확인하였지만, 그렇다고 이를 뒷받침할 체계적인 정책 역량 및 정책 시스템을 구축한 것은 아니었다(사업보고, 2012). 여전히 이 시기 노정 교섭은 제도화된 것이라기보다 도지사의 정치적 성향에 영향을 받은 것으로, 진보정당과의 사전조율이 이루어진 것도 아니었다(민주노총교육원, 2015).

그러나 시민사회 연대와 진보정당을 통한 정책협력은 오래 지속되지 못했다. 노동·민생 의제를 내건 지자체 교섭은 김두관 지사의 중도사퇴와 보수적인 한나라당 지방정부의 재등장으로 중단되었다. 2012년 이후 새누리당 홍준표 도정에서는 노동조합에 대한 도지사의 비타협적 태도와 반노동정책으로 노조와 지방정부의 관계가 완전히 단절되었다. 진주의료원을 둘러싼 노조와 경상남도의 극한 충돌, 2015년 경남 비정규직 지원센터 예산삭감과 민주노총의 위탁사업 배제가 대표적이다. 지방정부와의 교섭이 단절된만큼 지방의회를 통한 민생조례 제정이 더 중요해졌지만, 2014년 지방선거에서 진보정당 시·도의원들이 대거 낙선하면서 민주노총이 조례 제정에 개입할 수 있는 통로는 크게 좁아졌다.

2017년 정권교체와 2018년 민주당 김경수 도정 출범으로 노정관계는 새로운 국면에 접어들었다. 지역 고용위기가 격화되어 중소조선소에 대한 정부지원과 산업정책이 절실해졌고, 촛불혁명 이후 노동에 대한 지방정부의 태도가 바뀌면서 노조와 지방정부의 관계도 소통과 협력의 방향으로 이동했다. GM 비정규직 문제나 중형조선소 지원문제에서 지방정부의 우호적 태도는 노동자 생계에 대한 지방정부의 지원과 중앙정부나 금융기관에 대한 지방정부의 소통·매개역할을 기대할 수 있게 만들었다. 사안별로 일자리위원회, 조선산업위원회, 노동정책 자문위원회 등을 통해서 지방정부와의 협의가 이루어졌고, 노동 의제에 대한 노조의 참여도 확대되었다(사업보고, 2019). 민주당 지방정부와 민주당 지배의 지방의회라는 새로운 조건에 힘입어, 민주노총의 기대만큼은 아니지만 여러 가지 정책적 변화와 조례 제정이 이루어졌다. 사회개혁과 사회연대전략이라는 측면에서 지방정부와 노정 교섭을 강화하고, 이를 조례 제정으로 뒷받침하려는 노력이 강화되었다.

그러나 진보적인 노동정책을 압박할 수 있는 노동조합의 정치적 영향력이 약화된 상태에서, 노정관계는 상층수준의 협의를 넘어서지 못했다. 2010~12년 김두관 도정에서 노동조합은 시민사회 연대와 진보정당과의 협력을 통해 지방정부에 상당한 영향력을 행사할 수 있었지만, 2018년 김경수 도정에서 진보정당은 정치적 존재감을 상실했고 민주당은 자치단체장과 지방의회 모두에서 압도적 다수를 획득해 시민사회와의 협치 필요성을 느끼지 않았다. 이런 상태에서, 노동조합은 시민사회 연대나 의회정치 어느 것을 통해서도 지방정부를 압박하기 어려웠다. 고용위기에 따른 노동조합의 긴급한 정책적 요구와 민주당 지방정부의 정치적인 판단에 따른 노정 협의가 이루어졌을 뿐이다.

그 결과 경상남도가 지방정부 차원의 노동정책을 추진했지만, 노조가 기대한 만큼의 성과는 나오지 않았다. 노조의 정치적 영향력이 강했던 시절의 노정 교섭이 실무협의와 도지사가 참여하는 본 협의, 마무리협의로 이어지며 구체적 성과를 만들어냈다면, 김경수 도정에서는 마무리협의가 생략되어 별다른 성과물이 나오지 않았다는 비판이 제기되었다. 2018년 지방정부 교체 이후 민주노총 경남본부는 노정 교섭을 요청해 36가지 요구안을 제안했지만, 노정 교섭에 대한 경남본부의 평가는 인색하다. 형태는 노정 교섭인데 결과적으로는 간담회 수준이었다는 것이다. 그래서 2019년에는 노조가 노정 교섭을 요구하지 않아 교섭이 중단되었다. 2018년 이후 경남본부는 지역 차원의 노사정 자문기구인 '일자리위원회'에 참여했지만, 참여 효과에 대해서는 역시 회의적이다. 노조는 1년에 두 번 30여 명이 참여하는 회의에서 큰 성과를 얻기 어렵다고 평가했다.

주목할 만한 사건은 2020년 8월 경남본부가 광역지자체 단위로는 전국 처음으로 '코로나 19 위기극복을 위한 상생 협력 선언'에 참여한 것이다. 사회적 대화와 관련한 민주노총 중앙의 혼선에도 불구하고, 경남본부는 고용유지와 민생 요구를 중심으로 공동선언을 추진한 것이다. 실패한 전국 노사정 선언과 달리, 경남본부는 '고용유지'를 명확히 했고 경상남도가 고용유지 기업에 대한 지원과 고용 안전망 강화를 위한 행정적, 재정적 지원, 전국민고용보험제 도입에 협력하기로 했다는 점을 강조했다. 그러나 이 노사정 협력은 코로나 위기국면의 일회적 사건이었을 뿐 장기적으로 계속되기는 어려웠다.

노정 교섭에서 노조가 요구하는 정책적 의제는 다양했지만, 중요한 문제는 지방정부와의 교섭이 중장기적인 지역사회 개입전략에 기초한 체계적 활동이 아니었다는 점이다. 노동에 대한 도지사의 정치적 태도에 따라 단기적인 성과를 얻어내기 위한 무원칙한 교섭이 반복되었다는 비판이 제기되었다. 산재, 교육, 주택, 의료, 교통, 행정, 직업훈련. 인권 등 지역사회에서 노동조합이 개입할 수 있는 영역이 많지만, 이에 대해 노조가 어떻게 개입하고 무엇을 요구해야 하는지에 대한 명확한 상은 아직 없는 상태이다. 경남본부는 노동자들의 지위와 근로조건을 개선하기 위한 조례 제정을 요구하지만, 세부적인 노동 현안에 대한 정책적 준비는 취약한 편이다. 이러한 요구는 장기적인 계획 속에서 의제화하지 못하고 산별 연맹들의 요구를 수렴하는 수준에 여전히 머물러 있다.

5. 맺음말

　1987년 이후 현재까지 지역노동운동은 세 번의 큰 위기를 겪으면서 상당한 변화를 보였다. 장기적으로 지역사회에서 민주노총 경남본부의 전략은 신자유주의 노동체제에 반대하는 총파업투쟁으로 중앙정부를 압박하는 정치적 '동원'으로부터, 점차 미조직·비정규 노동자를 보호하기 위한 조례 제정과 정책적 개입이라는 지자체와의 정치적 '교환'으로 중심이 이동하는 양상을 보였다. 이러한 변화는 노조가 직면한 외부환경의 변화, 특히 경제위기 속에서 구조조정과 심각한 고용위기의 '위협', 지방자치 확대 및 촛불혁명 이후 지역사회의 정치적 '기회'구조 변화에 큰 영향을 받고 있다. 동시에 이 변화는 노동조합의 활동을 기업 울타리를 넘어 지역사회로 확장하고 취약노동자를 포함한 전체 노동자의 이익을 대변하고자 하는 노동조합의 정체성과 리더십에도 상당한 영향을 받았다.

　경남지역의 사례를 통해 확인할 수 있는 것은 '정치적 동원'으로부터 '정치적 교환'으로의 변화가 단선적으로 진행되거나 그 자체로 성과를 보장하지는 않는다는 점이다. 2010~12년과 2018~20년의 '정치적 교환'을 비교할 때, 가장 큰 차이는 노동조합의 '배태된 응집성'이 크게 다르다는 점이다. 노동조합이 시민사회 연대 및 강한 진보정당이라는 '배태된 응집성'에 기반을 둘 때만, 노동조합의 '정치적 교환'은 지역노동운동의 활성화로 귀결될 수 있다. 외견상 같은 정치적 교환이라 할지라도, 노동조합이 '배태된 응집성'에 기반을 두고 동원역량과 정책 역량을 발휘할 때 교환의 의제와 결과는 상당히 달라졌다. 배태된 응집성이 취약한 노동조합의 정치적 교환은 형식적이거나 선언적인 수준에 머무르기 쉽다. 민주당 지배의 지방정부와 의회라는 조건에서 지방정부가 노동조합의 급진적 요구에 적극적으로 호응할 가능성은 높지 않다. 노동조합이 시민사회단체와의 연대를 통해 정치적 영향력을 행사하고 노동조합이 지지하는 진보정당이 대안적 정치세력으로 존재할 때만, 노동조합과 지방정부의 정치적 교환은 지역사회의 진보적 재구성과 노조의 정치적 영향력을 강화하는 데 기여할 수 있을 것이다.

'동원'에서 '교환'으로의 변화 역시 단선적인 것이 아니며, 정치적 '동원' 없이 정치적 '교환'이 풍부한 내용을 담기는 어렵다. 현재 경남지역에서 노조의 정치적 교환은 중장기적인 지역사회 개입전략에 기초한 체계적 활동이라 보기 어렵고, 지역사회 개입전략의 목표와 내용에 대한 상도 명확하지 않다. 이는 전체 노동자의 요구를 대표하고 지역사회를 진보적으로 재구성하기 위한 노동조합의 정책 생산역량이나 정책 네트워크가 매우 취약하다는 것을 의미한다. 동시에 노조의 정책적 요구를 압박하고 실현할 수 있는 동원역량 역시 높다고 할 수 없다.

오랫동안 전투적 투쟁에서 자신의 정체성을 확인해왔던 민주노총은 현재 미조직 노동자의 조직화와 취약노동자에 대한 사회적 보호를 위한 정책적 요구에 부응해야 하는 상황이다. 심각한 고용위기를 극복하기 위한 산업정책과 고용보장에 대한 요구, 미조직 비정규 노동자에 대한 사회적 보호와 이익 대변, 지역사회의 진보적 발전을 위한 대안 마련이 노동조합의 새로운 과제로 부상하고 있다. 전투적 투쟁과 정치적 동원을 주된 기능으로 삼았던 민주노총의 입장에서는 이제 정치적 대안 세력으로 정책적 역량을 강화하고 정치적 동원과 교환의 적절한 균형을 추구하는 것이 절실해졌다. 동원역량이 취약하면 정치적 교섭에서 성과를 얻기가 어렵고, 정책적 역량을 강화하지 않고서는 진보적 대안을 추구하는 것이 불가능하기 때문이다. 동원과 교환의 균형, 동원을 통한 정치적 압박과 정책적 개입을 위한 교환 사이의 균형을 위해서는 다시 시민사회와의 긴밀한 연대 및 노동 중심의 강력한 진보정당이 중요하다.

지역노동운동에서 정책생산과 노정 교섭은 민주노총 경남본부의 몫이지만, 노정 교섭을 압박하기 위한 조직적 동원은 산별 연맹 지부들의 동원역량에 의존할 수밖에 없고, 정치적 연대와 선거 동원을 위해서는 시민사회와의 연대가 필요하다. 그러나 시민사회 자체가 노쇠하거나 탈정치화되고 있으며, 진보정당은 정치적 영향력을 상실해가고 있다. 산별 연맹들의 분권화와 기업별 파편화, 조직 노동자들의 고령화와 상대적 보수화, 노조 간부들의 정파 갈등과 제조업 조직 노동자들의 은퇴로 노동조합의 정치적 동원역량 역시 감소했다.

그럴수록 노동조합 내부의 조율과 시민사회와의 네트워크 형성을 추진할 수 있는 리더십 역량이 더욱 중요하다. 특히 정파 갈등을 조정할 통합적 리더십을 형성하고, 민주노총 경남본부와 산별 연맹들 사이의 효율적이고 협력적인 조직문화를 만드는 것이 중요하다. 지역에서 총연맹의 힘은 산별 연맹들의 협력을 조율하고 연대를 창출하는 역량에서 나온다. 지역 수준에서 산별노조는 여전히 불완전하고 총연맹의 정치적 영향력은 취약하다. 산별 노조들이 힘을 싣지 않는 이상 총연맹의 역할에는 한계가 있을 수밖에 없다. 사회연대 차원에서 민주노총의 주도성이 높아져야 하고, 이를 위해서는 노동조합 내부의 정파적 조직문화가 혁신되어야 한다. 장기적으로 지역노동운동의 전략적 과제에 대한 고민과 실천적 모색이 강화되어야 한다.

제6장

금속노조 경남지부의
노동조합 재활성화 전략

2001년 금속 산별노조가 출범한 지 20여 년이 지났다. 기업별 노조의 산별노조 전환은 1987년 노동자 대투쟁 이후 '민주노조운동'의 주요한 전략적 목표였다. 산별노조가 특정 기업의 노동자만이 아니라 전체 노동자의 단결과 연대를 가능하게 하는 조직형태이기 때문이다. 기업별 노사관계가 제도화되어 산별노조 전환이 쉽지 않았음에도 금속노동자들은 2001년 금속노조를 출범시켰고, 이는 2006년 15만 명 규모의 통합 산별노조로 발전했다. 이를 통해 노동조합운동은 폭넓은 단결과 연대에 기반을 둔 산별 노사관계를 확립할 수 있기를 기대했다.

그러나 기대와 달리, 지난 15년간 산별노조는 단체교섭이나 조직구조 측면에서 정체와 답보 상태를 벗어나지 못했다. 완성차 대기업들의 저항으로 산별 중앙교섭이 유명무실해졌고, 주요 대기업지부들이 지역지부 체계에 편입되지 않은 채 기업별 노조의 형태와 기능을 그대로 유지하고 있기 때문이다. 오히려 노동시장 이중화로 조직 노동자들에 대한 '귀족노조' 프레임이 확산하였고 사회적 고립이 심화되었다. 산별노조가 교섭력과 연대를 강화하는 데 효과를 거두지 못하자, 산별노조에 대한 기대는 실망과 무관심으로 바뀌었다. 기업별 교섭을 중심으로 관성적인 조합 활동이 만연하고 연대의식이 약해지는 현상은 산별노조의 위기를 보여주는 징후들이었다.

이러한 위기 속에서도 지난 10여 년간 금속노조 내에서는 산별노조운동의 새로운 방향과 전략을 모색하는 노력이 꾸준히 이어졌다. 특히 2017년 10기 집행부 때부터는 산별노조발전전략위원회를 구성해 금속노조 재활성화를 위한 조직적 노력을 기울이기도 했다. 산별노조 발전을 위해서는 무엇보다 금속노조가 산별 중앙교섭을 강화해 조합원 내부의 격차를 해소하고, 지역지부 중심으로 조직체계를 재정비하여 미조직 · 비정규 노동자들을 조직해야 한다는 광범위한 합의가 존재한다.

산별노조가 사업장 울타리를 넘어선 노동자 연대를 추구한다는 점에서, 지역지부의 의미는 각별하다. 관건은 기업별 교섭을 주된 기능으로 하는 기업지부를 대신하여 지역지부가 초기업적 연대를 실현하고 지역 내 미조직 비정규 노동자들을 조직하는 것이다. 그러나 작업장투쟁을 중심으로 성장해온 금속노조 조합원들에게 지역지부 중심의 초기업 활동은 낯설고 힘든 과제였다. 노동조합이 기업 울타리를 넘어서 어떤 의제를 중심으로 어떻게 활동해야 하는지, 지역 활동에 대한 비전과 모델을 갖고 있지 못하기 때문이다.

기존 노동조합 연구들 역시 산별노조의 투쟁과 조직화를 책임지고 있는 '지역지부'의 전략과 능력에 대해서는 충분히 다루지 못했다. 산별 노조 활동의 전망과 관련하여, '지역지부'가 현장조직력을 강화하기 위해 어떠한 전략을 추구했고, 미조직 노동자를 조직하기 위해 어떻게 노력해왔는지 주목하지 않았다. 노동조합들은 '지역'에 따라 업종과 기업 규모, 운동의 역사적 전통과 조직역량, 지역사회 영향력, 노조의 성격과 효과성에서 큰 차이가 있다. 산별노조가 지부 수준에서 어떻게 기능하고 있는지 평가하고, 지역 차원에서 활동전략을 구체화할 필요성이 커지고 있다. 산별노조의 골간 조직인 지역지부가 어떻게 기업별 노조의 관성을 제어하고 노동자 내부의 격차를 완화하면서 지역노동자의 연대를 강화할 것인지, 지역 노동시장에서 미조직 비정규 노동자를 어떻게 조직할 수 있을지는 산별노조 재활성화를 위한 최우선의 과제이다.

과연 한국의 산별노조는 지역지부를 중심으로 미조직 노동자 조직화와 초기업 수준의 노동자 연대를 실현할 수 있을 수 있을 것인가? 적어도 이러한 방향으로의 전략적 선택을 통해 산별노조 재활성화를 추진할 수 있을 것인가? 이것이 가능하기 위해서는 어떤 조건이 필요하며, 이러한 조건을 어떻게 확보할 수 있을 것인가?

이 장은 금속노조 경남지부의 사례를 통해 산별노조 '지역지부'의 재활성화 전략과 실천을 분석한다. 경남지역은 1987년 투쟁의 역사적 전통과 인적 자원, 정치세력화의 경험을 가진 대표적인 지역이다. 금속노조 경남지부는 1987년 '마창노련' 이후 전투성과 지역연대를 대표했던 노동조합 연대체로 2001년 산별노조 전환의 주력 부대였을 뿐 아니라 지금도 금속노조 내 가장 큰 지역지부다. 금속노조 경남지부는 그 자체로 다양한 업종과 규모의 지회들을 포괄하는 금속노조의 축소판이자, 산별 전환 이후 중앙 집중과 지역연대라는 산별노조 정신에 가장 충실한 모습을 보여 온 지역지부였다.

이 장에서는 금속노조 경남지부가 산별노조운동의 위기에 직면하여 산별노조 재활성화를 위한 지역의 비전과 전략을 어떻게 설정했고, 이를 어떻게 추진했는지, 이 과정에서 어떠한 요인들이 영향을 미쳤는지 검토한다.

1. 노동조합운동의 위기와 노조 재활성화 전략

2000년대 중반 이후 민주노총의 위기, 산별노조운동의 침체, 진보정당의 분열을 거치면서 노동운동의 재활성화를 위한 논의가 광범위하게 이루어졌고, 금속노조의 위기와 재활성화 전략에 관해서도 많은 연구와 논쟁이 있었다(김승호 외, 2007; 임필수, 2009; 임영일, 2010; 노중기, 2015). 이러한 연구들은 대체로 민주노조운동의 위기극복을 위한 문제의식과 서구 노동조합운동의 '재활성화 전략' 개념을 결합하는 방식으로 민주노조운동의 새로운 방향을 모색하는 것이었다. 금속노조로 한정하면, 산별노조의 교섭전략과 교섭체계(임영일, 2008, 2010; 은수미 외, 2008; 공계진 외, 2010: 박태주, 2009), **정규직과 비정규직의 연대** (조돈문, 2009, 2012: 장귀연, 2008; 홍석범, 2016), **비정규직 투쟁과 조직화**(김정호, 2010: 조효래, 2010: 손정순, 2019: 김혜진, 2012; 김직수, 2011; 유형근, 2015: 홍석범 외, 2017), **산별 전환 이후 금속노조의 조직적 과제**(이상호 외, 2010: 이종래, 2013; 조효래, 2019), **사회연대와 지역사회개입 전략**(김현우 외, 2006; 이종래, 2009: 이병훈 외, 2014), **구조조정과 고용위기 대응**(홍석범 외, 2013) 등의 쟁점이 주요한 연구과제였다. 이 연구들은 대부분 노동운동 재활성화와 조직화 모델, 전략 조직화의 관계에 주목했고, 조직화 모델로의 전환을 위해서 '민주노조운동'의 전면적 혁신이 필요하다는 점을 강조했다.

허민영(2010)은 금속노조의 산별 조직화를 검토하면서, 산별 전환 과정에서 중앙 집중 및 기업별 지회로의 분산화 압력으로 지역지부의 역할이 약화된 것을 가장 큰 문제로 보았다. 이종래(2013)는 지역지부를 중심으로 한 '조직화' 노조, 개별가입에 기초한 지역 조직화를 추진할 것을 제안했고, 박준도(2014)와 김혜진(2012) 역시 지역지부와 지역지회가 중심이 된 공단 조직화로 산별노조의 새로운 흐름을 만들어 낼 것을 주문했다. 손정순(2019)은 금속노조의 전략 조직화에서, 대공장 정규직 위주의 노조 정체성이 조직화를 위한 자원 배분을 제약하고 있음을 지적했다. 전략조직사업으로서 공단 조직화는 초기업 단위 업종교섭 및 지역 의제를 중심으로 한 사회운동을 추구하며, 공단 단위 미조직 노동자 조직화를 지역지부의 핵심 사업으로 간주했다(김혜진·윤지영, 2020).

이러한 연구들이 산별노조의 방향을 '교섭으로부터 조직화'로 이동할 것을 강조한다면, 박근태(2015)는 산별노조운동의 문제점을 금속노조의 취약한 '전략 능력(역량)'에서 찾았다. 금속노조의 전략적 리더십이 취약해 산별 교섭에 실패했다는 것이다. 유형근(2015) 역시 서울 남부지역 공단 조직화 캠페인 사례에서, 노조와 사회운동단체의 연합이 지역 차원의 전략적 능력을 강화했다는 점을 보여주었다. 이처럼 산별노조 재활성화 전략에 관한 연구들은 산별교섭 체계와 전략, 정규직-비정규직 연대에 기반을 둔 비정규직 조직화 논의로부터 점차 지역 조직화를 강조하는 방향으로 이동해왔고, 조직화 과정에서 노조의 전략적 능력을 강조하는 모습을 보였다.

한편, 노동운동 재활성화 전략에 관한 서구의 연구들은 주로 각 나라의 역사적 맥락에서 재활성화 전략의 특징과 결정요인을 분석했다. 이 연구들은 ① 각 노조의 재활성화 전략의 차이와 이에 영향을 미친 요인에 대한 분석, ② 노조의 목표·정체성과 관련하여 재활성화 전략을 평가하는 연구, ③ 노동조합의 전략적 역량과 리더십 요인에 관한 연구로 나눠볼 수 있다.

먼저, 노동조합 재활성화 전략을 국가별로 비교한 프레게와 켈리는 노조 재활성화에서 노조의 '전략적 결정'이 매우 중요하다는 점을 강조했다(Frege & Kelly, 2004). 이들은 기존 조합원에 대한 서비스/조직화 지향, 사용자와 정부에 대한 협력적/대결적 태도라는 차원에서 노조의 전략적 선택을 제시했다. 이들에 따르면, 국가/사용자의 전략, 제도, 노조의 조직구조와 정체성이 노조의 전략적 선택에 영향을 미치며, 특히 노조 정체성은 노조의 목표와 규범, 쟁점에 대한 프레이밍 방식과 집합행동의 레퍼토리를 규정한다. 제도와 노조 정체성이 역사적 상황과 경로 의존성을 통해 위기국면에서 노조의 특정한 전략을 만들어낸다는 것이다. 베렌스 · 허드 · 웨딩턴에 따르면, 제도로서의 노동운동은 관성적 압력에 직면하기 때문에, 재구조화가 성공하기 위해서는 '환경의 압력'이 높아 변화에 대한 내부 저항이 약해지거나 공식적 결의를 통해 전략적 우선순위를 재설정할 수 있어야 한다(Behrens & Hurd & Waddington, 2004).

둘째, 호더 · 에드워즈는 노조의 목적 · 정체성과 노조 전략을 인과적으로 연결했다(Hodder & Edwards, 2015). 노조 정체성은 노조의 목적을 결정하며 노조의 목적과 전략 사이에는 역동적 긴장이 존재하기 때문에, 조직화 노력은 노조의 정체성과 연대, 계급 프로젝트와 관련해 평가해야 한다는 것이다. 같은 맥락에서, 심즈 · 홀게이트는 영국의 조직화 모델이 조직화 전술에만 초점을 맞춤으로써 조직화를 탈정치화했다고 비판했다(Simms, 2012; Simms & Holgate, 2010). 조직화란 하나의 정치적 프로젝트이며, '무엇을 위한 조직화인가'라는 쟁점은 노동시장 연대, 계급연대, 사회 내 연대 등 노조가 조직하려는 "연대"의 성격에 의존한다는 것이다.

셋째, 하이만은 노조의 전략적 역량을 검토하면서, '노조 정체성'이 일정한 경로 의존성을 만들고 노조 재활성화의 방향에 영향을 미친다고 보았다(Hyman, 2007). 노조의 '조직적 역량'은 내외의 도전과 변화를 예측하고 응집력 있는 정책을 만들어 효과적으로 실행하는 리더십 능력이다. 노조의 전략적 혁신을 위해서는 조직적 학습이 필요하며 이는 내부의 대화와 토론, 논쟁을 통해 이루어진다는 점에서, 전략적 역량은 집중화되고 조율된 리더십과 활기찬 조합원 참여가 결합한 것이다. 갠즈 역시 운동의 목표와 시점, 전술에 관한 선택을 적절하게 프레이밍 하는 전략적 리더십의 중요성을 강조했다(Ganz, 2004). '전략적 역량'은 리더십과 조직의 두 차원으로 구성되는데, 리더십 차원에서는 리더의 정체성과 사회문화적 네트워크, 전술적 레퍼토리가 중요하며, 조직 차원에서는 개방적인 숙의와 선출된 대표자의 책임성이 중요하다.

레베스크 · 머레이도 노조의 '권력 자원'과 '전략적 역량'을 구분한다 (Lévesque & Murray, 2010). 노조의 권력 자원과 관련하여, 먼저, 노조의 내적연대는 집합적 응집력을 확보하기 위한 조합원 참여, 소통의 구조와 관련된 것이고, 둘째, 노조의 외적 연대인 네트워크 배태성은 노조가 커뮤니티와 함께 행동하거나 다른 노조와 수평적, 수직적 조정을 형성하는 능력이다. 셋째, 노조의 서사적 자원은 노조가 자신의 이익과 목표를 구체적인 '의제'로 제시할 수 있는 기반이다. 마지막으로, 하부구조적 자원은 노조의 재화, 인력, 정책 프로그램을 포함한다.

한편, 노조의 전략적 역량은 노조가 직면한 상황에 맞게 자원을 활용하여 상황을 변화시키는 리더십 능력이다. 먼저, 이익의 조정은 경쟁하는 이익들 사이의 협력 행동을 위해 사회적 네트워크를 활성화하는 능력이다. 둘째, 프레이밍은 노조의 의제를 광범위한 사회적 프로젝트의 일부로 제시하는 능력으로, 어떤 정책을 어떻게 실행할 것인가에 대한 전략을 공식화하는 것이다. 셋째, 행동의 시공간적 조율은 단기적인 행동과 장기적인 행동, 서로 다른 위치에서의 여러 행동을 조율하는 것으로, 노조는 지역적 쟁점을 전국적 맥락에서 이해하고 전국적 쟁점을 지역 수준에서 구체화해야 한다. 마지막으로, 학습은 현재와 미래의 교훈을 끌어내기 위해 과거에 관해 생각하는 성찰의 과정이다(Lévesque & Murray, 2010).

　이상의 논의에서 우리는 노조 재활성화 전략과 관련하여, 조직화의 목표와 노조의 전략적 결정의 중요성, 노조 정체성의 영향과 급격한 환경 변화가 미친 충격, 노조가 보유한 권력 자원의 성격과 크기, 노조 리더십의 전략적 역량이 갖는 중요성을 확인할 수 있다. 노조가 재활성화 전략에는 환경의 변화에 대응하는 노조 자신의 전략적 결정과 그에 영향을 미치는 노조의 정체성 및 목표가 중요하며, 재활성화 전략의 성공에는 노조가 보유한 권력 자원과 전략적 역량이 매우 중요하다. 특히 노조의 권력 자원에서 동원능력과 내부민주주의뿐 아니라 다른 행위자들과의 네트워크 능력, 노조 정체성에서 유래하는 가치와 신념체계가 중요하며, 노조의 전략적 역량은 신념과 경험, 네트워크를 가진 유능한 리더십에 의존한다는 점을 확인할 수 있다.

　이처럼 환경의 변화와 위기에 직면했을 때, 노조는 기존의 정체성과 목표를 유지하기 위해 적절한 재활성화 전략을 추구한다. 재활성화 전략은 급격한 환경 변화로 인한 위기(혹은 기회)의 양상에 큰 영향을 받으면서도, 그 성공 여부는 노조가 보유한 권력 자원과 리더십의 전략적 역량에 의존한다. 노조의 서사적 자원과 내적, 외적 연대와 같은 권력 자원은 조합원들의 역사적 경험으로부터 형성된 노조 정체성과 조직문화부터 큰 영향을 받으며, 노조의 전략적 능력을 구체화하는 리더십 역시 역사적으로 형성된 노조 정체성과 권력 자원의 영향을 크게 받는다. 노조의 재활성화 전략과 관련하여, 노조의 정체성과 목표, 권력 자원과 전략적 능력 사이의 관계를 〈그림 2〉와 같이 요약할 수 있다.

이러한 틀에 비추어 보면, 지난 30여 년 동안 금속노조의 목표는 '집중화된 산별노조의 완성'으로 요약할 수 있고, 이는 1987년 이후 금속노동자의 투쟁 과정에서 형성된 '연대적 정체성'에 큰 영향을 받았다. '집중화된 산별노조의 완성'이라는 금속노조의 목표는 애초 기업별 노조의 산별로의 조직형태 전환과 산별 중앙교섭을 주요한 수단으로 하여 추진되었다. 그러나 이러한 전략은 2008~09년 중앙교섭 실패로 한계에 직면했고, 2010년 노동법 개정 이후 산별노조운동의 위기가 심화하면서 변화가 불가피했다. 금속노조 중앙의 전략·실천과 지역지부의 전략·실천을 명확히 구분할 수는 없지만, 지역의 주·객관적인 조건의 차이는 지부별 전략의 내용과 구체적 실천방식에서 차이를 가져왔다. 상대적으로 산별노조 정체성이 강하고 권력 자원이 많았던 경남지부의 경우, 노조 재활성화 전략은 새로운 리더십 구성을 통해서 구체적인 실천으로 나아갈 수 있었다. 이 장에서는 금속노조 경남지부의 재활성화 전략을 분석하기 위해, 2001년 이후 금속노조 경남지부의 각 연도 사업보고와 2017~20년 사이 지부 운영위원회 보고 자료를 통해 매 시기 지역지부의 사업을 분석했다. 특히 사업에 대한 리더십의 전략과 의도, 평가를 듣기 위해 금속노조 경남지부 전·현직 간부를 대상으로 면담을 진행했다.[4]

---

4 2018년 5월 지부 현황을 중심으로 지부장 H와 집행 간부 M과 각 2시간씩 면담을 진행했고, 2020년

2. 금속노조 경남지부의 출범과 위기

노조 재활성화 전략은 노조가 추구해온 전통적 전략의 한계와 운동의 위기에 대한 대응으로 출현한다. 금속노조 경남지부의 노조 재활성화 전략 역시 노조가 직면한 위기상황과 이로부터 탈출하고자 하는 노력 속에서 구체화되었다. 금속노조는 2001년 출범 이후 4기 지도부의 임기가 종료된 2007년 10월까지, 작지만 집중화된 '4만 금속노조' 시대를 경험했다. 이 금속노조는 완성차 노조를 비롯한 대기업노조들이 합류하지 않은 상태에서 조직력이 강한 사업장을 중심으로 출범한 소규모 산별노조였다. 2001년 현재 전체 17만 명의 금속산업연맹 조합원 중 3만여 명밖에 참여하지 못했기 때문에, 완성차 대기업노조의 산별 전환이 이루어진 2007년을 전후로, 보통 '4만 산별'과 '15만 산별'의 시대로 구분한다. '4만 산별' 시기 동안 경남지부는 금속노조 전체 조합원의 1/3을 차지했을 뿐 아니라, 상대적으로 300인 이상 대기업도 많고 투쟁전통도 강한 편이어서 초기 산별노조 전환의 주된 추진력이었다. 출범 당시 경남지역은 창원 · 마산 · 서부경남 9개 지회 5,187명, 창원공단 16개 지회 4,060명을 각각 경남 1지부와 경남 2지부로 편제했다. 2003년 3월 두 지부는 경남지부로 통합했고, 2007년 1월 금속산업연맹이 해산하고 지역 내 6개 대기업노조가 새로 가입함으로써 경남지부 조합원은 13,588명으로 늘었다.

2001년 출범이후 초기 금속노조는 기업별 노조 체제와 단절하기 위해 중

5월 지부 조직사업과 관련해, 집행 간부 M, L, K2와 집단면담을 1회 진행했다. 2021년 1월에는 전 · 현직 임원 3명(전 · 현직 지부장 S, H, 전직 부지부장 K1), 조직사업 담당 간부 L과 개별적으로 각각 2~3시간가량 면담을 진행했다. 면담은 리더십과 지부의 전략, 조직사업에 대한 평가를 중심으로 비구조화된 질문과 토론형식으로 이루어졌다.

앙 집중의 조직체계와 사업구조를 갖추고 산별노조의 새로운 상을 만들기 위해 노력했다. 노조 내부의 규율은 강했으며, 노조의 중요한 기능과 권한이 기업지회로부터 산별노조 중앙으로 이전되었다. 초기 금속노조는 2002년 지부 집단교섭, 2003년 중앙교섭을 통해 금속산업 최저임금 인상과 주5일제를 쟁취했고, 2004년에는 노조 활동과 관련한 손해배상·가압류 금지에 합의하는 등 산별노조의 새로운 가능성을 보이며 조합원들의 기대를 모았다.

2007년 완성차 노조들이 금속노조에 가입하면서 15만 산별 노조 시대가 시작되었고, 금속노동자 다수를 대표하는 산별노조의 완성에 한발 다가섰다. 15만 규모로 확대된 금속노조는 조직적인 산별 전환과 함께 기존지회와 신규 전환지회의 통합, 산별 중앙교섭의 성공을 노조의 핵심과제로 설정했다. 산별 교섭 체계를 확립하고 중앙교섭에서 성과를 내야 조합원들에게 산별노조 전환의 정당성을 증명할 수 있었기 때문이다.

그러나 이후 2~3년에 걸친 산별 중앙교섭의 실패와 노동운동을 둘러싼 환경의 변화로 산별노조에 대한 기대는 오히려 산별노조운동의 위기로 바뀌었다. 금속노조는 완성차 대기업들의 중앙교섭 참여를 통해 산별교섭 구조를 확립하려고 했지만, 2008~09년 중앙교섭 투쟁에서 현대·기아차를 비롯한 기업지부와 대기업지회의 이탈로 공동투쟁을 조직하는 데 실패했다. 금속노조는 기업지회별 격차를 극복하지 못했고, '전체가 하나 되는 투쟁'으로 중앙교섭을 돌파해간다는 목표를 달성하지 못했다. 산별 중앙교섭을 위한 전 조직적 투쟁이 연이어 실패하고 완성차 기업지부에 대한 금속노조의 지도력이 한계에 직면하면서 산별노조에 대한 조합원들의 실망과 회의감이 확산하기 시작했다.

특히, 2009년 경제위기 이후 구조조정과 이명박 정권의 노조탄압이 심화되면서, 금속노조 5기와 6기에 걸쳐 산별노조운동의 위기가 본격화되었다. 2010~11년부터 법적으로 강제된 전임자 임금 지급금지와 복수노조 창구 단일화제도는 노조의 제도적 자원에 심각한 위협으로 다가왔다. 타임오프제 도입으로 기업지회 간부를 중앙과 지역지부로 파견하여 지도부를 구성하는 것이 어려워졌고, 복수노조 교섭창구 단일화 이후 사용자들이 회사노조를 설립해 산별노조의 교섭권을 무력화하는 일이 잦아졌다. 2009년 쌍용자동차 투쟁을 계기로 전투적 노동조합에 대한 탄압이 강화되었고, 경제위기와 구조조정으로 인한 고용불안도 확산했다.

산별 중앙교섭의 실패와 노동법 개악 이후, 노조 내부에서는 기업별 교섭으로 문제를 해결하려는 경향이 강화되었다. 작업장 수준에서는 조합원의 고령화와 개별화, 구조조정에 대한 공포, 현장조직력 약화로 노동조합의 동원능력이 크게 손상되었고, 빈번한 대중동원으로 인한 피로감이 확산하였다. 비정규노조들은 각개격파 되었으며, 노동시장 양극화로 귀족노조 프레임이 확대되고, 진보정당의 분열로 노동조합의 정치적 영향력도 쇠퇴했다. 산별노조 무용론이 나올 정도로 금속노조 내부에 패배감과 위기감이 만연하면서, 산별노조운동은 큰 위기에 직면했다.

경남지부를 탈퇴하는 노조가 급격히 증가하였고 임단협은 지회별로 개별화되어 지역지부의 지도력도 크게 약화되었다. 총파업 투쟁에 대한 결의나 일상 활동에서 지회별 편차가 확대되었고, 정치적 분열로 조합 내 소통과 토론이 막히면서 공동사업에 대한 책임성 역시 현저히 퇴조했다. 지부 운영위원회나 부서회의에 불참하는 지회가 나타나기 시작했고, 파업지침을 실행하지 않는 규율 이완도 빈발했다(사업보고, 2008:372). 많은 사업이 관행에 의존하여 관성적으로 반복되고 간부 기피 현상이 나타나기 시작했다. 경제위기가 본격화되고 정권의 탄압이 심해졌지만, 지부는 공동투쟁을 조직하지 못했다. 중앙교섭 참여사업장과 불참사업장의 격차가 큰 가운데, 전체 지부가 함께하는 공동투쟁을 만들지 못하면서 조직적 일체감도 약화되었다.

2010~2011년 6기 임기 중 경남지부는 특히 심각한 위기를 경험했다. 경남지부의 핵심지회 중 하나였던 대림자동차 구조조정 투쟁의 실패는 상징적이었다. 지부는 대림자동차 정리해고투쟁에서 지역 연대파업을 조직하지 못했고 지도력과 영향력에 한계를 드러냈다. 293명의 정리해고계획 발표로 시작된 지회의 농성투쟁은 간부와 해고조합원만의 투쟁으로 축소되었고, 지역 총파업 찬반투표는 부결되었다. 경제위기와 함께 많은 사업장에서 정리해고와 폐업, 공장 이전, 단협 해지와 노조 무력화 공세가 확산하였다. 2009년부터 제이티정밀과 대호MMI 폐업, 한국산연 희망퇴직, 동양물산 공장 이전, 두산모트롤의 단협 해지와 노조 무력화 공세가 있었다. 복수노조와 구조조정에 대한 노조의 대응이 한계를 보이자, 두산DST, 두산인프라코어, 볼보코리아, 대림자동차, 성화산업, 한국주강 등 많은 지회가 금속노조를 탈퇴했다. 미조직사업 역시 방향 상실과 대안 부재의 상황에 직면했다. 사내 하청노동자를 조직하기 위한 1사 1조직 방침은 상당수 대기업지회에서 부결되었고, 조직화의 상 역시 명확하지 않았다. 금속노조에 대한 조합원들의 신뢰가 매우 떨어진 상황에서, 산별노조의 위기를 극복하기 위한 새로운 전략과 실천이 절실한 과제로 부상했다.

3. 금속노조 경남지부의 재활성화 전략

산별노조운동과 지역지부의 위기 속에서 경남지부는 새로운 지도부를 구성하고 위기극복을 위한 대안적 전략을 모색하기 시작했다. 그만큼 노조 운동의 위기감이 컸다. 조직 내부의 만연한 위기감 속에서 2011년 10월 금속노조 7기는 중앙과 경남지부 모두에서 정파 간 합의를 통해 통합집행부를 구성했다. 심각한 정파 분열과 노조탄압으로 산별노조의 위기가 심화되자, 통합지도부를 통해 위기를 극복해보자는 흐름이 형성된 것이다. 중앙교섭 확대와 기업지부 해소라는 핵심과제를 해결하지 못한 위기상황에서, 조직의 활력을 재고하고 단결력을 높이기 위한 대안적 전략이 필요했다.

또한, 이 시기 노동운동 내부에서는 산별 교섭에 대한 과도한 기대에서 벗어나 조직화에 대한 새로운 접근이 강조되고, 노동운동 탄압에 대응하기 위해 사회연대투쟁을 강화해야 한다는 주장이 부상했다. 금속노조와 민주노총 차원에서 새로운 전략 조직화 계획이 제시되었으며, 노동운동의 고립화를 극복하기 위한 사회연대전략에 대한 담론이 확산하였다. 금속노조 중앙은 2015년부터 '전략 조직화' 사업을 시작했고, 2018년부터 '산별노조 발전전략위원회'를 구성하여 산업정책과 교섭전략, 조직강화 및 조직 확대 분과를 통해 정책적, 조직적 혁신을 모색했다. 금속노조는 2015년부터 미조직 기금을 적립해 전략 조직화 사업을 전개하고 있었지만, 시기별로 '전략' 조직화의 구체적 목표에 일관성이 부족하고 이에 전 조직적 노력을 기울이고 있다고 보기도 어려웠다(손정순, 2019).

또한, 금속노조는 산별노조 발전전략위원회의 제안을 기초로 2019년 10월 49차 임시대의원대회에서 〈금속노조발전을 위한 중장기전략〉을 채택했다. 금속노조 발전을 위한 운동 방향으로 ① 금속노조 운동을 미조직 노동자와 함께하는 방향으로 전면 전환하고, ② 노조 내부적으로 지역지부의 확대·강화를 주된 목표로 제반 사업을 추진하며, ③ 신규조합원을 초기업 차원으로 조직하는 활동에 계획적으로 힘을 집중할 것을 결정했다. 금속노조 중앙차원의 산별노조 발전전략위원회에서는 산별 교섭 이행전략과 임금체계 전략, 기술변화에 따른 산업정책 방향과 같은 정책적 대응에 주요한 관심이 쏠렸고, 조직강화와 조직 확대전략은 기존 활동 방향에 대한 반성과 방향제시에 머물러 구체적인 실천 프로그램이 취약했다. 무엇보다 전 조직 차원의 재활성화 전략 모색은 10기 지도부 출범 이후로 상대적으로 늦은 편이었다.

그동안 경남지부는 '지역'을 단위로 한 조직화 모델로 거제·통영·고성 지역의 조선업 미조직 조직화 사업을 시작했고, 새로운 지부교섭 의제로 '사회연대기금'을 제기했다. 또한, 2015년 이후 구조조정에 대한 대응이 핵심 과제로 부상하면서 제조업 구조조정에 대항한 지역사회연대와 정책적 개입을 시도했다. 2012~15년 동안 경남지부 7~8기 지도부가 지역 차원에서 노조 운동의 활력을 복원하기 위해 새로운 전략을 모색하기 시작했다면, 2016년 이후 9~11기 지도부에서는 경남지부의 재활성화 전략을 공단 중심의 지역 조직화, 사회연대사업, 구조조정에 대응하는 지역사회 연대와 정책적 개입으로 더욱 명료하게 공식화했다. 중앙교섭이 교착상태에 빠진 상황에서 지역지부의 단체교섭 역할을 찾기는 쉽지 않지만, 조직 확대와 지역사회 연대와 관련해서는 지역지부 차원의 기획을 통해 새로운 기회를 모색할 수 있다고 보았기 때문이다. 중앙교섭 과정에서 시기 집중투쟁이라는 레퍼토리가 힘을 잃게 되면서, 경남지부는 구조조정 투쟁과 지역 조직화를 위해 지역사회 연대를 강화하는 전략을 선택했다.

경남지부는 조직 확대를 위해 미조직 노동자 조직화 사업에 인력과 예산을 집중적으로 배치하고, 경남지부의 자원을 활용해 사회연대사업을 적극적으로 추진했다. 고용위기에 대응한 지역대책위를 구성해 노동 의제를 지역사회 쟁점으로 부각하고 지방정부와의 협력을 통해 산업정책 변화를 압박하는 방식이 나타났다. 경남지부가 추진한 지역 조직화나 사회연대기금 사업, 구조조정에 대항하는 지역연대와 정책적 개입 활동은 산별노조 지역지부가 기업별 단체교섭을 넘어, 초기업적 수준에서 자신의 의제와 역할을 확대하고자 한 새로운 시도였다. 지역지부가 자율적 기획과 결의를 통해 스스로 할 수 있는 사업과 의제를 구체화하고 이를 위해 조합원들을 적극적으로 설득하고 연대를 추구했다는 점에서, 이는 지역지부 차원의 재활성화 전략을 모색하기 위한 노력이었다.

1) 미조직 · 비정규 노동자의 지역 조직화

조직화 사업에 대한 경남지부의 노력은 2012년 7기 집행부 출범 이후 크게 강화되었다. 7기 집행부는 공단 조직화와 비정규사업이 단순한 부서사업이 아니라, 금속노조의 조직 확대와 미래를 담보하는 핵심사업임을 강조했다(사업보고, 2012). 지역 조직화 전략은 유사한 업종이 집중된 지역에서 중소 하청업체 노동자들을 지역 단위로 조직화하는 방식이다. 원래 경남지역은 조선, 항공, 기계 · 자동차부품 업종의 중소 하청업체들이 각각 거제 · 고성 · 통영, 사천, 김해 · 함안 지역에 집적되어 공단을 중심으로 한 지역 조직화의 가능성이 큰 편이다. 거제 · 통영 · 고성지역에서는 조선소 하청노동자들을 지역지회로 조직했고, 사천지역지회는 항공산업의 하청업체 노동자들,

창원과 김해, 함안지역은 자동차부품과 기계를 포함한 일반 제조업 노동자를 지역지회로 조직하고자 했다. 중소 영세업체나 비정규직 노동자들을 대상으로 한 지역 조직화가 새로운 전략으로 부상하면서, 경남지부의 조직화 방식은 창원지역의 대기업 사내 하청노동자를 주로 조직하는 '근접확대'에서 창원 외곽의 중소업체 공단을 중심으로 조합전통이 없는 노동자들을 조직하는 '원격 확대'로 이동했다(Heery & Adler, 2004).

조직화 사업에서 새로운 것은 경남지부 집행부 내에 미조직사업을 전담하는 활동가를 배치했다는 점이다. 경남지부가 미조직 조직화를 분명한 목표로 제시하고 미조직담당자를 채용해 목적 의식적으로 조직화 사업을 전개한 것은 이전 사업방식과 크게 다른 점이었다. 전통적으로 기계 · 자동차부품 중소 하청업체가 많은 창원 · 김해지역에서는 광고 · 선전과 상담에 의존하는 '분산적 충원' 방법이 주로 활용되었다면, 거제 · 통영 · 고성지역 조선 하청노동자 조직화는 전문조직가와 자원집약형 캠페인에 의존하는 '집중적 충원'의 형태를 띠었다. 이러한 집중적 충원은 단순히 조합원 수를 늘리는 것을 넘어 잠재적 활동가를 발굴하고 지역 차원의 근거지를 확보하려는 노력으로 나타났다. 지역별로 거제 · 통영 · 고성지회(이하 거통고지회)에는 본조 전략조직화사업의 일부로 조직담당자를 배치했고, 사천지역과 창원 · 김해지역은 지부 미비 담당자 2명을 각각 배치했다.

문제는 미조직담당자를 배치하기 위한 재원을 마련하는 일이었다. 7기 지도부의 요청과 설득에 따라 중앙교섭 불참사업장 지회들은 거통고 미조직사업 담당자 선임을 위한 분담금 납부에 동의했다. 경남지부 지회들은 지부 집단교섭 참가사업장과 불참사업장으로 나누어진다. 경남지부 단체협약에 따르면, 조합원 1인당 3,500원을 재원으로 지부 전임자 3명을 채용하며, 지부 집단교섭에 참여하지 않는 사업장 지회들은 대신에 분담금을 내도록 규정되어 있다. 2010년 타임오프 도입 이후 대기업 지회들은 지부 전임자를 파견하지 못할 때 분담금을 내기로 했는데, 7기 집행부는 이 분담금을 재원으로 조선하청노동자 조직담당자를 채용한 것이다. 이를 기반으로 2012년부터 지부 내에 지역 조직화 전담인력이 배치되고 고성·통영지역에서 '집중적 충원'이 시작되었다. 경남지부는 2012년 3월 통영에 금속경남 노동상담소를 개설하고, 통영·고성 조선 특구를 중심으로 상담과 선전·홍보사업을 시작했다. 특히 2013년 성동조선 지회의 조직화는 큰 성과로 받아들여졌다. 노조운동이 침체된 상황에서 대규모 조합원이 신규로 조직되었을 뿐 아니라 이들이 지역의 주요 투쟁을 선도했기 때문이다. 지부가 직접 결합해서 조직화를 성공시키고 신규조합원들이 적극적으로 투쟁에 참여한 것은 지부 전체에 큰 자극이 되었다.

> "지부 차원에서 지역에 인력과 자원을 배치하고 노력하니까 이게 뭐가 되는구나. 모든 지회장 운영위 단위들이 아, 이거 정말 의미 있는 것이고 좋구나, 누구도 부정하지 못할, 그래서 성동조선 조직화를 통해 우리 지부의 미래 사업으로, 지금 노조의 한계를 극복할 수 있는 가장 유의미한 카드로, 조직화가 정말 필요하구나 하는 공감대가 넓어지는 계기가 된 겁니다."(경남지부 미조직담당 간부 L)

중요한 것은 공단 조직화 사업이 지역의 시민단체들과 협력하면서 연계를 맺는 네트워크방식으로 추진되었다는 점이다. 경남지부는 중소조선소 노동자 대부분이 2차 하청인 물량팀 소속이고 지리적 이동성이 높다는 점에서, 조직화 사업을 다른 노조 및 시민단체와 공동으로 진행하는 지역 차원의 장기사업으로 추진했다. 지부는 공단 조직화를 위한 선전사업을 진행하면서 노동, 지역, 언론 등 지역사회 주체들이 결합하는 네트워크 사업모델을 만드는 데 주력했다. 이 과정에서 상근 조직가와 지역 내 노조, 시민단체의 협력 네트워크가 실질적인 조직화 단위로 기능했다. 조직 확대사업은 경남지부의 조직 활동가를 중심으로 지역 비정규직센터나 민주노총, 관련 단체들이 결합하는 방식으로 이루어졌다. 지부는 2015년 미비 사업팀을 확대하여 '조선소 하청노동자 살리기 대책위원회'를 구성하고, 조선하청노동자 조직화 사업을 본격적으로 진행했다. 하청노동자들의 집회나 투쟁에는 노동조합 이외에도 새터, 환경운동연합, 전교조, YMCA 등 거제시 10개 시민단체가 결합하였다. 시민사회단체와 연대·연합은 하청노동자 조직화 과정에서 노동조합이 지역사회와 협력하는 전형적인 방식이었다. 지역 조직화는 노조가 먼저 지역의 노동 의제를 제기하고 이를 시민단체와 함께 쟁점화하고 해결해가는 네트워크를 발전시켜 가는 과정이기 때문이다. 신규조직화를 위한 자원 투입은 곧 거제·통영·고성지역과 사천지역에서 조직화 성과로 이어졌다. 2016년 6월에는 '거제·통영·고성 조선하청 지회(준)'가 발족했고, 2017년 3월에는 거통고 대책위를 해소하고, '거통고 조선하청지회'가 출범했다.

사천지역에서도 항공기부품 단일 업종에 종사하는 지역 출신의 젊은 노동자들이 많았기 때문에, 경남지부는 이들의 열악한 노동조건을 지역 의제로 쟁점화하는 노력을 기울였다. 2014년 12월 금속노조 경남지부, 민주노총 사천시지부, 사천 비정규센터, 일반노조 사천지부를 중심으로 '사천공단 조직화 준비모임'이 결성되었다. 초기에는 '사천 지역지회'라는 개념이 명확하지 않아 기업지회 형식으로 노조를 결성했으나, 2017~18년 공단 조직화 논의가 활발해지면서 사천지역지회로 방향이 정해졌다. 2018년 6월 '사천 지역지회 준비위원회'가 구성되었고, 2019년 1월 단체협약을 체결하고 사천지역지회를 설립했다. 중소 영세사업장의 신규조직화 방안으로 '지역지회' 설립은 '사천지역지회'를 통해서 그 윤곽이 분명해졌다.

2) 사회연대기금을 활용한 사회연대전략

경남지부 8기 지도부는 지부 집단교섭 활성화와 노조의 사회적 고립을 극복하기 위해 사회연대기금을 새로운 교섭 의제로 제기했다. 산별교섭 과정에서 경남지부가 직면했던 가장 큰 어려움은 지부 집단교섭을 위한 적절한 의제를 제시하지 못했다는 점이었다. 지역 내 12개 사업장이 참여해 지부 협약을 맺지만, 임금과 복지 등 근로조건이 지회협약에서 구체화되는 만큼 조합원들의 관심은 지회 교섭에 집중되었다. 산별노조가 제 모습을 갖기 위해서는 기업 울타리를 넘어서는 교섭수준에서 전체 조합원들의 관심을 끌어낼 수 있는 의미 있는 교섭 의제에서 성과를 이뤄내는 것이 중요했다. 이에 8기 집행부는 '지역'과 '의제' 중심이라는 산별노조의 사업 기조를 명확히 하고, 사회연대기금을 새로운 교섭 의제로 제시했다.

경남지부가 사회연대기금을 의제로 제기했던 가장 중요한 이유는 사업장별 차이를 넘어 '지역과 함께하는 노동운동'이 필요하다는 문제의식이었다. 정규직 지회들이 사업장 임단협에서 성과를 얻어내는 데 집중하면서, 상대적으로 지역 수준의 연대나 기업지회 울타리 밖 비정규·미조직 노동자에 대한 관심이 소홀해졌기 때문이다. 그 결과 보수언론이 제기하는 귀족노조 프레임이 효과를 발휘하면서 노동조합이 고립되는 양상이 나타났다. 산별노조가 미조직 비정규직 등 사회적 취약계층과 함께하며 소외된 이웃들을 위한 사회연대를 실천해야 한다는 것이다.

> "사회연대사업은 금속 산별노조가 사회적으로 어떠한 역할을 할 것인가, 지역사회에서 금속노조의 기능과 역할을 어떻게 해야 하는가 하는 고민에서 출발했고, 그 고민은 금속노조나 민주노총이 제대로 사회적 역할을 하고 있는가, 조합원들 외에 노동으로 살아가고 있는 전체 노동자들에 대해서 얼마만큼 책임 있는 사회적 역할을 하고 있는가 하는 반성에서 출발한 것이지요."(경남지부 지부장 H)

사회연대기금은 임단협 중심의 교섭구조를 벗어나 산별노조운동의 의제를 재구성하고 대중으로부터 고립된 산별노조의 이미지를 개선하기 위한 시도였다. 즉, 사회연대기금 설립은 노조가 조합원의 이익만이 아니라 보편적 정의를 추구한다는 점을 지역사회로부터 인정받기 위한 의제설정 전략이자, 노조의 핵심가치와 목표를 효과적인 프로젝트로 만들어 노조에 대한 공적 인식에 영향을 미치기 위한 것이었다.

경남지부는 사용자들이 노사공동기금에 소극적인 가운데, 선제적으로 조합원 출연으로 사회연대 기금을 마련했다. 공식명칭은 "경남지역 비정규직, 영세노동자, 취약계층을 위한 사회연대기금"으로, 월 통상임금 상위 50% 사업장은 월 2천 원, 하위 50% 사업장은 월 1천 원을 매월 급여에서 일괄 공제하여 기금으로 냈다. 경남지부는 사회연대기금이 지자체의 보편적 복지정책을 압박하고, 노동운동의 이미지를 개선하며 조합원이 참여하는 의제 중심의 노조 활동으로 전개될 수 있기를 기대했다(사업보고, 2015).

경남지부는 2016년부터 사회연대기금 사업을 집행하기 시작했다. 취약계층 복지지원 규모가 가장 크며, 저소득층 고등학생의 교육비 지원, 비정규직 · 이주노동자 지원, 농민 · 청년 · 학생 · 빈민 · 시민연대 사업, 문화연대 사업이 주요사업이다. 취약계층 복지지원 사업은 여성 청소년 생리대 지원, 발달장애인 직업교육, 한 부모 여성 가장 자립 지원, 소외계층 아동 놀이 지원과 가족 관계망 회복, 발달장애인 밴드 지원 등을 포함했다. 농민 · 여성단체와 함께 친환경농산물을 사용해 취약계층을 위한 김장김치 지원사업을 추진했고, 비정규직 노동자 관련 사업으로 비정규직 노동자 교육 · 상담 · 법률 지원 사업, 조선하청노동자 조직사업 운영, 이주노동자 사업, 취약계층 미조직 노동자 사업을 지원했다. 사업별로 1,000만 원에서 2,000만 원의 기금이 지출되었다.

경남지부의 사회연대기금은 조합원들의 자발적 결의를 통해 자체 예산을 마련했고 기금의 규모도 적지 않다는 점에서 상당한 주목을 받았다. 경남지부의 사회연대사업은 노동조합을 중심으로 경남지역 내 농민, 빈민, 여성, 장애인, 이주노동자, 비정규 노동자, 문화, 취약계층 등 민중 부문과의 관계망을 형성하고, 노동조합에 대한 지역사회의 시선을 우호적으로 바꾸는 것을 주요 목표로 했다. 사업을 통해 시민사회단체와의 지속적인 관계와 연대를 형성하는 효과를 거두었을 뿐 아니라, 취약계층에 대한 실질적 지원이 강화되었다는 점에서 긍정적인 평가를 받았다.

3) 구조조정 투쟁과 지역사회 연대

미조직 노동자의 지역 조직화와 사회연대기금 사업이 경남지부의 자체 기획에 따른 목적 의식적 전략이었다면, 구조조정에 대응한 지역사회 연대와 정책적 개입은 긴급하게 발생한 고용현안에 대한 노조의 대응이었다. 구조조정 문제는 2015년 중소조선소 위기로 시작되어 2018년 제조업 위기, 2020년 코로나 19사태로 지역사회의 가장 큰 쟁점으로 부상했다. 기업별로 구조조정의 원인과 양상은 다양했지만, 대부분 중소 영세업체 노동자와 비정규 노동자가 일차적인 희생자가 되었고, 노조의 전략도 고용유지를 위해 지역사회의 여론 동원과 지방정부와의 협력을 통해 정책적 개입을 추구했다는 점에서 공통적이었다.

가장 먼저 구조조정이 본격화된 곳은 중소조선소였다. 조선업 위기에 따른 중소조선소 퇴출과 STX그룹의 유동성 위기로 구조조정반대 투쟁이 경남지부의 최우선 과제로 부상했다. 이미 2012년부터 조선 경기가 악화하기 시작했고, 신아SB와 성동조선, STX조선 등 중형조선소들이 워크아웃 상태에서 구조조정을 진행했다. 신아SB가 경영위기에 직면했던 2013년, 경남지부는 통영 범시민대책위원회를 구성해 중소조선소 구조조정을 지역사회 전체의 문제로 의제화하였다. 구조조정반대 투쟁은 지역 차원의 대책위원회를 통해 여론을 움직이고, 지방자치단체의 적극적 개입과 중앙정부의 고용위기 지역 지정, 산업은행의 산업정책 변화를 요구하는 방식으로 전개되었다.

경남지부는 정부의 중소조선소 정책을 변화시키기 위해 2017년 경남도와 협력을 통한 정책적 개입을 시도했다. '중소조선소 살리기' 정책을 요구하는 노조의 투쟁은 노조가 지자체와의 협력을 통해 중앙정부의 산업정책에 개입하려는 최초의 시도였다. 조선업 구조조정에 대해 지방자치단체와 공동으로 중앙정부에 압력을 가해 산업정책을 변화시키는 것이 목표였다. 경상남도 역시 지역경제와 고용의 위기를 극복하기 위해 노조와 협력이 필요하다고 생각했고, 이런 점에서 노조와 지자체의 관계는 협력적이었다. 그러나 조선소정책과 관련하여 중앙정부와 지방자치단체의 인식이 매우 다르고, 중앙정부에 권한이 집중된 상황에서 지방정부와의 협력이 갖는 한계 역시 명확했다.

2018년 이후 구조조정 반대 투쟁은 성동조선과 STX조선을 비롯한 중형조선소 살리기 투쟁이자, 조선업 정상화를 위한 대정부 투쟁이었다. STX조선에 대해 산업은행은 저가 수주에 따른 수익성을 문제 삼아 RG 발급을 거부했고, 성동조선 역시 추가 수주물량 확보와 무급휴업 문제로 어려움을 겪었다. 2020년 성동조선 매각이 이루어졌고 STX조선은 공장 가동률이 높아졌지만, 모두 현금 유동성 문제로 어려움을 겪었다. 노조는 정부에 중형조선소 회생과 정상화를 위한 긴급지원과 함께 중장기적 전망을 담은 발전전략을 요구했다. 지역대책위는 중형조선소에 대한 정부 정책을 바꾸는 투쟁 기조를 명확히 했고, 노동조합은 금속노조 차원의 공동대응과 지역연대 전선을 확대하는 것으로 대응했다. 노조는 정부의 중형조선소 대책이 이후 산업구조조정의 기준선이 될 것이기에 전 조직적으로 막아야 할 뿐 아니라, 지역경제에 미치는 악영향을 생각할 때 지역 전체가 함께 투쟁해야 할 사안으로 규정했다.

2018년 말 금속노조는 조선소 살리기를 위한 정책 마련과 조선업 구조조정 중단을 요구하는 사회적 여론을 형성하고, 지역 거점 투쟁과 사회적 교섭, 국책은행과 정부의 책임을 묻는 지역사회 여론투쟁을 전개했다. 노조는 투쟁과 함께 노사정 차원의 구조조정 특위, 노정 교섭, 지방자치단체와의 사회적 교섭을 병행했다. 〈노동자 생존권 보장, 조선소 살리기 경남대책위원회〉는 정치권과 시민사회 공동의 범사회적 대책기구로, 대정부 요구와 지자체 공동대응을 위한 시민사회 연대조직으로 기능했다. 지역 대책위원회는 투쟁과 사회적 여론을 결합함으로써 일방적 구조조정을 막고 노동자 생존권을 지키는 사회적 합의를 끌어냈고, 나아가 노동계와 시민사회의 요구를 제도적으로 반영하기 위해 〈조선산업 위기극복을 위한 경남 민관협의체〉를 구성했다. 중소조선소 회생 투쟁에서 지역대책위의 활동은 노동 의제를 사회적으로 쟁점화하는 대정부 교섭과 사회적 연대의 중요성을 보여주었고, 주요 현안에서 조직적 투쟁과 지자체 교섭을 병행해 지방정부의 협력을 이끌었다.

노조는 조선산업정책의 변화와 구조조정 중단을 성취하지 못한 채 조합원의 무급휴직을 받아들여야 했지만, 일방적 정리해고는 막아냈다. 2017년에 〈중형조선소 살리기 민관협의회〉가 구성된 이후 2019년 7월에는 다시 〈조선산업 발전을 위한 민관협의회〉가 발족했다. 대우조선 매각에 따른 경남 조선산업의 전망과 대응, 중형조선소 정상화 방안, 조선기자재의 국산화 지원, 노동자의 고용안정과 양질의 일자리 창출, STX조선의 현금 유동성 지원방안이 주요한 의제였다. 이처럼, 2018년 이후 중형조선소 현안 해결 과정에서, 산업정책 변화를 위한 노조의 정책적 개입과 사회적 쟁점화, 지역사회의 고용유지를 위한 지역사회 연대와 지방정부와의 협력이라는 새로운 전략이 구체화되었다.

2018년 이후 경남지부의 구조조정 반대 투쟁에서 조선업과 함께 또 하나의 중심축은 한국GM의 비정규직 구조조정이었다. 경남지부는 2018년 이후 조선업뿐 아니라 한국GM 비정규직 정리해고, 한국산연 정리해고, 사천 항공산업의 불황과 휴폐업 등 제조업 전반의 구조조정과 비정규직 노동자의 생존권 위협에 대응해야 했다. 한국GM 창원공장에서는 2017년 하반기부터 글로벌 GM의 물량축소로 비정규직이 담당하던 공정에 정규직을 투입하는 인소싱을 진행하면서 비정규직 감원이 시작되었다. 2017년 12월부터 2달 넘게 이어진 파업 과정에서, 경남지부는 매주 촛불집회를 통해 지역연대 투쟁을 조직하고 지역대책위를 구성했다. 2018년 1월 〈한국지엠 구조조정에 맞선, 함께 살자 총고용 보장 경남대책위〉는 지역사회 차원의 연대투쟁을 이끌었다. 모든 사례에서 단순히 사업장 노동자들만의 고립된 투쟁이 아니라, 경남지부 중심으로 지역대책위나 관련 당사자들이 포함된 연대기구를 꾸려 개별기업의 구조조정 사안을 지역사회의 주요 의제로 제기하고, 지자체나 정부의 개입과 협력을 통해 문제 해결을 촉구하는 방식이 일반화되었다.

4. 금속노조 경남지부의 정체성과 권력 자원, 리더십

이처럼 금속노조 경남지부는 2010년대 이후 미조직 노동자의 지역 조직화, 사회연대기금을 활용한 사회적 연대, 구조조정에 대항한 지역사회 연대라는 재활성화 전략을 추진했다. 이러한 전략은 모두 조직 노동자의 임단협 투쟁을 넘어, '지역'과 '의제'를 중심으로 산별노조 활동을 강화하고자 하는 노력의 일환이었다. 이러한 재활성화 전략은 여전히 진행 중이며 항상 성공한 것도 아니다. 사실 지역지부의 변화는 금속노조 전체의 변화와 맞물려 있고, 지역지부의 주된 기능은 금속노조의 방침과 사업장을 연결하는 것일 뿐 아니라 지역지부가 가진 자원의 제약으로 독자적인 재활성화 전략을 추진하기도 쉽지 않다. 이런 조건에서 조합원만을 위한 임단협 투쟁을 넘어, '지역'

과 '의제' 중심의 노조 활동이라는 전략적 전환이 어떻게 가능했고, 경남지부 지도부는 이에 대해 어떻게 조합원들의 동의를 얻어낼 수 있었는가?

중요한 것은 지역지부별로 조직의 규모나 역사, 투쟁력과 연대의 경험, 리더십 성향에서 상당한 차이가 있으며 지부의 권력 자원과 리더십이 새로운 전략을 추진할 기회를 제공했다는 점이다. 경남지부는 1987년 이후 오랫동안 지역연대의 경험, 초기 산별노조의 조직적 규율과 숙련된 간부, 활발한 진보정당 활동을 통해 노조의 조직역량이 강한 편이다. 하지만, 제조업 위기와 노동시장 이중화, 조합원 고령화로 노조의 '전략적 지렛대'는 점점 약화되고 있다. 이 때문에 노조의 조직역량과 연대적 정체성을 유지하기 위해서는 새로운 노조 활성화 전략이 불가피했다. 특히 산별노조 정체성을 강화하고자 하는 리더십의 가치지향과 노조의 조직력 약화에 대한 위기감이 재활성화 전략의 중요한 계기로 작용했다.

1) 금속노조 경남지부의 집합적 정체성과 권력 자원

다른 지역과 비교할 때 경남지부에 특징적인 것은 노조의 연대적 정체성과 '산별노조 완성'이라는 조직목표에 대한 합의가 매우 높았다는 점이다. 경남지부의 주요지회들은 대부분 1987년 이후 '마창노련'(마산·창원노동조합총연합)과 전노협 활동을 통해 국가의 탄압에 대항한 전투적 투쟁과 지역연대의 경험을 공유하고 있었다. 창원지역에서는 1987년 이후 노조 투쟁의 기본 단위가 지역이었고, 특히 마창노련은 1987~95년 사이 선도적으로 지역투쟁을 이끌었던 전투적 노조들의 연대기구였다. 마창노련을 통해 정권의 탄압에 맞서 싸웠던 노조 간부들이 지역노동운동의 지도자로 부상했다. 지역

노동운동의 조직은 1987년 '마창노련'으로부터 '일반금속 서부경남지부', '금속산업연맹 경남본부', '금속노조 경남지부'로 변화했지만, 전투적 노조들이 앞장서서 지역노동운동을 이끌어온 온 전통은 계속되었다. 지역노동운동에서 지역 연대투쟁을 중심으로 사업을 배치하는 전통이 강했고, 투쟁력이 떨어지는 노조들은 기업 규모와 상관없이 지역노동운동에서 큰 영향력을 행사하지 못했다. 전투적 투쟁을 주도했던 노조 간부들이 지역노동운동의 지도력을 형성했고, 기업을 넘어 서로의 투쟁을 지원하는 지역 연대투쟁이 규범적 모델로 자리 잡아 왔다(조효래, 2003; 김하경, 1995).

2001년 산별노조 출범 때에도 다른 지역과 달리 경남지역에서는 많은 대기업노조가 산별노조로 전환했고, 초기 산별노조의 집중화된 조직운영 경험을 통해 산별노조에 대한 조합원들의 이해와 충성도 역시 높은 편이었다. 그리하여 1987년 이후 경남지역 노동운동의 핵심적 가치는 산별노조 완성을 통해 전체 노동자의 단결을 강화해야 한다는 것이었다. 이들에게 '산별노조 완성'이란 기업별 격차의 축소와 지역연대 투쟁, 조합원 참여를 통한 민주주의, 미조직·비정규 노동자 조직화를 통한 전체 노동자의 단결을 의미했다. 경남지역 노조들의 연대적 정체성과 산별노조 완성이라는 조직적 목표는 위기 상황에서 금속노조 경남지부의 전략적 선택에 영향을 미쳤다. 미조직·비정규 노동자 조직화를 통한 조직 확대, 노조의 사회적 역할을 강화하는 사회연대전략, 구조조정에 대항한 지역사회연대는 경남지부의 '연대적 정체성'이라는 측면에서 자연스러운 전략적 선택이었다.

1987년 마창노련의 '연대적 정체성'은 경남지부가 동원할 수 있는 서사적 자원으로 기능했다.[5] 경남지부의 경우 1987년 노동자 대투쟁과 '마창노련'을 통한 조직적 일체감의 경험, 지역연대 투쟁의 신화는 열성적 간부 중심의 투쟁 대오를 유지하고 재생산하는 서사적 자원이었다. 기업별 임단협이 제도화되었지만, 대부분 1987년 세대에 속하는 경남지부 간부들에게 '노동해방'과 '평등 세상'이라는 전노협정신, 억압적 국가와 자본에 대항한 비타협적 투쟁과 계급적 연대라는 가치는 지역노동운동의 정체성에 영향을 미쳤다. 2001년 초기 산별노조를 주도한 세력이 '마창노련'의 전통을 계승한 창원지역 노조들이었고, 이때의 중앙 집중화된 조직운영과 지역 중심의 사업 경험은 이후 경남지부의 조직문화에 큰 영향을 미쳤다. 4만 산별노조 시대의 경남지부 지회들은 2006년에 결합한 대기업지회들에 비해, 현장조직력이 강하고 더 전투적이었으며 금속산업연맹과 민주노총의 지침을 적극적으로 실천했던 연대 지향적 노조였다. 초기 4만 금속노조는 '중앙으로 집중'이라는 산별 정신과 노조탄압에 대항한 지역 총파업과 같은 연대 지향적 투쟁의 전형을 만들어갔다. 전통적으로 경남지부의 내적연대는 소속 업종과 기업 규모가 유사한 인근 노조들이 노조탄압에 대항한 상호지원과 교섭력 극대화를 위해 함께 투쟁하는 '기계적 연대'의 성격을 띠었다. 조합원들은 소속기업의 차이에도 불구하고 유사한 세대 경험과 공동의 지역생활권, 유사한 노조 활동을 공유했다. 조합원들은 탄압에 저항하는 과정에서 집단적 연대의 경험을 축적했고 산별노조의 연대적 정체성과 규율을 쉽게 받아들였다.

문제는 2000년대 중반 이후 경남지부의 조직기반이 크게 변화하기 시작했다는 점이다. 산업구조에서 현대·기아차를 축으로 한 수직계열화가 진행

---

5 서사적 자원은 사건들과 연관되어 전설이 되기도 하고, 가치와 프로젝트, 행동 레퍼토리를 제시하는 조직적 유산으로 기능한다(Lévesque & Murray, 2010).

되면서 완성차 중심 교섭구조의 영향력이 커졌고, 대기업지회의 조합원 감소와 고령화로 경남지부의 전통적 조직기반이 크게 위축되었다. 그 결과 경남지부의 조직적 미래에 대한 우려가 커졌다. 〈표 11〉에서, 경남지부 조합원 수는 2006년 9월 8,641명에서 2008년 13,686명으로 늘었다가, 이후 2014년까지 꾸준히 감소했다. 주요지회의 조합원 수는 10여 년 사이에 두산중공업, 현대로템, STX조선, S&T 중공업, 성동조선, HSD 엔진, 현대위아 등 300인 이상 대기업에서만 3,800여 명이 감소했다. 구조조정과 복수노조로 타격을 받은 두산모트롤, 한국산연, 대림자동차, 센트랄 4개 지회에서만 1,055명이 감소다. 경남지부 핵심사업장들의 조합원 감소와 고령화로 경남지부의 조직자원은 크게 줄었고, 신규조직화로 그 공백을 메우지 않으면 상황은 더 심각해질 수밖에 없었다. 신규조직화가 불가피했다.

이러한 상황에서, 지역연대의 전통이 강하고 산별 정신에 대한 합의 수준이 높았던 경남지부에서는 신규조직화를 위한 자원 투입에 기존지회들의 큰 저항이 없었다. 조합원들에게 공단 조직화 방침은 노조 활동의 외연을 확장하고 지역사회에서 노조 운동의 정당성과 대표성을 강화하는 것으로 인식되었다. 대기업노조의 사회적 고립 속에서, 사회적 약자를 대변하고 지역연대를 지향하는 노동조합이라는 비전은 조직화 모델에 대한 규범적 합의를 가능하게 했다.

그 결과 2016년 이후 현대위아나 웰리브, 삼성전자서비스, 거통고 조선하청지회와 같은 사내 하청·비정규 노동자의 독자적 조직화와 지역지회를 통한 신규조직화가 늘어났다. 창원공단의 대기업 지회에서 조합원이 감소하는 데 비해, 지역적으로 김해, 함안, 거제, 사천 등 창원 외곽의 중소기업과 비정규직, 서비스직 등 새로운 영역에서 조합원 수가 늘었다. 이처럼 비정규직과 중소기업 노동자들의 지역 조직화로 경남지부 조합원의 내적 구성에서도 상당한 변화가 생겼다. 외주화와 비정규직 확대, 기업 규모와 소속 그룹사, 구조조정 방식의 차이는 점차 동질적 조합원들의 공동투쟁을 어렵게 하고 있다. 조합원의 다양성이 증가함에 따라, 대기업과 중소기업, 정규직과 비정규직, 재벌 계열사와 비계열사, 산업·업종과 세대의 차이, 단체교섭이 제도화된 기존지회와 신생지회 등 노조 내부의 차이를 조율하고 조정하는 리더십의 역할이 중요해졌다. 이는 경남지부의 내적연대가 동질적 노동자들의 '기계적 연대'로부터, 이질적 노동자들의 이익조정에 기반을 둔 '유기적 연대'로 변화해야 한다는 것을 의미한다. 안정된 조직기반을 가진 대기업지회들이 인적, 재정적 자원을 제공하고, 비정규직과 중소사업장의 신규지회들이 투쟁의 활력과 노조 활동의 정당성을 강화하는 상호의존성이 필요하다. 대기업지회의 조직자원을 미조직 노동자 조직화에 동원할 수 있는 리더십, 임·단협 시기 공동투쟁을 넘어 지역 조직화와 사회연대투쟁을 설득할 수 있는 리더십의 능력이 중요해지고 있다.

동시에, 노조의 권력 자원에서 외적 연대, 지역사회 네트워크의 중요성이 커지고 있다. 경남지부 지회들은 중앙 집중화라는 산별 노조 방침에 대한 수용도가 높다는 점에서 본조와 수직적 네트워크는 강하지만, 지역 내 다른 산업의 노조나 커뮤니티조직과의 네트워크가 취약한 편이다. 산별노조 활동에 결합력이 높아질수록 조합원들은 지역 차원에서 다른 노조 및 시민사회단체와의 공동사업이나 네트워크에 무관심한 경향을 보였다. 지역 내 다른 노조와의 협력은 민주노총 경남본부가 주도하는 사업에 참여하는 것으로 한정되었고 지역 시민사회단체와의 협력이나 네트워크는 거의 없는 편이었다. 금속노조 경남지부의 외부네트워크는 주로 선거 시기 진보정당에 대한 지지 활동이나 정파 활동, 지회별 정치 활동 참여로 이루어졌다. 지회에 따라 지역 진보정당과의 네트워크가 강한 경우도 많으나 사업장별로 차이가 크고, 지부 차원의 정당 네트워크는 느슨한 편이다. 이러한 맥락에서 노조 활동에 대

〈표 12〉 2006~2019년 금속노조 경남지부의 지회 구성과 지회별 조합원 수 추이

			2006.9 (4기)	2008.9 (5기)	2010.9 (6기)	2014 (8기)	2016 (9기)	2019.12 (11기)	최대치 대비 감소 폭
		합계	8,641	13,686	12,532	12,391	13,453	19,643	–
2016년 이전 기존지회	300인 이상	두산중공업	2427	2538	2866	2447	2332	1,895	▽969
		현대로템	–	2110	2070	1886	1698	1,415	▽755
		현대위아	–	980	970	1011	1443	1,248	▽194
		효성창원	691	619	702	803	792	755	▽40
		성동조선	–	–	–	936	937	482	▽393
		STX조선	–	1047	1018	1052	792	519	▽533
		HSD(두산)엔진				490	446	435	▽223
		S&T중공업(통일중공업)	850	818	800	610	450	400	▽450
		현대모비스(카스코)	487	462	397	387	388	380	▽93
		STX엔진(쌍용중공업)	373	386	396	379	368	333	▽66
		대원강업	–	360	353	338	326	310	▽53
	100~200인	현대비엔자(삼미특수강)	–	–	–	307	296	288	▽27
		ZF SACHS	186	192	185	186	194	199	△13
		피케이밸브	–	197	194	204	200	187	▽36
		퍼스텍	–	125	150	159	157	182	△63
		한국GM 비정규직	200	10	10	15	153	145	△135
		두산모트롤	306	214	116	107	127	123	▽176
	100인 미만	마창지역금속, 화천기계, 경남금속, S&T, 일진금속, 세신버팔로, 칸워크홀딩, 한국산연, 대림자동차, 센트랄							
2016년 이후 신규지회	300인 이상	대우조선(5,871명), 삼성테크윈(840명), 현대위아 비정규지회(429명), 웰리브(거제), 아스트(사천), 대흥일앤티(김해)							
	100~200인	흥아포밍(김해), 거통고 조선하청지회(거제·통영·고성), 이래CS(김해), 한국정밀기계(함안), 삼성전자서비스, 두산메카텍							
	100인 미만	칼소닉칸세이(김해), 피엔에스알미늄, NBG, GE PSK, 엘에치이(김해), 보그워너pds(창녕), 사천지역지회, 한국쯔바키모토(진해), 부성(사천), 경용중공업(진영)							

한 지역사회의 지지를 동원하고 지역 현안에 대한 노조의 영향력을 확대하기 위해서는, 지역 조직화 네트워크나 사회연대기금을 통해 노조-커뮤니티 관계망을 형성하는 노력이 필요했다.

또한, 노조의 재활성화 전략은 노조가 가진 자원과 전략적 의사결정을 연계시키는 효과적인 내부체계를 전제하며, 노조의 예산지출이나 인력배치는 이를 보여주는 핵심지표이다. 금속노조 경남지부의 예산은 2020년 현재 약 5억5천만 원에 달하며, 지출에서는 부서 및 위원회사업비가 2억3천만 원으로 가장 많다. 특별회계는 '투쟁기금' 3억1천만 원, 조직화 사업 인건비로 지출되는 '불참사업장 분담금' 5,400만 원, '지역 공동사업비' 6,800만 원을 포함한다(2020년 사업보고). 임원과 집행위원을 포함한 경남지부의 상근자 수는 17명이며, 지회 전임자까지 포함하면 170~180여 명에 달한다. 임원 8명과 채용직 집행 간부 9명(총무, 정책기획, 조직, 문체복지, 선전, 노안, 미비 3명 포함), 경남 법률원 7명을 포함해 24명이 상근한다. 경남지부는 다른 지부에 비해 상대적으로 조합원 수가 많아 일반회계와 3가지 특별회계, 사회연대기금을 통해 지부 자체적으로 사업을 기획하고 추진할 수 있는 상당한 물적 자원을 확보할 수 있었다. 오히려 문제는 지부의 상근인력을 충분히 확보하기 어려워 리더십 재생산 문제에 직면해 있다는 점이다.

2) 경남지부의 리더십과 전략적 역량

금속노조 경남지부의 리더십은 1987년 이후 '마창노련'의 전통과 4만 금속노조의 경험, 87년 세대의 노동운동 가치에 큰 영향을 받았다. 이러한 전통과 가치, 경험은 지역지부의 분권화된 조직구조에도 불구하고 지부 리더섭의 권위와 영향력을 뒷받침했다. 경남지부의 리더십에서는 소속 정파, 사업장 기반, 투쟁경험이 중요하며, 이러한 조건들은 지도부가 노조 재활성화 전략을 효과적으로 추진하는 데 영향을 미쳤다.

금속노조의 리더십은 역사적으로 1990년대 말 형성된 정파 구도를 반영하고 있고, 정파 간 경쟁은 노조 지도부의 전략 선택에 큰 영향을 미쳤다. 금속노조 초기에는 중앙파가 중심이 되어 산별 지도부를 형성했지만, 15만 산별로 확대되면서 정파 간 권력 경쟁은 더 치열해졌다. 선거 결과에 따라 노조 지도부의 중점 전략과 사업방식 역시 차이를 보였다. 중앙파가 노사관계에서 더 투쟁적이며 산별노조 강화 사업이나 조직화에 더 적극적이라면, 국민파는 대기업노조를 기반으로 대중적 사업 관행을 가지고 있으며 정치사업과 통일사업에 역점을 두는 경향이 강했다(정일부, 2011).

경남지부에서는 4만 산별 시대 초기를 제외하면 국민파 우위의 정파 구도가 유지되었다. 2007년 5기 지부 선거는 국민파 후보가 50.05%(5,601표)의 지지를 얻어 47.75%(5,325표)를 얻은 중앙파 후보를 누르고 당선되었다. 2009년 6기 지부 선거에서도 국민파 후보가 52%(5,716표)의 지지를 얻어, 45%(4,966표)를 얻은 중앙파 후보를 누르고 당선되었다. 금속노조 전체로는 2009년 6기 임원선거에서 통합집행부 논의가 결렬되었고, 2011년 7기는 정파 간의 협상을 통해 처음으로 통합집행부를 구성했다. 통합 산별노조에 대한 실망과 위기감이 높아지면서 정파들의 단결과 협력에 대한 요구가 높아졌기 때문이다. 그리하여 2011~2015년 7~8기 경남지부에서는 중앙파 중심의 통합집행부가 구성되었고, 2015~2019년 9~10기에도 중앙파 중심의 연합집행부가 구성되어 무게중심은 중앙파 쪽으로 기울었다. 11기에는 경선을 통해서 중앙파 단독집행부가 구성되었다. 2007~2011년 5~6기에서 국민파 지도부는 탄압과 구조조정에 대항한 연대투쟁을 조직하는 것 외에, 통일사업과 정치사업에 관심과 자원을 더 많이 투여하는 경향을 보였다. 하지만, 2011~2019년 7~10기에서는 미조직·비정규 조직화에 대한 자원 배분이 증가했고 지역 조직화 전략이 최우선 과제로 부상했다. 이때 지부 집단교섭에서도 사회연대사업이 주요 관심 사항으로 부상했으며, 구조조정 문제를 산업정책 차원에서 접근하고 이를 지역 조직화와 연계하기 시작했다.

지부 리더십에서 가장 중요한 것은 지부장이다. 2007년 산별 확대 이후 5~6기 지부 집행부는 위기극복을 위한 새로운 전략이나 지부의 독자 사업에 대한 전망과 계획을 구체화하지 못했다. 6기의 경우 지부 지도력이 제대로 발휘되지 못했고, 단체교섭과 고충 처리 중심의 노조 활동이 반복되면서 지부는 전략적 사업을 추진하지 못했다. 이는 국민파 집행부가 산별노조 강화나 조직화 사업보다는 통일사업, 정치사업에 역점을 두었기 때문이다(지부 간부 K1). 반면에, 산별노조의 위기국면에서 양대 정파의 협상으로 구성된 7기 지도부는 연합집행부로 인사나 조직운영 측면에서 정파 중립적인 경향이 뚜렷했고 그 성과 역시 비교적 성공적이었다. 7~8기 지부장은 지역에서 풍부한 경험과 투쟁력을 검증받은 지도력으로 정파의 통합을 유지하는 데 성공적이었다.[6] 7~8기 지도부는 정파적 분열이 노동운동 발전의 걸림돌이고 위기의 한 원인이라는 인식에 기초하여, 통합과 단결의 기치를 분명히 했다. 특히 조합원 참여로 지회 조직력을 강화하고 미조직 비정규 노동자에 대한 대표성을 확장하며 지역노동운동의 사회정치적 역할을 강화하는 기조를 공식

---

6 7~8기 신○섭 지부장은 통일중공업 노조 위원장과 경남 2지부 지부장, S&T중공업지회장, 금속노조 수석부지부장을 역임했고, 9~11기 홍○욱 지부장은 지부 집행위원으로 활동했으며 금속노조 부위원장을 역임했다.

화했다(사업보고, 2013~14).

리더십의 '전략적 역량'이란 지도부가 정세에 맞는 적절한 의제를 설정해 사업을 효과적으로 추진할 수 있는 능력이다. 리더십이 효과적이려면 '리더십 팀' 내의 협력이 중요하고, 특히 임원진 구성이 결정적으로 중요하다. 리더십 팀 내의 의사결정과 협력은 지부장과 임원진 – 지부 집행위원회 – 지부 운영위원회를 통해 구체화되고 공식화된다. 지부 운영위원회는 매주 지회장 62명이 참여하는 회의기구로 지부의 일상적인 의사결정기구다. 지부 내부의 연대를 강화하고 사업의 실질적 집행을 위해서는 지회장의 역할이 가장 중요하며, 지회장들로 구성된 지부 운영위원회는 지부와 지회 사이의 소통과 집행에 매우 중요하다. 지부 내부의 연대나 전략적 능력의 향상을 위해서는 운영위원회 구성의 다양성과 개방적 토론, 사업장 지도력을 갖춘 활동가들의 자발적 참여가 중요하다. 7~8기 지도부는 임원진 내부의 협력과 통합에 성공적이었고, 이를 기초로 지회장들로 구성된 운영위원회 활성화에 집중할 수 있었다. 많은 사업이 임원진 내에서 기획되고 임원진은 그들 사이에 합의된 안으로 지회장들을 설득했다. 양대 정파에 실질적인 영향력을 발휘할 수 있는 통합 임원진이 큰 갈등 없이 4년간 지속되면서, 사업기획과 집행에 안정성과 효율성을 담보할 수 있게 되었다.

또한, 리더십의 전략적 역량이 발휘되기 위해서는 지부 임원진이 개별 지회의 조직과 사업에 실질적인 지도력을 발휘할 수 있어야 한다. 이를 위해 지회 사정을 잘 알고 해당 지회에서 영향력을 행사할 수 있는 대기업지회 파견 임원(부지부장)의 역할이 중요하다. 사업장 담당 임원은 지회의 교섭에 참여할 뿐 아니라 지회의 일상현안을 점검하고 지회의 회의나 행사에 참여하여 지도하는 것이 기본업무이다. 문제는 타임오프제 때문에 지부 임원을 파견할 수 있는 지회가 줄어들면서 임원들의 지도력과 전문성이 약화되고 있다는 점이다. 중소지회는 임금보전이 어려워 지부에 간부를 파견하기 어렵고, 대기업 지회에서는 파견자 임금보전에 대한 사용자의 통제가 심할 뿐 아니라 간부들 역시 지회 활동을 우선하기 때문이다. 과거에는 주로 지역해고자들이 지부 사업을 수행했지만, 지부 임원이 점차 소수 대기업지회의 일방적 인력 파견에 의존하면서, 능력 있는 중소지회 활동가가 지부 간부가 되기 어렵고 파견 임원이 담당 대기업지회에 대해 지도력을 발휘하기 어려운 상황이 되었다. 능력 있는 간부들을 지부 임원으로 충원할 수 있는 통로가 협소해지면서, 지부 임원의 권위와 영향력이 약화되고 지회에 대한 지부의 지도력 역시 후퇴했다.

또한, 중앙과 지부의 관계에서 보면, 지역지부가 독자적으로 전략사업을 기획하고 추진할 수는 없지만, 중앙의 방침을 지역에서 어떻게 구체화할 것인지는 지역지부의 의지와 능력에 달려 있다. 지도부의 성향과 의지에 따라 지부의 사업 범위와 무게중심은 상당히 달라진다. 7기 지도부는 당시 금속노조 내에서 활발히 논의되고 있던 '지역 조직화' 사업을 선도적으로 추진했고, 8기 지도부는 사회연대기금을 지역 조건에 맞게 지부의 독자 사업으로 추진했다. 지역 조직화 사업에서도 5~6기 지도부가 민주노총 경남본부를 통해서 사업을 추진했던 반면, 7기에서는 지역 차원의 미조직 조직화 사업을 지역지부의 독자적 사업 영역으로 확장했다.

지역 조직화 사업에 대한 지도부의 의지는 동시에 조직화에 대한 프레이밍 능력을 반영하는 것이기도 하다. 경남지부는 미조직 조직화 사업을 구조적으로 조합원이 감소하는 상황에서 노조의 미래를 준비하는 사업이자, 지역사회에서 취약노동자의 생존권과 노동 존중의 보편적 정의를 실천하는 사업으로 프레이밍 했다. 1사 1 조직화 사업이 사업장 내 정규직과 비정규직의 이익충돌을 초래했던 것과 달리, 지역 조직화 사업은 중소 영세업체 노동자의 열악한 근로조건을 개선하여 노조의 연대적 정체성을 실천하고 지역사회의 지지를 얻는 전략으로 프레이밍 할 수 있었다. 사회연대기금 역시 귀족노조 프레임과 사회적 고립에서 벗어나기 위한 사업으로 프레이밍 함으로써 조합원들의 동의를 얻어낼 수 있었다. 조선업 구조조정 투쟁과 하청노동자의 투쟁 역시 지역사회 구성원의 생존권 위협과 지역 쇠퇴의 문제로 프레이밍 함으로써 지역사회의 적극적 지지를 끌어냈다. 나아가 중소조선소 구조조정에서 산업정책에 대한 정부의 정책적 대안을 요구하고 한국GM 비정규직 고용 투쟁을 초국적 자본의 반사회적 '부정의'로 프레이밍 함으로써 지역사회 연대투쟁의 도덕적 정당성을 확보했다.

5. 금속노조 경남지부의 남은 과제

금속노조는 중앙교섭을 통한 산별노조 완성이 실패하고 노조의 사회적 고립이 심화한 위기 상황에서 새로운 노조 재활성화 전략이 불가피했다. 지역지부를 중심으로 한 조직화 모델이 금속노조의 새로운 전략적 방향으로 제시된 가운데, 지역지부 활성화를 위한 전망과 전략을 제시하는 것이 시급한 과제였다. 지역지부의 재활성화 전략을 구체화하는 과정에서, 무엇보다 경남지부의 집합적 정체성이라 할 수 있는 '투쟁하는 민주노조'와 강한 연대 지향성은 '산별노조 완성'이라는 조직목표에 큰 영향을 미쳤다. 산별노조운동의 위기상황에서도 '산별노조 완성'이라는 조직목표는 변하지 않았지만,

주요한 전략은 중앙교섭 성취를 위한 시기 집중투쟁과 노조의 내부연대를 강화하는 것에서 미조직 노동자 대상의 '지역 조직화' 모델로 전환하였다.

경남지부는 미조직 노동자 조직화 사업에 인력과 예산을 집중적으로 배치하고, 전담자를 채용해 거제·통영·고성과 사천지역에서 지역 조직화 사업을 전개했다. 공단 조직화 사업에서는 지역의 시민사회단체들과 협력하면서 지속적 연계를 활용하는 네트워크방식이 주된 전술로 활용되었다. 전체 조합원이 참여하는 사회연대기금은 노조가 조합원의 이익만이 아니라 지역사회에 대한 사회적 책임을 다하는 주체로 인정받기 위한 의제설정 전략이었다. 또한, 경남지부는 제조업 구조조정에 대응해 지역사회 연대를 통한 쟁점화와 지방자치단체와의 협력을 통해 정책적 개입을 시도했다. 이처럼 경남지부는 공단 중심의 지역 조직화, 사회연대기금, 구조조정에 대응한 지역사회 연대와 정책적 개입이라는 정책 방향을 추구했고, 이는 기업 울타리를 벗어나 '지역'과 '의제' 중심의 산별노조 활동을 강화하기 위한 전략이라는 점에서 지부 수준의 노조 재활성화 전략이라 할 수 있다.

그러나 지역 조직화 전략이 항상 성공적인 것은 아니다. 대표적인 지역지회인 마창지역금속지회는 조직이 확대되기는커녕 폐업과 구조조정으로 심각한 타격을 받고 있다. 문제는 미조직사업을 책임지는 지역지회가 어떻게 기능하고 어떤 역할을 해야 하는지, 지부와 지역지회의 관계에 대한 상이 명확하지 않다는 점이다. 지역지회는 산별 조직체계의 작동방식에 근본적인 질문을 던지고 있다. 지역지부는 현실적으로 지역지회가 아닌 기업지회들로 구성되어 있고, 지역지회 역시 사업장 분회들로 구성되어 있다는 점에서 지역지부와 기능이 중복되기도 한다. 더욱이 지역지회가 한정된 자원으로 분회별 교섭과 조직화 사업을 동시에 진행하기는 어렵다.

사회연대기금 역시 그 취지에도 불구하고, 여전히 '사회연대전략'이라는 모호한 개념에 기반을 두고 있다. 사회연대사업의 방향성이 명료하지 않은 상태에서, 사회연대사업을 통해 구체적으로 어떤 성과를 기대할 수 있는지 불명확하다. 그러한 의미에서 사회연대기금의 과제는 사회연대사업의 전략적 목표를 설정하는 문제다. 사회연대사업이 무엇을 목표로 어떤 방향으로 가야 하는가는 여전히 남은 과제이다. 구조조정 투쟁과 관련해서도 지역사회연대, 지방정부와의 협력과 정책적 개입은 노조 차원의 정교한 지역 정책, 산업정책을 전제로 한다. 노조가 지역의 산업과 고용위기에 대항해 지역사회를 어떤 방식으로 재구조화할 것인지에 대한 장기적 전망이 없다면, 지역사회연대와 정책적 개입은 큰 성과를 거두기 어렵다. 노조와 지역 시민사회, 지역지부와 산별노조 사이에 지역사회 재구조화를 위한 전략적 비전과 정책적 프로그램을 위한 정책 역량을 강화하는 것이 시급하다. 이러한 측면에서 금속노조 경남지부의 노조 재활성화 전략은 여전히 미완의 과제이다.

조직적 측면에서 중요한 것은 재활성화 전략의 실천에서 보여준 경남지부 리더십의 적극적 역할이다. 지역지부가 노조 재활성화 전략을 추진할 자원을 확보하고 있는지, 지부 지도부가 새로운 전략의 비전을 제시하고 실천을 조율할 수 있는 전략적 역량을 발전시킬 수 있는지가 재활성화 전략의 성공에 큰 영향을 미쳤다. 물론 권력 자원 측면에서 경남지부는 지역지부의 서사적 자원, 내적연대, 인적 · 재정적 자원에서 유리한 점을 갖고 있었다. 그러나 경남지부가 직면한 구조적 위기의 양상이나 구조조정의 확산, 교섭모델로부터 지역 조직화 전략으로 변화 필요성은 모든 지역지부가 공통으로 직면하고 있는 현실이다. 지역지부별로 권력 자원의 격차에도 불구하고 지역사회에 따라 동원할 수 있는 권력 자원이 다양하고, 특히, 리더십의 전략적 역량을 강화하는 것은 운동 내부의 고민과 노력을 통해 발전시킬 수 있는 부분이다. 경남지부의 경우, 산별노조운동의 위기 속에서 정파 간 통합지도부를 구성하고 새로운 전략적 비전을 제시할 수 있었던 것이 재활성화 전략의 실천에 중요한 계기가 되었다. 경남지부 리더십은 지역 조직화를 금속노조의 미래를 담보하는 핵심사업으로, 사회연대 사업에 대해서는 노조에 대한 사회적 지지를 강화하는 사업으로 프레이밍 했다. 대기업노조의 사회적 고립 속에서, 사회적 약자를 대변하고 지역연대를 지향하는 노동조합이라는 비전은 조직화 모델에 대한 규범적 합의로 이어졌다.

산업구조 변동으로 대기업 조합원이 감소하며 지부 내 기업 간 격차가 커지고 노동조합의 운동성이 약화하는 현실에서, 영세업체 노동자들의 지역 조직화와 구조조정에 대응하는 지역사회연대는 고육지책의 성격이 적지 않다. 여전히 경남지부는 지역 조직화 과정에서 지역지회의 기능과 역할, 조합원의 참여를 어떻게 강화할 것인지, 사회연대사업의 전략적 목표와 방향을 어떻게 잡을 것인지, 구조조정에 대항한 지역사회 연대와 정책적 개입을 효과적으로 진행할 수 있는 제도적 방안은 무엇인지 등 해결해야 할 많은 과제를 안고 있다. 변화하는 환경 속에서 지역사회 조건에 맞게 산별노조 재활성화를 위한 지역지부들의 창의적 노력이 축적되고 여기에 산별노조 중앙의 전략적 방침과 지원이 결합할 때, '산별노조의 완성'에 한 걸음 더 나아갈 수 있을 것이다.

제7장 | 금속노조 경남지부의
'사회연대기금' 활동

산별노조 전환 이후 20여 년간 금속노조는 단체교섭이나 조직구조 측면에서 정체와 답보 상태를 벗어나지 못했다. 산별 중앙교섭이 유명무실해지고 대기업지부들이 여전히 기업별 노조의 형태와 기능을 그대로 유지하고 있기 때문이다. 오히려 노동시장 이중화로 조직 노동자들에 대한 '귀족노조' 프레임이 확산하였고 사회적 고립이 심화되었다. 이미 귀족노조라는 비난과 정규직 이기주의라는 비판은 노조의 사회적 이미지를 손상하고, 조합원들의 민주노조에 대한 자긍심과 노조 활동 참여를 위축시키고 있었다. 2000년대 이후 노동시장의 이중화, 정규직 노조의 사회적 고립 속에서, 귀족노조의 프레임을 벗어나기 위해서는 노조가 이기적인 이익단체가 아니라 사회적 약자의 이익을 옹호하고 불평등을 해소하기 위해 노력하는 전체 노동자의 조직이라는 것을 실천적으로 보여주지 않으면 안 되었다.

이러한 위기 속에서도 금속노조 내에서는 산별노조운동의 새로운 방향과 전략을 모색하는 노력이 꾸준히 이어졌다. 산별노조 발전을 위해서는 무엇보다 산별 중앙교섭을 통해 내부 격차를 해소하고, 지역지부 중심으로 조직체계를 재정비하여 미조직·비정규 노동자들을 조직화해야 한다는 광범위한 합의가 존재했다. 그러나 노조가 작업장투쟁에 익숙한 상황에서 지역지부 중심의 초기업 활동은 낯설고 힘든 과제였다. 노동조합이 기업 울타리를 넘어서 어떤 의제를 중심으로 어떻게 활동해야 하는지, 지역 활동에 대한 비전과 모델을 갖고 있지 못하기 때문이다.

이러한 어려움은 노조가 단순히 지역 차원에서 투쟁 의제를 선정하고 투쟁 동력을 모으는 것을 넘어서는 문제이다. 지역지부의 어려움은 곧 노동조합이란 무엇이며, 노동조합이 무엇을 위해 어떻게 활동해야 하는가에 대한 근본적 질문을 담고 있다. 이는 계급적 단결과 사회적 연대를 목표로 하는 산별노조의 활동방식을 구체화하는 문제이기 때문이다. 기업별 노조의 임단협 교섭에 익숙하고 단체교섭에서 사용자와 투쟁해온 조합원들은 노조가 작업장이 아닌 지역사회에서 사회적 의제를 중심으로 전체 노동자, 시민의 보편적 요구와 사회정의를 위해 투쟁하는 모습을 쉽게 상상하기 어려웠다. 교섭상대자인 사용자가 없는 지역의 생활공간에서, 노동조합이 조합원의 임금과 고용을 넘어 일상적으로 어떠한 사회적 의제를 놓고 어떻게 투쟁해야 하는지, 그것이 정당이나 시민단체와 구분되는 노동조합의 역할인지에 관해 고민한 적이 없기 때문이다.

이러한 의미에서 조합원을 위한 임단협으로부터 한발 나아가 지역사회에서 전체 노동자의 보편적 이익과 공익을 추구하는 노동조합이라는 고민은 기존노조 활동과의 단절과 혁신을 의미하는 것이기도 했다. 무언가 변화가 불가피했고, 새로운 비전이 필요했다. 이러한 맥락에서 노조 내부의 조직력을 강화하는 것뿐 아니라, 노조 외부의 비정규 노동자나 취약계층, 시민사회와 '사회적 연대'(solidarity)를 강화하는 것은 노조 운동의 새로운 비전을 위한 핵심적인 의제로 부상했다.

제6장에서 본 바와 같이, 2012~15년 동안 경남지부 7~8기 지도부가 노조 운동의 활력을 복원하기 위해 새로운 전략을 모색하기 시작했다면, 2016년 이후 9~11기 지도부에서는 경남지부의 재활성화 전략으로 공단 중심의 지역 조직화, 사회연대기금 사업을 통한 지역연대, 구조조정에 대응하는 지역사회 연대와 정책적 개입을 시도했다. 이러한 사업들은 지역지부가 기업 수준의 단체교섭을 넘어, 초기업적 수준에서 자신의 의제와 역할을 확대하려는 시도였다는 점에서, 그 중심에는 '지역', '조직화', '연대'라는 키워드가 존재했다. 이 장에서는 '지역'과 '의제' 중심의 노동운동을 추구하는 과정에서 경남지부의 사회연대기금 사업의 의의와 과제를 검토한다.

1. 사회적 연대와 '사회적 노조주의'(social unionism)

'연대'(solidarity)란 일반적으로 '특정한 상태를 공유하는 집단구성원들의 공동 목표를 위한 협력적 행위나 긴밀한 유대'를 의미한다. 역사적으로 '연대'라는 용어는 로마법의 '연대책임'이라는 법률용어에 뿌리를 두고 있고, '둘 이상의 다수자 사이에서 성립하는 상호적 책임'이라는 의미로 사용되기 시작했다(Zoll, 2008). 노동자들에게 '연대'란 서로 물질적 이익을 공유할 뿐 아니라 집합적 수단을 통해 이를 개선할 수 있다는 자각, 취약한 구성원의 보호, 연대 행동을 이끄는 정체감, 애착, 충성을 포함하는 '이익과 감정, 행동의 공동체'이다(D´Art & Turner, 2002). 유사한 물질적 이익을 공유하고 이러한 이익들이 집합적 수단을 통해 증진될 수 있다는 자각이 생기면 '이익의 공동체'가 만들어지며, 이익공동체가 존재한다는 것을 깨닫고 공동행동으로 이끄는 정체감, 애착, 충성을 가질 때 '연대'가 생겨난다. 노동조합의 힘은 개개인의 열망을 집단의 집합적 필요와 목표, 결정에 종속시킬 준비가 되어 있는 정도, 곧 연대에 달려 있다.

연대는 누구와의 연대인지, 어떠한 종류의 이익을 추구하는 연대인지가 중요하다. 연대의 대상과 관련하여, 노동자의 정체성과 충성은 작업집단처럼 그가 속한 실제 공동체(작업장 수준의 '우리' 집단)를 향할 수도 있고, 노동자의 즉각적 경험을 넘어 전국적 노조와 정당과 같은 상상의 공동체(노동시장에서의 노동자계급 연대, 이데올로기적 이익에 기반을 둔 정치적 연대)를 향할 수도 있다. 작업장에서의 연대는 노동자들 사이의 사회적 애착과 집단 경계의 승인('우리와 그들')이다. 작업장 공동체에서 노동자들은 자신과 동료들을 '우리'로 언급하며, 이때 우리/그들의 구분은 노동자와 경영자의 대립과 같은 의미다.[7] 마찬가지로 노동시장에서 임금노동자의 연대는 산별노조로 대표되며, 사회계급이나 불평등체계에 대항하는 정치적 연대는 보편적 복지체제와 사회민주주의에 대한 선거 지지와 같은 이데올로기적 이익에 기반을 둔다. 어떠한 종류의 이익을 추구하는 연대인가라는 측면에서, 방어적 연대가 고용보장, 표준임금, 노동조건과 같은 쟁점에서 노동자들 사이의 경쟁을 최소화하는 것이라면, 공세적 연대는 기존 사회구조를 임금노동자에게 유리하게 변화시키는 정치적 형태를 띤다(D´Art & Turner, 2002). 이런 측면에서 노조 재활성화 전략으로

---

7 작업장 연대에 중요한 것은 노동자들이 관리자의 권력이나 남용에 직면해 서로를 옹호하는 정도이다. 이 수준에서 조직 활동가들이 주도하는 사회운동 행동은 타자의 참여를 불러일으키는 데 결정적이라는 점에서, 작업장 연대에 핵심적인 것은 조직적 자원과 노동자 연대 사이의 수렴이다(Dixon & Roscigno & Hodson, 2004).

서의 '연대·연합은 연대의 대상과 성격에서 노동자 연대의 폭을 넓히고, 공세적 연대를 강화하는 것이다.

노조는 환경의 변화와 위기에 직면했을 때 이에 대응하기 위한 적절한 노조 재활성화 전략을 추구하며, 지역사회 연대는 노조 재활성화 전략의 한 형태이다. 프레게·히어리·터너(2004)는 노조 재활성화를 위한 전략의 하나로 사회운동과의 연합 형성이라는 새로운 연대의 중요성을 강조했다. 노조 재활성화 전략으로서 연대·연합은 노조가 '시민사회의 다른 행위자들과 공통의 목표를 추구하기 위한 간헐적 공동 행동(activity)'으로 정의될 수 있다. 이때 연합은 노동조합의 주요활동 영역인 단체교섭이나 노사협의, 법적 규제를 지원하기 위해 공동체조직과 협력하는 것으로부터 직무규제 영역을 넘어 사회정치적 변동을 추구하는 것까지 광범위하다. 노조는 연대·연합을 통해 자신의 이익을 관철하는 것뿐만 아니라 '정의의 검'으로 행동하는 시민적 행위자로 개입할 수 있게 된다.

시민사회와의 연대·연합은 파업이나 법적 캠페인에 대한 지지를 얻는 것뿐 아니라, 취약계층이나 소수자집단처럼 노조가 쉽게 접촉하기 어려운 노동자들을 조직하거나, 노조의 정치적, 이데올로기적 목표를 달성하는 데 도움을 준다. 또한, 시민사회와의 연대·연합은 정책개발을 위한 전문성을 활용하고 노조 투쟁의 대의에 정당성을 부여한다. 특히 통합적 형태의 연합은 환경이나 반전 평화, 사회정의와 같은 공적 의제에 관한 노조의 이데올로기와 지향에 정당성을 부여하고 공익을 추구하는 조직으로서의 무게감을 더한다(Frege & Heery & Turner, 2004). 이 때문에, 노조 재활성화를 위한 연대·연합 전략은 노동조합운동이 자신을 사회운동으로 재구성하는 것을 의미한다. 이를 위해서는 노조의 목표가 즉각적인 고용 관계를 넘어 사회진보를 포괄해야 하며, 작업장과 사회정의를 위한 캠페인에 노동자들을 동원할 수 있어야 하고, 다른 진보적 사회운동과 협력해야 한다(Frege & Heery & Turner, 2004).

노조와 시민사회의 연합·연대는 노조 재활성화 전략의 하나로 많은 나라에서 널리 활용되어왔다. 이는 많은 노조가 조합원 감소를 경험하면서 노동시장과 정치에 대한 영향력이 쇠퇴한 데다가, 노조의 정책의제가 조합원의 직접적 관심사를 넘어 점차 환경과 세계화, 평화와 통일, 젠더와 세대, 일-삶의 균형, 국제노동기준 등 폭넓은 쟁점으로 확대되었기 때문이다. 노조가 활용할 수 있는 자원이 적어지고 광범위한 사회변동으로 노조의 정책의제가 확장되거나 시민사회와 지방정부의 역할이 강화된다면, 노조와 시민사회의 연대·연합은 그만큼 중요해진다.

노조 재활성화 전략이라는 측면에서 시민사회 연대는 노조의 의제와 목표를 확장하는 것이라는 점에서 전통적인 노조 활동의 혁신을 대표한다. 시민사회 연대·연합은 노조 정체성 변화, 노동자에 대한 포용적 정의에 기초한 이익과 의제를 확장하려는 혁신적 태도와 긴밀히 관련되어 있기 때문이다. 노조의 의제는 조합원의 경제적 이익만이 아니라, 시민으로서 공정과 사회적 불평등 완화, 사회발전을 위한 조세, 복지, 주거와 교육, 최저임금, 건강보호 등의 쟁점에 대한 정책적 개입을 포함한다.

실제로 지역사회나 시민사회조직, 사회운동과의 연대를 통한 노조 재활성화 전략이 성공하기 위해서는 노조가 지역사회의 네트워크를 활성화해 여러 행위자 사이의 협력 행동을 끌어내는 조정 능력과 노조 자신의 의제를 폭넓은 사회적 프로젝트로 제시할 수 있는 프레이밍 능력을 발휘해야 한다(Lévesque & Murray, 2010, 2002). 이를 위해서는 노조가 '우리'와 '그들'을 얼마나 폭넓게 정의하는지, '선제적 의제설정'을 통해 노조의 가치와 목표를 효과적인 사회적 쟁점으로 만들 수 있는지가 중요하다. 시민들에게 노동조합은 조합원들만의 특수이익을 주장하는 단체로 인식되기 때문에, 노조 행동의 가치와 목표를 보편적 이익을 위한 프로젝트로 만들 수 있어야 한다. 지역사회에서 노조가 시민들과 공유하는 보편적 의제를 제시하지 못한다면 조합원만의 특수이익을 위한 이익집단으로 인식될 수밖에 없다. 노조가 자신에 대한 지역사회의 공적 인식에 영향을 미치기 위해서는 지역사회의 가치와 주요 의제에 대한 보편적 요구를 담은 노조의 프로젝트를 명확히 해야 한다. 이러한 보편적 '의제' 제시는 노조의 목표에 관한 조합원들의 대화와 토론, 교육이 없다면 성취되기 어렵다.

이러한 문제의식에서 보면, 캐나다 유니포(Unifor)가 주창하는 '사회적 노조주의'(social unionism)는 노조 운동의 혁신과 사회연대기금 사업이라는 측면에서 여러 가지 시사점을 제공한다.[8] '실리적 노조주의'와 대비되는 의미에서 '사회적 노조주의'는 노조 재활성화와 관련한 논의에서 중요한 개념으로 사용되어왔고, 그 자체가 노조 혁신의 지표로 간주되었다.[9] 노조 재활성화 문헌에서, 사회적 노조주의는 사회운동 노조주의, 노조-커뮤니티 연합, 커뮤니

---

8 유니포는 원래 캐나다 자동차 · 항공 · 운수 · 일반노조(CAW)로, CAW는 미국 전미자동차노조(UAW)의 캐나다 지부로 출범했으나 1985년 독립했고, 당시 조합원은 약 13만 명이었으나 조직화 사업으로 2005년에는 26만5천 명으로 증가했다. 유니포는 2013년 조합원 10만 명의 캐나다 통신 · 에너지 · 제지노조(CEP)와 통합해 현재는 조합원 수가 31만5천 명에 이르는 캐나다 민간부문 최대노조다. 유니포는 CAW 시절에도 이미 자동차 부문 조합원이 30% 이하로 서비스 및 일반노조 성격이 더 강했고 현재도 통신 · 운송 · 자원사업 · 제조업 · 서비스산업, 보건의료산업 등 다양한 산업과 퇴직조합원을 포괄하고 있다(매일노동뉴스 2016.08.16.).
9 이때 실리적 노조주의는 전통적이고 관료적이며 하향식의 비즈니스 혹은 서비스모델로서, ① 조합원을 위한 전문가, 전임 지도자의 역할을 강조하고, ② 자본주의의 지형을 수용하며, ③ 작업장 수준의 단체교섭과 법적 노사관계를 통해 노동계급 내 특정 부문(조합원)의 물질적 조건을 개선하기 위해 노력한다.

티노조, 사회정의노조, 시민권운동노조 등 다양한 용어들과 서로 혼용되어 사용되고 있지만, 대체로 '작업장을 넘어 사회정의 투쟁에 개입하고, 단체교섭을 넘어 노조 활동을 확대하는 노조'라는 의미로 정의된다(Ross, 2007). 사회적 노조주의는 노조의 정체성과 기풍, 전략과 행동, 조직적 형태라는 여러 차원이 결합하여 다양한 모습으로 나타난다. 로스에 따르면, '사회적 노조주의'는 ① 노조 행동의 의미와 근거를 제공하는 에토스나 프레임, ② 조합원들이 공유된 이익을 추구하기 위해 함께 행동하는 레퍼토리나 전략적 수단, ③ 조합 행동과 관련한 노조의 조직구조와 관계, 실천이라는 세 영역으로 이루어져 있다.

먼저, 노조 행동에 의미와 근거를 제공하는 에토스나 프레임 수준에서, 사회적 노조는 조합원에 대한 선택적 유인에 의존하는 실리적 노조와 달리, 노동운동 참여자들의 도덕적 헌신을 요구함으로써 조합원을 유인하고 동원하는 노조다. 이때 노조의 목표는 전체사회를 변화시키고 기존질서에 대한 도덕적 비판을 통해 취약계층을 포함한 전체 노동자의 이익을 증진하는 것이다. 사회적 노조는 포괄적 정체성에 기초해 전체 노동자의 이익을 중심으로 쟁점을 프레이밍하고, '우리'라는 범주를 작업장 동료에 한정하지 않고 전체 노동자, 지역사회, 공동체의 구성원으로 정의한다. 이때, 사회적 노조주의의 '도덕 경제' 프레임은 노조의 활동과 캠페인을 정당화하는 신념과 의미체계를 제공한다. 캐나다 노총에 따르면. "사회적 노조주의는 작업장에 뿌리를 두고 있지만, 또한 사회의 전반적 방향에 참여하고 영향을 미치는 것의 중요성을 인식한다." 그러나 노조들은 누가 공동체에 포함되는지, 노조와 공동체 사이 관계가 어떠해야 하는지에 대해서 생각이 다양할 수 있고, 이는 '사회적 노조주의'를 수용하는 정도에서 노조 간의 차이로 나타난다.

둘째, 행동 레퍼토리나 전략적 수단으로서 사회적 노조주의는 선언된 목적이 아니라 구체적인 실천 내용에 관한 것이다.[10] 노조의 행동목록인 레퍼토리는 '사람들이 공동의 이익을 추구하기 위해 함께 행동하는 방식'이다. 사회적 노조는 노동자 동원의 조직화, 여성 및 커뮤니티 집단과의 연합, 소수 집단의 인권과 평등을 위한 직접행동, 공공정책과 사회경제적 변화를 요구하는 정치 행동 참여, 커뮤니티 차원의 정책적 개입, 전략적 표적화(targeting)와 커뮤니티 캠페인과 같은 새로운 사회운동의 레퍼토리를 주요하게 사용한다. 특히 노조의 전술과 목표 사이의 관계라는 측면에서 시민사회와의 연합(coalition) 활동과 자선활동(charity work)은 큰 차이가 있다. 같은 행동이라도 연합 활동에서는 이익을 함께하는 파트너들 사이의 관계가 평등하며 연합이 양측 모두에게 도움이 될 것이라는 기대가 있지만, 자선활동은 상대적 우위를 가진 노조가 어려운 시민사회 구성원들을 돕는다는 담론을 채택하기 때문이다.

셋째, 조합 행동과 관련한 노조 내부의 조직구조와 관계, 조직적 실천이다. 노조의 조직구조와 내부의 권력 관계는 의사결정과 실행에서 지도자와 활동가, 일반조합원 사이의 관계와 역할을 규정한다. '사회적 노조주의'는 보통 적극적인 조합원 참여를 강조한다. 같은 프로젝트라도 의사결정 및 실행에서 조합원 참여와 통제 정도, 지도자와 활동가, 평조합원 사이의 상대적 중요성과 노동분업의 차이는 서로 다른 효과를 만들어낸다. 사회적 노조들은 누가 프레이밍을 하고 레퍼토리를 선택하며, 어떻게 의사결정과 행동이 이루어지는지에 차이가 있다. 쟁점을 프레이밍하고 행동을 실행하는 과정에

---

10 이는 사회적 노조주의의 프레임과 레퍼토리 사이의 일치라는 문제를 제기한다. 노조에 따라 사회적 노조로서 말하는 것과 실제 행동하는 것이 불일치할 가능성이 있기 때문이다.

서, 사회적 노조는 '지도부 중심의 사회적 노조'에서, '조합원 중심의 동원형 사회적 노조', '조합원 중심의 민주적 통제형 사회적 노조'에 이르기까지 다양하며, '사회운동 노조주의'(SMU)는 민주적 통제형 사회적 노조의 하나로서 정치적 · 계급적 · 변혁적 비전과 조합원 동원, 내부 민주주의의 형태를 결합한 것이다(Ross, 2007).

유니포에 따르면, '사회적 노조'는 작업장에 뿌리박으면서도 사회의 일반적 지향에 참여하고 이에 영향을 미치는 것을 중시하는 노조이며, 노동자를 노동력 판매자 이상으로 생각하고, 폭넓은 의제에 민감하며, 커뮤니티에 주목하는 노조다. 유니포('Unifor')라는 이름은 'Union Forward'를 줄인 말로 '앞을 향해 나아간다'라는 의미다. 유니포는 이러한 사회적 노조주의의 이념에 기초해 다양한 교육사업, 노조 간 통합, 미조직 조직화, 국내외 연대사업, 유연한 선거방침을 통한 제도 개혁 활동을 추진해왔다.

금속노조 경남지부의 사회연대기금과 유사한 모델이 유니포의 '사회정의기금'이다. 유니포의 사회정의기금은 민주주의를 강화하고 평등한 발전을 도모하며, 빈곤 감소, 사회정의 및 교육개혁을 위해 노력하는 노조 및 노동자 그룹의 역할을 지원한다. 사회정의기금의 20%는 푸드 뱅크, 여성 보호소, 청소년과 지역사회 프로그램에 사용되며, 나머지는 제3세계 국가들의 국제 개발 및 빈곤 퇴치를 위해 사용된다. 사회정의기금은 단체협약에 따라 사업주가 출연하며 현재 유니포가 체결하고 있는 2,500개 단체협약의 3분의 1에 사회정의기금과 관련한 조항이 포함되어 있다. 고용주들은 노동자 1인당 임금에서 시간당 1센트 또는 일시불로 분기별로 출연한다.[11]

---

11 고용주들은 출연한 기금에 대해서 세금공제를 받게 된다. 사회정의기금은 노조가 임명한 9명의 사회정의기금이사회에서 관리하고 있다.

비슷한 맥락에서, 캐나다 퀘벡노동총연맹(FTQ)의 노동연대기금은 1980년대 중소기업의 파산과 해고가 증가하던 경제위기 상황에서 노동총연맹이 기관투자가가 되는 형태로 퀘벡지역 중소기업에 투자하는 연금기금이다. 퀘벡노동총연맹의 '노동연대기금'과 신디케이트연맹의 '행동기금'은 노동 친화적인 직접투자, 사회적 책임투자를 목적으로 설립되어 수년간의 장기적 파트너십을 통해 기업에 투자한다, 이는 중소기업이 시장경쟁력을 키워나갈 수 있는 충분한 시간을 제공하는 인내 자본으로 기능하며, 민주적인 기업지배구조와 환경 및 노동 친화적인 기업 활동을 중시하는 투자 결정 전략을 추구한다. 2018년 현재 노동연대기금의 총투자자 수는 66만 명을 넘으며 이 중 조합원은 54%에 달했다(이주희, 2019).[12]

2. 사회연대전략을 둘러싼 논란과 사회연대기금

1) 민주노총의 '사회연대전략' 논란

전통적으로 노동조합의 연대 활동은 사업장 범위를 넘어서 개별노조들의 연대투쟁, 노동운동 탄압 저지와 사회개혁을 위한 농민·빈민·학생단체와의 '민중연대'라는 형태를 띠었다. 1995년 창립 당시 민주노총은 기본과제로 '제 민주세력과 연대 강화'를 제시한 바 있고, 그 내용은 노동자들의 노동법

---

12 퀘벡은 인구 800만 명이 프랑스어를 사용하는 캐나다 연방의 한 주이면서 협동조합과 사회적 경제가 크게 발전한 지역이다. 퀘벡은 협동조합을 포함한 사회적 경제가 전체 경제의 8% 이상을 차지하며, 주로 사회민주당 정부들이 집권했으며, 시민의 공동체성을 바탕으로 사회적 경제가 활성화되어 있다(김창진, 2015).

개정 투쟁이나 노동운동 탄압 저지 투쟁에 대한 사회적 지지와 지원, 공동대응을 끌어내는 것이었고, 진보적인 민중 단체들과 함께 민주주의와 사회개혁을 위한 공동투쟁을 전개하는 것이었다.[13] 특히 민주노총 창립 초기 연대사업의 방향은 '국민과 함께하는 민주노총', '사회개혁 투쟁'으로 요약될 수 있다. 이는 구체적으로 각계각층의 대중조직이나 시민사회단체와의 연대기구 형성 등 다양한 형태의 시민사회, 정당조직과의 공동투쟁이라는 모습을 띠었고, 특히 "사회개혁에 대한 기대와 열망을 반영하여 생겨난 수많은 사안별 연대기구에 참여"하는 것으로 구체화하였다.

2000년대 이후 한국 노동운동 내부에서는 노동운동의 고립을 극복하기 위한 사회연대전략 담론이 확산하였다. 민주노총에서 '사회연대'는 2003년 '연대 기금' 조성 움직임에서 시작해, 2006년 민주노동당이 제안한 사회연대전략(국민연금 보험료 지원사업), 2009년 사회연대 노총 선언, 2015년 민주노총 사회연대위원회 구성으로 이어져 왔다. 2000년대 들어 노동시장의 이중화와 민주노총의 '계급적·사회적 대표성 위기'가 심화하면서, 2005년 민주노총 조직혁신위원회는 계급적 연대, 사회적 연대를 포함한 '노동운동의 연대성 강화'를 조직 혁신의 목표 중 하나로 제시했다. 민주노총은 2005년 정기 대의원대회에서 '무상의료·무상교육 등 사회 공공성 쟁취'를 내걸었고 '세상을 바꾸는 투쟁'을 전개한다는 방침을 세웠다. 이 시기 연대사업은 '무상의료·무상교육 등 사회 공공성 쟁취'라는 투쟁방침과 맞물려 있었고, 의회 전술로서의 정치연대, 기층 대중조직과 연대, 시민사회와 연대, 지역연대라는 다양한 영역에 걸쳐 있었다.

---

13 한편, 국제연대의 경우에는 세계화의 추세 속에서 당면 문제에 대한 효과적 대응, 진보적 노조 운동과 연대, 저개발국 노조 운동에 대한 지원, 현지 한국법인 노동자들의 노동권 보호를 주 내용으로 했다.

한편, 대기업노조나 산별 노조 차원에서는 '사회연대기금' 조성을 위한 움직임이 더욱 분명한 형태로 진행되었다. 2003년 민주노총이 연대기금조성 방침을 확정해, 산별노조 단위로 정규직 임금의 일정 부분을 적립해 비정규직을 위한 기금으로 조성하고 노사공동으로 운영한다는 원칙을 제시했다. 2002년 엘지정유 노조를 시작으로 이후 금속노조, 완성차노조, 보건의료노조, 화학섬유연맹이 단체교섭에서 사회연대기금 출연을 요구하기 시작했다. 많은 대기업노조가 기업의 사회적 책임을 다하는 수단으로 연대 기금 조성을 요구했고, 산별노조나 산별 연맹에서는 노사가 공동으로 출연하는 기금 조성을 통해 취약노동자 복지나 직업훈련에 대응하고자 했다. 그 결과 현대자동차는 2004년도 단체협약을 통해서 50억 원의 사회공헌기금을 출연했다. 2007년 보건의료노조는 산별협약으로 정규직 임금인상분의 3분의 1가량을 비정규직 정규직화와 처우개선 비용으로 사용함으로써 직접고용 비정규직 노동자 2천4백여 명을 정규직화하였다. 2015년 SK하이닉스는 노조가 임금인상액의 10%를 출연하고 사측도 그에 상응하는 재원을 출연해 총 60억 원을 협력업체 노동자들의 임금과 복지 개선에 사용했다.

　2006년 10월 민주노동당은 노동자 내부의 격차를 완화하고 사회연대를 공론화하기 위해 '국민연금 보험료 지원사업'을 제안했다. 국민연금 보험료 지원사업으로 구체화된 사회연대전략은 많은 논란을 불러일으켰고, 이후 '사회연대'전략은 노동운동 내부에서 정치적 갈등의 의제가 되었다. 2008년 진보신당 역시 사회연대전략을 제안하면서, 국가와 기업, 고임금 노동자의 공동부담으로 저소득층의 국민연금 보험료를 지원하는 연금소득 연대, 노사정이 함께 고용보험기금 일부를 재원으로 최저임금을 평균임금의 50% 이상으로 올리자는 사회연대 생활임금정책, 노동시간 상한제를 통한 노동시간-

일자리연대를 정책으로 제시했다.

이러한 흐름 속에서 2009년 4월 민주노총 임성규 위원장은 '사회연대 노총'을 표방하며, 사회적 약자 곁으로 다가가는 '사회연대 노동운동'을 약속했다. 민주노총이 모든 노동자를 대표하는 지위를 회복하고 시민사회의 지지를 얻기 위해 '사회연대전략'을 제기한 것이다. 이때 사회연대는 '지역'에 초점을 맞추어 '미조직·비정규 노동자 조직화'와 '지자체 교섭투쟁 강화', '지역의 생활연대 운동 강화'를 포함했다. 민주노총이 사회연대전략을 본격적으로 제기한 것은 2009년 9월 임시대의원대회를 통해서였다. 민주노총이 '사회적·계급적 대표성의 위기'를 극복하기 위해서는 모든 노동자를 대표하는 지위를 회복하고 이를 바탕으로 시민사회의 지지와 동의를 획득해 나가는 운동을 전개해 나가야 한다는 것이었다(강동진, 2016). 민주노총은 노조의 사회적 역할과 책임을 높이는 방향으로 '사회연대 헌장'을 마련했고, 비정규, 사회복지, 민생예산 확보, 민주주의, 평화통일 등의 분야에 걸쳐 중점 과제들을 제시하였다. 2015년 2월 민주노총은 '사회연대위원회'를 상설화하면서 '사회연대'를 지속적으로 전개하겠다는 의지를 보였다.

그러나 여전히 '사회연대'의 개념과 내용에 대한 명확한 합의가 이뤄지지 않아 혼선이 적지 않았다. 먼저, 사회연대전략을 주장하는 이들의 핵심적 논거는 사회연대전략이 한국사회의 양극화를 저지하고 노동운동의 사회적 고립을 극복하기 위한 전략적 대응방침이라는 것이다. 노동운동의 사회적 고립은 노동운동이 사회적 약자와 계급 내 소수자에 대한 '사회연대'를 추구하지 않았기 때문이라는 진단이다. '사회연대전략'은 저임금·비정규직 노동자들에 대한 조직 노동자의 연대적 실천으로 민주노조운동의 사회적 고립을 극복하고 계급 대표성을 가진 주체로 인정받기 위한 방안이라는 주장이다(이상호, 2009). 이러한 관점에서 사회연대는 노동운동의 고립을 돌파하기 위한 수세적인 대응 차원에서 시작됐지만, 근본적으로 새로운 운동적 가치와 전망을 만들어가는 공세적인 운동이다. 사회연대전략은 임·단협 중심의 의제를 사회적 의제로 확장해가는 운동이자, 생산영역과 재생산영역을 포함하여 노동조합과 지역사회의 사회적 관계를 재정립하는 운동인 것이다(이재훈·손우정 외, 2017). 사회연대사업의 필요성에 대하여, 김형균은 ① 노동계급운동의 확장이라는 관점에서 산별노조를 단기에 완성할 수 없다면, 단위노조와 사회단체를 연결하는 연대 활동의 구심이 필요하며, ② 노동자의 시민적 지위 향상이라는 관점에서 사회연대가 시민사회단체와 연결된 사회적 관점, 사회적 소통체계를 강화하며, ③ 보편적 복지 수준 향상을 목적으로 주거, 교육, 의료, 실업, 연금 등 보편적 복지 수준을 높여야 한다는 것이다(김형균, 2019).

반면에, 사회연대전략에 대한 노동운동 내부의 비판도 적지 않았다. 먼저, 노동자 내부의 격차와 양극화에 대한 인식 차이다. 사회연대전략이 노동자 간 격차확대의 원인에 대한 잘못된 인식에 기초해 있고, 결국에는 '정규직 양보론'으로 귀결되고 있다는 것이다. 사회연대기금은 비정규직의 차별을 해소하기에 턱없이 부족하여 문제 해결에 실효성이 없을뿐더러, 노동자의 책임만을 강조함으로써 자본의 복지부담을 노동자들에게 떠넘긴다는 것이다(임필수, 2009; 강동진, 2016; 장호종 2017; 박준규 2018). 또한 '사회연대전략'이 주로 사회복지 요구로 제출됨으로써, '고용과 임금투쟁'을 '사회복지투쟁'으로 대체하는 관점으로 이어진다는 비판도 제기되었다(강동진, 2016). 사회연대전략의 '연대'는 조직 노동자들이 비정규직 노동자들과 연대해 투쟁하겠다는 것이 아니라, 이 투쟁이 애초에 불가능하다고 단정하고 정부와 자본의 협조를 기대하며 '임금소득'을 양보해 타협을 추구하는 전략이라는 비판이다. 사회연대전략은 계급타협에 기초한 복지국가 모델을 추구하는 개혁주의 정치전략이며, 노조 지도부가 투쟁 대신 노사정 간 '정치적' 협상으로 문제를 해결하려는 발상이라는 것이다(김문성 2015). 이처럼 비판자들은 사회연대전략과 노동자 연대투쟁의 대립 구도를 강조한다. 여전히 사회연대전략을 둘러싼 노동운동 내부의 견해 차이가 명확한 가운데, 사회연대전략의 동력이나 성과를 만들어내지 못하고 있는 것이 현실이다.

2) '사회연대'전략의 개념과 사회연대기금 제안

〈그림 3〉에서 보듯이, 사회연대전략에 관한 기존 논의들은 보통 '사회연대'를 ① 생산영역에서 '임금연대'와 '고용연대' 형태로 이뤄지는 '계급 내 연대', ② 재생산영역에서 '복지(소득)연대'와 '생활연대' 형태로 이뤄지는 '계급 간 연대'로 구분하며, 비정규 노동자 조직화와 투쟁에 대한 연대 역시 '투쟁연대', '조직연대'로 간주한다(이재훈·손우정·이영수, 2017). 이때, 임금연대는 산별 임금체계에 의한 임금 격차 해소와 하후상박의 연대임금, '고용연대'는 노동시간 단축과 고용 안전망 구축을 주 내용으로 하며, '복지(소득)연대'는 보편적 복지체계와 사회안전망의 강화, '생활연대'는 취약계층을 위한 지역사회공헌과 소비, 문화, 환경, 교통, 주택, 의료, 교육 등의 지역 의제를 둘러싼 지역공동체 활동을 주 내용으로 한다. 특히, 생활연대는 노동운동의 개입범위를 사회공공성과 지역 생활 의제로 확장한다. 생활연대는 물질적 가치뿐 아니라 사회적 가치를 추구하는 과정이며, 노동조합과 지역주민 간 교류와 정서적 교감을 강화하는 사업, 협동조합 운동, 학부모 연대, 대안 공동

체 활동 등 다양하게 구성된다. 이는 노동자의 요구와 실천을 임·단협에 가두지 않고 지역공동체의 관점과 보편적 가치를 지향하는 특성을 갖는다(이재훈·손우정·이영수, 2017). 허인은 민주노총의 사회연대 활동이 초기에는 생산영역에서의 계급 내 연대인 고용연대에 초점을 맞추었다면, 2006년 이후에는 복지연대를 중심으로 계급 간 연대로 확대되었고, 2009년 사회연대 노총을 선언한 이후에는 지역연대와 생활연대를 중심으로 확장되었다고 평가하고 있다(허인, 2019).

〈그림 3〉 노동운동에서 사회 '연대'전략의 개념도

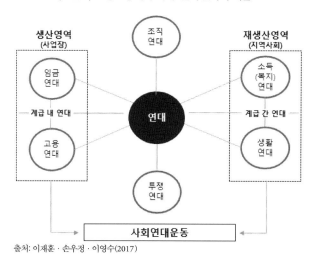

출처: 이재훈·손우정·이영수(2017)

사회연대전략에서 '연대'는 임금연대, 고용연대, 복지연대, 생활연대, 조직연대와 투쟁연대 등 다양한 영역에서 다양한 형태로 이루어지지만, 현실에서 가장 구체화된 모습은 산별노조나 지역 차원의 사회연대기금을 통한 실천이다. 사회연대 운동에서 '기금' 방식에 주목하는 이유에 관하여 이재훈은 다음과 같이 정리하고 있다. 첫째, 기금은 노동조합이 지닌 인적, 물적 역량의 장점을 극대화할 수 있는 방식으로 사회연대 운동의 안정적이고 지속적인 실천을 위해 중요하다. 둘째, 노동조합의 대표성이나 교섭 틀을 활용해 다양한 형태의 기금을 조성하고 의미 있게 활용할 수 있다. 셋째, 노동조합에 익숙한 방식이면서 상당한 실천사례들이 축적되어 있다. 기존의 미조직·비정규기금, 신분보장 기금, 해고자 생계지원기금의 경험을 확장해 사업의 범위와 대상을 확대할 수 있다. 넷째, 기업의 사회적 책임을 현장에서 감시하고 유도하는 노동조합다운 사회연대 활동방식과 연계할 수 있다는 것이다(이재훈·손우정·이영수, 2017).

실제, 금속노조는 2017년 6월 5천억 원 규모의 '노사공동 일자리연대기금' 조성을 제안하며, 현대기아차그룹사 공동교섭을 요구한 바 있다. 현대·기아차 노동자들이 소송 중인 통상임금 미지급분 중 2,500억 원에 현대차그룹도 그에 상응하는 금액을 출연하고, 매년 성과급의 일부인 2백억 원을 추가로 적립해 '금속산업 일자리연대기금'을 조성하자는 것이다. '일자리연대기금'을 통해 원청에서 협력업체까지 포괄하는 제조업 노동자의 '고용안정기금'이나 '제조업 발전과 고용 보호 및 고용 창출을 위한 제조업 발전기금', 하청 협력업체 '실노동시간 단축기금'으로 활용하자는 것이었다. 현대차그룹이 거부해 성사되지는 못했지만, 이는 사회연대기금과 관련한 노동운동 내부의 찬반논란을 촉발했다. 사용자뿐 아니라 노조 내부에서도 반대가 터져 나왔다. 사회연대기금은 정규직 노동자가 부담하는 정규직의 '양보'이며, 노조 요구로 사용자가 출연해온 사회공헌기금과도 다르다는 것이다. 같은 해 금속노조 현대기아차 지부는 임단협 요구안의 하나로 "노사 사회연대기금 조성"을 채택했다. 임금협상 타결금의 일정액을 출연해, 중소부품업체 지원, 청년 일자리 창출, 중장년 일자리 창출 등에 사용하자는 것으로, 세부 방안은 '노사공동 사회공헌위원회'를 설치해 논의 · 추진하자고 제안했다. 2018년 임단협에서도 현대차지부는 하후상박 연대임금을 주창하면서, 부품협력사 상생 협력기금 조성에 합의하기도 했다.

마찬가지로 2017년 공공운수노조는 '공공상생연대기금'을 출범시켰다. 박근혜 정부가 공공기관 성과연봉제를 강행하기 위해 제시한 노동자 인센티브 1,600억 원을 반납해 기금을 조성한 것이었다. '공공상생연대기금'은 한국노총 공공노련, 공공연맹, 금융노조, 공공운수노조, 보건의료노조 등 노조와 공공기관 사용자 대표, 기타 학계와 법조계 인사 등으로 15인의 이사회를 구성하고, 사회적 격차 해소를 위한 장학사업, 사회적 책임과 연대를 위한 청년 직장체험, 사회 공공성 강화를 위한 연구사업 등의 방향을 설정했다. 이 기금으로 직장 갑질 신고 어플 개발, 미디어 노동자 지원, 공단 작업복세탁소, 미혼모 휴게시설 설치 등 공모사업 중심의 활동을 진행했다.

사무금융노조 역시 2018년 말에 노사합의로 '사무금융우분투재단'을 만들었다.[14] '사무금융우분투재단'은 비정규직 차별철폐와 비정규직 노동환경 개선, 청년 일자리 창출 및 취업 지원, 저소득 근로자의 고용안정 지원사업 등을 통해 사회 양극화를 해소할 목적으로 설립되었다. 산별협약이 아니라 개별 기관별로 참여를 결정하여 노사 양측과 시민사회 인사들을 포함한 이사회를 구성하고, 비정규직 차별철폐와 처우개선, 장학사업 마이크로크레딧, 청년 및 플랫폼노동자 지원과 시민사회단체와 연대, 취약계층 지원 및 지역

---

14 우분투(ubuntu)는 '네가 있어 내가 있다.'라는 의미의 아프리카 반투어에서 유래된 말로, 사람들 간의 관계와 헌신에 중점을 둔 아프리카의 전통사상이다. 마음을 열어 다른 사람의 생각을 인정하고, 어렵고 힘든 이웃의 문제를 함께 책임지는 공유정신을 의미한다.

사회 연대 사업을 전개하고 있다.

금속노조를 비롯한 산별노조들의 사회연대 활동에 대해, 허인은 ① 기금 조성 형태와 관계없이 대부분 현물과 재능기부에 초점을 두고 있으며, ② 소수 간부 중심의 사업으로 조합원 참여를 통한 주체화나 지역사회에서 헤게모니 확장으로 이어지지 못하고 있고, ③ 노사공동 운영체계로 구성되어 노조 독자 사업이 어렵고, ④ 정부 성격에 따라 사업의 변질 가능성이 존재하며, 많은 경우 활동의 지속성과 안정성의 문제를 안고 있다고 평가하고 있다 (허인, 2019).

2020년 6월 코로나 상황에서도 '노사정대표자회의'에 대한 민주노총 지도부의 참여 방침과 '연대 기금'을 둘러싸고 많은 논란이 제기되었다. 민주노총은 노사정대표자회의에 대한 최종 입장을 결정하며 2020년 임금인상분 일부를 재원으로 '공동근로복지기금'을 조성해 지역 업종 노동자 공동복지와 비정규·하청·간접고용·중소기업 노동자의 노동조건 개선에 우선 사용하겠다고 밝혔다. '공동근로복지기금' 제도는 하청·파견 노동자를 위해 원청과 하청기업이 각각 일정 금액을 출연해 '공동근로복지기금 법인'을 설립하면, 출연금액의 100% 범위에서 정부가 최대 30억 원까지 지원하는 제도다. 그러나 많은 노조 간부들은 민주노총의 연대기금제안에 반대하며, 민주노총이 임금 양보에 기초한 연대 기금(안)을 즉각 철회하고 투쟁을 조직해야 한다고 촉구했다. 이들은 코로나 19위기 상황에서 해고금지 조치도 이루어지지 않고 있는 가운데, '선제적 임금 양보'를 통해 고용을 유지하는 것은 불가능하며, 선제적 양보론은 '민주노총=귀족노동자'라는 공세를 스스로 용인하는 것이라고 주장했다. 이처럼 사회연대전략과 사회연대기금의 활용을 둘러싼 논란은 여전히 진행 중이다.

3. 금속노조 경남지부의 사회연대전략과 '사회연대기금'

1) 경남지부의 사회연대전략에서 사회연대기금의 의의

2010~2011년 금속노조가 그랬듯이 경남지부 역시 위기에 직면했다. 쌍용차 투쟁의 패배와 노동법 개악이라는 총체적 탄압 속에서 대림자동차 정리해고투쟁을 지원하는 지역 연대파업을 조직하지 못했을 뿐 아니라, 금속노조를 탈퇴하는 지회들이 다수 발생하면서 조직력이 크게 약화하였다. 전체적으로 산별교섭의 무력화, 진보정당 분열, 정부의 노동 탄압에 직면하면서, 산별 교섭과 의회 활동을 중심으로 한 노동운동에 대한 반성과 비판이 제기되었다, 산별 교섭에 대한 과도한 기대에서 벗어나 밑으로부터의 조직화에 대한 새로운 접근이 강조되고, 노동운동의 고립을 극복하기 위한 사회연대전략이 모색되기 시작했다. 경남지부 역시 지역을 단위로 한 전략 조직화를 추구하고, 노동운동의 사회적 고립을 탈피하기 위한 사회연대기금을 추진했다.

금속노조 경남지부는 2012~13년 7기 때부터 정파 간 통합집행부를 구성해 새로운 변화의 동력을 만들어내고자 했고, 2014~15년 8기 들어서는 지역 내 시기 집중투쟁을 넘어 '의제' 중심의 접근을 시도했다. 8기 집행부는 산별노조 활성화를 위해서는 지부가 미조직 · 비정규 노동자의 지지를 받을 수 있는 지역 의제와 사회정치적 의제에 대한 개입을 강화하고 사회연대 활동을 통해 대중의 지지를 얻어야 한다고 생각했다. 사업장 교섭 · 투쟁이 조합원의 임금인상에 한정되어 사회연대를 소홀히 했다는 반성을 명확히 하면서, 산별노조운동이 활성화되기 위해서는 경제적 요구에 매몰되지 않고 사회정치적 요구에 주안점을 두어야 대중적 신뢰를 회복할 수 있다는 점을 강조했다(사업보고, 2014).

그리하여 경남지부는 2014년 '지역과 의제를 중심으로 하는 산별노조운 동의 복원'이라는 목표 아래, 의제 중심의 정책토론회를 활성화하고 공동결 정 공동실천으로 지역연대사업을 추동하고 지방자치에 적극적으로 개입할 것을 결정했다. 이는 구체적으로 지역 공동사업을 체계화하고 미조직·비정 규사업을 강화하는 모습으로 나타났다. 경남지부는 지역에서 의제를 중심으 로 하는 공동투쟁을 모색했고, 공동투쟁을 위한 교섭 의제로 '사회연대기금' 을 선택했다. 경남지부는 사회연대기금을 쟁취하는 과정을 통해 지역사회에 서 노동운동의 이미지를 개선하고 대표성을 확장한다는 목표를 설정했다.

경남지부는 지부 집단교섭의 활성화와 대중으로부터 고립된 산별노조의 이미지 개선이라는 두 가지 측면에서 사회연대기금을 중요한 의제로 제시했 고, 이를 임단협 중심의 교섭에서 벗어나기 위한 전략으로 생각했다. 이는 정 규직 노동자들이 미조직 비정규직 문제에 소홀하고 지역에 무관심해지면서, 귀족노조 프레임이 확산하고 노동운동이 고립되고 있다는 판단에 따른 것이 었다. 동시에 그것은 산별교섭의 '의제'가 최저임금과 비정규 노동자 조직화, 사회연대 등 '취약계층 노동자와 지역'을 위한 의제로 나아가지 못했다는 반 성에 기초했다. 산별노조가 다수 취약계층 노동자의 부당한 대우에 반대하 고 이들의 노동조건을 개선하는 활동을 하지 못하면서, 조직 노동자와 대중 이 분리되고 있다고 본 것이다. 조직 노동자와 대중의 분리·고립을 극복하 기 위해서는 임금인상 중심의 교섭 의제와 구조의 혁신이 필요하며, '지역' 과 함께하는 노동운동을 통해 조합원만이 아니라 미조직 비정규, 사회적 취 약계층과 함께해야 노조의 힘을 더 키우고 사회제도 개선 투쟁도 힘을 받을 수 있다는 것이다. 이런 점에서, 경남지부의 사회연대기금은 노조가 조합원의 이익만이 아니라 보편적 정의를 추구한다는 점을 지역사회로부터 인정받기 위한 의제설정 전략이자, 노조의 이익 대변 범위를 확장하여 조합 활동의 방향을 새롭게 설정하는 노조 '혁신' 전략이었다.

사회연대기금은 지부 집단교섭에서 지회 조합원들이 공통으로 관심을 가질 만한 의제였을 뿐 아니라, 지부가 지역의 미조직 · 비정규 노동자를 위한 투쟁을 추구한다는 점에서 지역사회에서 사회적 연대를 실천하는 전략으로 인식되었다. 경남지부는 사회연대기금이 지부의 교섭과 투쟁을 의제 중심으로 전개하는 토대가 될 것으로 보았다. 지부는 사회연대기금이라는 화두를 통해 노조 간부와 조합원들이 공장을 넘어 사회연대, 미조직 · 비정규 노동자 문제에 관심을 기울이기를 기대했고, 이를 조합원의 자발적 참여를 확대할 수 있는 계기로 인식하였다.

경남지부는 조합원 결의로 설립된 '사회연대기금'이 ① 노조의 사회적 책임을 다하는 장으로 기능하고, ② 기금이 실제로 비정규직, 취약계층을 위해 사용되어 지방자치단체에 보편적 복지 실현을 강제하는 역할을 하며, ③ 사회연대기금이 사회적 반향을 일으켜 노조에 대한 자긍심을 높이고 ④ 의제 중심의 산별노조운동으로 전개될 수 있기를 바랐다(2015년 사업보고). 또한, 지부는 복지지원 사각지대나 이주노동자, 비정규 노동자, 취약계층에 대한 지원사업을 통해 일반조합원들이 지부 사업에 참여할 수 있는 모델을 만들고자 했다.

그리하여 경남지부는 '사회연대기금' 조성이라는 핵심의제를 중심으로 2015년 사업을 전개했다. 여기에 진주의료원 재개원투쟁과 홍준표 도지사 주민소환 서명운동에 조합원들이 적극적으로 참여하면서, 지역사회 현안에 대한 경남지부의 결합력이 높아졌다. 경남지부는 2015년 임단투 과정에서 설문 조사를 통해 사회연대기금에 대한 조합원 의견을 수렴했고, 대의원수 련회 결의를 통해 지부교섭에서 전 사업장 공동요구로 제출했다. 사회연대 사업은 2016년 경남지부 4대 투쟁목표의 하나였다. 경남지부는 사회연대사 업의 안착을 위해서 사회연대위원회를 구성해 조합원 참여를 확대하고자 했 고, 2016년 단체교섭에서 '기업의 사회적 책임'으로 사용자의 사회연대기금 출연을 요구했다. 그러나 사용자의 기금 출연을 확보하지 못한 채 일단 조합 원기금으로 출발했다.

사회연대기금의 필요성과 사업방식에 대한 고민과 토론은 많이 이루어졌 지만, 사업내용은 정형화되지 못했으며, 사회연대위원회 회의참여는 저조했 고, 조합원 참여를 위한 실천단 구성 역시 실행되지 못했다. 2018년 10기 집 행부의 지부교섭에서도, 사용자들은 "① 사회연대기금을 출연하기 위해 최 선을 다한다. ② 조합원이 결의한 사회연대기금을 급여 공제하여 노동조합 이 지정한 계좌로 납부한다. ③ 사회적 약자의 보호, 기업의 사회적 책무를 다하기 위해 사회연대기금 조성과 관련해서 2018년 말까지 노사실무위원회 를 구성한다."라는 원칙적 합의를 벗어나지 못했다.

2) 사회연대기금의 운용

사회연대기금의 정식 명칭은 "경남지역 비정규직, 영세노동자, 취약계층 을 위한 사회연대기금"이다. 지부의 방침에 따르면, "조합원은 경남지역 실 업자, 비정규직, 영세노동자 등 취약계층의 권리 보호와 제도개선, 노동운동 의 사회전략으로 사회연대기금을 출연하며, 기금 납부는 매년 지회별 통상 임금을 조사하여 상위 50% 사업장은 월 2천 원, 하위 50% 사업장은 월 1천

원을 매월 급여에서 일괄 공제하여 납부한다." 그러나 2023년 3월에 조합원 분담금은 일괄적으로 1000원으로 조정되었다. 과거와 달리 지회 수의 변동이 심하고, 통상임금이 중간 수준인 지회들은 매년 임금인상에 따른 통상임금 순위변동이 심해 통상임금과 연계한 지회별 차등을 폐지한 것이다. 그동안 2,000원 납부지회 19개, 1,000원 납부지회 36개였던 것에서 수입 감소가 불가피하다. 사회연대기금 예산은 2016년 한해 약 3억 원에서, 2020년 이월금 5억3천만 원과 51개 지회의 분담금 및 미납금 2억5,800만 원 등 총 7억9천만 원으로 증가했고, 2023년 3월에는 이월금 7억4백만 원과 55개 지회의 분담금을 포함해 11억 7천2백만 원에 달했다.

경남지부는 2016년부터 사회연대기금을 조성하고 구체적인 연대사업을 시작했다. 노조는 과거 진보정당과 시민단체의 지역연대 사업, 희망연대의 사례를 참고했다. 경남지부 사회연대사업을 총괄하는 사회연대위원회는 지부 담당 임원과 사회연대사업부장, 임기 2년의 지회 간부 12명 등 총 14명으로 구성된다. 그러나 지회의 봉사 활동을 지부조직과 연계하기 위한 '취약계층 복지지원 사업을 위한 실천단'은 지원자가 없어 구성하지 못했다. 사회연대사업의 운영세칙에 따르면, 사업내용은 ① 교육비 지원사업, ② 비정규직/이주노동자 지원사업, ③ 취약계층 복지지원사업, ④ 재정 조성사업, ⑤ 농민, 청년, 학생, 빈민, 시민연대사업, ⑥ 문화연대사업, ⑦ 기타 목적에 부합되는 사업 등 7가지 사업으로 구분되어 있다.

사회연대사업의 진행 과정은 〈그림 4〉에서 보듯이, 각 사업 영역에 따라 광고 공모사업과 지부 및 사회연대위원회의 자체 기획된 사업들을 사회연대위원회에서 심의하고 지부 운영위원회에서 의결하여 위·수탁 협약을 체결하는 공모방식으로 이루어졌다.

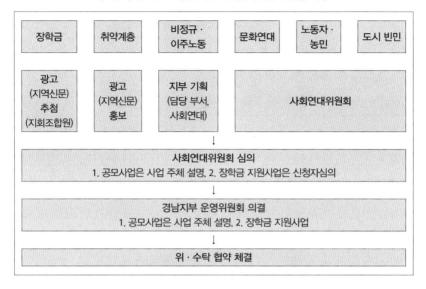

〈그림 4〉 금속노조 경남지부 사회연대사업의 진행 과정

장학금	취약계층	비정규·이주노동	문화연대	노동자·농민	도시 빈민

광고 (지역신문) 추첨 (지회조합원)	광고 (지역신문) 홍보	지부 기획 (담당 부서, 사회연대)	사회연대위원회

↓

사회연대위원회 심의
1. 공모사업은 사업 주체 설명, 2. 장학금 지원사업은 신청자심의

↓

경남지부 운영위원회 의결
1. 공모사업은 사업 주체 설명, 2. 장학금 지원사업

↓

위·수탁 협약 체결

경남지부 사회연대사업의 세부 내용을 보면, 먼저, 비정규직 노동자 지원 사업에서는 2016년 사회연대기금으로 운영되는 상담 차량을 통해 조선소 하청노동자를 대상으로 무료 노동상담을 진행했다. 2017년에는 마창·거제 산재추방운동연합회와 함께 '집배 노동자들의 장시간 노동으로 인한 건강실 태 조사' 사업을 진행했고, 이후 삼성중공업 크레인 사고 피해노동자들의 목소리를 기록하는 구술집 제작, 창원지역 상가건물 청소·경비 노동자 환경 실태조사 사업, "조선소 여성노동자가 말하는 나의 노동 나의 삶, 나의 투쟁" 구술기록사업을 함께 진행하였다. 또한, 비정규직 사업으로 김해시 산단에 있는 '작업복세탁소'에 배송 차량을 기증하기도 했다. 2017년부터 녹색병원 과 협력하여 제조업 비정규, 하청노동자를 대상으로 근골격계 질환 재활사 업을 벌여 노동자의 소득에 따라 최대 500여만 원 상당의 의료지원을 하고

생계비 일부를 지원한 바 있다.

둘째, 이주노동자 지원사업으로는 2017년부터 공단지역 이주노동자 조직화 사업으로 용원 이주노동자 무료 진료소를 지원했고, 이주노동자를 위한 노동기본권 책자를 번역하여 배포하는 사업과 2021년부터 '이주노동 119'라는 단체를 만들어 상담사업, 캠페인을 진행하고 있다. 2021년 상반기 이주 단체를 모아 초동 회의를 가진 후, 같은 해 9월 '이주노동 119'가 출범하였다. 이주노동 119는 경남지부의 사회연대기금으로 운영되고 있다. 현재 '이주노동 119'에는 금속노조 경남지부를 비롯하여 8개 이주 단체와 이주노조가 참여하며, 이주노동자를 대상으로 한 상담과 이주민 출신 활동가들의 역량 강화 교육을 하고 있다.

셋째, 취약계층 복지지원사업으로는 2017년부터 시작한 저소득층 청소년 대상의 생리대 지원사업과 저소득 가정 생계비 지원사업이 있다. 생리대 지원사업은 청소년에게 무상으로 생리대를 지급하는 조례가 제정되어 2021년에는 저소득 여성을 대상으로 진행했다.[15] 저소득 가정 생계비 지원사업은 복지 사각지대에 놓인 저소득 가정에 생계보조비를 지급하는 것으로 2023년에는 정부의 양곡관리법 거부권으로 인해 어려워진 농민을 추가로 지원했

---

15 기금사업 첫해인 2016년에는 사회공헌과 취약계층 복지지원사업이 가장 많아, 교육비 지원사업으로 2016년 첫해 42명의 비정규 노동자 자녀(고교생)에게 교육비를 지원한 것을 시작으로 매년 지속하다가 현재는 다른 사업으로 대체되었다. 또한, 지역 6개 시민사회단체와 업무협약을 체결해, 발달장애인, 소외계층 아동 청소년을 대상으로, 청소년 생리대 지원(창원해밀장터협동조합), 발달장애인 직업교육(경남장애인청소년문화교육진흥센터), 한부모 여성 가장 자립 생활 지원(경남여성회), 소외계층 아동 청소년 자연놀이 지원(창원여성회), 저소득층 아동 가족 관계망 회복(인애복지 경남종합사회복지관), 발달장애인 밴드 지원(경남도 장애인종합복지관) 등의 공모 위탁사업을 진행했다. 경남지부는 저소득층 생리대 지원과 같은 취약계층 복지지원 사업을 바탕으로, 진보정당과 시민사회단체와 연대하여 지방의회에서 조례를 제정하고, 지방정부의 복지정책 수립과 예산 배정을 요구했다.

다. 이외에 국제연대로 튀르키예 대지진 이재민을 위해 복구 지원금을 전달하기도 하였다.

넷째, 노동자·농민·지역 연대사업으로 김장김치 담그기 및 나누기 사업 역시 오랫동안 지속해온 사업이다. 수입농산물로 어려움을 겪는 영농조합으로부터 국산 절임 배추와 양념을 구입하여, 조합원과 경남여성회, 창원시 지역아동센터 연합회 활동가들이 함께 모여 담근 김치를 시민단체를 통해 지역의 어려운 가정에 배부하고 있다. 지부는 김장김치 나누기 사업에서 농민연대를 통해 안정적 가격보장과 단기 일자리, 지역 농민의 노조에 대한 긍정적 시선이라는 성과를 거두었으며, 지역 여성단체와 함께하는 김장 담그기를 통해 농민-여성-지역의 취약계층 지원이라는 관계망을 형성했다고 평가했다.

마지막으로, 청년, 학생, 빈민, 시민연대사업은 지역 시민단체들과 공동으로 기획하여 다양한 사업을 진행한다. 초기에는 도시 빈민 주거환경 개선 지원사업으로 도배 및 장판사업을 진행했고, 경남 민예총과 문화연대 사업, 지역아동센터 교사/학생들을 대상으로 하는 노동인권 교육을 진행했다. 2021년에는 청년단체와 함께 청년을 대상으로 정기적인 노동교육을 진행하였고, 노동 관련 저서를 읽는 독서 모임을 진행했다. 여성 사업으로 경남지역 여성운동가들의 자료를 전산화하는 사업을 진행하였고, 2023년에는 성폭력 피해 여성 청소년을 대상으로 전문상담을 지원하고 이들이 사회와 단절되지 않도록 문화체험 학습을 진행한 바 있다. 2023년에는 '경남 밥심 연대'와 '여성평등공동체 숨'이 제안한 연대공유 밥차 '경남 밥통'사업을 진행했다.

사업 초기에는 주로 시민사회단체 공모방식을 통해 사업을 진행했고 사회공헌 활동이라고 할 수 있는 취약계층 교육비 지원 및 복지지원 사업이 가장 큰 비중을 차지했다. 그러나 점차 사업 영역을 확장하면서, 비정규·이주노동자와 같은 계급 내 연대사업이 늘어나고, 지부와 시민사회단체가 공동으로 기획한 사업들이 늘어났다. 지부는 취약계층 복지지원, 비정규직·이주노동자 지원, 문화연대 위탁사업을 통해 지역 시민사회단체와의 안정적인 관계망을 형성하고 이러한 기반 위에서 새로운 사업을 발굴하기 위한 기획을 구상했다. 노동자-농민-여성의 공동사업, 취약계층 복지지원 사업 업무협약을 통해 시민사회단체와의 소통과 협력도 계속되었다.

지부는 사업 초기부터 사회연대사업의 적합한 사업내용을 채우기 위한 여론 수렴과 소통을 통해 사회연대사업의 전형을 창출하고, 사업에 대한 조합원 참여를 높이는 것을 목표로 했다. 조합원기금으로 운영하는 전국 유일의 사회연대사업으로 모범적 전형을 만들어내야 하는 과제를 안고 있었기 때문이다. 그러나 여성, 장애인, 중고령, 청년, 이주노동자 등 취약노동자에 대한 지원은 장기적인 전망이나 조직화 지원과 연관되지 못한 채 각각 공모방식으로 진행되었다. 사업방식의 정착에도 불구하고 새로운 사업계획이 부족하고 지역적 범위가 협소하다는 평가와 함께, 새로운 사업을 기획하고 집행하는 전문인력을 통해 사업의 질을 확보할 필요성이 노조 내부에서 제기되었다(사업보고, 2018).

이러한 문제점은 사회연대사업의 개념이 불명확한 가운데, 사업의 전망과 구체적인 상을 만들어내지 못한 상태에서 먼저 사업이 시작되었기 때문이다. 그리하여 사회연대사업의 중장기 계획이 필요하며, 후원 차원의 공모 위탁사업에서 벗어나 지부의 자체 기획사업을 해야 한다는 지적이 계속해서 제기되었다. 그러나, 중요한 것은 노동자 독자기금으로서 사회연대기금을 활용한 경남지부의 사회연대사업이 시행착오와 학습 과정을 통해서 점차 각

사업 영역별로 노조의 목표와 부합하는 방향으로 사업내용과 주체를 변경해 가면서 진화해가고 있다는 점이다. 경남지부의 초기 사회연대사업은 민주노총 사회연대위원회의 사업 방향이나 계획이 분명하지 않은 상태에서 경남지부 스스로 사업을 기획하고 집행할 수밖에 없었다. 이는 사업의 어려움이기도 했지만 동시에 지역 실정에 맞는 사업 방향을 고민하고 창조적으로 진행할 수있는 기회이기도 했다.

사회연대기금에서 사업 비중의 변화는 예산지출의 변화로 나타난다.

〈표 13〉 경남지부 사회연대기금의 지출 비중 (원, %)
(기간: 2023년 1월 1일~2023년 12월 31일)

목	사업	세부사업 진행	금액	사업별 합계	구성 비%
기획연대 사업	비정규 노동자 연대사업	1. 경남제조업 비정규 · 하청노동자 연대사업 2. 조선업 하청노동자 지원사업	30,000,000	202,130,000	17.0
	이주노동자 연대사업	1. '이주노동 119' 사업단 운영비 2. 캄보디아 농업노동자 119 3. 상담활동가 법률지원 네트워크	52,130,000		
	농민, 청년, 학생, 빈민, 시민연대	김장김치 담그기 및 나누기 사업 시민연대사업 등	120,000,000		
지역연대 사업	공동기획사업	해당 지역의 사회연대위원, 지회를 중심으로 사업기획 (거제 · 통영, 김해, 사천, 창원, 밀양 · 창녕)	300,000,000	300,000,000	26.0
기타사업	기타연대사업	지부 제안사업 (지역사회단체가 지부에 제안한 사업 등)	50,000,000	50,000,000	4.0
후원사업	후원사업	저소득 가정 생계비 지원사업	50,000,000	150,000,000	13.0
		튀르키예 지진 피해 지원사업	100,000,000		
중 · 장기 계획사업	중 · 장기 계획사업	퇴직노동자연대사업 등	20,000,000	20,000,000	2.0
적립금	적립금	대의원대회 결의 적립금	30,000,000	30,000,000	3.0
예비비	예비비		420,069,867	420,069,867	36.0
		합 계	1,172,199,867	1,172,199,867	100.0

2023년 사회연대기금의 지출은 기획연대사업 2억 2백만 원, 지역연대 사업 3억 원, 기타사업 5천만 원, 후원사업 1억 원, 중장기 사업 2천만 원, 적립금 3천만 원, 예비비 4억 7천만 원으로 구성되어 총 11억 7천2백만 원이다. 이 중 기초자치단체별로 나뉘어 진행되는 공동기획 사업이 26%로 가장 높으며, 다음으로, 농민·청년·학생·빈민·시민연대와 비정규·이주노동자연대사업의 비중이 17%로 높은 편이다. 후원사업이 13%이고, 기타 지역사회 단체가 제안한 사업이 4%를 차지한다. 중장기계획사업은 2%로 매우 낮으며 현재 퇴직노동자 조직화 용역사업이 유일하다.

4. 사회연대기금의 성과와 과제

경남지부의 사회연대기금은 조합원들의 자발적 결의를 통해 자체 예산을 마련했고 기금의 규모도 적지 않다는 점에서 상당한 주목을 받아 왔다. 경남지부 사회연대사업의 특징은 노동조합을 중심으로 경남지역 내 농민, 빈민, 여성, 장애인, 이주노동자, 비정규 노동자, 문화, 취약계층 등 민중 부문과의 관계망을 형성하고, 노동조합에 대한 지역사회의 시선을 우호적으로 바꾸는 것을 주요 목표로 한다는 점이다.

사업의 일차적 성과로 시민사회단체와의 지속적인 관계와 연대감을 형성하는 효과를 거두었고, 취약계층에 대한 실질적 지원이 강화되었다는 점을 들 수 있다. 3년간의 농민연대를 통해 안정적 가격보장과 단기 일자리, 지역 농민이 노조 활동을 바라보는 새로운 시선이 생겼고, 김장김치 사업의 정례화를 통해 농민-여성-지역의 취약계층 지원 네트워크를 형성했다. 이주노동

119는 이주노동자들에 대한 상담을 통해 실질적인 도움을 주고 있고, 이주노동자 조직화를 위한 사업은 상당한 성과를 축적하고 있다. 조선업 하청노동자 지원사업 역시 하청노동자들이 열악한 조건 속에서 투쟁과 조직을 확대하는 데 큰 도움을 주었다. 또한, 지역사회연대 활동의 중요한 성과는 노동조합에 대한 시민사회의 인식이 개선되고, 지역사회에 공헌하고 있다는 조합원의 자부심이 높아지고 있다는 점이다.

문제는 사회연대기금 사업이 여전히 '사회연대전략'이라는 개념에 기반을 두고 있지만, '사회연대전략'의 내용이 불명확하고 사회연대사업에 대한 원칙과 준거가 마련되지 못해 소극적인 공모사업 지원 방식을 벗어나지 못했다는 점이다(2017년 사업보고). 일정하게 사업형식과 방식은 정착했으나, 새로운 사업의 기획은 부족하며 사회연대위원회는 사회연대기금 지출을 승인하는 회의에서 더 나아가지 못하고 있다. 가장 큰 문제는 사업의 목표와 전략이 불명확하다는 것이며, 그 외에도 연대의 대상과 내용을 어떻게 설정할 것인지, 조합원의 주체화를 어떻게 실현할 것인지, 공모사업의 한계를 어떻게 극복할 것인지, 지원대상의 기준은 무엇인지, 사업의 지속성을 어떻게 담보할 것인지 등 해결해야 할 문제들이 많다(허인, 2019).

2016년 이후 현재까지 경남지부의 사회연대사업은 적절한 사업내용에 관한 여론 수렴 및 토론을 통해 사회연대사업의 전형을 만들고 장기적인 발전 전망을 확보하는 것을 가장 중요한 과제로 삼았다. 경남지부는 2017년 대의원대회 의결을 통해 중·장기 전략사업을 위한 기금을 매년 적립해오고 있고, 사회연대사업이 계속되기 위해서는 중·장기 사업이 필수적이라는 합의가 존재한다. 하지만 어떤 사업을 중장기 전략사업으로 추진해야 하는지 여전히 명확한 결론을 내리지 못하고 있다. 이미 중·장기 사업 전략을 수립하기 위한 공청회와 토론회를 여러 차례 개최했고 희망연대노조의 사례가 중요한 준거가 되기도 하지만, 확실한 전략을 세우고 있지는 못하다.

사회연대사업의 방향성이 명료하지 않은 상태에서는 사회연대사업을 통해 구체적으로 어떤 성과를 기대할 수 있는지 역시 불명확하다. 그러한 의미에서 사회연대기금의 과제는 사회연대사업이 무엇을 목표로 어떤 방향으로 가야 하는지 전략적 목표를 설정하는 문제이다. 사회연대사업이 조합원의 권익향상 사업을 넘어, 노동자들 사이의 차별을 없애고 소외된 민중들의 삶을 개선하기 위해, 비정규 노동자, 이주노동자, 도시 빈민, 취약계층에 대한 사업을 펼쳐야 한다는 원칙은 명확하다(2019년 사업보고). 그러나 사회연대사업을 통해서 구체적으로 어떤 성과를 기대할 수 있는지가 명확하지 않다. 사업의 방향과 내용이 정해지고 예산을 책정해야 하는데, 방향성이 명료하지 않은 상태에서 일단 뭔가 해보자는 의욕이 앞섰기 때문이다(2018년 사업보고). 경남지부는 계속해서 사회연대사업 TF를 구성하여 중·장기 사업에 관한 토론을 진행하고 있으며, 다른 노동조합이나 시민단체의 사회연대사업을 공유하고 있지만, 중·장기 사업 현실화를 위해서는 문제의식의 확장과 장기적 토론이 더 필요해 보인다.

이러한 문제는 경남지부의 사회연대사업에 대한 조합원 참여가 확대되지 않은 채 기금 운용의 적절성에만 관심이 집중되는 결과를 낳고 있다. 사업에 대한 조합원 참여를 활성화하는 것이 무엇보다 중요한 과제다. 이미 사회연대사업 실천단 구성이 실패했던 것처럼, 여전히 사회연대위원회가 계획하고 집행하는 사업에 대한 조합원들의 관심은 낮은 편이며, 이는 사업을 확대하는 데 어려움으로 작용하고 있다. 이를 극복하기 위해서 2023년부터 지역별(창원, 김해, 거제·통영, 사천 등)로 조합원들이 직접 사업을 기획하고 집행할 수 있도록 계획하고 있고, 조합원 의견 수렴을 위한 지역별 간담회를 실시 중이다. 조합원 참여를 확대하기 위해서는 사회연대사업을 특정 부서의 사업으로 인식하는 노조 간부들의 인식이 개선되어야 하고, 이를 위해서는 사회연대사업에 대한 교육을 더욱 강화하고 지역·지회별로 사회연대위원을 확대하여 사회연대사업의 주체를 폭넓게 세워야 한다.

2018년 사회연대사업에 대한 공청회에서 많은 지적과 평가가 있었다. 핵심논점들은 다음과 같다. 먼저, 사회연대기금 사업의 목적과 방향이 불분명하고, 성과를 평가할 기준이 불명확하다는 것이다. "경남지부 내에서 합의된 사업 방향이 필요하며, 지부가 중심을 잡고 사업을 확대하는 방식이 필요하다. 연대사업의 대상이 누구인지, 조직 확대사업, 사회연대사업, 사회공헌 활동이 혼재되어 사업의 목표가 명확하지 않다. 취약노동자의 집합적 목소리를 강화하고, 활동가를 육성하며, 조직화를 지원하는 방향이 되어야 한다"라는 지적이 많았다.

둘째, 사업 주체인 노동조합의 주도성과 관련하여, 시민사회단체들이 제안한 공모사업을 선택적으로 지원하는 방식은 노동 주도성을 관철하기 어렵고 노조가 주체가 되는 사업이라고 보기 어렵다. 노조 스스로 기획과 역량을 발휘해야 하며, 조합원의 열의와 관심을 끌어내야 한다. 그러려면 금속노조 경남지부가 사회연대를 위해 중요하게 결합하고자 하는 사업이 무엇인지 정리해야 한다. 이미 경남지부의 사회연대사업은 6~7년 이상 안정적으로 지속되어 왔지만, 애초 사회연대사업을 통해서 얻고자 했던 지역 시민사회와의 네트워크 형성은 내용상으로 큰 성과를 얻지 못한 것으로 보인다. 일회적 사업의 위·수탁을 넘어서 지회-시민사회단체의 연계, 지역 네트워크를 형성하기 위해서는 사업이 지속적으로 진행되어야 하고, 참여 조합원이 많아져야 하며, 시민사회단체가 주도하는 지역적, 사회적 의제에 대한 조합원들의 공감과 이해가 깊어져야 한다. 다시 노조의 연대·연합전략, 노조 정체성과 의제의 재구성이 중요한 이유다.

셋째, 사업내용과 관련하여, 지역에 관한 조사와 연구에 기반하여 지역사회 영향력을 강화하고 지역 차원의 교섭과 실천, 투쟁 의제로 쟁점화할 수 있는 사업을 만들기 위한 의식적 노력이 필요하다. 지역에 대한 이해를 높이는 연구와 장기 전략을 바탕으로 사회연대사업을 기획할 필요가 있다. 이와 관련하여 사회연대위원회의 구성이나 운영과 관련하여 지역 시민사회의 참여와 연계를 어느 수준에서 정할 것인지의 원칙이 필요하다는 것이다.

넷째, 사업을 통해 주체화 과정이 이루어져야 한다. 퇴직자, 여성노동자, 청년·학생, 비정규 노동자, 이주노동자 등 전략적으로 지원해야 하는 노동자들의 주체화를 위한 사업이 필요하다. 현재 사회연대사업의 방향은 당사자들의 조직화와 주체화를 지원하는 방향에 초점을 맞추고 있기는 하지만, 지역사회에서 사회정의를 추구하는 시민사회단체의 역량을 강화하기 위한 지원, 특히 시민사회 활동가, 비정규직 여성 활동가 양성이 필요하다는 요구가 많았다.

다섯째, 사회연대기금에 대한 사용자 출연 여부에 따라 노사공동기금이 될 경우, 노동 중심성을 어떻게 관철할 수 있을지 기금의 사업 방향에 대한 원칙이 필요하다. 사회연대사업에서 취약계층 복지지원을 얼마나 어떻게 지원해야 할 것인지, 정부의 복지정책과 어떻게 연결할 것인지 정리해야 한다. 사회연대기금을 장기적으로 현재와 같은 노동자 독자기금으로 유지하고 노조의 취약노동자 조직화와 노조-시민사회단체 연대라는 지역사회 네트워크 형성을 위주로 발전시켜 갈 것인지, 사용자의 기금 출연을 통해 사회연대기금의 규모를 확장하고 사업 영역을 새롭게 확장할 것인지에 대한 고민도 필요하다.

한편, 사회연대전략의 개념과 전략 그 자체와 관련된 쟁점도 있다. 이재훈·손우정(2017)에 따르면, 첫째. 지역사회연대전략의 가치와 목표, 수단이 모호하다. 지역사회연대 전략은 노동운동의 발전 전망이라는 포괄적 기획 속에 배치되고, 지역사회연대 사업과 노동운동의 발전 전망 사이의 연계를 분명히 할 수 있는 전략과 목표가 정립되어야 한다는 것이다. 이와 관련하여, 민주노총 사회연대위원회 지역사업단은 2015년 노동자 지역 활동의 과제로 산별노조운동의 발전, 비정규 노동자운동 강화, 청년·퇴직노동자운동 활성화, 노동자 정치연대, 통일운동, 국민기본권 확보를 위한 생활연대, 민주노조운동 주체의 혁신 강화, 반신자유주의 투쟁 전선 확장을 제시한 바 있다.

둘째, 지역사회연대사업이 노동운동의 총체적 전망과 유기적으로 결합되지 못해 노조 내 부서나 위원회 사이의 연계성이 부족하다는 점이다. 지역연대 사업은 미조직·비정규 전략사업과 대외협력사업, 사회연대위원회, 지역공동위원회와 깊은 관계가 있고, 여성위원회와 정치위원회, 통일위원회, 해고자복직특별위원회도 무관치 않다. 지역은 다양한 사업 영역과 의제가 종합적으로 제기되는 공간이라는 점에서, 지역연대 사업은 노동운동의 총체적 발전의 전망 속에 기획되어야 하고, 부서사업을 넘어 시너지 효과를 기대할 수 있는 협력체계가 필요하다.

셋째, 지역연대 사업에 대한 정파적 시각을 극복하는 것이다. 지역연대 사업은 풀뿌리 민주주의라는 관점에서 지역이라는 공간에 존재하는 다양한 주체 간의 새로운 연대 관계 형성, 상향식 의제설정이라는 원칙에 따라 정립되어야 한다. 사회연대, 지역연대 개념의 범위가 넓고 시민사회단체나 시회운동 행위자가 많을 때 정파적 입장에 따라 우선 추진하고 싶거나 추진해야 하는 사업의 내용이 다를 수 있다. 사회연대위원회를 통해 사회연대사업의 우선순위에 대한 내부의 합의를 이뤄내는 노력이 필요하다.

넷째, 조합원이 연대사업의 주체가 되어야 하는데, 지역사회연대전략은 실제 지역의 상황과 요구, 고민을 반영한 '전략'으로 정립되어 있지 못해 지역사회에 대한 '기부'와 '봉사'의 의미로 이해되는 경우가 많고, 정반대로 연대 활동과 사회공헌 활동을 기계적으로 구분하기도 한다. 기금의 출처와 노조의 주도성은 반드시 필연적 관계를 맺고 있는 것은 아니지만, 노조의 주도성이 관철되려면 노조 자체의 전망이 수립되어야 한다(이재훈 손우정 외, 2017, 현광훈, 2019).

5. 몇 가지 쟁점과 제언

경남지부는 사회연대기금 사업을 선도적으로 진행해왔지만, 지역 차원에서 사회연대사업의 목표와 대상, 기준이 명확하지 않으며, 이와 관련한 토론과 담론 역시 취약하다. 사회연대사업의 목표가 무엇인가? 대체로 노조의 이미지 개선, 조합원 사회공헌 활동 및 시민사회단체 연계 강화, 조합원 소비협동조합 조직화와 사회적 경제 형성, 생산자 협동조합을 통한 퇴직조합원 재취업, 시민사회단체와의 연계를 통한 지역사회 영향력 강화, 상설협의체와 연대기구 강화를 언급하는 경우가 많다(허인, 2019). 사회연대사업이 구체적으로 무엇을 목표로 어떤 사업을 해야 하는지와 관련해, 노동조합의 지역사회 영향력 강화, 미조직 · 비정규 노동자의 근로조건 개선과 조직화, 취약노동자의 자립화와 사회적 보호, 취약계층 복지지원 강화, 지역사회의 불평등 완화와 진보적 발전, 지역 사회운동의 활성화 등 어디에 방점을 찍고, 이를 지역노동운동의 장기적 전망과 어떻게 연결할 것인지에 대한 고민이 더 심화되어야 한다. 경남지부 사회연대사업이 집중해야 할 지점이 이 중 어느 부분이고, 여러 사업 방향을 동시에 진행한다면 어떻게 조합원들이 참여하는 역할체계를 만들어갈 것인지, 취약계층 복지지원을 위한 노조의 노력에는 어떤 방향과 원칙이 필요하며, 사회연대사업이 어떤 방향으로 가야 하는지는 여전히 남은 과제이다.

경남지부의 사회연대사업은 노조가 지역사회에 대한 사회적 책임을 다하는 주체로 인정받기 위한 의제설정 전략이었다. 여기에서 한발 더 나아가기 위해서는 금속노조 경남지부와 민주노총 경남본부, 노조와 지역 시민사회 사이에 지역사회 재구조화를 위한 전략적 비전을 공유하고 정책적 프로그램을 위한 정책 역량을 강화하는 것이 시급하다. 이러한 측면에서 금속노조 경남지부의 노조 재활성화 전략은 여전히 진행 중인 과제이다.

〈표 14〉에서 보듯이, ① 사회연대기금의 궁극적 목적이 비정규 노동자나 취약계층의 복지 개선이나 주체 형성인지, 아니면 지역사회의 진보적 변화를 끌어내기 위한 것인지, ② 사회연대의 대상 역시 일차적으로 비정규 노동자, 이주노동자 등 계급 내 연대를 중시할 것인지, 사회적 취약계층이나 여타 계급들과의 계급 간 연대를 중시할 것인지도 고민해야 한다. ③ 사회연대기금의 형태를 노조 조합원기금으로 할 것인지, 노사공동기금을 확대해 사업을 확장할 것인지, ④ 사회연대기금의 규모와 사업 영역이 확장될 때, 이를 조합 간부로 구성된 사회연대위원회가 전적으로 운영할 것인지, 노조와 시민사회단체가 공동으로 운영하는 기금으로 할 것인지, 독립적인 재단 형태

로 나아갈 것인지도 명확하지 않다. ⑤ 사회연대위원회가 조합원만이 아니라 퇴직자, 비정규직, 청년학생, 여성, 취약계층을 위한 사업을 한다고 할 때 조합원들의 역할과 참여는 어떠한 형태를 취해야 하는지, ⑥ 사회연대기금이 추구하는 공익적 목적이 노조만의 과제가 아니라는 점에서, 유사한 목적과 책임을 갖는 지방정부와 자본가단체, 시민사회 등 지역사회의 다양한 행위자들의 역할과 협력을 어떻게 설정할 것인지, ⑦ 지역사회의 진보적 발전을 위한 사회연대기금의 기능을 생각한다면, 자본의 지배로부터 자유로운 사회적 경제의 활성화와 이 과정에서 노조의 역할에 대한 고민이 무엇보다 필요하다.

〈표 14〉 사회연대기금의 쟁점

쟁점	내용
사회연대기금의 목적	주체 형성 vs. 복지 개선 vs. 지역사회 변화 사회연대 vs. 사회공헌 사회적 협력 vs. 계급투쟁 헤게모니
사회연대의 대상	비정규 노동자 vs 사회적 취약계층(청소년, 여성, 중고령자, 실직자, 장애인 등) vs. 다른 계급(농민, 자영업자, 빈민 등)
사회연대기금의 형태	노사공동기금 vs. 노조 자체기금
기금 운용에서 노조 역할	노조 산하 기구 vs. 중간조직 vs. 독립기구
조합원 참여 방안	조합원, 퇴직자, 비정규직, 청년 · 학생, 여성,
취약계층 지원에서 각 주체의 역할	노조와 지방정부, 자본, 시민사회의 역할 구분과 협력
사회적 경제에서 노조의 역할	협동조합, 사회적 기업, 일자리, 신용, 투자

당면한 과제는 사업의 방향을 정립하고, 과감한 기획을 통해 적절한 사업을 발굴하는 것이다. 하지만 사회연대사업은 단순히 기금을 활용해 투입대비 효과가 높은 사업을 선별하는 문제를 넘어서, 노동조합운동의 방향을 재

정립하고, 이를 위한 전략적 고리를 찾아 의제를 설정하고, 주체를 형성하며, 목표를 제시하는 것이어야 한다. 이런 점에서 지역 차원의 사회연대 사업을 어떻게 해야 할 것인가에 관한 토론이나 담론이 여전히 부족하다. 사업 방향과 목표, 사업내용과 초점을 명확히 하고 이에 대한 조직 내 합의를 끌어내는 노력이 있어야 한다. 사회연대전략은 노동운동의 혁신과 재활성화 전략과 연결되지 않으면 애초의 목표를 달성하기 어렵다. 사회연대전략은 작업장 울타리를 넘어 노동자 정체성을 확립하고 노조의 기능과 역할을 미조직 취약노동자를 포함한 지역사회 전체로 확장하고, 지역의 시민사회 역량을 강화해 사회변동을 추구하기 위한 것이다. 이러한 의미에서 사회연대전략은 노조 정체성을 '사회적 노조주의'로 전환하는 것이다.

노조의 지역사회 영향력, 지역사회의 진보적 발전을 목표로 한 노조 독자기금으로 발전시킬 가능성을 모색할 필요가 있다. 기금 규모를 확대하기 위해 노사공동의 사회공헌기금으로 운영한다면, 노동조합의 주도성 확보에 초점을 맞추어 지역사회 발전과 관련한 공통의제, 취약계층 지원, 지역문화 활성화, 청년지원, 노동인권 교육, 사회적 경제 지원 등의 사업을 기획 추진할수 있다. 계속 노조 독자기금으로 간다면, 취약노동자 실태조사와 이익 대변, 조직화 지원, 활동가 육성과 장학사업, 시민사회단체의 지역 의제 지원, 지역사회 진보적 의제연구 지원, 사회적 경제 활성화 등의 사업 영역으로 확장할수 있다. 노사공동의 취약계층 복지지원 이외에, ① 여성, 중고령 은퇴자, 장애인, 이주, 청년, 특고 등 취약노동자 실태조사와 이익 대변, 조직화 지원, ② 협동조합과 일자리, 신용, 투자 등 사회적 경제 중심의 진보적 경제생태계 형성, 노동자-농민-자영업의 순환경제 조성, ③ 지역사회 진보적 사회운동 역량 강화의 차원에서 시민사회 활동가 육성 및 관계망 강화라는 방향을 고려할 수 있다. 무엇이 되든 지역사회에서 사회적 경제나 진보적 사회변동을 주도할 수 있는 사회적 비전과 인적, 재정적 자원과 역량을 가지고 이를 주도할 수 있는 주체는 노동조합뿐이다. 사회연대기금을 통해 지역사회에서 노조주도의 협동조합 운동과 사회적 경제 생태계 구축을 고민할 필요가 있다. 장기적으로 신용조합과 민중 금고, 협동조합 네트워크, 소액금융과 지역사회 대출기금, 커뮤니티 공공재단. 협동조합과 사회적 기업에 대한 지역사회투자기금으로 일자리 만들기 등에 대한 고민도 필요하다.

이를 위해서는 노조 차원의 지역사회연대사업을 교섭 및 조직과 같은 노조의 핵심사업과 분리된 별도의 부서사업이 아니라, 조사통계, 상담, 법률, 공제, 복지 등 노조 부서들의 사업을 미조직, 취약노동자에게로 확대하고 확장된 사업을 관련 시민사회단체와 공동으로 진행하는 것이 바람직하다. 특히 사회연대기금을 지역공동위원회 활동과 결합하여 노조의 핵심사업으로 고려할 필요가 있다. 지역공동위원회가 사내 하청 및 미조직 비정규 노동자 조직화 사업 강화를 목표로 한다면, 사회연대위원회 활동과 공유하는 지점을 구체화할 수 있을 것이다. 사회연대위원회를 기금 지출과 집행기구로 한정할 것이 아니라, 지역사회 불평등 극복과 사회정의 실천이라는 맥락에서 지역사회운동의 강화·발전을 기획하고 지원하는 기구로 발전시킬 필요가 있다.

제8장

거제·통영·고성 조선하청지회의 하청노동자 조직화와 동원

2022년 6~7월에 걸쳐 거제의 대우조선해양(현재 한화 오션) 하청노동자들은 51일간의 대규모 파업투쟁을 전개했고, 이는 전국적으로 큰 반향을 불러일으켰다. 하청노동자들은 6월 2일부터 부분파업, 6월 7일부터 전면파업과 8개 거점농성에 돌입했고, 6월 22일부터는 1 도크 고공농성을 통해 조선소의 생산을 중단시켰다. 파업노동자들은 구조조정과정에서 삭감된 임금의 원상회복과 하청노조 인정을 요구했다. 노동자들은 스스로 철창에 갇힌 채 "이대로 살 순 없지 않습니까."라는 피켓을 들고 자신들의 열악한 현실을 고발했다. 파업은 노사 간 충돌과 정규직 일부의 금속노조 탈퇴운동, 사용자들의 공권력 투입요구 속에서 장기화하였다. 7월 15일부터는 교섭국면이 시작되었고, 정부가 공권력 투입을 압박하고 노동계의 총력투쟁과 사회적 연대가 확산하는 가운데, 7월 22일 잠정 합의안이 발표되면서 투쟁은 마무리되었다.

이 투쟁은 자원이 부족한 사내 하청노동자들이 원청대기업을 상대로 장기간 치열한 파업투쟁을 벌였고 전국적인 연대와 원·하청 노사합의로 투쟁을 마무리 지었다는 점에서, 최근 노동운동의 중요한 이정표로 기록되었다.

이 투쟁을 주도한 전국금속노조 경남지부 거제·통영·고성 조선하청지회(이하 거통고 조선하청지회)는 거제·통영·고성지역의 조선소 사내 하청노동자와 영세업체 노동자를 포괄하는 지역지회로 2017년 1월 결성되었다.

거통고 조선하청지회는 조합원 수도 많지 않아 거대조선소의 대자본과 하청기업을 상대로 단체교섭에서 성과를 얻기는 매우 힘든 조건이었다. 조선소 하청노동자 대부분이 지역이나 기업 간 이동이 잦고 저임금으로 힘들게 일하는 상황에서, 하청노동자의 조직화와 동원이 매우 어렵기 때문이다. 실제 2004년 현대중공업 하청노조 투쟁이 실패한 이후, 조선하청노동자들이 대규모 투쟁을 전개한 사례가 없었다. 거대조선소의 하청 중심 생산체제에서, 원청대기업은 계약해지를 통해 하청노동자의 고용불안을 이용했고 노조 활동에 대한 폭력적 탄압으로 조직화를 방해했다. 이러한 조건은 노동자들의 단결과 목소리 내기에 결정적인 어려움으로 작용해왔다. 하청노동자들이 노조에 가입하는 것은 높은 비용과 개인적 결단을 요구하는 고위험 행동이기 때문이다.

이런 점에서, 2022년 거통고 조선하청지회의 투쟁은 투쟁 규모나 강도뿐 아니라, 전국적 관심 속에 노사 간 합의로 마무리되었다는 점에서 매우 예외적인 사건이었다. 거통고 조선하청지회는 조선소 역사상 처음으로 도크를 점거해 생산을 중단시켰고 노동계의 총력투쟁과 국민적 지지를 얻어냈다. 이 투쟁을 통해 조선소 하청노동자의 실상이 전국에 알려졌고, 노조법 제2, 3조 개정 운동이 본격화되었다. 이처럼 51일 파업은 투쟁 양상의 치열함과 전 사회에 미친 파장, 연대 수준에서 전례를 찾기 힘들 만큼 특별했다(금속노조 51일 파업투쟁 평가 초안). 이 투쟁은 계약해지로 인한 고용불안, 정규직 노조의 무관심, 노동자들의 이질성과 높은 이동성, 원·하청 노사의 극심한 권력 격차로 요약되는 조선업 하청 노사관계에서, 자원이 취약한 하청노조가 성공적인 조직화와 동원을 통해 하청노동자의 열악한 현실을 전국적 현안으로 부각한 드문 사례였다.

소규모 하청노조가 강력한 원청대기업을 상대로 어떻게 이처럼 길고 완강한 투쟁을 이끌어갈 수 있었을까? 이 장은 거통고 조선하청지회의 사례를 통해, 권력 자원이 취약한 조선하청노동자의 조직화와 동원과정을 검토하고, 그 성공에 영향을 미친 요인들을 분석한다. 거통고 조선하청지회가 노조 결성과 작업장투쟁 과정에서 어떠한 전략을 추구했는지, 특히 조직화와 투쟁의 성패를 결정하는데 리더십이 어떤 영향을 미쳤는지 분석한다.

연구를 위해서 조선업 하청노동자 운동에 대한 기존 문헌과 거통고지회의 노보를 분석하고, 노조 간부 13명에 대한 심층 면접을 진행했다. 심층 면접은 2022년 10월 한 달에 걸쳐서 8차례 이루어졌고, 각각의 면담은 2시간에서 2시간 30분가량 진행했다. 면접 대상자로는 거통고지회의 임원 5명과 집행 간부 2명, 대우조선 정규직 지회 활동가 2명, 현대중공업 조선하청지회 활동가와 전남지역 조선하청지회 간부 5명과 현대삼호조선 정규직 지회장, 금속노조 본조 비정규담당 임원, 금속노조 경남지부 미비 담당 간부 1명을 포함했다.

1. 노동자 동원이론과 노조의 전략적 역량, 주요논점

1) 노동자 동원이론과 노조의 전략적 역량

노사관계 문헌에서 노동자들이 어떻게 집합적 행위자로 변화하는지를 설명하는 대표적 이론이 켈리의 '동원'이론이다(Kelly, 1998).[16] 켈리에 따르면, 노사 간 이익갈등이 꼭 노동자의 집합행동으로 귀결되지는 않으며, 노동자들은 자신의 불만이 집합적으로 공유되고 사건·상황이 부당하다는 확신이 설 때, 즉 '부정의한'(injustice) 것으로 프레이밍 될 때, 집합적 이익을 공유하는 사회집단으로 결속한다. 그는 노동자들의 집합적 결속을 위해서는 잘못된 상황에 대한 사용자책임 귀속, '우리'라는 감각을 발전시키는 사회적 동일시, 리더십의 역할이라는 세 가지 과정이 필요하다고 말한다. 클랜더만스에 따르면, 노조 참여는 노력과 시간을 투입해야 하는 일이고, 파업과 같은 대중동원은 출발비용이 크기 때문에 최저수준 이상의 참여라는 문턱을 넘는 것이 중요하다. 노동자들이 그 문턱을 넘어설 수 있다는 확신을 갖기 위해서는 타자의 행동에 대한 기대가 충족되어야 하고, 이는 타자의 참여를 촉진하는 효과적인 조직화 전략이나 리더십 역할, 과거 투쟁의 경험과 역사로부터 영향을 받는다(Klandermans, 1996).

켈리의 동원이론에서 리더십은 핵심적이다. 리더십은 동원과정에서 노동자들의 개인적 불만을 '부정의한' 것으로 프레이밍 하며. 노동자들의 집단응집력과 정체성을 촉진하고 사용자에 대한 적대를 강화한다. 또한, 리더십은 고비용 집합행동 경험이 없는 노동자들에게 집합행동의 필요성과 참여를 설득하며, 파업을 불법으로 몰아가는 사용자의 탄압에 맞서 집합행동의 정당성을 옹호하는 역할을 한다.

---

16 '동원'은 한 집단이 행동에 필요한 자원에 대해 통제력을 획득하는 과정, 개인들이 집합적 행위자로 변화되는 것을 의미한다. '동원'은 이미 존재하는 권력 자원을 활용하고 활성화하는 것이며, '조직화'는 변화를 위해 필요한 자원을 발전시킬 전략을 발견하기 위한 작업이다(Holgate & Simms & Tapia, 2018).

그러나 부정의와 리더십을 동원의 기초로 강조하는 켈리의 이론에 대해, 그것이 노동과정의 모순과 자연 발생적 동원을 무시한다는 비판이 제기되었다(Atzeni, 2009). 앳지니는 동원의 원인을 '부정의' 프레이밍이 아니라 노동과정의 모순에서 비롯한 작업장 연대에서 찾고, 리더십을 동원의 전제가 아니라 그 산물로 간주한다. 노동자의 이익과 집합행동은 '부정의'라는 도덕적 개념이 아니라 자본주의 노동과정의 구조적 모순과 고용 관계의 갈등적 성격, 작업장 내외의 권력 관계에서 출현한다는 것이다. 달링톤도 켈리 이론의 문제점을 세 가지 측면에서 지적했다(Darlington, 2018). 먼저, 켈리의 동원이론은 노동자의 집합적 이익이 객관적 조건에 의해 어떻게 창출되는지에 주목하기보다 리더십이 '부정의'라는 주관적 느낌을 어떻게 유발하는가에 초점을 맞추고 있다. 둘째로, 노동과정의 착취적 성격에서 노사갈등이 발원한다는 점에서, 노동자의 저항 행동은 부정의 프레이밍 과정을 거치지 않고도 자연 발생적이고 조정되지 않은 형태로 발생할 수 있다. 셋째, 켈리의 이론이 활동가와 조합원의 상호역동적인 관계에 주목하지 않기 때문에 집합행동에서 조합원의 역할을 무시한다. 리더십은 활동가의 노력과 활동가에 대한 조합원의 기대 사이의 상호작용인 '관계로서의 리더십'인데, 켈리의 동원이론은 조합원과 조합 내 관계들이 집합적 동원에 미치는 영향을 간과하고 있다는 것이다. 달링톤의 논의는 집합행동에는 리더십의 계획된 지도보다 현장 활동가들의 자연 발생적 투쟁 계기들이 중요하며, 자연 발생적 현장리더십과 목적 의식적인 전략적 리더십의 결합이 중요하다는 점을 보여준다. 중장기적 목표설정과 전략적 기획을 통해 조직을 확장하고 투쟁을 배치하는 전략적 리더십과 당면 요구를 실현하고 집합행동을 조율하는 현장 리더십의 역할을 구분하는 것이 필요하다.

켈리의 동원이론이 노동자 동원과정에서 리더십의 프레이밍 역할에 주목한다면, 갠즈는 리더십의 '전략적 역량'(strategic capacity)을 강조한다(Ganz, 2000). 그는 1960년대 미국농업노동자연합(UFW) 사례에서 조직의 리더십이 어떻게 효과적 전략을 통해 자원의 취약성을 극복할 수 있었는지 분석했다. 첫째, 자원이 취약한 조직도 기회를 효과적으로 활용하는 '전략'을 구사함으로써 조직적 성과를 거둘 수 있다. 자원이 취약한 신생조직도 자원 동원의 적절한 시점(timing)과 표적화(targeting), 다양한 전술을 활용하는 새로운 '전략'을 통해 조직화 목표를 달성할 수 있다는 것이다. 둘째로, 전략의 효과성은 리더십의 '전략적 역량'에 의존한다. 전략적 역량은 불확실한 조건에서 새로운 알고리즘을 산출하는 능력으로, 핵심지식과 정보, 그에 대해 숙고하는 탐색(heuristic) 과정, 이에 대한 동기부여를 구성요소로 한다(Ganz, 2004). 레베스크·머레이 역시 급속히 변화하는 환경에서는 권력 자원의 크기보다 오히려 이를 활용할 수 있는 '전략적 역량'(중재, 프레이밍, 조정, 학습)이 더 중요하다는 점을 강조한다(Lévesque & Murray, 2010).

셋째로 혁신적 전략은 지도자 개인의 특성을 넘어, 책임을 공유하는 리더십 팀원 간의 상호작용과 조직구조의 산물이다. 조직의 리더십이 내부자와 외부자를 포함하고 강한 네트워크와 약한 네트워크에 모두 연결되어 있으며 다양한 집합행동 레퍼토리를 활용할 수 있을 때, 효과적이고 혁신적인 전략을 만들기 쉽다. 또한, 조직 내부에 정규적이고 개방적이며 권위 있는 숙의(deliberation) 과정이 존재하고 조직의 자원이 다양한 구성원들로부터 공급되며 구성원들 사이의 책임성이 강할 때, 효과적 전략이 발전되기 쉽다. 특히 전략적 역량은 조직적 관성에 물든 조직보다는 신생조직에서 쉽게 발전한다. 신생조직은 자원이 취약하지만, 새로운 지도자로 구성되고 조직적 유연성이 높으며 환경과의 긴밀한 조정을 통해 활동해야 하기 때문이다. 신생조직은 오랜 조직과 달리 제도화된 일상에 제약받지 않고 핵심정보나 전략 탐색에 더 주목한다(Ganz, 2000).

한편, 비정규 노동자의 조직화와 동원에 관해서는 많은 국내연구가 조직화의 필요성과 그 어려움을 지적하며, 조직화의 촉진/장애 요인을 분석해왔다. 대부분 연구는 조직화 과정에서 집합적 불만, 기회/위협, 권력 자원과 노조 역량, 사용자대응과 같은 요인들을 강조했다(조효래, 2008; 조돈문, 2009; 장귀연, 2009; 이병훈·홍석범·권현지, 2014; 홍석범, 2016; 장진범, 2021). 이 연구들은 대부분 금속산업 비정규 노동자의 조직화와 동원을 조직결성, 인정을 위한 투쟁, 단체교섭 단계로 구분하며, 조직화 단계에서는 초동 주체의 형성과 작업장 네트워크, 투쟁단계에서는 정규직과의 연대가 중요하다는 점을 강조하고 있다. 그러나 유형근(2020)은 최근 사내 하청노동자 조직화의 성공사례들이 모두 정규직 연대와 상관없는 부분에서 출현했다는 점을 지적하고 있다. 조돈문(2011)은 2010년까지 비정규 노동자의 조직화와 동원과정에서 투쟁과 조직화의 상호관계 및 역동성을 통해, 비정규직의 조직/동원역량 → 투쟁의 승패 → 조직력 변화라는 두 과정에서 '투쟁과 조직의 변증법'이 작동한다는 점을 강조하고 있다.

비정규직 조직화 연구들이 2000년대 초반까지 제조업 부문에서 정규직 노조와의 연대와 그 결과에 주목했다면, 2010년대 중반 이후로는 점차 상급단체의 전략적 조직화와 혁신 노력, 비정규노조의 '전략적 역량'을 중시하는 방향으로 변화했다. 많은 연구가 갠즈의 '전략적 역량' 개념을 활용해 대학 비정규직노조(이병훈·김직수, 2014), 알바노조(이찬우·최인이, 2014), 유통서비스노조(권혜원 2014), 희망연대노조(권혜원, 2015), 서울 공단조직화캠페인연합(유형근,

2015), 자동차판매노조(황현일, 2020)의 조직화 과정을 분석했다. 특히 이 연구들은 새로운 전략을 추구하는 노조 내부의 혁신과 지역사회나 시민단체와의 연대를 강조하고 있다.

2) 주요논점

이상의 논의를 종합하면, 사내 하청노동자의 조직화와 동원은 두 가지 차원으로 구분할 수 있다. 하나는 주어진 기회/위협이라는 조건에서, 생산과정으로부터 발생하는 노동자들의 집합적 불만이 자연 발생적 항의로 발전하는 과정이며, 다른 하나는 조직적 행위자들이 노조의 조직력을 강화하기 위해 전략적으로 개입하는 과정이다.

기존연구에서 주목할 첫 번째 논점은 노동자들의 '집단적 불만'과 리더십의 '전략적 역량' 사이의 관계다. 조선하청노동자들의 불만이 '하청 중심 생산체제'라는 노동과정의 구조적 모순으로부터 발생한다는 점에서, 노동자들의 집합행동 참여는 '부정의' 프레임보다는 노사 간 권력 관계의 변화에 더 큰 영향을 받는 것으로 보인다. 하청업체에 항의해봐야 별로 나올 게 없고 거대한 원청자본에 대항해 봐야 자신만 손해라는 체념과 무기력이 하청노동자들의 공통된 정서였다. 이때 동원에 중요한 것은 자신의 불만을 부정의로 인지하는지가 아니라, 불만 표출과 항의가 성공할 수 있다는 희망을 가질 수 있는지다. 원청업체와 하청노동자 사이의 압도적인 권력 불균형 때문에 '해도 안 된다'라는 패배의식을 극복하고 '투쟁을 통해 무언가 바꿀 수 있다'라는 희망과 확신을 갖는 것은 매우 중요하다. 이는 집합행동의 효능을 체감하는 문제이다.

이는 적절한 시점에 적절한 대상을 정해 적절한 전술을 활용함으로써, 분노한 노동자들에게 성공의 가능성과 희망을 제시할 수 있는 노조의 전략적 역량에 달려 있다. 노조의 전략적 역량은 현장의 정서와 분위기를 읽어내 실현 가능한 목표를 제시하고 투쟁참여를 유도하며 적절한 투쟁방식을 조율할 수 있는 유능한 리더십을 요구한다. 이는 더 많은 참여자를 충원할 수 있도록 네트워크를 활성화하는 중재 능력, 노동자들의 요구사항을 구체화하고 요구사항의 법적 근거와 투쟁의 정당성을 옹호하는 프레이밍 능력, 적절한 투쟁목표와 시점, 대상, 전술적 지침을 제시하며, 지도부에 대한 신뢰와 집합적 효능을 고무하는 능력을 포함한다(Lévesque & Murray, 2010).

공공부문에 비해 자본의 억압이 강한 제조업 대기업에서 하청노조의 전략적 역량은 '지도부와 대중의 상호작용'이 이루어지는 조직구조의 영향을 크게 받는다.[17] 리더십의 전략적 역량은 지도부의 경험과 네트워크뿐만 아니라, 대중과 접촉하면서 신뢰를 얻어가는 상호작용에 크게 의존한다. 이는 노조의 조직구조와 운영방식에 주목해야 한다는 것을 의미한다. 노조의 '전략적 역량'이 학습을 통해 가장 효과적인 행위를 선택하는 역량이라는 점에서, 민주적 조직구조는 조합원들에게 지속적인 참여와 토론, 교육의 기회를 제공해 지도부와 조합원의 상향식 대화를 촉진하고 밑으로부터 새로운 리더십을 발굴할 수 있게 한다(Hyman, 2007).

둘째로, 하청노동자들이 집합적 주체로 전환하는 과정은 일회적인 사건이 아니라 크고 작은 투쟁의 성과와 경험을 통해 이루어지는 장기적 과정이

---

17 달링턴에 따르면, 리더십은 동원을 위한 전제조건이 아니며, 거꾸로 투쟁 과정에서 형성될 수 있다. 달링턴은 동료들에게 자연스러운 영향력을 행사하고 존중받는 유기적 지도자와, 강한 노조 열망을 가지고 불만을 프레이밍 하는 활동가를 구분한다(Darlington, 2018).

다. 이것은 노조가 다양한 계기를 통해 집합적 불만을 투쟁으로 발전시켜 가면서, 동시에 투쟁을 통해 노동조합 조직을 확대해가는 '조직과 투쟁의 변증법적 과정'이다.

조돈문(2011)은 비정규직 주체의 조직·동원역량에 따라 투쟁의 승패가 결정되고, 그 승패에 따라 다시 조직력이 영향을 받는 '투쟁과 조직의 변증법'을 강조한 바 있다. 첫 번째 과정에서는 정규직 연대와 주체의 응집력, 자본과 정부의 대응이 투쟁의 승패에 영향을 미치고, 두 번째 과정에서는 투쟁의 성과가 조합원 이탈과 자본의 탄압, 정규직 전환을 매개로 조직력에 영향을 미친다. 투쟁과 조직의 변증법적 과정에서 투쟁의 승리가 매우 중요한데, 비정규직 투쟁은 수세적이고 계급 대리전 성격을 띠는 경우가 많아 대부분 극단적 투쟁과 조직력 약화로 귀결되는 경향이 있기 때문이다. 그는 계급 주체 형성이라는 관점에서 투쟁조직의 보전·강화라는 목표가 가장 합리적 선택이며, 이와 관련하여 정규직 연대나 사회적 연대, 위치적 권력의 중요성을 강조한다.

중요한 것은 '투쟁과 조직의 변증법'이 '열린 과정'이라는 점이다. 조돈문의 지적처럼 계급대리전으로 전개되는 사업장 단체교섭 투쟁이 강경투쟁 전략과 양보타협 전략 사이의 분열을 초래할 수도 있지만, 노조 내부의 합의를 통해 일정한 성과로 귀결될 수도 있다. 제조업 사내 하청노조의 투쟁에서 정규직 노조의 연대가 중요하다는 사실은 변함없지만, 대기업의 하청 중심 생산체제에서 하청노동자의 독자적 동원과 정규직 노조 연대가 갈등에 직면할 수밖에 없는 현실에서는(유형근, 2020), 정규직 연대가 곧 투쟁의 포기를 의미하는 경우도 적지 않다. 다른 한편으로 하청노조의 투쟁이 점차 독자적 동원력과 상급단체나 지역사회의 도덕적 연대에 의존하는 만큼, 투쟁 과정에서 내적 응집력을 강화하고 외적인 연대자원을 동원할 수 있는 전략적 역량이 점점 중요해지고 있다.

투쟁과 조직의 변증법은 하청노동자의 불만과 노조의 전략적 역량이 결합하면서 상승하는 과정이 될 수도 있다. 조직화/동원의 각 단계에서 노조의 전략과 성과는 사용자의 탄압과 정규직 노조의 연대, 정부정책과 같은 기회/위협 요인에 큰 영향을 받지만, 무엇보다 하청노동자의 집단적 불만과 하청노조의 전략적 역량에 가장 큰 영향을 받는다. 이러한 투쟁과 조직의 변증법은 집단적 불만의 누적 → 자연 발생적 투쟁 → 노조결성 → 조직적으로 조율된 작업장투쟁 → 조직의 확대 강화 → 대규모 단체교섭 투쟁으로 상승한다.

2. 거통고 조선하청지회의 조직화 전략과 하청노동자들의 불만

1) 조직화 전략과 거통고 조선하청지회의 결성

거통고 조선하청지회는 초기조직화 과정에서 이후 노조의 성격과 역량에 영향을 미친 중요한 특징들이 만들어졌다. 먼저, 거통고 조선하청지회는 '지역 조직화'라는 금속노조 경남지부의 새로운 조직화 전략에 기초하여 조직결성을 위한 오랜 준비과정을 거쳤다. 노조결성과정에서 지역노동계의 광범위한 합의와 상당한 인적, 재정적, 조직적 지원이 이루어졌고, 이는 노조의 리더십과 네트워크 형성에 큰 영향을 미쳤다. 금속노조 경남지부는 2012~15년경부터 지역 차원에서 노조 운동을 활성화하기 위한 새로운 전략을 모색했고, 지역 조직화를 위한 조직 활동가를 채용했다. 조선소노동자들이 대부분 2차 하청인 물량팀 소속으로 지리적 이동성이 높다는 점에서, 경남지부는 2012년부터 통영에 '금속경남 노동상담소'를 개설하고, 조선하청 조직화를 지역 차원의 장기사업으로 추진했다.

둘째, 지역사회 협력 네트워크가 조직화의 초동 주체 역할을 맡는 등 노조결성과정에서 노조–시민사회단체 연대가 큰 역할을 했다. '거통고 조선소 미조직·비정규사업팀'에는 금속노조 경남지부, 민주노총 거제시지부와 통영연락소, 대우조선노조, 신아SB지회, 성동조선 지회, 거제 비정규센터, 노동문화공간 '새터' 등 지역 내 노조와 노동단체들이 결합했고, 사업은 지역 시민단체들과 연계한 네트워크방식으로 추진되었다. 경남지부의 상근 조직가와 지역 내 노조, 시민단체의 협력 네트워크가 실질적인 조직화 주체로 기능했다. 조선소 중심의 지역경제라는 거제시의 지역적 특성으로 인해, 경남지역에서 조선하청 조직화의 중요성에 대한 광범위한 합의가 존재했다. 이 때문에 금속노조의 조직역량 및 자원 투입이 가능했을 뿐 아니라, 하청노동자의 열악한 실태에 대한 지역사회의 동정과 우호적 여론이 형성되어 하청노조 활동에 대한 지지와 지원이 이루어졌다.

2015년 '거통고 조선소 미조직·비정규사업팀'은 구조조정으로 큰 타격을 받은 하청노동자를 지원하기 위해 지역 내 노동조합과 시민사회단체가 함께하는 '거제·통영·고성 조선소 하청노동자살리기 대책위원회'로 개편되었다. 대책위원회는 지역 내 정당, 사회단체, 노동조합으로 구성되었고 매월 모임을 통해 지역 차원의 사업을 진행했다. 노동조합과 시민단체는 대책위 안에서 공동으로 조직화 사업을 논의하고 SNS를 통해 일상적으로 소통했다. 지역 조직화에서 시민사회단체와의 소통·협력, 지역사회의 지지는 매우 중요한 요소였기 때문이다. 노조–지역사회 연대는 노조가 먼저 노동현안을 지역사회에 제기하고 이를 시민단체와 함께 쟁점화하고 여론을 형성하는 방식이었다. 그 결과 지회를 중심으로 지역사회 차원의 광범위한 네트워크가 형성되었고, 이는 지역노조 활동을 위한 우호적 환경으로 작용했다.

셋째, 노조 준비팀은 조선하청노동자의 잦은 이동을 반영하여 기업별 조직화가 아닌 '지역 조직화'를 목표로 했다. 지역 조직화는 거제·통영·고성지역의 모든 조선소 하청노동자를 단일한 지역지회로 조직하는 것이다. 2017년 2월 결성된 거통고 조선하청지회는 '지역지회'로서의 정체성을 분명히 했다. 거통고 조선하청지회는 조직대상을 경상남도 내 조선업에서 일하는 노동자와 조선업에 근무한 경력이 있는 자, 구직 중인 실업자, 기타제조업에 근무하는 자에까지 폭넓게 규정하고 있다. 조선하청지회는 지역의 정규직 노동자와 정당·시민사회단체 활동가를 지회 조합원으로 받아들였고, 지회 내에 연대위원회를 두어 노조 활동을 정규직 노동자, 정당·시민사회단체 활동가와 함께 공유하는 체계를 확립하려고 했다(이김춘택, 2017a). 거통고 조선하청지회는 지역적인 지향에 기초해 지역사회에서 뭔가를 실천하기 위한 노력을 하고 있고, 사업장 틀을 넘어서는 활동을 지향하는 기풍을 가지고 있다(지회 간부 B). 초기조직화 과정에서 나타난 이러한 특징들은 이후에도 노조와 상급단체, 노조와 시민단체, 노조와 지역사회의 관계에 영향을 미쳤고, 지회의 정체성에도 큰 흔적을 남겼다.

2) 조직화의 조건과 하청노동자의 집합적 불만

조선하청노동자들은 오랜 조선업 불황과 하청업체의 불합리한 노무관리로 많은 불만을 갖고 있었지만, 조선하청노동자의 특성과 원청업체의 엄격한 노무관리는 이러한 불만이 조직화와 동원으로 이어지기 어려운 조건으로 작용했다.

먼저, 조선하청노동자의 특성으로 직종과 고용형태에 따른 다양성과 이질성을 들 수 있다. 조선하청노동자의 고용구조는 상용직과 기간제, 물량팀으로 나뉘고, 용접, 발판, 도장 등 직종도 다양하며, 임금형태도 시급, 일당, 직시급으로 중층화되어 있다. 거제지역 사내 하청노동자의 임금형태는 시급제 34.2%, 월급제 26.5%, 일당제 20.6%, 연봉제 9.4%, 직시급제 7.4%, 기타 22.6%이다(이주환·박종식, 2022). 이 때문에 노동자들 사이에 이해관계나 노조 활동에 대한 태도에도 상당한 차이가 있고, 현재 지회 조합원은 대부분 상용직 노동자에 한정되어 있다. 대우조선해양의 전체 하청노동자는 2022년 8월 말 현재 10,850여 명에 달했지만, 내부의 이질성이 커서 전체 하청노동자가 단결하기에는 조건이 불리하다.

둘째로, 조선하청노동자들은 높은 이동성을 특징으로 하며, 노동의 성격상 집합적 목소리 내기보다는 자신의 숙련향상과 이탈(exit)을 통해 임금상승을 추구하는 경향이 강하다(박종식·송용한·엄재연, 2009). 용접과 발판, 취부, 도장과 같은 직무는 건설, 플랜트 업종에도 필요한 범용 숙련이어서 노동자들은 다른 곳에서 쉽게 일자리를 구할 수 있다. 높은 이동성과 짧은 계약 기간은 하청노동자 조직화에 큰 장애 요인이다. 조선소 일은 힘들지만 높은 임금을 받을 수 있어서, 하청노동자는 호황일 때 더 높은 임금을 찾아 직장을 옮겨 다니고, 경기가 어려워지면 개별적으로 새 일자리를 찾아 이동하는 경향이 있다. 그래서 소속업체에 대한 애착이 별로 없는 경우가 많다. 물량팀 형태의 아웃소싱이 늘어나고 본공과 물량팀의 임금 격차가 커지면서, 용접공들도 하청업체 상용직보다는 더 많은 임금을 받는 단기 아웃소싱을 선택하는 경우가 많다.

셋째, 여성과 이주노동자와 같은 취약계층의 비중도 적지 않다. 거제지역 여성 하청노동자는 전체 하청노동자의 15.8%이며, 조합원 비중도 적지 않다. 이들은 여성이라는 이유로 근속기간이 길어도 최저시급인 경우가 많다. 또한, 2022년 9월 현재, 대우조선 하청업체에는 699명의 이주노동자가 있으며, 출신 국가 역시 다양하다.[18] 하청지회와 이주노동자 사이의 대화와 소통은 잘 이루어지지 않는다. 언어문제도 있지만, 짧은 체류 기간에 더 많은 돈을 벌기 위해서 노동시간을 늘려야 하는 이주노동자들과 이해관계가 다르기 때문이다.

마지막으로, 조선하청노동자 조직화의 가장 큰 장애 요인은 노조 활동에 대한 원청업체의 엄격한 통제와 탄압이다. 조선소노무관리의 특징 중 하나는 노조 활동을 억압하기 위한 협력업체 폐업과 블랙리스트에 의한 통제가 빈번하다는 점이다. 전국 조선하청노동자 926명을 대상으로 한 조사에 따르면, 하청노동자의 44.1%는 블랙리스트가 '있다'라고 응답했고, '없다'라고 응답한 노동자는 10.4%에 불과했다. 블랙리스트를 경험한 노동자의 42%는 주로 취업에 불이익을 받았고, 전체 응답자의 45%는 노조에 가입하지 못하는 이유로 해고와 블랙리스트를 들고 있다(전국금속노조 · 조선업종 비정규직 블랙리스트 실태조사연구팀, 2017). 하청업체 폐업이 빈번한 가운데 노조 활동이나 투쟁 경력이 있는 노동자에게 블랙리스트는 재취업에 결정적 장벽으로 작용한다.

계약해지를 통한 해고와 노조 활동 탄압은 거대조선소의 일반적 양상이다. 언제 잘릴지 모르는 고용불안으로 열악한 근로조건을 감수해야 하는 상

---

18 조선업 경기가 완전히 회복된 2023년에는 부족한 인력을 외국인 이주노동자로 충원해 조선 3사가 충원한 이주노동자는 8600명에 달했고, 대우조선해양을 인수한 한화오션은 2300명을 뽑았다(헤럴드경제, 2024.2.4).

황에서, 노조 가입은 상당한 불이익을 감수해야 하는 고위험 행동이다. 이러한 조건은 노동자들의 단결과 목소리 내기에 큰 어려움으로 작용하며, 노동자들은 개별적 이직을 통해 임금상승을 모색하는 것이 보통이다. 이처럼 조선하청지회는 노동자 내부의 차이와 높은 이동성, 원청업체의 탄압이라는 이중의 악조건에서 조직화를 추진해야 했다.

그러나 조선업 불황에 따른 고용불안과 임금삭감, 산재와 차별 등 하청노동자의 불만은 오랫동안 누적되어왔고, 하청업체의 불합리한 노무관리는 곳곳에서 노동자들과 마찰을 일으켰다. 거통고 조선하청지회의 성장에는 하청노동자의 열악한 현실과 이들의 집합적 불만이 근본적인 배경으로 작용했다. 많은 하청기업이 경영상의 어려움에 직면했고 구조조정 비용을 노동자들에게 전가하기 위한 불합리한 편법과 '부정의한' 관행이 만연했다.

무엇보다, 하청노동자의 가장 큰 불만은 구조조정으로 인한 고용불안이었다. 대우조선해양은 2018년 이후 기업매각과 구조조정이 계속되어 고용불안은 일상화된 현실이었다. 대우조선해양의 하청노동자 수는 노조결성 이전인 2016년에 31,727명에서 2019년 1월 18,591명으로 감소했고, 다시 2022년 7월 11,511명으로 줄어 2019~2022년 사이에만 7,080명, 38.1%나 감소했다. 특히 2020년에는 코로나19로 5천 명 가까운 하청노동자가 일자리를 잃었다. 6년 사이에 직영노동자의 1/3, 하청노동자의 2/3가 사라진 것이다(이김춘택, 2017b).

하청노동자의 또 다른 불만은 임금삭감이다. 원래 조선소노동은 몹시 힘들고 숙련이 필요하지만, 고용 안정성이 떨어지기 때문에 상대적으로 임금이 높았다. 조선업 노동자의 임금수준은 2000년대 초반까지 제조업 평균임금보다 1.5배 이상 높았으나, 2016년 이후 급격히 하락하여 2020년에는 제조업 평균과 같아졌다. 특히 하청노동자가 대부분인 10~49인, 50~299인 미만 조선업체의 경우, 2017년 현재, 300인 이상 대기업 임금의 59.2%, 63% 수준에 불과했다(박종식 외, 2020). 하청노동자는 조선업 위기의 충격을 훨씬 크게 받았고 고용불안과 임금삭감의 고통도 더 심하게 체감했다.

셋째로, 거대조선소의 하청 노동은 정규직 노동자와의 차별 대우, 무리한 공기 단축으로 인한 산업재해, 영세한 하청업체의 주먹구구식 경영과 비합리적 노무관리를 특징으로 했다. 2016년 이후 하청업체 폐업과 고용불안, 임금삭감으로 대우조선 하청노동자의 불만은 오랫동안 누적되었고, 이를 견디지 못한 많은 노동자가 다른 지역과 산업으로 이탈했다. 그 결과 거제에 가족이 있거나 이동이 쉽지 않은 중고령 노동자들만 현장에 남았고, 이들은 계속된 임금삭감으로 한계상황에 내몰렸다. 더욱이 노사 간 권력 불균형과 하청기업의 독자적 경영능력 부재라는 조건에서 하청업체의 노무관리는 체계적이지 못하고 불법적 관행이 일상화되었다. 노동자들은 작업장에서 만연한 불합리한 관행과 일방적 노무관리에 대해 '무법천지 조선소'라고 표현할 만큼 '부정의한' 상황을 겪고 있었다(지회 간부 G). 일방적 폐업과 계약해지, 최저임금 인상에 따른 임금 지급형태 변화와 임금삭감, 휴일 근무에 대한 수당적용 문제 등 만연한 불법적 관행이 노동자들의 공분을 사고 있었다.

문제는 하청업체들의 폐업과 불법적 관행에도 불구하고 노동자들은 대부분 이탈과 침묵을 선택한다는 점이었다. 무엇보다 노사 간 권력 불균형은 제도화된 교섭과 소통을 통해 하청노동자의 불만과 요구가 표출되는 것을 봉쇄했다. 간헐적으로 자연 발생적인 불만이 분출하기도 했지만, 대부분의 하청노동자는 '해봐야 어쩔 수 없다'라는 무력감과 체념에 사로잡혀 있었다. 이 때문에 노동자들의 불만이 표출될 수 있는 정치적 기회와 이를 조직화로 연결할 수 있는 노조의 역량이 중요했다.

이미 2017년 이후 대통령탄핵과 정권교체로 투쟁을 위한 정치적 환경이 개선되었고, 조선업 위기로 인한 지역경제 붕괴와 조선하청노동자의 어려움에 대한 지역사회의 동정여론이 확산하였다. 특히 문재인 정부의 전향적 노동정책, 대우조선 정규직 노조의 금속노조 지회로의 산별 전환, 현대중공업의 대우조선 합병반대 여론 등 2017년 이후 노조 활동에 유리한 외부환경이 조성되었다. 현대중공업으로의 매각을 둘러싼 하청업체들의 경영 불확실성과 고용불안, 이후 물량회복과 함께 찾아온 숙련인력 부족 상황에서 하청노동자의 권리의식과 투쟁 의지가 점차 높아졌다.

3. 거통고 조선하청지회의 작업장투쟁과 동원과정

1) 노조의 초기 작업장투쟁 (2017~2018년)

노조설립 직후 거통고 조선하청지회는 사업장 내외에서 선전전을 통해 작업장 현안에 대해 문제를 제기하며 노조의 존재를 알리는 데 집중했다. 단체교섭을 할 수 없는 신규지회가 조합원을 충원하고 조직을 안정화하기 위해서는 노조의 존재를 노동자들로부터 인정받아야 하기 때문이다. 지회의 전술 레퍼토리는 중식 시간과 출퇴근 시간 선전물 배포를 통해 노조의 요구를 알리고, 상담을 통해 조합원을 충원하는 것이었다.

지회는 하청노동자의 공통된 불만들, 예컨대, 일당제의 경우 한 달을 못 채우면 최저시급으로 임금을 지급하는 문제, 입사 3~6개월 이전에 퇴사하면 작업복, 안전화 등 비품 가격으로 20~30만 원을 공제하는 것, 보온·도장 공정의 다단계 불법파견 증가, 업체 폐업 시 체불임금의 70~80%만 지급하는 관행, 4대 보험 납부유예를 받은 후 이미 공제한 보험료를 내지 않고 폐업하는 문제를 해결해야 했다(이김춘택, 2017b). 이처럼 부당한 사례에 대한 문제 제기와 개입을 통해 하청노동자들이 노조의 효능을 체감하도록 하는 것이 중요했다.

지회의 현장투쟁과 조직화 사업은 2017년 말 "되찾자 550%" 운동을 계기로 본격화하였다. 원청업체는 최저임금 인상에 대응하기 위해 상여금 400%를 없애고 시급을 인상하는 취업규칙 변경을 추진했다. 지회는 상여금의 150% 삭감과 400% 기본급화에 반대하는 상여금 550% 원상회복 투쟁을 벌였다. 이는 최저임금 인상을 회피하는 데 대한 노동자들의 불만을 적극적 투쟁으로 조직한 것이다. 수요 촛불집회와 하청노동자 서명운동을 거치면서, 조합원들은 처음으로 노조의 투쟁 조끼를 입고 공개 활동에 나서기 시작했다. "되찾자 550%" 운동을 통해 공개적인 조합 활동이 시작되면서, 새로운 현장 활동가들이 발굴되기 시작했다. 조합원 수는 2017년 창립 당시 34명에서 2019년 말에 370여 명으로 꾸준히 증가했다.

노조의 주요한 역할은 노동자들의 불만이 집단적 투쟁을 통해 해결될 수 있다는 희망을 제시한 것이었다. 원청업체가 모든 걸 결정하고 계약해지를 통해 해고를 통보하는 일방적 노사관계에서 집합적 투쟁으로 상황이 바뀔 수 있다는 희망이 생겨났다. 집합적 조직과 투쟁의 효능을 느끼는 데는 크고 작은 승리의 경험이 축적되어야 했다. 노조가 현장에서 문제를 제기하면서 크고 작은 투쟁을 통해 노동자들의 불만과 이익을 대변하고 있고 이를 통해 무언가 바뀐다는 것을 노동자들이 체감했다는 점이 중요했다.

"저 같은 경우는 지회의 도움을 받아서 고용 승계뿐만 아니고 4대 보험 문제들을 해결했어요. 제가 제일 많이 본 사람이 00 부지회장인데, 저희 사무실에 혼자 달랑 스피커 하나 들고 와서 사무실 문 박차고, 그때까지만 하더라도 저희는 현장 소장이면 부처님 다음, 하느님 다음이고 이렇게 쳐다보던 사람이죠. 그런 사람한테 와서 "뭔데, 뭔데, 왜 안 주는데"젊은 사람이 나이 먹은 사람한테 "왜 안 주고 그럽니까," 이러면서 악을 바락바락 쓰는 거예요. 처음에 그걸 쳐다보고 저는 '야 대단하네.'라는 생각밖에 안 들더라고요. 그런 걸 한 번도 본 적이 없으니까. 더군다나 타 업체인데. 타 업체 소장한테 와서 저렇게 "노동자들 돈 왜 안 주냐고, 언제 줄 거냐고, 왜 지금 안 주냐고, 대표 어디 갔냐고" 대표까지 찾고 있는 그런 상황을 볼 때, 안심도 되고 "좀 되겠구나" 하는 그런 느낌도 들고, "내가 지금 받을 수나 있을까? 못 받겠구나." 하는 그런 불안감도 싹 날아가더라고요. 받을 수 있겠다는 생각이 더 많이 들고 해서. 이런 지회의 활동들이 어떻게 보면 비조합원 입장에서 볼 때는 힘도 되고, 위로도 되고, 희망도 된다는 생각이 듭니다."(지회 간부 F).

노조는 선전물을 통해 매 시기 불만의 표적과 도덕적 문제점, 불법의 사례를 제시해 노동자의 주요한 불만들이 하청업체의 불법행위에서 비롯된 것이며, 투쟁을 통해 노동자들의 합법적 권리를 성취할 수 있다는 점을 강조했다(거통고지회, 「조선하청노동자」). 프레이밍의 핵심은 원청업체가 노동자에 대한 책임을 하청업체에 전가하고 있고, 하청업체의 근로기준법 위반에 대한 원상복구가 가능하며, 이는 오직 노동자의 투쟁을 통해 가능하다는 것이었다.

2) 하청노동자의 자연 발생적 투쟁과 대중 조직화 (2019~21년)

조직화의 큰 전환점은 2019년 3월 파워공 투쟁이었다. 2019년 2월 말 도장업체 소속 파워공 200여 명이 임금인상을 요구하며 집단행동에 나섰다.[19] 파워공들은 노조가 생기기 전부터 자연 발생적인 작업거부와 집단행동을 해온 경험이 있었다. 지회는 이들의 투쟁에 적극적으로 결합하였지만, 사측이 임금인상 요구를 수용하자 개별적으로 업무에 복귀하면서 투쟁은 마무리되었다. 그러나 이후 임금인상합의는 갖은 편법으로 사실상 사문화되었다. 2019년 파워공 투쟁은 대우조선 하청노동자들의 첫 대중투쟁이었고, 투쟁이 노조로 결집하지 못하면 무위로 돌아간다는 교훈을 남겼다(이승호, 2022).

거통고지회는 2019년 5월 성과급 미지급에 항의하며 하청노동자 2천여 명이 참여한 "하청노동자 총궐기대회"를 열었다. 당시 관행적으로 지급해오던 성과급을 하청노동자에게는 지급하지 않는다는 소문에 이미 상여금 기본급화로 피해를 본 하청노동자들의 불만이 끓어올랐다. 하청노동자의 집합적 불만이 임계점에 도달했다고 판단한 노조는 "성과급 지급"을 요구하며 총궐기대회를 조직했다. 이는 지회설립 이후 최초이자 대우조선에서 유례가 없는 대규모 하청노동자 집회였다. 이때부터 지회는 대중집회 투쟁을 주요한 전술로 활용하기 시작했다.

2019년 들어 자연 발생적인 노동자 투쟁이 증가했다. 정부의 중형조선소 구조조정과 조선업 위기의 여파로 하청업체 폐업에 따른 임금과 퇴직금 미

---

19 '파워공'은 배를 만드는 가장 마지막 공정인 도장작업을 위해 파워 그라인더를 이용해 용접한 부위를 매끄럽게 다듬고 철판의 녹, 불순물 등을 제거하는 작업을 하는 노동자로, '전처리' 또는 '소지공'이라고도 부른다. 파워공은 조선소에서 가장 힘든 일이면서 상당한 숙련이 필요해 상대적으로 임금이 높고 자부심 역시 강하다.

지급, 4대 보험 체납의 피해는 하청노동자들이 고스란히 짊어졌다. 노조 가입이 증가했고 자연 발생적으로 시작된 노동자 투쟁은 지회의 조직적 노력과 결합하면서 점차 조직화된 형태를 띠기 시작했다. 2020년부터는 노조가 기획한 대중투쟁이 증가했다. 수백 명이 참여하는 총궐기대회 형식의 대중집회가 늘어났다. 2020년 11월에는 지회장 소속업체에서 20명의 정리해고를 예고하자 사내농성과 골리앗 크레인 농성으로 정리해고를 철회시켰다.

2021년 4월 파워공들이 다시 23일간 파업투쟁을 벌였다. 이들은 2019년 투쟁의 경험을 통해 이번에는 작업거부와 함께 노조로 결집하기 시작했다. 파워공 200여 명이 한꺼번에 금속노조에 가입했고, 지회는 이들을 도장분회로 편제하고 9개 도장업체에 교섭을 요구했다. 집단적 불만에서 출발한 노동자들의 자연 발생적 투쟁은 점차 노조의 조직적 노력과 결합하면서 조직적 투쟁으로 발전하기 시작했다. 파워공 투쟁은 1 도크 노숙농성 2일째에 합의에 도달했다. 합의를 통해 편법적인 퇴직 적치금과 단기계약이 폐지되었다. 비록 노동조합이 주체가 되지는 못했지만, 처음으로 집단교섭을 통해 합의서를 작성하는 데 성공했다. 이후 도장노동자들은 지회의 구심으로 자리했다.

3) 2022년 51일 파업투쟁

2022년 6월 2일부터 7월 22일까지 51일간의 격렬한 파업투쟁은 지회설립 이후 처음으로 원청업체에 맞선 총력투쟁이었을 뿐 아니라, 금속노조와 민주노총, 중앙정부와 원·하청 자본, 지역사회와 시민사회가 참여한 총자본과 총노동의 투쟁이었다.

먼저, 거통고지회의 입장에서 51일 파업투쟁은 2017년 노조설립 이후 계속된 '투쟁을 통한 조직화'의 연장선에서 진행된 투쟁이었다. 노조결성 5년째이자 조선 경기가 반등한 2022년 단체교섭 투쟁에서, 지회는 2016년 이후 삭감된 임금 30% 원상회복과 하청지회 인정이라는 두 가지 요구를 통해 하청노조 운동의 새로운 돌파구를 열고자 했다. 지회는 "하청노동자가 살아야 한국조선업이 산다"라는 프레이밍을 통해 조선하청노동자의 저임금과 그로 인한 인력난 문제를 공론화한 것이다(지회 간부 A). 거통고지회는 2022년 투쟁을 전체 하청노동자의 투쟁으로 기획하고, 하청노동자의 저임금과 '노조할 권리'를 조선업인력난과 연계하여 조선업의 미래전망과 관련된 의제로 제기했다.

임금인상 투쟁을 전체 하청노동자의 저임금과 '노조할 권리'의 문제로 쟁점화하기 위해서는 노조의 이익과 목표에 대한 내부합의가 전제되어야 했다. 이는 작업장 내 하위집단 간의 내적연대를 확보하는 것이다(Lévesque & Murray, 2010). 거통고지회는 도장노동자들의 투쟁을 전체 하청노동자의 투쟁으로 발전시킬 수 있을지 고민해야 했다. 이미 지회는 수년간 도장업체를 중심으로 의미 있는 조직화 성과를 거두었고 현장조직력이 발판업체까지 확장되면서 단체교섭을 위한 기반을 확보했다. 그러나 하청노동자 전체로 투쟁을 확대하는 것은 성공이 불확실한 전략이었다. 지회는 조직력을 갖춘 도장노동자와 여타 하청노동자 사이에서 요구와 투쟁을 조율해야 했고, 내적연대를 유지하기 위해 집행 간부만이 아니라 사업장 교섭 대표를 포함한 투쟁본부를 구성했다.

지회는 내부의견을 조율해 조합원이 있는 22개 하청업체와 단체교섭을 진행하기로 했다. 지회는 1~3월 사이 수백여 명이 참여한 총궐기대회를 3

차례 열었다. 사측은 1년 고용계약갱신 시점인 2022년 4월 말 고용보장문제로 지회를 압박했다. 도장분회가 고용 승계를 요구하며 전면파업을 벌였고, 파업투쟁 8일 만에 고용보장에 합의하며 투쟁이 일단락되었다. 이후 도장분회 투쟁의 연장선에서 전체 하청노동자의 임금인상 투쟁이 전개되었다. 그러나 업체별 교섭에 진전이 없자 지회는 6월 2일부터 부분파업, 6월 7일부터 전면파업과 8개 거점농성에 돌입했다.

6월 7일부터 시작된 거점사수 투쟁은 6월 21일까지 2주간 계속되었다. 조합원들은 직종별로 조를 편성해서 철야농성과 규탄 집회를 진행했다. 이때부터 사측의 물리적 공격이 시작되었다. 관리자들은 농성장의 기물을 부수고 농성노동자를 도발하며 노노 갈등을 부추겼다. 사측의 전략이 농성자의 폭력을 유발하고 충돌과정에서 발생한 피해를 빌미로 고소·고발하는 것이었기 때문에, 지회는 최대한 충돌을 회피하고자 했다. 애초 지회는 비조합원들을 투쟁 대오에 참여시킬 수 있는 대중적 방식의 투쟁을 기획했다. 하지만 계속되는 원청업체 관리자들의 침탈을 물리적으로 방어하기 힘든 상황이 되자, 회사 측의 폭력유도를 막을 수 있는 새로운 전술이 필요했다.

6월 22일 지회는 파업 대오를 유지하기 위해 투쟁 전술에 변화를 주기로 했다. 지회는 전체 파업 대오를 집결해 1 도크 '끝장 농성'으로 전환했다. 지회가 대중투쟁 전략에서 전투적 투쟁전략으로 전환한 것은 물리적 충돌로 노조 무력화를 시도하는 사측에 대항하기 위한 불가피한 선택이기도 했다. 전체 하청노동자 12,000명 중 조합원이 4~500여 명에 불과한 현실에서, 지회는 생산을 중단시키기 위해서 무엇보다 도크를 잡아야 한다고 판단했다(지회 간부 B, C, D). 지회는 이미 도장공 투쟁을 통해 특정 공정에 집중한 파업으로 전체 생산을 중단시킬 수 있다는 점을 알고 있었다. 1 도크 점거는 구사대

폭력이 계속되는 상황에서 파업 대오를 유지하고 생산을 중단시킴으로써 협상을 압박하기 위한 전술이었다. 유최안 부지회장은 구사대의 농성장 침탈을 막기 위해 1 도크 화물창 케이지에 스스로 몸을 가두었고, 6명의 조합 간부는 스트링거 고공농성에 돌입했다. 스스로 철창에 갇혀 "국민 여러분 죄송합니다. 이대로 살 순 없지 않습니까."라고 절규하는 사진 한 장에 대한 여론의 반향은 컸다. 노동자가 갇힌 철창과 한 줄 목소리는 조선하청 투쟁의 정당성과 의미를 전체 비정규 노동자의 절박한 현실과 삶의 불안이라는 사회적 의제로 만들었다. 이는 지회의 프레이밍 역량의 성과였다.

노조는 애초 1 도크 거점농성의 생산중단 효과를 통해 회사 측과의 협상이 가능할 것으로 보았다. 그러나 회사매각을 준비하고 있던 원청업체의 태도는 예상보다 훨씬 강경하고 비타협적이었다. 사측은 원청업체를 향한 하청노동자의 불만을 정규직 노동자에 대한 분노로 향하게 해 노노 갈등을 유도하려고 했고, 물리적 충돌을 통해 파업노동자의 폭력을 유도하고 이를 빌미로 고소·고발을 반복했다. 하청업체들 역시 조합원과 비조합원을 분리하고 접촉을 차단하는 방식으로 파업을 무력화하려고 했다. 회사매각 문제가 걸려있던 2022년 상황에서 회사 측은 하청지회를 와해시키고 정규직 노조를 순치하기 위해서 생산중단을 감수하며 강경 대응을 고수했다(지회 간부 C). 사측은 구사대를 조직해 폭력을 행사했고, 폭력적 충돌을 빌미로 공권력 투입을 요구했다.

그러나 노조가 도크를 점거하는 '끝장 투쟁'을 선택한 순간, 사측도 더 이상 폭력으로 파업을 제압할 수 없게 되었다. 파업투쟁의 양상은 노사 누구도 예상하지 못한 장기화 국면으로 넘어갔다. 파업을 둘러싼 작업장 내외의 힘겨루기가 본격화되었다. 하청업체 대표들은 공권력 투입을 요구하는 기자회견을 열었고, 원청업체는 대우조선 정규직 지회의 금속노조 탈퇴를 시도했다. 이 시기 파업현장에서는 언제든지 심각한 폭력으로 비화할 수 있는 사태가 매일 반복되고 있었다. 구사대 중심의 사내집회 참가자들은 농성장을 침탈하고 사업장 밖에서는 금속노조의 대규모 집회가 이어졌다. 지역사회여론을 둘러싼 각축도 격화되었다. 농성투쟁은 모든 하청노동자의 열악한 현실을 고발하는 투쟁을 상징하게 되었고, '노조할 권리'를 인정받지 못한 이들의 투쟁은 전 국민적 관심사로 부상했다.

이처럼 투쟁 전선이 전 산업, 전 국민적으로 확대된 것은 우발적인 것만은 아니었다. 지회가 거점농성투쟁을 도크점거 끝장투쟁으로 전환했을 때, 노조는 자신의 권력 자원과 전략적 역량을 최고로 발휘하고 있었다. 노조의 전략적 역량은 조합원들의 협력 행동을 조율하는 것뿐만 아니라, 다른 노조와 상급단체, 지역사회 및 시민사회와의 사회적 네트워크를 활성화하고 협력 행동을 조정하는 능력을 포함한다. 지역지회로서 거통고지회의 조직적, 사회적 네트워크는 물리적 충돌과 공권력 투입을 둘러싼 공방 과정에서 영향력을 발휘했다. 지회는 시민선전물 배포와 서명운동, 거제시장 면담, 대우조선 주주총회 참석, 청와대와 인수위원회 의견서전달 등 대외활동을 활발하게 진행했다. 투쟁은 전 국민의 지지와 공감을 일으키며, 정부의 공권력 투입 움직임에 대항하는 시민사회의 광범위한 연대를 불러일으켰다. 거통고조선하청지회와 금속노조 경남지부의 유기적 소통, 금속노조의 신속한 총력 대응, 민주노총의 적극적 개입은 하청노동자 투쟁에서 일찍이 볼 수 없었던 현상이었고, 지역사회의 우호적 여론, 정치권과 시민사회의 광범위한 개입, 희망버스 조직화는 금속노조 및 지역 시민사회와의 사회적 네트워크 없이는 불가능한 것이었다. 파업이 장기화하면서 조합원들의 물적 자원이 고갈되자, 거통고지회는 노동계의 지지와 협력 속에서 조합원생계를 위한 10,000원×10,000명 캠페인을 전개했고 이 역시 큰 호응을 불러일으켰다. 거통고지회는 다양한 네트워크 자원을 동원함으로써 정규직 노조의 소극적 태도에도 불구하고 거제지역에 고립된 투쟁을 벗어날 수 있었다. 거통고지회의 파업투쟁에 대한 사회적 연대의 물결은 투쟁의 도덕적 성격을 분명히 했다.

결국, 공권력 투입이 쟁점이 된 가운데, 7월 15일 교섭국면이 본격화되었다. 정부의 중재로 원·하청 노사 4자 협의가 시작되었다. 정부가 공권력 투입을 압박하고 금속노조가 서울과 거제에서 총파업대회를 개최하는 가운데, 대우조선 정규직 지회의 금속노조 탈퇴 투표가 개시되었다. 7월 22일 잠정합의안이 발표되면서 노사협상은 최종 타결되었다. 노사합의로 파국은 면했지만, 협상에서 요구조건이 충분히 관철되지 않았기 때문에, 지회는 조합원들의 실망과 이후 합의이행에 관한 문제를 해결해야 했다.

4. 노조 리더십의 역할과 '투쟁을 통한 조직화'

1) 거통고 조선하청지회의 리더십 특성

거통고 조선하청지회의 조직화와 동원은 하청노동자들의 집합적 불만을 배경으로 투쟁과 조직화를 추진한 리더십의 역할에 크게 의존했다. 중요한 점은 노조가 제한적 자원에도 불구하고 노동자들의 불만을 효과적인 투쟁과 조직화로 연결하는 데 성공해왔다는 것이다. 또한, 노조의 전략적 역량을 극대화할 수 있었던 조직구조 역시 성공에 큰 영향을 미쳤다. 거통고 조선하청지회는 처음부터 거제·통영·고성을 포괄하는 지역노조임을 분명히 했고,

지역노조 정체성에 대한 지도부의 의지는 노조의 조직구조와 운영에도 그대로 반영되었다.

무엇보다, 거통고 조선하청지회 지도부의 중요한 특징은 리더십 내부의 다양성과 활동가들의 오랜 운동경험이다. 2015년 말 노조설립을 위한 지역 토론회 준비과정에서 처음으로 금속노조 조직화 팀과 지회 리더십을 형성할 4~5명의 현장 활동가들이 연결되었다. 금속노조 경남지부 조직담당자와 지부 임원 출신 활동가가 조직화 사업의 집행책임을 맡았고, 대우조선 사업장 내 '대우조선하청노동자조직위원회(하노위)'라는 소수의 느슨한 조직이 노조 결성 과정에 결합했다. 지회의 설립 주체가 지역의 조직 활동가와 현장에 뿌리를 둔 현장 활동가의 결합으로 형성되었다는 점은 지회 리더십의 주요한 특징이었다. 지회 임원들은 대우조선과 삼성중공업, 용접과 도장 등 소속업체와 직종구성을 반영하면서도 상급조직과 유기적 연계를 가진 이들을 포함하고 있었다.[20] 2022년 말 현재 5명의 임원 중 세 명은 각각 용접과 도장부문에서 현장 지도력을 가진 이들이고, 한 명의 부지회장과 사무장은 오랜 경력과 운동 네트워크를 가진 베테랑이다. 이들은 오랜 기간 현장 소모임 활동을 해왔고, 사회운동이나 노동조합 경험을 기반으로 조선하청 노조 운동을 준

---

20 거통고지회는 2017년 2월 창립 당시 금속노조 9기로 대우조선의 김ㅇ성 지회장, 삼성중공업 김ㅇ습 부지회장, 금속노조 활동가인 이ㅇ택 사무장을 임원진으로 선출했으며, 2018~19년 금속노조 10기에는 금속노조의 전략 조직화 사업으로 인건비 1명분을 지원받을 수 있었기 때문에 전략조직부장을 추가하여 김ㅇ성 지회장, 김ㅇ수 사무장, 이ㅇ택 전략조직부장으로 지도부를 구성했다. 2020년 초대지회장이던 김ㅇ성이 금속노조 비정규담당 임원으로 옮겨가고, 현재의 김ㅇ수 지회장 체제로 변화되었다. 초대지회장이 본조 비정규담당 임원으로 이동하는 대신, 현장 중심의 지도체제로 개편한 것이다. 2020~21년 금속노조 11기에 김ㅇ수 지회장, 유ㅇ안 사무장, 이ㅇ택 전략조직부장 체제로 변화되었으며, 2022~23년 금속노조 12기에는 지도부가 확대되어 김ㅇ수 지회장과 유ㅇ안, 강ㅇ석, 안ㅇ호 등 3인의 부지회장, 이ㅇ택 사무장 체제로 지도부를 구성하고 있다.

비해온 사람들이었다. 이처럼 지회 지도부는 오랫동안 조선소에서 활동해온 활동가들과 금속노조 및 노동사회단체와 깊은 연계를 가진 활동가로 구성되었다. 이는 리더십 팀이 조선소에서 오랜 투쟁경험을 갖춘 현장 리더십과 조선소 외부에서 상급조직 및 시민단체와 연계되어 전략적 기획에 익숙한 전략적 리더십이 결합하였음을 의미했다.

둘째, 리더십의 다양성과 지역노조 정체성은 거통고지회가 지역사회 및 상급단체와 긴밀한 조직적 연계를 유지하고 지역사회 운동 네트워크를 자원으로 활용하는 데 크게 기여했다. 금속노조 경남지부와의 긴밀한 연계는 예산과 인력 측면에서 지부의 지원과 금속노조와의 원활한 소통에 기여했다. 지회-지역지부-본조의 관계에서 경남지부 미조직담당자가 지부의 지원 및 본조와의 소통창구 역할을 했고, 지회의 초대지회장은 금속노조 본조의 비정규담당 임원으로 비정규문제를 총괄했다. 또한, 지부 임원 출신 활동가는 본조의 재정지원을 받는 전략기획부장 및 사무장으로 정책기획과 선전물작성, 행사기획 등 전략적 리더십의 역할을 담당했다. 거통고지회가 금속노조 전략조직화사업의 재정지원을 받는 데는 경남지부의 역할이 중요했다. 금속노조 사업이 주로 지역지부를 통해 이루어진다는 점에서 지부와의 관계나 소통이 중요하기 때문이다.

노조의 '네트워크 배태성'(embeddedness) 측면에서, 거통고지회는 지역 시민사회나 진보정당, 다른 비정규직노조들과의 수평적 연계나 경남지부-금속노조-민주노총으로 이어지는 수직적 연계에서 다양한 행위자 네트워크에 접속되어 있다. 여기에는 지역사회 네트워크를 통한 노조설립과정과 지역노조로서의 사회운동 정체성, 조선소가 지역경제에서 차지하는 높은 비중과 같은 요인들이 작용했다. 정규직 노조와의 관계도, 집행부에 따라 차이가 없지 않지만, 2022년 파업투쟁이 격화되기 전까지 좋은 편이었다. 이러한 네트워크 배태성과 중재·조정역량은 2022년 파업투쟁에서 중요한 자원으로 기능했다.

셋째, 거통고 조선하청지회의 리더십은 하청업체의 불합리한 노사관계와 하청노동자의 높은 불만 때문에 자연스레 비타협적이고 헌신적인 조합 활동의 기풍을 유지해왔다(지회 간부 E, F, G 면담). 지도부의 출신과 이념적 지향은 다양하지만, '무법천지 조선소'라는 하청업체의 불합리한 노사관계에서 작업장 현안을 해결하기 위해서는 강한 투쟁과 헌신적 활동이 불가피했고, 리더십 팀 내부에서 전술적 차이는 중요하지 않았다. 2019년 이후 계속된 작업장투쟁들은 주로 폐업과 정리해고에 맞선 힘들고 격렬한 생존권 투쟁이었고, 이 과정에서 형성된 지회의 리더십은 비타협적 투쟁과 헌신적 희생의 기풍을 공유했다. 동시에 일상적인 선전 활동을 진행하면서도 전략적 기획이나 외부네트워크와의 소통과 협력, 조합원 교육, 정규직 노조와의 협력, 현장조직화 등 집행 간부들 사이의 역할분담과 협력은 상당한 시너지효과를 발휘했다.

넷째, 거통고 조선하청지회는 2017년 결성된 신생지회로 원청업체의 억압적 통제와 심각한 불황 및 구조조정에 대응해야 했기 때문에, 다른 노조의 사례에서 학습하는 것은 한계가 있었고 스스로 적절한 대응을 고민하고 투쟁 방향을 세워나갈 수밖에 없었다. 하청노동자의 절박한 생존권 문제를 해결하기 위해서는 비타협적으로 싸워야 했고, 절박한 투쟁에서 승리하기 위해서는 조합 간부들의 헌신성뿐만 아니라 실용적이고 창의적인 전략도 필요했다. 노조는 거대조선소의 압도적 권력과 하청노동자의 빈번한 이동, 신생조직으로서 기존 노조운동의 문법으로 해결할 수 없는 과제에 직면하곤 했다. 거대한 자본 권력 앞에서 쉽게 성과가 나지 않는 활동을 장기간 지속하기 위해서는 활동가들의 헌신성이 요구되었고, 지역노조로서 새로운 활동 방식의 전형을 만들기 위해서는 창의성이 필요했다. 거통고지회의 활동은 1년 단위로 교섭 일정에 따라 일상 사업이 진행되는 보통의 기업별 노조 활동과는 다를 수밖에 없었다. 지회는 기업별 노조의 조직적 관성과 달리 새롭게 지역노조의 활동 방향과 전략을 모색해야 했고, 울산과 전남 조선하청지회들의 경험에서 배워야 했다. 계속 임금체불과 폐업이 발생하고 제도화된 교섭 없이 소수조합원으로 투쟁해야 하는 상황에서, 노조는 조직적 관성보다는 비타협적 투쟁을 중심으로 창조적인 전략을 구사해야 했다. 노조 활동의 성공사례가 없는 조선하청 노조 운동의 현실에서, 거통고지회가 새로운 상과 모델을 만들어내기 위해서는 활동가들의 숙의와 창조성이 절실하게 필요했다.

> "처음에 시작했을 때. 우리가 어디로 나가야 할지, 아니면 뭘 해야 할지 누구도 답을 주지 않는 상황이었거든요. 뭔가 방향을 제시하는 역할을 해야 하는데 그런 것들이 답이 딱 정해져 있지 않으니까. 어쨌든 집행부 10명, 15명이 머리 맞대고 모여서 토론하고 논의해서 정해진 방향대로 온 것이거든요. 그 부분들이 개인적으로 아주 의미 있는 부분이라고 생각해요. 길이 정해져 있지 않은 상황에서 어쨌든 헌신적으로 같이 준비한 사람들이 서로 머리를 맞대고 뭔가 지혜를 짜내고 해서 어떤 방안들을 하나씩 세워나가고, 그 방향대로 한 걸음, 한 걸음 걸어왔던 게, 다행히 그 선택들이 잘못된 선택이 아니고, 또 그 활동이 뒷받침되면서 뭔가 성과를 내면서 조금씩 상승해 온 그런 결과물이 나왔던 거지요."(지회 간부 B)

이러한 노조의 사업방식은 조직화 과정에서 노동자들의 자발성을 극대화하고 민주적으로 조직을 운영하는 사회운동노조의 특성을 보여준다. 2019년 이후 현장조직력이 강화되고 모범적인 노조 활동과 실천이 축적되면서 건강한 기풍이 만들어졌고, 노동교육 역시 활동가들이 성장하는 데 영향을 미쳤다. 지회는 신규조합원 교육과 함께 간부 및 조합원의 의식향상과 활동력 강화를 위한 '노동 교실'을 지속적으로 진행했다.

결성 이후 거통고 조선하청지회는 조합원의 응집성과 숙의적 활력이라는 측면에서 높은 수준의 내적연대를 유지해왔다. 지역지회로서의 사회운동 정체성, 신규노조로서 지속적이고 강력하게 이루어진 조합원 교육, 하청노동자 수에 비하면 소수에 불과한 조합원들의 높은 헌신과 일체감은 조합의 응집력을 강화했다. 또한, 작업장 대표와 조합지도부 사이의 연계, 특히 도장공들의 직종 정체성과 조합원의식의 결합, 매월 전체 조합원 모임과 카톡방을 통한 다양한 소통수단 활용, 새로운 하위집단과 활동가를 통합하기 위한 정책프로그램 등 대표 기제의 숙의적 활력 역시 높은 수준이다.

이처럼, 거통고 조선하청지회는 상대적으로 전략적 역량이 성장하기 유리한 조건을 갖고 있었다. 거통고 조선하청지회 지도부는 경험이 풍부한 내부자와 외부자를 포함하고 있을 뿐 아니라, 지역노조로서 초기업적 연대지향과 지역사회 네트워크가 강하며, 열악한 조건과 강한 억압에서 비롯한 투쟁적이고 헌신적인 조직 기풍, 신생노조의 숙의적이고 창의적인 조직 및 전술 운용, 노조 활동 참여에 실존적 의미를 부여하는 참여적 조합원을 특징으로 하고 있다.

2) 투쟁과 조직의 변증법

거통고 조선하청지회의 조직화와 동원은 2022년 51일 투쟁뿐 아니라 2017년 노조설립 이후 6년 이상의 투쟁 과정과 맥락 속에서 이해될 수 있다. 하청노동자의 대규모 투쟁은 조직적 매개 없이 갑자기 발생하는 경우가 드물고, 노조의 단체교섭 역시 쉽게 조직적 성과로 연결되지 않는다. 대우조선 하청노동자들이 집합적 주체로 성장하는 과정 역시 크고 작은 투쟁경험을 통해 하청노동자들이 노조로 결집하고, 다시 노조의 조직력을 기반으로 새로운 투쟁을 만들어가는 장기적 과정이었다. 이는 하청지회가 노동자들의 자연 발생적 투쟁에 개입하여 노조에 대한 신뢰를 높이고 점차 노조가 기획한 투쟁을 통해 조직력과 제도적 권력을 확대하는 과정이었다. 거통고지회의 조직화와 동원은 노사 권력 관계의 변화에 따라 점진적이고 단계적인 투쟁의 상승 과정에서 한 계기로 나타났다.

거통고지회의 '조직과 투쟁의 변증법'은 집단적 불만의 누적 → 자연 발생적 투쟁 → 노조의 개입 → 조직적으로 조율된 작업장투쟁 → 조직의 확대, 강화 → 집단교섭투쟁 → 단체교섭 제도화'로 상승하는 '투쟁을 통한 조직화'를 의미했다. 거통고지회의 조직화와 동원은 핵심주체의 형성과 노조 결성, 활동가들의 작업장 현안투쟁과 조직기반확대, 노조주도의 대중투쟁이라는 형태로 단계적으로 진행되어왔고, 최종적으로 원·하청 노사의 단체교섭 제도화를 목표로 했다. 거통고지회의 조직화와 동원과정은 그 목표와 수단, 전략에 따라 각 단계를 구분할 수 있다.

먼저, 노조결성단계에서 참여자들은 핵심주체들을 중심으로 조직체계를 세우는 것을 목표로 했다. 이는 초기조직화를 위해 핵심활동가를 발굴하고 인적 네트워크를 통해 작업장조직을 구축하는 것이다. 노조의 조직기반을 확보하기 위해서는 노동자들의 불만을 현장투쟁으로 연결해 변화에 대한 기대와 노조에 대한 신뢰를 높일 수 있는 유능한 현장 활동가가 있어야 한다. 거통고 조선하청지회 간부들은 현장에서 크고 작은 투쟁을 통해 단련된 이들이 상대적으로 많고, 지회는 현장에서 발생하는 문제에 즉각적으로 대응할 수 있을 만큼 현장에서 잔뼈가 굵은 활동가에 의지할 수 있었다. 거통고 조선하청지회는 신규조직이지만, 다른 노조에 비해 활동가들이 현장노동자들과 접촉하는 면이 상대적으로 넓고 대중적 접근에서 더 효율적이었다.

> "거통고 같은 경우는 선수들이 아니다 보니까 오히려 대중적 접근이 가능해요. 노조 활동이라든가 교육도 항상 하고 있고, 대중적 접근이 가능하고 이게 어느 정도 먹혔어요. (많은 활동가) 당장 빼앗긴 우리 임금문제나 당장의 원·하청 간의 어떤 차별 문제, 고용문제들을 집요하게 포인트 삼아서 접근한다든가, 거기에 싸움을 만들어간다든가 이런 것(을 잘하지요.) 반면에 활동가들이 '비정규직 철폐해야 한다, 노동해방 해야 한다, 자본주의 체제가 문제다' 이런 식의 분위기를 풍긴다면 조금 달라질 수도 있지 않았겠나 싶습니다."(본조 간부 J)

둘째로, 현장 활동가들은 적극적인 작업장투쟁을 통해 노조에 관한 관심과 참여를 유도하며 조직적 기반을 강화했다. 지회는 비합리적 노무관리에 대한 노동자들의 불만과 작업장 현안에 적극적으로 개입했고, 노동자들의 공분을 사는 쟁점을 중심으로 대중집회를 조직했다. 이를 통해 지회는 노조의 힘을 가시화하고 노동자들 사이에서 노조의 영향력을 확대했다. "되찾자

550%"운동은 현장 외곽에서의 선전과 상담이라는 행동 레퍼토리에서 벗어나 하청노동자들의 불만을 모아낸 구체적 투쟁을 통해서만 노조에 대한 관심과 조직 확대를 이룰 수 있다는 것을 깨닫게 된 계기였다(이승호, 2022; 지회 간부 B, C, D).

이미 2017~19년 지회 활동 초기에도 하청노동자들은 자신들의 불만이 하청업체의 불법적 관행과 원청업체의 비용압박에 기인한다는 점을 인지하고 있었고, 투쟁할 힘이 있는 집단부터 자연 발생적 투쟁에 나서고 있었다. 이러한 산발적 투쟁들은 자본의 전술에 적절히 대응하지 못했지만, 이 과정에서 노조가 필요하고 노조와 함께하는 투쟁이 더 효과적이었다는 경험은 중요했다. 노조가 주최한 하청노동자 대중집회의 성공, 파워공 투쟁에 대한 개입에서 나타났듯이, 지회는 노동자들의 불만과 요구를 적절하게 정식화하고 헌신적 투쟁을 통해 변화의 흐름을 만들어내기 시작했다. 노조의 투쟁이 주로 생존권과 관련한 절박한 요구에 기반을 둔 것이고 회사 측이 경영상의 어려움과 구조조정의 비용을 전적으로 하청노동자에게 전가하고 이에 대한 반발에 편법으로 대응해왔다는 점에서, 노조의 비타협적 투쟁은 노동자들의 전폭적인 지지를 받을 수 있다. 매년 반복되는 주요한 현안투쟁들은 완벽한 승리를 얻지는 못했지만, 계속 작은 합의를 이루어내며 하청노동자에게 투쟁에 대한 희망과 노조에 대한 신뢰를 축적해온 과정이었다. 지회결성 이후 크고 작은 하청노동자 투쟁들은 큰 패배 없이 꾸준히 작은 성과들을 축적할 수 있었다.

"한 명부터 시작해서 10명 정도가 일주일에 두 번 이상을 매번 중식 선전전을 해요. 그렇게 하다 보니까 조합원과의 거리감을 굉장히 좁혀온 게 있어요. 한 2년 이상을 꾸준하게 해서 하청노동자들도 지회 활동에 전혀 거부감이나 거리감이 없어요. 서로 얘기를 주고받기도 하고, 박수를 쳐 주기도 하고, 이렇게 호응도 있단 말이에요. 거리감을 굉장히 좁혀놓은 것이지요. 또한, 매년 반복됐던 주요한 계기의 싸움들이 완전히 깨진 게 아니라 그래도 어떻게 이어 가지고 합의를 보는 과정들이 있었어요. 합의가 내용상으로 남는 거 없이 다시 원점으로 되돌아가기는 했지만, 패배한 싸움은 아니고 조금씩 앞으로 나갈 수 있는 계기는 되었던 거죠. 한 번 싸워본 사람들, 한 번 데모에 나가보고 집회에 나가 본 사람들은 그렇게 어렵지 않아요. 거통고지회는 이런 분위기가 점차 상승해 왔어요."(본조 간부 J)

사실 조선하청노조가 대중투쟁을 통해 성과를 얻어낸 사례는 매우 드물다. 20여 년의 역사를 가진 현대중공업 조선하청지회의 경험과 비교한다면, 설립된 지 6년 남짓의 거통고지회의 성장과 대중투쟁은 확실히 주목할 만하다. 거통고지회는 결성된 지 6년에 불과한 신규지회면서도 상당한 대중투쟁의 경험을 축적했고 대중투쟁에서 꾸준한 상승세를 보여 왔다. 이러한 대중투쟁의 상승 과정은 자연 발생적으로 투쟁에 나섰던 하청노동자들이 투쟁 과정에서 노조로 결집하고 그 성과를 통해 노조에 대한 신뢰가 깊어지는 결과로 나타났다. 이는 '투쟁을 통한 조직화'의 효과가 입증되고 그 패턴이 정착하는 과정이었다.

"조건이 또 그럴 수밖에 없어요. 임금인상 투쟁 말고는 다 물러설 데가 없는 투쟁이거든요. 폐업. 이런 거를 해결하려면 뭐라도 잡고 버티지 않으면, 배를 잡고 버티든, 고공에 올라가서 버티든 뭐라도 하지 않으면 안 되는 생존권 투쟁 성격이 강한 거죠. 그러다 보니 비타협적이어야 된다는 생각을 하는 거고, 또 한편으로는 하청노동자들의 억눌림, 분노들이 있는 거잖아요. 일상에서 차별받고 대우받지 못하고. 이거를 투쟁 속에서 터트려 내지 않으면 이 투쟁이 힘 있게 못 간다는 판단들이 좀 있었던 거죠."(지회 간부 E)

조직의 생애주기라는 측면에서, 거통고지회는 신생노조의 활력과 유연성을 갖고 있었고, 다른 조선하청노조의 경험으로부터 학습할 수 있는 후발성의 이점을 누렸다. 노조 역사가 짧은 거통고지회는 현대중공업 조선하청지회의 경험을 학습하면서 조합의 조직력을 확대하기 위해서는 현장의 현안과 쟁점에 조직적으로 개입해 적극적인 싸움을 만들고 그 과정에서 발굴된 사람들을 조합원으로 가입시켜야 한다는 교훈을 얻었다(지회 간부 A, I). 거통고지회의 경우 노조결성 이후 5년 동안 현장투쟁의 성과를 축적했고 이를 통해 조합원이 확대되는 만큼 계속 새로운 주체를 발굴할 수 있었다.

"조합원이 50명, 100명일 때는 그야말로 주체도 없었지만, 200명, 300명이 되다 보니까 여기저기에서 과거에 경험이 있던, 조합 활동을 했던 주체들이 발굴되는 그런 게 있었고, 이게 파워공 투쟁, 도장공 투쟁하면서 양적으로 한 500~600명 정도로 늘어나니까 그만큼 급격하게 질적으로도 변화가 생기더라고요."(지회 간부 A)

셋째로, 거통고지회의 경험에서 대중투쟁과 조직화는 긴밀하게 연관되어 있다. 지회는 투쟁을 위해 현장조직력을 확보하는 것과 대중투쟁을 대규모 조직화로 연결하는 과정을 동시에 진행해야 했다. 지회의 가장 중요한 과제는 대중투쟁을 통해서 조직을 확대하는 것이고, 이를 위해서는 대중투쟁을 전개할 수 있는 일정한 현장조직력을 확보해야 했다. 거통고지회는 현장투쟁과 조합원 교육을 통해 현장조직력을 강화하면서, 동시에 대중투쟁을 대중 조직화로 연결하는 노력을 진행해왔다. 현장투쟁을 통해 사업장 조직기반이 확대되면, 이를 토대로 노조의 전략적 목표에 따라 조율된 대중투쟁이 이루어졌다. 2019년과 2021년 파워공 투쟁에서 자연 발생적 투쟁은 노조의 조직적 노력과 결합하였고, 수백여 명이 참여하는 궐기대회 형식의 대중집회가 활성화되었다. 2022년 투쟁에서도 노조는 하청노동자 다수가 참여할 수 있는 대중투쟁을 통해 대중 조직화를 실현하고자 했다. 결과적으로 성공하지는 못했지만 대중투쟁을 통해 다수사업장에서 대중적 조직기반을 확보하는 것이 일차적 목표였고, 이를 기반으로 집단교섭을 제도화하고 궁극적으로 원청업체의 교섭참여를 통해 노조의 권력을 안정화하고자 했던 것이다.

이러한 의미에서 2022년 파업투쟁은 '투쟁을 통한 조직화' 전략의 연장선에 있는 것이었다. 2022년 51일 파업투쟁에는 노조결성 5년째에 접어들면서 대규모 조직화를 위한 계기가 필요하고 조선업 경기회복으로 물량이 증가하는 시점에서 노조 인정을 위해 뭔가 큰 투쟁으로 승부를 봐야 한다는 판단이 작용했다(지회 간부 B).

거통고지회의 성장 과정에서 확인할 수 있는 또 하나의 요소는 사업의 연속성이다. 노동조합 정체성이 조합원 사이에 뿌리내리기 위해서는 사업성과가 숙성될 시간이 필요하고, 지회의 사업이 성과를 얻기 위해서는 지속적이어야 했다. 지회 사업의 연속성이야말로 노조의 목표와 정체성을 조합원의 신념으로 내면화하는 매개가 되는데, 거통고지회는 결성 이후 지금까지 전체 리더십 팀의 연속성이 유지되고 있다. 대부분의 기업별 노조가 반복되는 선거에서 리더십의 불안정과 장기적 전망의 결여로 고통받고 있는 가운데,

거통고지회는 초기 리더십이 5년간 유지되면서 그 성과가 축적되고 장기적 전망 속에서 당면한 투쟁을 배치할 수 있었다. 이처럼 리더십 팀이 안정적으로 유지되고 대중투쟁을 통해 충원되는 신규조합원들에 대한 교육을 결합함으로써, 헌신성과 비타협성을 특징으로 하는 조직의 기풍을 뿌리내릴 수 있었다.

5. 결론

거통고 조선하청지회의 투쟁은 하청노동자의 자연 발생적 투쟁과 노동조합지도부의 '전략적 역량'이 결합할 때, 취약한 자원에도 불구하고 조직화와 대규모 동원이 성공할 수 있다는 점을 보여주었다. 조선하청노동자의 조직화와 동원에서 가장 큰 난제는 간접고용 관계와 원청업체의 압도적 권력 속에서 구조적 부정의가 해결될 수 없다는 체념과 패배감을 극복하는 것이었다. 이 장은 노조의 조직화와 동원의 각 단계에서, 조선하청노동자의 누적된 불만과 자연 발생적 투쟁에 노조의 전략적 역량이 결합함으로써 노사 간 권력 불균형을 극복할 수 있는 투쟁의 계기들이 만들어졌고, 그 투쟁의 성과가 축적되면서 '투쟁과 조직화의 변증법적 과정'이 진행되었음을 강조했다.

거통고 조선하청지회의 조직화와 동원과정에서는 원-하청 관계의 구조적 모순으로부터 발생하는 집합적 불만, 불합리한 노무관리에 반발하는 자연 발생적 투쟁, 헌신적 현장투쟁을 통해 신뢰를 얻은 현장 간부들, 신생조직으로서 기업별 노조 활동의 관성을 넘어 학습과 토론을 통한 창의적 전략 모색, 조직력 확대과정에서 '투쟁과 조직의 변증법', 노동조합과 시민사회단체의 협력 네트워크에 기반을 둔 사회운동전략의 활용이 돋보였다.

그 결과 2022년 거통고 조선하청지회의 51일 파업투쟁은 전국적인 반향을 일으켰다. 51일 파업투쟁은 거제지역 하청노동자의 고립된 투쟁에 그친 것이 아니라 광범위한 사회적 연대를 통해 한국사회에 큰 파장을 불러일으켰다. 그러나 정작 조합원들이 손에 쥔 구체적 성과가 별로 없었다는 점에서 투쟁을 통한 대규모 조직화로 나아가지 못했다. 지회로서는 하청노동자의 대규모 조직화를 처음부터 다시 시작해야 하는 과제를 안게 되었다. 그럼에도 2023년 단체교섭에서 하청업체들과의 집단교섭 합의에 이를 수 있었던 것은 2022년 파업투쟁의 성과 덕분이었다.

대우조선해양이 한화그룹으로 매각된 것이나 조선 경기호황에 따라 조선소의 고용구조가 급격히 변하고 있다는 점도 앞으로의 노사관계에서 중요한 변수다. 향후 조선업 호황 속에서 또다시 다단계 고용구조가 확대된다면, 이는 조직화에 어려운 조건이 될 것이다. 2022년 파업에서 답을 찾지 못한, 조선업 특성에 맞는 원·하청 연대의 틀을 고민해야 하는 과제도 남아 있다.

그러나 거통고 조선하청지회의 사례는 노조가 하청노동자들의 구조적 불만과 자연 발생적 투쟁을 활용할 수 있는 전략적 역량을 발휘한다면, 원청업체를 대상으로 효과적인 투쟁을 전개할 수 있다는 것, 하청노동자의 조직화와 동원이 일회적 사건이 아니라 투쟁을 통한 조직화, 조직적으로 조율된 대중투쟁의 축적이라는 장기적인 과정으로 진행된다는 점을 말해주고 있다.

제9장 | 경남지역 노동사회단체들의
노동자 이익 대변과 조직화 전략

많은 나라에서 노조의 영향력 쇠퇴로 미조직 노동자 권익 대변의 사각지대를 보완하는 시민사회조직의 역할이 주목을 받고 있다. 한국에서도 노동시장 이중화와 고용구조 다변화 속에서 취약노동자의 권익을 보호하기 위한 시민사회의 목소리가 커지고 있다. 산업구조가 제조업에서 서비스업 중심으로 이동하고 고용형태가 다변화되면서, 사업장 수준의 단체교섭으로 포괄되지 않는 취약노동자에 대한 사회적 보호의 필요성이 커지고 있기 때문이다. 산업도시의 특성이 강한 경남지역에서도 제도화된 노사관계 밖에서 비정규·불안정노동자의 근로조건 개선과 노동권 보호에 주력하는 노동사회단체의 역할이 커지고 있고, 비정규·취약노동자들을 조직하려는 노력도 나타나고 있다. 지방자치의 확대에 따라 지방정부에 취약노동자 지원과 인권 보호를 요구하는 지역사회의 움직임이 활발해지고 있다. 지방의회에서 발의된 조례에 근거해 취약노동자의 노동권 보호와 근로조건 개선을 위한 노동정책을 집행하는 중간지원조직의 활동도 활성화되고 있다.

노동운동 내부에서도 노동조합이 지역사회 의제에 적극적으로 개입해야 한다는 문제의식이 확산하고 있고, 비정규직 노동자를 지역 차원에서 조직하려는 움직임이 커지고 있다. 취약노동자들의 열악한 근로조건이나 부당한 대우, 차별을 개선하기 위해서는 노조의 단체교섭을 넘어 사회정의 차원에서 지역사회의 적극적 개입이 필요하기 때문이다. 한국에서 노조 운동을 지원하고 미조직 노동자의 권익을 대변하는 노동단체나 사회운동조직은 국가 및 자본과의 투쟁에서 노동조합의 주요한 연대 파트너였다. 역사적으로 한국의 노동조합은 지역사회에서 교회와 민중운동의 엄호와 지지 속에서 형성되었고, 1990년대 노동조합이 전체 노동운동을 대표하게 된 이후에도 노동사회단체는 지역사회에 뿌리를 두고 지역노동운동의 활성화에 기여해 왔다. 이들은 사회정의의 차원에서 노동자들의 열악한 조건과 부당한 대우, 차별을 지역사회에서 쟁점화했고, 시민사회 네트워크를 통해 노동·복지 정책의 형성에도 큰 영향을 미쳤다.

지역사회에서 노동사회단체의 노동자 이익 대변 활동은 미조직 취약노동자들이 필요로 하는 서비스를 제공하고 이들의 권익을 보호하기 위한 노력이자 동시에, 지역사회 차원에서 당사자들의 집단적 목소리를 모아내는 조직화 노력의 일환이라는 의미를 지닌다. 노동조합이 사용자와의 단체교섭을 통한 이익 대변 활동에 주력한다면, 노동사회단체의 이익 대변은 단체교섭 이외의 방식으로 노동자들의 권익을 보호하고 집합적 목소리를 형성하는 과정이다. 노동사회단체의 활동이 노동자의 집합적 목소리 내기와 조직적 주체 형성을 목표로 한다는 점에서, 지역사회에서 활동하는 노동사회단체는 노동조합과 협력하며 '지역노동운동'을 구성한다. 즉, 노동사회단체의 노동자 이익 대변과 조직 활동은 지역노동운동의 일환이자, 사업장 노사관계를 넘어 시민사회를 포함하는 사회적 노동운동의 가능성을 모색하는 것이다.

이 장은 경남지역의 노동사회단체들이 노동조합의 사각지대에서 노동자 이익을 대변하기 위해 어떻게 활동해왔는지를 분석한다. 특히 노동사회단체들이 이익 대변 활동을 위한 자원 동원과정에서 노조나 정부·지자체와의 관계를 어떻게 활용했는지, 미조직 노동자 조직화를 위해 어떤 전략을 추구했는지가 중요한 관심이다. 이를 위해서 마산·창원지역에서 활동하는 대표적인 노동사회단체 6개의 사례를 분석한다.

1. 시민사회조직의 취약노동자 이익 대변 활동

서구의 경우 시민사회조직의 노동자 이익 대변은 노조의 영향력이 쇠퇴하면서 지역사회에서 저임금노동자를 대표하는 노동자센터나 커뮤니티 유니온 활동을 통해 주목을 받기 시작했고, 노조 재활성화 전략으로서 노조-커뮤니티 연합에 관한 관심으로 나타나기도 했다. 파인에 따르면, 커뮤니티 유니온은 저임금노동자에게 서비스를 전달하고 법률과 제도의 개혁을 목표로 권익 주창(advocacy), 조직화와 리더십 계발을 추구하는 커뮤니티 기반의 저임금노동자 조직이다. 커뮤니티 유니온의 주요한 특징은 산업, 직업보다는 차별을 유발하는 정체성이나 지리적 경계에 따라 정의되며, 주요한 수단으로 단체교섭보다는 정치와 공공정책을 활용한다는 점이다(Fine, 2005, 2007). 노동자센터가 노동시장 개입보다는 지역사회의 공공정책에 영향을 미치는 방식으로 활동하기 때문에, 노조 및 정부와의 제도적 파트너십이 중요하다는 것이다. 또한, 헥셔·까레는 노동자센터를 포함한 이러한 대안적 노동조직을 '준노조(quasi-union)'로 개념화했다(Heckscher & Carré, 2006). '준노조'는 노조로 대표되지 못한 노동자들의 권리를 옹호하고 노동조건을 개선하기 위한 조직들이며, 특정 노동자 집단의 이익을 대변하는 조직에서부터 노사 상호 이익을 추구하는 노동시장 매개조직까지 다양한 형태를 포함한다. 준노조는 소수의 헌신적 활동가와 느슨하고 유동적인 회원으로 구성되며, 상담이나 법률 · 의료 · 신용 등의 서비스제공과 주창 활동을 통해 집단적 정체성 형성이나 자립(empowerment), 조직화와 같은 전략적 목표를 추구한다.

커뮤니티노조나 준노조 개념이 미국에서 새로운 노동자조직의 경험을 포착한 것이라면, 영국에서는 고용 관계 내의 '새로운 행위자'로 비영리 시민사회조직에 주목했다(Heery & Frege, 2006). 영국에서 고용 관계에 대한 시민사회조직의 개입은 노조 운동의 침체기와 연관되어 있고, 노동당 정부의 노동시장 정책이라는 '정치적 기회'를 적극적으로 활용하려는 전략에서 비롯되었다. 시민사회조직들은 새로운 정책이나 법률, 정권교체와 같은 정치적 기회를 활용하여 공공정책 형성과정에 개입하고 정부 정책을 노동자에게 이익이 되는 방향으로 유도하고자 했다. 시민사회조직들은 전문성을 기반으로 정부의 정책형성 과정에 '비판적 지지자'로 참여하고 실행과정에서 '매개적 대리인'으로 행동했다(Heery & Abbott & Williams, 2012).

윌리암스 · 애보트 · 히어리에 따르면, 시민사회조직은 특정한 정체성을 가진 취약노동자 집단의 고용권을 대표하고, 지역 차원의 외부노동시장에 활동의 초점을 둔다. 이들은 시민사회조직(CSO) 범주를 ① 건강과 장애, ② 평등과 다양성 쟁점을 다루는 단체, ③ 일-생활 균형과 돌봄 조직, ④ 취약노동자 지원조직, ⑤ 사용자 행동에 영향을 미치는 데 초점을 둔 조직 등 5가지 범주로 구분한다. 주요활동 대상은 노동자 일반, 장애 노동자, 돌봄 필요가 있는 노동자, 이주노동자, 여성노동자, 취약노동자, 흑인과 소수인종 노동자, 실업자, 고령 노동자 등이다(Williams & Abbott & Heery, 2011). 시민사회조직의 노사관계 개입 방법 역시 작업장 외부에서 개별 노동자에 대한 상담과 지원, 정부 정책에 영향을 미치는 활동을 주요한 수단으로 한다.

국가와의 관계에서, 시민사회조직은 전문성과 정책 네트워크를 활용해 정책 결정에 참여하는 '내부자' 접근과 직접행동으로 저항하는 '외부자' 접근을 모두 활용하지만, 보통은 이해당사자를 대표하여 정책형성 네트워크에 참여하는 내부자 방식을 선호한다(Heery & Abbott & Williams, 2012). 노조와의 관계에서는 넓은 스펙트럼이 존재한다. 일반적으로 노조와 상호보완적이고 강한 연계를 형성하지만, 행동방법과 이데올로기적 차이에서 오는 긴장이나 무관심도 적지 않다. 노동자 이익 대변에서 시민사회조직의 가장 중요한 자원은 전문성과 연합 형성 행동이다. 시민사회조직의 전문성은 해당 노동자 집단의 경험에 관한 조사연구와 법률 지식에 기반을 두며, 미디어를 매개로 공공정책에 영향을 미치는 것은 시민사회조직의 주요한 전략이다(Abbott & Heery & Williams, 2012).

이러한 논의가 주로 시민사회조직의 기능이나 정부와의 관계에 초점을 두고 있다면, 노조-커뮤니티 연합에 대한 논의는 노조와 노동사회단체의 관계, 그리고 리더십에 주목하고 있다. 노조-커뮤니티 연합은 "노조와 커뮤니티조직을 비롯한 시민사회조직 사이에 공유된 목표를 추구하기 위한 공동 활동"으로 정의된다(Frege & Heery & Turner, 2004). 이러한 연합의 성공은 노조와 노동사회단체 양쪽 활동가들의 네트워크와 그 속에서 '가교 형성자'(bridge builder)의 역할에 의존한다. 가교 형성자로 기능하는 양쪽의 지도자들은 혁신적 전략을 통해 노조와 사회운동 조직들을 연계하는 역할을 한다.

비노조 이익 대변에 관한 국내연구들 역시 이러한 논의의 맥락을 따라,

비정규 노동자 조직화와 새로운 주체들의 노조결성, 노조와 시민사회조직의 연대, 비노조 이익 대변 등 노동시장에서 이익 대변의 분화양상과 사례를 분석하고, 이것이 노사관계에 갖는 함의를 검토하고 있다(박명준 · 권혜원 · 유형근 · 진숙경, 2014). 박명준 · 김이선(2016)은 취약노동계층의 이익 대변을 위한 서비스와 주창 기능을 수행하는 단체를 '준노조'로 정의하면서, 기존노조가 주도하는 '주창형 준노조'와 새로운 주체들의 '서비스형 준노조' 유형을 구분한다. 그러나 가장 주목을 받은 것은 비정규노동센터의 역할에 대한 분석이었다(손정순, 2018; 노성철 · 정흥준 · 이철, 2018; 이병권, 2022). 손정순(2018)은 시민사회조직과 노조가 각각 재생산영역과 생산영역에서 보완적 관계를 갖는다는 점을 강조했고, 노성철 외(2018)는 비정규노동센터 운동에서 민관협력 모델로의 제도적 동형화가 진행되어 지자체에 의존하는 서비스 제공조직을 벗어나지 못했다고 평가했다.

최근의 연구는 노조 조직화 과정에서 다양한 형태의 매개조직의 역할에 주목하고 있다. 취약노동자 조직화 과정에서 온라인 조직화 플랫폼, 지역 커뮤니티, 비정규노동센터와 같은 매개조직의 역할이 중요해지고 있으며, 산업과 지역에 따라 그 형태도 다양해지고 있다(정흥준 · 이정희 · 조혁진 · 노성철, 2019). 이러한 연구들이 분석대상으로 삼는 비노조 노동조직에는 비정규 노동자센터와 같은 민관협력의 중간지원조직, 고용 · 복지서비스를 제공하는 시민사회단체, 주변 노동자들의 자발적 커뮤니티와 직종별 협회, 온라인 노동상담 플랫폼 등 다양한 형태가 포함된다.

1990년대 이후 많은 사회운동 연구들이 노동운동단체와 시민사회단체를 구분하고 서로 다른 활동영역으로 간주해왔지만, 현재 시점에서 노동문제를 다루는 비노조 사회운동단체를 단순히 노동운동단체와 시민사회단체로 구분하기는 어렵다. 또한, 최근 많은 연구에서 노동조합 이외의 다양한 노동운동단체, 시민단체, 비영리민간단체, 중간지원조직을 모두 시민사회조직(CSOs)으로 포괄하는 경향이 있지만, 이 장에서 분석대상으로 삼은 '노동사회단체'는 노동시장과 지역사회에서 노동자의 이익 대변이나 노동문제 해결을 목표로 하는 시민사회의 자발적 결사체를 의미한다. 이들은 자발적 회원으로 구성되어 있고, 단체의 규약상 특정한 노동 쟁점을 주요사업으로 추진하거나 특정한 노동자 집단의 권익 보호를 목적으로 하는 조직이다. 노동사회단체가 정부의 노동·복지정책의 집행을 위해 민관협력의 중간지원조직을 위탁 운영할 수는 있지만, 중간지원조직 자체가 노동사회단체는 아니다.

2. 경남지역 노동사회단체들의 유형과 특성

마산·창원지역은 기계와 자동차부품, 전자, 조선 등 대규모 제조업체를 중심으로 한 노동자 밀집 지역으로 1987년 이후 전투적 노동조합운동의 영향이 컸을 뿐 아니라, 민중운동의 기반도 강한 지역이었다. 역사적으로 1980년대 동안 형성된 노동조합 활동가들은 지역노동운동의 중심세력으로 성장했고, 교회와 학생운동, 지식인들은 지역사회운동의 네트워크와 리더십을 형성했다. 노동조합운동과 깊이 연계되어 있던 지역의 민중운동은 1990년대를 거치면서 다양한 형태의 시민사회운동으로 전문화되고 분화되어 갔다(강인순, 2007). 경남지역의 주요 노동사회단체들은 1990년대 이후 노동조합들이 민주노총을 중심으로 체계화되는 가운데, 기업별 노조가 제대로 수행하지 못하는 특정 사업을 전문적으로 담당하는 역할을 자임하면서 출현했다.

특히 이들은 1997년 경제위기 이후 대량실업과 노동시장 이중화 속에서 비정규직과 여성, 실업자, 이주노동자, 청년노동자와 같이 노동조합의 사각지대에 있는 주변 노동자에 주목하면서 노동계 내에서 독자적인 기능과 역할을 담당하기 시작했다.

마산·창원지역을 기반으로 노동자 권익 보호 활동을 하는 주요 노동사회단체는 크게 ① 노동조합운동의 연장선에서 설립된 단체와 ② 노동조합운동과 독립적으로 특정 노동자 집단의 이익 대변을 위해 설립된 단체로 나누어볼 수 있다.[21] 먼저, 노동조합운동의 연장선에서 설립된 노동사회단체로는 '마산·창원 여성노동자회'와 '마창·거제 산재추방운동연합', '미래를 준비하는 노동사회교육원'이 대표적이다. 다음으로, 노동조합 사각지대에서 특정 노동자 집단의 권익 보호를 위해 설립된 단체로는 각각 이주노동자, 취업취약계층, 청년 집단을 대상으로 활동하는 '경남이주민노동복지센터', '경남고용복지센터', '경남청년내일센터'를 들 수 있다.

이들 6개 노동사회단체는 모두 지역사회 차원에서 활동하지만, 단체의 주요한 사업내용과 회원 구성, 노조와의 연계 및 협력 관계, 정부 사업에 대한 태도 등에서 많은 차이를 보인다. 노동조합운동의 연장선에서 설립된 단체들이 '노동운동'의 일부라는 정체성과 노동조합과의 긴밀한 연계 속에서 활동하는 반면, 특정 노동자 집단의 이익 대변을 위해 새로 설립된 단체들은 노동시장 지위가 취약한 이들의 권익 보호를 위해 노조와 무관하게 시민사

---

21 2022년 현재, 경상남도에 등록된 비영리민간단체는 다양한 분야에 894개에 달한다. "비영리민간단체 지원법"에서 정한 비영리민간단체는 ① 사업 수혜자가 불특정 다수이며, ② 구성원 간에 이익을 분배하지 않고, ③ 정치적 지지나 종교적 선교를 주된 목적으로 운영하지 않으며, ④ 구성원이 100인 이상이며, ⑤ 최근 1년간 공익활동 실적을 요건으로 한다.

회가 주도해 만든 단체라는 점에서 구분된다. 이들은 지역사회 차원에서 서로 협력·연대하기도 하지만, 각자 독자적인 사업 영역을 개척해왔다. 산재추방운동연합이나 노동사회교육원, 여성노동자회와 같은 노동자 중심의 노동사회단체들이 기업별 노조를 넘어 노동자들의 계급적, 사회적 연대를 강화하기 위한 활동을 주로 모색해왔다면, 고용복지센터나 이주민센터, 청년내일센터와 같은 노동사회단체들은 노동조합의 사각지대에서 취약노동자들에게 서비스를 제공하고 이들의 주체적 역량을 강화하는 데 힘을 쏟았다.

(1) 먼저, '마산·창원여성노동자회'(이하 마창여노회)는 1990년대 초반 마산수출자유지역 외자기업의 철수와 폐업과정에서 해고된 여성노동자들과 지역의 여성운동 활동가들이 중심이 되어 1992년 2월에 결성되었다. 1988년에서 1992년 사이에 수출자유지역 70여 개 사업장 중 6개 사업장이 폐업했고 이때 전체 고용인원의 1/3인 13,000명이 해고되었다. 이들 대부분은 여성으로, 마산·창원 여성노동자회는 수출자유지역 외자기업의 고용불안에 대한 대응과 여성노동자들의 평생 평등노동권 확보를 주요한 목표로 내세웠다. 마창여노회는 해고된 여성노동자들이 계속 활동할 수 있는 공간으로 기능했고, '여성노동자 운동'이라는 정체성을 갖고 여성노동자의 노조 활동과 육아를 지원하는 것으로부터, 여성노동자 상담과 실태조사, 교육과 같은 사업을 전개했다. 또한, 여성노동자 조직화를 위하여 1999년 전국여성노동조합 마산·창원 지부(현 경남지부)를 조직하기도 했다.

'마창·거제 산재추방운동연합'(이하 산추련)은 노동재해와 직업병 추방, 노동조건 개선, 법·제도 개선을 위해 활동하는 노동보건운동단체다. 1987년 이후 마창노련 산하 노조들의 산업안전보건 담당자 모임('일하는 사람들의 건강을 위한 모임')과 의사·간호사 등 의료전문가들이 만든 '노동자 건강을 위한 모임'이 1995년 통합하여 1999년 '마창·거제 산재추방운동연합'으로 개칭하였다. 산추련은 상담과 교육사업을 통해 산재추방 활동의 중요성을 지역사회에 알려 나갔고, 산재 노동자의 치료받을 권리, 안전하게 작업할 권리를 위해 투쟁해왔다.

'미래를 준비하는 노동사회교육원'(이하 노동사회교육원)은 노동운동의 전문 역량을 높이기 위한 교육 활동을 주된 사업으로 한다. 노동사회교육원은 노조의 일회성 대중교육이나 통상적인 단기교육을 넘어 체계화된 교과과정을 설계하고 독자적인 교재와 전문 강사진을 확보해 노동운동 내부의 교육기관을 자임했다. 1999년 노동사회교육원의 창립은 산별노조운동을 뒷받침하기 위해서 기업별 노조의 간부들을 재교육하고 새로운 노동운동 활동가들을 양성해 노동운동의 새로운 활로를 모색하려는 노력의 일환이었다(임영일, 2006).

대체로 노동자 중심의 노동사회단체들은 자신의 기능적 전문성을 중시했으며, 1990년대 후반 기업별 노조의 제도화 과정에서 산추련의 노동 건강권 운동, 노동사회교육원의 노조 간부 교육, 마창여노회의 '여성'노동자 운동과 같이 노동조합의 특정 기능을 전문화하는 방향으로 발전했다. 이는 민중운동의 틀 내에서 노조와 시민사회의 '공유된 목표를 추구하기 위한 공동활동'이라는 점에서, 기존노조의 혁신과 강화를 위한 노조-커뮤니티 연합의 특성을 보여주고 있다(Frege & Heery & Turner, 2004). 이들은 기업별 노조가 계급적 연대 측면에서 한계가 있다는 점을 강조하면서, 자신들의 기능적 전문성을 매개로 전체 노동자의 사회적 연대를 강화하는 방향으로 노동조합 활동에 영향을 미치려고 노력했다. 다만, 마창여노회의 경우는 경남지역 남성 중심의 노조 체계와 일-생활 균형이라는 여성노동자의 요구를 반영하여, 점차 지역사회 전반으로 활동영역을 확장했고 자원 동원 측면에서도 노조보다는 정부 · 지자체 지원에 의존하는 특징을 보였다.

(2) 한편, 경남지역에서 주변 노동자의 권익 보호를 목표로 하는 노동사회단체의 설립은 1995년 민주노총 출범과 IMF 경제위기 이후 고용구조 변화와 직접 관련되어 있다. 이때부터 시민사회운동은 노동조합 사각지대에 있는 취약노동자에 주목했고, 시민사회가 나서서 실업과 취업의 경계에 있는 취약노동자들의 권익을 보호해야 한다는 문제의식이 강화되었다. 1998년 이후 김대중 · 노무현 정부의 집권과 지방자치 확대로 시민사회단체의 활동을 위한 정치적 기회가 확장되었을 뿐 아니라, IMF 경제위기로 심각한 타격을 받았던 실업자와 주변 노동자를 위한 복지 확대와 고용서비스가 필요하다는 데 대해 국가와 시민사회의 정책적 수렴이 이루어졌다. 시민사회단체들은 취약노동자에게 필요한 서비스를 제공하기 위해 정부와의 사회적 대화와 지역사회 네트워크를 적극적으로 활용했다.

'경남이주민노동복지센터'(이하 이주민센터)는 1998년 이주노동자를 위한 노동상담소로 출발하여 현재는 이주민 전체의 인권 보호와 복지 증진, 제도개선 활동과 문화 다양성을 위한 폭넓은 사업을 진행한다. 초기에는 임금 체불과 폭행, 인권침해를 겪는 외국인노동자를 위한 법률자문으로 시작했지만, 위험에 처한 미등록 이주노동자에 대한 의료지원 문제를 다루면서 사업 범위도 확장되고 조직도 크게 확장되었다. 현재는 한글학교와 시민인권대학, 산업안전 교육, 정책 활동, 이주민들의 정기행사와 친목 활동, 국가별 교민회 활동 지원과 함께, 매년 대규모 이주민 축제(맘프, Migrant Arirang Multicultural Festival)를 개최하고 있다.

'경남고용복지센터'(이하 고용복지센터)는 1998년 외환위기 당시 경남지역 40여 개 단체와 개인들이 결성한 〈실업 대책을 위한 범국민운동 경남본부

〉를 모체로 한다. 〈실업 대책 경남본부〉는 전 국민의 실업 성금을 기반으로 실직가정 생계비지원사업에서 시작하여 공공근로 민간위탁사업과 자활후견기관 위탁 운영을 통해 일자리 사업을 수행했다. 2003년 〈실업 대책 경남본부〉는 전문적인 실업자 지원단체인 〈경남고용복지센터〉로 전환하였다. 경남고용복지센터는 공공근로 민간위탁사업과 자활센터의 일자리사업단 운영, 취업상조회 활동 지원을 통해 고용 취약계층을 대상으로 한 사회적 기업과 협동조합 등 사회적 경제 네트워크를 형성하고자 했다.

'경남청년내일센터'(이하 청년내일센터)는 지역 학생운동 출신으로 주민운동을 벌이던 청년회 활동가들이 중심이 되어 2007년 〈경남 청년실업 극복센터〉라는 이름으로 창립한 후, 2017년 사단법인 〈경남 청년내일센터〉로 명칭을 변경했다. 주로 청년들을 위한 사회안전망 강화와 청년공동체 확대, 일자리와 주거환경 개선, 청년 정책개발 사업을 한다. 원래 '청년내일센터'의 목표는 일자리 사업보다는 공모 위탁사업을 운영하면서 청년당사자들의 역량을 발굴하는 것이다. 청년내일센터는 청년유니온 경남지부 결성에 중요한 역할을 했고, 창원시와 경상남도로부터 각각 창원청년비전센터와 경남 감정노동자지원센터를 위탁 운영하고 있다.

이처럼, 주변 노동자의 권익 보호를 내건 노동사회단체들은 취약노동자들에게 고용·복지서비스와 법률·의료서비스를 제공함으로써 이들의 삶을 개선하는 데 실질적인 도움을 주고, 이 과정에서 당사자들의 자조 모임을 만들어 조직하려고 했다. 시민사회단체 연합체에서 출발한 고용복지센터는 고용 취약계층의 생계지원과 일자리 창출을 통해 주체화를 시도했으며, 청년운동단체였던 청년내일센터는 자치단체의 청년 정책형성과 집행에 참여하면서 청년유니온을 조직했다. 이주민센터는 이주노동자들의 인권 보호를 위한 서비스를 제공하는 데 주력하면서 이들을 국가별 교민회로 조직했다. 이들은 당사자들의 집단적 목소리를 조직해 정책캠페인을 벌이고, 이를 통해 주변 노동자들의 주체화와 정책 결정에 개입하는 전략을 추구했다.

이처럼 경남지역의 6개 노동사회단체는 구체적인 사업목표와 회원 구성은 다르지만, 주로 노동자에 대한 상담과 법률구제, 교육프로그램, 일자리 창출 등의 서비스를 제공하고 이를 통해 회원과 당사자들의 조직화를 추구하

〈표 15〉 경남지역 주요 노동사회단체의 특성

	노동조합운동 기반 단체			시민사회 기반 단체		
	마창여성 노동자회	마창·거제 산재추방 운동연합	미래를 준비하는 노동사회교육원	경남이주민 노동복지센터	경남고용 복지센터	경남청년 내일센터
창립 시기	1992	1995	1999	1998	1999/2001	2007
활동목표	여성노동자 운동	노동 건강권 운동	산별노조 간부 육성	이주민 인권 보호	고용 취약계층의 자립	청년운동 활성화
주요 운동 주체	수출지역 해고노동자	노조 산안 간부+ 전문가단체	노조 간부+ 학계	기독교 산업선교회	노조+시민단체 연합체	학생운동 출신 청년회
주요사업과 성격	상담·교육 정책·캠페인 사회적 경제	상담·교육 산재대응 현장 강화 조직화	교육·상담/ 활동가 육성	상담·법률· 의료서비스 정책캠페인 문화축제	실업자생계 자활사업 일자리 창출 협동조합	상담·교육 공동체 프로그램 정책캠페인
	다기능 복합형	기능 전문화	기능 전문화	다기능 복합형	일자리 서비스제공	프로그램 서비스제공
회원	자체회원· 조합원	산안 간부· 조합원 전문가	조합원· 교육 수료생 전문가	이주노동자· 전문직· 자원봉사	시민단체 활동가· 협동조합원	청년활동가 조합원
	회원 155명· 상근 14명 (2011)/ 회원 97명· 상근 2명 (2021)	회원 300명 25개 노조 상근 3명	회원 226명 (전문가 59명) 반상근 2명	상근 15명 자원활동 60명 교민회 2600명 (12개국)	회원 40명 상조회 270명 상근 4명	회원 58명 상근 2명 청년유니온 조합원 130명

는 지향을 보여주고 있다. 이들은 노동조합이 제대로 감당하지 못하는 사업 영역이나 기능(교육, 산업안전, 여성 노동과 비정규노동)으로 활동을 전문화하거나, 기존노조로부터 배제된 취약노동자들(이주노동자, 취업 취약계층, 청년, 여성)에게 필요한 서비스를 제공하고 조직화를 시도했다. 각 단체의 주요한 특징을 요약하면 〈표 15〉와 같다.

3. 노동사회단체들의 활동과 자원 동원

　노동사회단체들의 활동은 누가, 무엇을 목표로 단체를 설립하였는지에 직접적인 영향을 받는다. 활동방식과 관련하여, ① 노동조합운동의 연장선에서 설립된 단체들이 노동조합의 특정 기능을 전문화하여 사회적 계급적 연대사업을 전개하는 방식인 데 비해, ② 취약노동자 집단의 이익 대변을 위해 설립된 단체들은 지역사회 네트워크에 기반을 두고 취약노동자에 대한 서비스를 제공하는 방식을 취하고 있다. 노동사회단체들의 활동방식에 따라 자원 동원전략이나 노동조합, 정부·지자체와의 관계 역시 큰 영향을 받는다. 노동조합운동의 연장선에서 설립된 단체들이 노조와의 긴밀한 연계와 협력 관계에 의존하거나 단체의 가치에 찬동하는 노동자들이 회원으로 참여하는 방식으로 활동한다면, 취약노동자 집단의 이익 대변을 위해 설립된 단체들은 정부와 지자체의 공모·위탁 사업을 주요한 수단으로 취약노동자들에게 서비스를 제공하는 전략을 추구한다.

1) 노동조합과 연계된 노동사회단체의 활동

〈표 15〉에서 보듯이, 노동조합의 특정 기능을 특화한 노동사회단체들은 자신들이 생각하는 노동운동의 과제와 관련하여 기업별 노동조합의 한계를 넘어 사업의 전문성과 지속성, 정치적 지향성을 갖고 기능적 전문화를 추구한다. 이들의 사업모델은 보통 노동운동 내 전문적 기능이나 사업 영역으로 특화된 것이다. 노조 선거 결과에 따라 지도부가 교체되는 노동조합이 특정 사업에 대한 정치적·정책적 일관성을 보이기 어렵다는 점에서, 이들은 정치적 지향이 유사한 노조 내 활동가집단과 긴밀히 협력하며 회원들의 자발적 헌신에 기초한 활동을 특징으로 한다. 이들의 활동은 인적, 조직적으로 노조와의 지속적 협력과 기능적 분업 관계를 맺으며, 노조에 전문적 서비스를 제공하고 조합원의 주체화를 추구한다. 이들의 주요 목표가 노동조합 투쟁을 전체 노동자 운동의 시각에서 인식할 수 있는 주체 형성과 관련되어 있기 때문이다. 이들은 기업별 노조의 틀을 넘어 높은 수준의 정치·사회의식이 필요한 활동을 지향하며, 노조의 활동을 이러한 방향으로 유도하기 위해 노조와의 연계를 강화하고자 한다.

〈마창여성노동자회〉는 여성노동자를 대상으로 독자적인 사업 영역을 확장해온 경우다. 마창여노회의 초기 회원은 대부분 1987년 이후 마산수출자유지역 노동조합투쟁 해고자들로 수출자유지역 여성노동자 조직화에 주력했고, 민주노총 경남지부 여성위원회, 〈여성 실업 대책본부〉, 여성노조 마창지부 결성 등 노조와의 긴밀한 관계 속에서 활동을 전개했다(마창여노회, 2002). 마창여노회는 '여성노동자 운동'이라는 정체성을 갖고 여성노동자의 노조 활동과 육아 지원, 실태조사, 교육과 같은 일상 사업을 벌였으며, 1996년 '평등의 전화'를 개설해 직장 내 차별 및 성희롱에 관한 상담사업을 계속하고 있다. 그러나 제조업 남성사업장이 대부분인 창원지역 조건에서 여성노동자 사업은 큰 성과를 거두기 어려웠다. 반면에, IMF 경제위기 이후 구조조정의 최대 희생자였던 여성노동자 지원사업은 여성 실업과 빈곤 해결을 위한 공공일자리 사업으로 확장되었다. 점차 사업은 실업 대책기구와 자활 후견 기관 위탁 운영, 사회적 협동조합과 여성들의 대안 경제공동체 운영 등 다양한 영역으로 확대되었다. 정부위탁 방식으로 취약계층 여성에게 서비스를 제공하는 사업이 늘어나면서, 활동의 중심이 여러 부설기관으로 분화되어 자립화되는 양상이 나타났다. 2000년대 들어 사무국과 조직팀 외에 평등의 전화 · 고용평등상담실, 여성 실업 대책본부, 남양사회교육센터, 여성노조 상근자 등 최대 14명의 영역별 담당자들이 각각의 사업을 진행했다. 현재는 여노회 회원의 세대교체가 진행되어 다양한 직종의 여성노동자 회원으로 다변화되었고, 사업 역시 많이 축소되어 상담사업을 중심으로 운영되고 있다.

노동보건운동단체인 〈마창 · 거제 산추련〉은 노동조합과의 기능적 협력 네트워크를 통해서 사업을 진행한다. 산추련이 노동자 건강권과 관련한 전문영역에서 활동하면서도 현장 중심의 노동자 투쟁을 강조하기 때문이다. 산추련은 1990년대 초반부터 노조와 함께 지역 차원의 공개강좌와 산재추방 교실을 운영하며 노동조합의 산업안전 활동을 주도했다. 1990년대 중반에는 근로복지공단의 개혁과 강제 치료종결 반대 투쟁을 전개하였고, 2001년 이후에는 근골격계 유해요인 공동지역조사단을 조직하여 활동하였으며, 산재보상법 개악 저지 투쟁을 벌였다. 2000년대 중반 이후에는 비정규직과 이주노동자를 포함한 모든 노동자의 건강권 보장으로 사업 범위를 확장해왔다. 산추련의 활동목표는 현장 중심의 노동보건운동을 활성화하여 현장 활동가를 발굴하며 이들의 지역적, 전국적 연대 활동을 강화하는 것이다. 이를 위해 산추련은 회원모임이나 노동 건강권 관련 상담 · 기획 사업을 근로조건 개선 투쟁으로 연결하거나, 노동 건강권을 사회적으로 쟁점화하고 비정규 직 · 이주노동자의 건강권과 조직화를 위한 지역 연대사업을 추진했다. 산추 련은 '현장 중심의 노동보건운동'이라는 기치 아래 전문가가 아니라 노동자 가 주체가 되는 노동보건운동, 간부 중심의 노동보건활동을 넘어 현장노동 자의 힘이 실린 투쟁을 지향했다. 이러한 이유로 산추련은 노동 안전과 관련 한 정부 · 지자체, 기업과의 협력에 소극적이며 재정적 자립 원칙을 매우 중 시한다.

〈미래를 준비하는 노동사회교육원〉은 금속노조의 핵심간부들을 배출했 던 '경남노동자협의회'와 영남노동운동연구소와의 긴밀한 관계 속에서 결 성된 노동교육 기관으로, 지역 차원에서 전개된 산별노조운동의 일환이라고 평가할 수 있다.[22] 노동사회교육원은 긴 호흡으로 미래를 준비하며 노동운 동의 다음 세대를 육성하기 위해 학습과 토론, 지역 단위 실천을 연결해 나 갈 틀로 기획된 것이었다(임영일, 2006). 기업별 노조 활동가의 재교육이 일차 적 목표였기 때문에, 18기 노동교육 기본과정에 이르기까지 교육프로그램과 운용방식은 노조 간부를 위한 1년 과정의 노동대학 성격을 띠었다. 초기 교 육생은 대부분 금속노조 지도자와 현장 간부들이었다. 그러나 2000년대 중 반에는 다음 세대의 젊은 활동가들을 발굴해야 한다는 문제의식이 강화되면 서, 2017년부터는 6개월 과정, 2021년부터는 다시 3개월 과정으로 점차 교

---

22 '경남노동자협의회'는 1986년 마산 · 창원 지역의 노동운동 활동가와 해고노동자들이 결성한 단체로 1987년 노동자 대투쟁과 마창노련 결성, 연대투쟁 지원 등 마창지역 노동운동을 활성화하는 데 큰 몫 을 담당했다. 부산의 영남노동운동연구소는 오랫동안 산별노조운동의 이론적 자원을 제공해왔다.

육 기간을 단축했다. 노동사회교육원은 자신의 활동을 궁극적으로 산별노조가 맡아야 할 사업이 되길 기대했지만, 노동조합은 활동가 양성을 위한 자체 교육프로그램을 만들지 못했다. 이 때문에 노조 교육의 필요성을 느끼는 노조 간부들이 노동사회교육원과 개별적 협력 관계를 맺고 있고, 이를 기반으로 수강생들을 조직하거나 파견 교육이 이루어졌다.

이처럼 세 노동사회단체가 노조의 기능이나 사업 영역을 전문화하여 독자 사업으로 진행하는 데는 노조와의 협력과 연대가 중요했다. 노동조합과 노동사회단체 양쪽의 활동가들이 인적 유대와 이념적 동질감을 기반으로 사회운동 네트워크를 형성하고 있었고, 이들이 노동조합과 시민사회 사이의 가교 형성자(bridge builder)로 기능했기 때문이다. 노조는 노동사회단체들이 가진 전문성과 정당성, 지역사회 지지에 의존했고, 노동사회단체들은 노동조합이 더 혁신적으로 변화하거나 사회연대의 쟁점에 더 적극적으로 참여하도록 고무했다. 경남지역의 경우에는 노동사회단체와 노조의 연계 연합을 촉진하는 데 주로 의제에 대한 공통의 관심, 노조의 정체성, 행위자들의 특성과 네트워크가 중요한 역할을 했다.[23]

그러나 이러한 협력 관계는 해당 사업에 대한 노조의 관심이나 노조 운동의 부침에 큰 영향을 받았다. 단체의 사업은 노동조합이 중시하는 당면 의제와 접점이 높을수록 노조의 협력을 얻기 수월했고 노조 행동에 미치는 영향력도 컸다. 산추련의 노동 건강권 의제는 노조의 당면사업과 연관성이 높아

---

23 테터솔은 이러한 연계, 연합을 촉진하는 요인으로, ① 정치적, 경제적 위기, ② 공통이익에 대한 노조 정체성, ③ 분권화된 구조와 같은 "기회" 요인과, ④ 노조 행위자의 특성과 역할(리더십의 지지, 평조합원 압력, 가교 형성자 역할), ⑤ 연합을 위한 공통이익의 존재, ⑥ 조합원 참여를 촉진하는 조직적 스케일 등 노조의 '선택' 요인을 강조했다(Tattersall, 2009).

노조와 일상적 협력 관계를 맺는 데 성공적이었고, 명확한 이념 지향성을 기반으로 노동 건강권과 현장투쟁을 결합하는 방식으로 단체의 활력을 유지할 수 있었다. 반면에, 노동사회교육원의 노동교육 의제는 노조에 필요하긴 하지만 긴급한 사업으로 인식되지 않았고, 그 때문에 노조와의 느슨한 연계와 비공식적인 협력 관계 이상으로 발전하거나 노조 행동에 영향을 미치기 어려웠다. 마창여노회의 경우, 제조업 남성 중심의 노동조합들이 여성노동자 사업에 별 관심을 기울이지 않았기 때문에 노조 자원을 동원할 수 없었다. 그 결과 마창여노회는 기존노조 체계 밖에서 독자적인 여성노조를 조직하거나 다른 여성단체들과의 협력이나 여성부·노동부·지자체의 공적 자원에 의존하여 사업을 진행했다. 그 결과, 점차 노동시장 서비스 기능이 비대하게 팽창하면서 조직운영의 원심력이 커졌다.

이 노동사회단체들은 노조와의 관계에 따라 다양한 특징을 보여주고 있다. 파인(2007)은 커뮤니티노조를 노조와 커뮤니티조직이 파트너 관계를 맺고 있는지, 파트너 관계를 누가 주도하는지에 따라 분류한 바 있다. 이 분류에 따르면, 현재 이주민센터나 마창여노회, 고용복지센터는 노조 측 파트너가 없는 커뮤니티조직에 가까우며, 산추련과 노동사회교육원은 커뮤니티조직이 주도하는 노조-커뮤니티 파트너십에 해당한다. 청년내일센터는 노조 측 파트너가 없는 커뮤니티조직에서 커뮤니티조직이 주도하는 노조-커뮤니티 파트너십으로 이동했고, 고용복지센터는 커뮤니티 주도의 파트너십에서 노조 측 파트너가 없는 커뮤니티조직으로 전환되었다. 최근 산추련과 여성노동자회가 금속노조 주도의 지역 조직화 사업에 결합한 것은 노조주도의 파트너십으로 볼 수 있을 것이다.

2) 취약계층 서비스사업 중심의 노동사회단체 활동

한편, 취약노동자의 인권과 사회적 보호에 주목한 노동사회단체들은 정부의 고용 · 복지서비스 위탁사업에 주력했다. 이들의 활동은 노동조합과의 연계 · 협력에 의존하기보다는 정부와 지자체의 재정적 지원을 끌어내고 노동 · 복지정책에 영향을 미쳐 취약노동자들에게 실질적인 도움을 주는 데 초점을 맞추었다. 이 단체들은 한편으로 취약노동자들에게 서비스를 제공하면서 이들의 자립(empowerment)과 조직화에 주력했고, 다른 한편으로 상담과 서비스 과정에서 획득한 전문성과 지역사회 네트워크를 이용해 정부 · 지자체의 노동 · 복지정책에 영향을 미치는 전략을 추구했다.

〈경남이주민노동복지센터〉(이주민센터)는 현재 이주민을 위한 지역사회 허브 기능을 수행하면서, 대표를 비롯한 14명의 실무자와 60여 명의 자원 활동가가 노동상담과 법률구제, 한글학교, 아기 돌보미, 엔젤 클리닉, 쉼터 운영, 통 · 번역, 시민 인권대학과 이주정책 활동에 참여하고 있고, 이주노동자들은 교민회를 통해 정기적인 행사와 친목 활동, 맘프 축제 준비에 참여한다. 이주민센터는 2000년대 초반까지는 지자체 지원 없이 시민사회의 후원금에 의존해 사업을 진행했지만, 사업 영역과 규모가 확대되면서 민간기업의 후원이나 정부 · 지자체의 지원 규모도 커지고 있다. 2008년 이후 경상남도와 창원시 지원으로 이주민 종합복지시설인 '경남 이주민사회센터'를 위탁받았고, 2021년에는 '경상남도 외국인주민지원센터'를 위탁받아 운영하고 있다. 이러한 변화는 이주민센터와 정부의 이주노동 정책이 수렴되었기 때문에 가능했다.

이주민센터의 사업 방향은 1990년대 이주노조 결성을 둘러싼 이주노동단체들의 노선 갈등에 영향을 받았다. 이주민센터는 이주노조를 목표로 한

'노동권' 투쟁은 성공하기 어렵고 이주노동자의 '인권'문제에 집중해야 성공할 수 있다고 생각했다. 실제 이주노동자의 현실을 인권 의제로 쟁점화하고 여론에 호소하는 이주민센터의 전략은 매우 효과적이었다. 외국인노동자 정책에 고심하던 정부 역시 2003년 고용허가제 도입 이후 입국한 외국인 노동자에 대한 사후관리 업무를 위해 비영리민간단체를 활용하고자 했고, 이주노동자의 규모가 커지면서 전문성 있는 이주노동단체와의 협력이 필요했다. 노동부는 '외국인 인력정책위원회'에 참여해 외국인노동자 정책 개선방안을 제안해줄 수 있는 시민사회 파트너가 필요했고, 경남을 포함한 전국 4개 지역에 노동인권센터를 만들어 비영리민간단체에 위탁하기 시작했다. 경남이주민센터는 이미 20여 년의 활동을 통해 이주노동자 문제에 대한 전문성을 인정받고 있었고, 정부의 이주노동자 정책 결정 과정에서 중요한 정책파트너로 간주되었다. 이주민센터는 노동인권과 문화 다양성을 공공의제로 제기함으로써 이주노동자들이 필요로 하는 서비스를 제공하는 데 정부의 협력과 시민사회의 호응을 얻어낼 수 있었다. 이주민센터가 노조와의 관계보다는 정부와의 협력, 지역사회 네트워크를 통한 자원 동원을 중시했던 것은 이주노동자에 대한 노동조합의 무관심 때문이기도 하지만, 동시에 이주노동자 문제를 이주민의 인권과 문화 다양성 문제로 접근하는 이주민센터의 정체성과 관련된 것이기도 하다.

한편, 〈경남고용복지센터〉는 1998년 지역 시민사회단체들의 연합체로 출발했지만, 곧 취업 취약계층의 일자리 창출을 지원하는 실업자지원 전문단체로 전환되었다. 이러한 변화는 대량실업 상황이 완화되면서 실업자 운동의 조직적 전망이 불투명해진 가운데 조직의 정체성과 비전에 관한 고민의 결과였다. 초기 〈실업 대책 경남본부〉에 민주노총이 참여하였지만, 노조의 역할은 극히 제한적이었다. 돌봄 노동자 사업이나 건설 일용센터 사업, 기업 퇴직자 관련 사업과 관련해 노조와의 협약이나 홍보, 논의가 이루어지기도 했지만, 실제 공동사업을 진행한 경우는 거의 없었다. 고용복지센터는 정규직 전환이나 노조 조직화에 대해서는 노조에 이관하는 태도를 보였다. 예컨 대 고용복지센터의 학교 청소사업단은 무기계약직으로 전환되자 일반노조에 가입했다. 결국, 고용복지센터는 취업 취약계층 대상의 일자리 사업을 운영하는 단체로 자리 잡았고 상근활동가들은 일자리사업단과 사회적 기업의 실무자로 남았다. 일자리사업단은 1999년 공공근로 민간위탁사업으로 헌옷 재활용, 재활용품 수거, 책걸상 수리나 학교 폐자원 재활용, 학교 화장실 청소, 병동 간병, 가사·간병 도우미 사업과 장기요양 재가 파견, 가사관리사 알선, 저소득층 주거개선사업 등으로 발전하여, '늘푸른 자원', '늘푸른 사람들', '늘푸른 하우징', '경남간병센터', '창원 주거에너지 복지센터' 등의 사회적 기업으로 성장했다.

고용복지센터의 일자리 사업모델은 IMF 경제위기 이후 정부가 실업급여와 직업훈련, 취업 지원 등 고용서비스와 취약계층의 일자리 지원사업을 확대했기 때문에 가능했다. 정부는 '사회적 일자리' 사업을 확대해 취약계층의 일자리 문제를 해소하고자 했고, 2007년 〈사회적기업 육성법〉과 2012년 〈협동조합 기본법〉은 사회적 경제를 위한 기회를 제공했다. 고용복지센터는 일자리 사업 참여자들을 〈취업상조회〉로 조직해 자립역량을 강화하고자 노력했다. 이때 공공일자리 사업은 고용 취약계층을 접촉하고 조직화할 수 있는 주요한 매개체였다. 고용복지센터는 생계비지원을 받는 취업 취약계층의 일자리 창출을 위해 자활사업과 사회적 일자리 사업을 위탁받고, 이를 시장 경쟁으로부터 보호된 사회적 기업으로 운영했다. 경쟁으로부터 보호된 공공

일자리를 사회적 기업형태로 유지하기 위해서는 정부의 재정지원뿐 아니라 이에 대한 지역사회의 지지가 필요했다(김여용, 2016:37). 일자리 사업은 고용복지센터가 적절한 공공일자리를 기획해서 지역사회에 제안하고 지방의회가 조례로 확정한 후, 지자체와 공공부문에서 간병, 돌봄, 학교 청소와 같은 사회적 일자리를 창출하면 고용복지센터가 수탁받는 형태로 진행되었다. 사업이 지역사회의 여론 형성과 조례 제정을 매개로 이루어졌다는 점에서 이는 정부·지자체의 단순한 복지 행정이라기보다 지역사회 협약의 성격을 띠고 있었다.

〈경남 청년내일센터〉역시 청년들에 대한 노동상담이나 청년유니온 관련 자문과 노동 진정사건을 지원하며 청년 사업에 대한 전문성과 대표성을 기반으로 지자체의 청년 정책 파트너십을 담당했다. 청년내일센터는 주로 노동부의 청년 일자리 지원사업을 위탁받아 진로 탐색이나 생애 설계지원, 심리상담 서비스를 진행했고, 〈사회적 일자리사업단〉을 통해 청년들의 사회적 기업 육성과 공동체 문화 형성 사업을 해왔다. 청년내일센터가 위탁 운영하는 〈창원청년비전센터〉는 청년내일센터가 실태조사와 공청회를 통해 청년들의 요구를 쟁점화하고, 지방의회가 이를 수용한 청년 기본조례를 만들어 지자체 공모사업으로 추진한 것이다. 특히 창원청년비전센터의 동아리 지원 사업은 3인 이상이 다양한 목적과 형태의 단체를 만들어 신청하면 그 단체가 자립할 때까지 지원해주는 프로그램으로, 청년 비정규 노동자들이 스스로 조직화하도록 돕기 위해 기획되었다. 창원청년비전센터 자체는 타 시도의 그것과 다르지 않지만, 청년내일센터가 위탁 운영하는 과정에서 지역의 비정규 청년노동자를 발굴하는 사업을 추가한 것이다. 이는 창원청년비전센터의 프로그램을 통해서 비정규직 청년노동자들을 모아 조직화로 연결한다는 기획의 일환이었다.

3) 서비스제공형 사업모델과 정부 · 지자체 관계

노동사회단체들의 사업모델에서 공통적인 것은 사업장 밖에서 주변부 노동자들과의 접촉면을 확보하기 위해 서비스제공을 주요한 수단으로 활용한다는 점이다. 대부분 노동사회단체는 비정규 · 취약노동자에 대한 '상담'을 가장 중요한 사업으로 배치하고 있는데, 상담 과정에서 노동자들의 고충과 부당한 대우에 대한 법률구제에 나서거나, 상담과 실태조사에서 확인된 불만과 요구를 대중적 캠페인으로 쟁점화할 수 있기 때문이다. 노동사회단체들은 이러한 과정을 통해 해당 사업 영역의 전문성을 확보하고 취약노동자의 대리인으로서 대표성을 인정받기도 했다. 노동사회단체들은 이러한 전문성과 대표성, 지역사회 네트워크와 지방의회를 매개로 지자체의 노동 · 복지정책에 영향을 미쳤고, 이렇게 마련된 지자체 공모사업 운영을 통해 취약노동자의 권익 옹호와 조직화를 추구했다.

취약노동자에 대한 노동사회단체의 서비스 활동은 상담과 법률구제, 정책캠페인에 더해, 고용 · 복지서비스와 일자리사업단 운영, 의료 · 교육서비스, 대출 · 공제서비스, 상호부조와 사회적 경제 네트워크 구축 등 다양한 형태를 띠었다. 1998년 경제위기 이후 복지 · 고용서비스 사업은 진보와 보수 정부를 가리지 않고 증가하였으며, 지방자치 발전에 따라 노동사회단체의 이익 대변 활동에 대한 지자체의 지원도 확대되었다. 물론 정부 · 지자체는 재정지원에서 서비스제공 건수나 참여 인원과 같은 성과 지표를 중시하지만, 노동사회단체들은 위탁사업을 통해 인건비와 사업비 확보, 취약노동자의 자립(empowerment)과 조직화에 큰 의미를 두었다.

노조연계형 노동사회단체들도 정부·지자체의 공모·위탁사업에 대해 꼭 부정적인 것은 아니다. 특히 지자체가 지원하는 비정규 노동자센터 사업이나 노동상담, 공공일자리 사업에 대해서는 긍정적이다. 마창여노회는 자체 진행하던 '평등의 전화' 사업을 기반으로 2000년부터 노동부의 고용평등상담실 공모사업에 참여하고 있고, 산추련의 거제지부 격인 '새터'는 거제시의 비정규 노동자센터를 위탁 운영했으며, 노동사회교육원 역시 경상남도의 비정규 노동자센터 공모에 참여한 적이 있다. 노동사회단체들은 재정적 부담으로 시도하지 못했던 사업을 지자체 위탁사업을 통해 진행하거나, 자체 사업에 필요한 인건비를 보충하기도 하고, 정부·지자체 공인 상담실임을 홍보함으로써 공신력을 인정받기도 한다.

정부 지원에 의존하는 서비스제공이 노동사회단체의 주창(advocacy) 기능을 위축시키거나 방해하는 것은 아니다. 대부분 노동사회단체가 자신의 역할을 주창 활동과 서비스 활동 어느 하나로 한정하지 않으며, 서비스제공을 취약노동자의 조직화·주체화 과정과 결합하려고 노력하기 때문이다. 노동사회단체가 서비스제공을 위해 정부·지자체에 의존하는 경향이 심화되고 있지만, 지자체의 지원은 노동사회단체에 대한 관료적 포섭을 의미한다기보다 지역 시민사회의 협력 네트워크와 여론 형성, 지방의회에서 진보정치의 영향력에 기초한 것이었다. 이 때문에, 지자체의 노동·복지 정책 결정 과정에서 노동사회단체의 주창 기능은 오히려 확대되었으며, 정책의 내용도 지역 시민사회와 노동조합의 요구에 상당한 영향을 받았다. 문제는 관련 정책의 형성과 집행과정에서 전문성을 가진 활동가를 축적하고 적절한 사업을 기획할 수 있는가였다. 지자체의 노동·복지 정책 역량이 취약하기 때문이다. 노동사회단체들이 이익 대변 과정에서 축적한 정보와 지식, 정책적 대안 제시

능력 등 전문성과 사업 기획, 여론 및 정치적 압력을 동원하는 능력은 정책 결정 과정에서 큰 영향을 미쳤다. 영향력의 크기는 노동사회단체가 지역사회의 연대 네트워크를 동원하고 관련 의제를 지역사회의 쟁점으로 부각해 지자체와 지방의회에 영향을 미칠 수 있는 능력에 의존했다.

노동사회단체와 정부 · 지자체의 협력은, 양측의 정책적 수렴의 결과로 나타난 현상이다. 영국에서 시민사회조직의 고용 관계 개입이 정부의 노동시장 정책 변화라는 정치적 기회를 활용하려는 전략에서 비롯되었던 것처럼, 서비스제공형 노동사회단체들의 사업 확장은 1998년 고용위기 이후 취약집단에 대한 사회정책 확대와 긴밀히 관련되어 있다. 정부와 지자체는 고용 · 복지정책에 대한 수요 증가에 맞추기 위해 노동사회단체의 전문성과 헌신성을 활용하고자 했고, 시민사회단체들은 정부의 고용 · 복지정책 확대를 취약노동자들의 자립역량 강화와 조직화를 위한 기회로 인식했다. 2000년대 이후 지방선거에서 진보정당의 선전과 2010년과 2018년 민주당 출신 지자체장의 선출로 지자체에 대한 시민사회의 영향력이 강화되자 이를 적극적으로 활용하기 시작한 것이다. 고용복지센터, 청년내일센터, 이주민센터, 마창여노회의 사업 확장이 그 사례이다.

고용복지센터와 마창여노회는 2000년대 김대중 · 노무현 정권하에서 시작된 고용 취약계층의 자활과 사회적 기업 지원에 의존해 사업을 확장했고, 청년내일센터의 위탁사업 역시 지자체의 청년실업 정책과 연관되어 있다. 2003년 고용허가제 이후 이주민센터의 사업 확장은 미등록 이주노동자에 대한 정부의 사회정책 집행을 대행하는 성격을 띠고 있다. 점차 노동사회단체들은 취약노동자와 관련한 정책 결정과 집행과정에서 이해당사자의 대리인, 전문성을 가진 비판적 파트너의 지위를 획득했다. 물론 노동사회단체가 정부·지자체에 의존하는 정도는 단체마다 다르다. 애초에 노동사회단체들이 독자적으로 진행하던 사업을 제도화하기 위해 지자체의 지원을 끌어내기도 하고, 정부가 제시하는 정책사업을 활용하여 새롭게 사업 영역을 확장하거나, 정부 위탁사업으로 확보한 인력으로 독자적인 사업을 운용하기도 한다.

4. 노동사회단체의 당사자 조직화

노동사회단체들은 취약노동자에 대한 서비스와 조직화를 주요 목표로 한다는 점에서는 큰 차이가 없지만, 당사자조직의 형태나 당사자조직과의 관계는 다양하다. 노동사회단체에 의한 주변부 노동자 조직화는 기존 노동조합의 미조직 노동자 조직화와 다르다. 이들은 기존 노동조합에 조합원으로 가입하거나 신규노조를 결성한 후 사용자와의 단체교섭에 조직의 성패를 걸지 않는다. 조직화는 해당 노동자를 노동사회단체의 회원으로 가입시키기도 하고, 사회적 캠페인에 집중하는 일반노조, 가정관리사협회와 같은 직종별 협회 지역지부 설립, 취업 가능성이 낮은 중고령자를 대상으로 한 사회적 협동조합 연합회 결성, 지역 여성들의 대안 공동체, 이주노동자 국가별 교민회 등 다양한 형태를 띠었다. 대개는 산업, 직업, 지역의 동질성이 높은 고용관계가 있으면 독자노조로 조직하지만, 노동시장 지위가 취약해 시장경쟁이 어려운 경우는 취업상조회나 사회적 협동조합 형태가 일반적이다. 산업, 직업적 경계가 유동적이지만 지역적 범위나 성별, 연령계층의 특성이 강한 여성과 청년의 경우 노조와 회원 조직화를 동시에 추구하는 양상을 보였다. 나라별 결속력이 높은 이주노동자는 노동사회단체에 소속된 국가별 교민회와 연대회의 형태로 조직했다.

1) 노동조합으로의 조직화

먼저, 노동사회단체가 소속 회원을 중심으로 직접 노동조합을 건설한 경우다. 마창여노회와 청년내일센터는 기존노조 체계 밖에서 여성노조 마창지부(현 경남지부)와 청년유니온 경남지부라는 새로운 노조 조직화에 성공했다. 마창여노회와 여성노조 마창지부는 공식적으로 자매 관계를 맺고 있고, 청년내일센터와 청년유니온 경남지부는 위탁사업 운영조직과 조합원 대중조직으로 분업 관계를 형성하고 있다. 산추련은 지역의 비정규·이주노동자 조직화를 위해 기존노조와 함께하는 협력 네트워크에 참여했다.

(1) 마창여노회와 여성노조 마창지부(경남지부)

1998년 경제위기 이후 성차별적인 정리해고와 비정규직화는 여성 노동운동단체들이 여성만을 위한 노조의 필요성을 인식하는 계기가 되었다. '일하는 여성'에 관심을 가진 한국여성노동자회와 지역지부들은 실업과 취업을 오가는 여성노동자들을 지역 차원에서 조직하고자 시도했다(나지현, 2018). 1999년 여성노조 창립 당시, 마창여노회와 여성노조 마창지부는 사무실과 일상생활을 공유했으며, 마창여노회 회원은 의무적으로 여성노조 조합원으로 가입해야 하는 이중멤버십을 채택했다. 마창여노회 활동가들이 여성노조 경남지부를 조직했고 여성노조 지부장은 마창여노회 운영위원을 겸했다. 양 조직은 공동 상근자 회의를 통해 활동을 공유하였다. 초기에는 공동소식지 발간을 논의하기도 하고, 마창여노회 회원모임을 여성노조 조직부에서 관장하기도 했다. 하지만, 여성노동자 투쟁지원과 조직화 사업이 여성노조로 이관되면서 양자의 기능적 분화와 독자적 정체성이 강화되었다. 여성노조는 여성노동자의 권리 확보를 위한 투쟁사업과 지역사회에서 '일하는 여성'의 문제를 여론화하는 역할을 담당하고, 마창여노회는 상담과 교육, 정책, 위탁 사업을 담당하는 방향으로 역할이 분화된 것이다(마창여노회, 2002)

하지만, 두 조직의 협력적 분업 관계는 안정적이지 못했다. 여기에는 양 조직의 기능 분화와 함께, 사업 스타일과 활동방식에 대한 견해 차이도 존재했다. 여노회 회원 활동과 노조 조합원 활동을 결합하기가 쉽지 않았기 때문이다. 마창여노회는 회원에게 노조 가입을 의무화했지만, 여성노조 신규 조합원은 여노회 회원으로 가입하지 않는 경우가 많았다. 마창여노회는 노조 활동이 여성운동으로 이어지려면 조합원이 여노회에 가입해야 한다고 주장했지만, 대중조직인 여성노조는 신규조합원이 여노회 활동에 참여하는 데 부담을 느꼈기 때문이다. 조합원 수가 늘어나면서 이 문제는 양자 간 갈등의 원인이 되었다. 결국, 여성노조 경남지부가 자립능력을 갖추면서 공간적으로 독립했고, 이후 양 조직의 관계는 느슨해졌다. 그렇지만, 양 조직은 서로를 '자매단체'로 표현하듯이, 계속 교류를 이어가고 있다.

(2) 청년내일센터와 청년유니온

청년내일센터 활동가들은 2013년 청년유니온 경남지부를 결성하였다. 청년내일센터는 지자체 위탁사업을 통해 재정적으로 안정되어 있었고, 이러한 자원을 바탕으로 청년당사자들을 직접 조직하는 방식을 선택했다. 구세대의 청년회 활동가들과 달리, 2010년대 새로운 청년활동가들은 문화기획과 봉사 활동을 통해 대중적인 방식으로 청년들을 결집하고자 했고, 이는 새로운 형태의 청년노조가 필요하다는 인식으로 수렴되었다. 이들은 기존노조의 활동방식과 비교해 청년유니온이 대중적 사업에 더 유리할 뿐 아니라, 사업장이 작고 분산된 조건에서는 지역사회 차원의 의제대응을 통한 제도적 변화가 효과적이라고 생각했기 때문이다.

현재 청년유니온의 가입 자격은 만 15세부터 만 39세까지이며, 2020년 현재, 경남 청년유니온 조합원은 74명, 후원자는 130명이다. 조합원은 주로 창원지역에 집중되어 있으며, 학생, 직장인, 실직자, 아르바이트 대학생, 아르바이트 취준생, 전업 취준생, 청년활동가, 프리랜서, 직장인을 포괄하고 있다. 아직 지부 수준에서 단체교섭은 거의 없는 형편이다.

청년내일센터와 청년유니온의 관계는 시기별로 큰 변화를 겪었다. 초기에는 청년내일센터와 청년유니온이 사실상 구분되지 않았고, 양자가 함께하는 공동사업이 대부분이었다. 청년내일센터 회원이 청년유니온 조합원이었으며, 청년유니온 활동은 센터의 인적, 재정적 자원에 의존했다. 현재는 청년유니온이 자율성을 강화하고 독자적인 대중 사업을 펼칠 수 있도록 양자의 재정적, 인적 구조를 분리했다. 그러나 양자는 여전히 긴밀한 협의 관계를 유지하고 있으며, 청년유니온 지부장은 청년내일센터 이사로 참여한다. 주로 청년유니온이 조직사업과 정책사업에 집중한다면, 청년내일센터는 지자체 공모·위탁사업에 특화되어 있다. 청년내일센터는 공모·위탁사업 운영기관으로 노동상담과 청년들의 자조 모임 프로그램을 통해 참여자들을 청년유니온으로 안내하는 역할을 한다. 하지만, 양자의 관계는 여전히 유동적이며, 장기적으로 청년유니온의 발전 전망에 따라 청년내일센터의 사업 방향이 영향을 받을 것으로 보인다.

(3) 마창·거제 산추련의 노조연계형 조직화

2000년대 이후 산추련은 노동 건강권 문제를 비정규 노동자에까지 확장하며 비정규직 조직화 사업에 관여하기 시작했다. 산추련이 비정규직 조직화에 적극적으로 나선 것은 노조의 산업안전 활동이 제도화된 상황에서, 미조직 영세사업장이나 비정규직 노동자의 노동 건강권 문제가 더욱 중요해졌기 때문이다. 산추련은 금속노조 비정규지회와 공동으로 노동 건강권 사업을 진행하거나, 금속노조가 주도하는 비정규직 조직화 네트워크에 참여하는 방식을 선택했다. 산추련이 참여한 공단 단위의 조직화 네트워크사업은 김해와 녹산공단, 창원의 네트워크 길, 거제·통영의 이주노동자 사업을 포함했다. 산추련은 특히 산재가 많은 조선하청노동자의 조직화 사업을 위해 2012년 거제 '새터'를 창립했다. '새터'의 주 활동은 거제·고성·통영지역 조선하청노동자들의 조직화와 실태조사·정책·연대사업이었고, 산추련은 초기 새터의 상근자 인건비를 지원했다. 2013년 이후 산추련은 녹산공단 비정규직의 10% 이상을 차지하는 이주노동자 조직화를 위해, 민주노총과 함께 녹산공단 조직화 대책회의에 참여하였고, 이주노동자 대상의 노동법 교실과 이주노동자 공동체 모임을 지원했다.

2) 협동조합 조직화

노동사회단체들이 취약노동자를 조직하는 또 다른 형태는 '사회적 협동조합'이다. 취약노동자들은 취업의 가능성이 적고 노동조합 조직화가 쉽지 않기 때문에, 이들의 고용 창출과 지역사회의 필요를 충족하는 사회적 경제의 일부로서 협동조합 조직화가 주요한 목표로 등장하였다. 사회적 경제는

"사회적 목적, 사회적 소유, 사회적 자본을 구성요소로 하여, 시장과 국가에 대한 대안적 자원 배분을 목적으로, 시민사회나 지역사회의 이해당사자들이 그들의 생활상의 필요를 충족하기 위해 실천하는 자발적이고 호혜적 참여경 제"로 정의된다(장원봉, 2021:26). 고용복지센터와 마창여노회는 20여 년 이상 사회적 일자리 창출 사업을 통해 중고령자와 여성 등 취업 취약계층을 '취업 상조회'로 조직했고, 일자리사업단을 당사자들이 스스로 운영하는 협동조합 으로 전환하려고 노력했다. 고용복지센터는 사회적 기업 형태의 일자리사업 단을 협동조합연합회로 전환하는 데 성공했지만, 마창여노회의 경우, 산하 지역자활센터는 조직적으로 완전히 분리 · 독립했고, 마창여노회가 운영하 던 일자리사업단인 전국가정관리사협회 마창지부는 협동조합으로 전환하는 데 실패했다.

(1) 고용복지센터의 〈고복 사람들 협동조합연합회〉

고용복지센터는 처음부터 공공근로 민간위탁 사업과 생계비지원을 통해 실업자와 취약계층 주민들을 '취업상조회'로 조직하여 실업자단체로 발전시 키는 전략을 추구했다. 경남고용복지센터가 취업 취약계층의 일자리와 빈곤 에 대응하는 노력에서 확인할 수 있는 주요한 특징은 ① 자조조직인 취업상 조회 결성, ② 지역사회의 연대적 네트워크 구성과 기능, ③ 근로연계복지와 사회적 경제의 주도적 운용으로 정리할 수 있다(진재문, 2018). 이 중 취업상조 회는 일자리사업단 참여자들이 자신들의 고용 관련 요구들을 모아내고 실천 하는 상호부조 조직이다. 취업상조회는 2000년 4월 공공근로 민간위탁사업 으로 헌 옷 재활용사업에 참여한 노동자 99명이 실업자 자조 모임인 직종별 분회에 가입한 것에서 출발했다. 주요사업은 월 회비를 모아 회원의 경조사와 친목을 도모하고 월례회를 통해 실업 정보를 공유하며 공동으로 구직활동을 하는 것이었다. 취업상조회의 활성화는 고용복지센터가 일자리사업단을 통해 얼마나 많은 일자리를 제공하는가에 달려 있었다. 취업상조회 회원들은 주로 자활과 공공근로사업에 참여하는 이들로 당장 생계가 절박한 사람들이었기 때문이다. 고용복지센터는 일자리사업단 참여자들을 취업상조회로 조직한 후 이들을 협동조합 형태의 사회적 경제 주체로 발전시키는 것을 목표로 했다. 취업상조회 활동은 회원 개개인의 자존감과 역량을 강화해 사회적 경제를 구축하는 주체적 준비과정으로 인식되었다. 특히 2009년 상호부조를 위한 디딤돌 신용금고 운영이나 소비상품의 공동구매가 협동조합 운영을 위한 경험과 역량을 축적하고 사회적 경제의 가능성을 구체화하는 계기가 되었다(김여용, 2016:39~41). 2009년 디딤돌 신용금고 사업은 회원들의 출자로 담보와 신용이 부족한 회원들에게 쉽게 대출을 하고 낮은 이자로 서로 돕자는 취지에서 시작하였다. 디딤돌 금고는 취업상조회원들의 결합력을 높였고 성취감을 부여했다. 이러한 과정을 통해 2013년부터 취업상조회는 생활공동체를 위한 협동조합을 논의하기 시작했다.

현재, 취업상조회는 협동조합 단위의 분회로 재편되었고, 2017년 11월 〈경남 고복사람들 협동조합연합회〉가 출범했다. 협동조합연합회는 취업 취약계층의 생활공동체 확대를 목적으로 구인·구직, 협동조합 교육, 일자리 사업, 협동조합 창업지원, 공동체 문화사업, 기금사업, 지역연대 네트워크사업을 추진했다. 2018년 현재 협동조합연합회는 청소와 방역사업을 하는 〈늘푸른 사람들〉, 간병 및 재가 장기요양사업을 하는 〈창원 돌봄센터 협동조합〉, 가사관리와 아이 돌보미 파견사업을 하는 〈창원 손길 협동조합〉, 먹거리 가공·판매사업을 하는 〈참일터 협동조합〉, 학교폐기물 처리 사업을 하는 〈5670 강터협동조합〉, 〈건강한 노후를 위한 행복회〉, 〈이주무역 협동조합〉, 〈창원 한겨레 두레협동조합〉으로 구성되어 있다. 협동조합은 대부분 중고령 조합원들과 실무자가 결합하여 10여 명에서 70~80명 규모로 조직되었고, 협동조합별로 2명씩 대표와 실무자가 협동조합연합회 집행위원회를 구성했다. 협동조합연합회라는 당사자조직의 역할이 강화되는 가운데, 현재 고용복지센터는 위탁사업을 기획하고 컨설팅하는 경영 지원조직으로 기능하고 있다.

(2) 마창여노회의 가정관리사협회 조직화

마창여노회는 여성노조 외에도 〈여성 실업 대책본부〉를 통해 생계비지원 사업을 진행했고 자활 기관인 〈실업 극복 마산지원센터〉를 위탁 · 운영했다. 이를 통해 취약계층 여성들을 상조회로 조직해 여성노동자회 준회원으로 가입시키고자 했으나 성과를 거두지는 못했다. 자활 기관과 여노회의 유기적 관계가 형성되지 못했을 뿐 아니라, 생계가 급한 자활사업 참여자들이 회원 활동에 소극적이었기 때문이다.

마창여노회는 2006년 이후에도 돌봄 노동자를 대상으로 〈전국가정관리사협회〉(이하 전가협) 마창지부를 만들어 당사자 운동을 조직했다. 가사노동자가 파출부가 아니라 '가정관리사'라는 공식적 직업으로 인정받고 노동자로서 존중과 법적 보호를 받기 위한 운동의 일환이었다. 전가협 마창지부는 안정적 일자리와 회원을 확보하고 지부 운영을 위한 체계를 확립하는 것이 주요한 목표였고, 십여 명 내외의 회원을 중심으로 월례 정기모임과 운영위원회, 교육을 진행했다, 가사노동자의 사용자가 명확하지 않은 상황에서 비영리알선업체로 기능하던 전가협은 2012년 이후 협동조합으로 전환하기 시작했다. 마창여노회 역시 전가협 마창지부 회원에게 협동조합 교육을 진행하며 마창여노회 회원으로 가입시켰고, 2015년 전가협 마창지부를 사회적 협동조합으로 전환하기로 했다. 하지만 협동조합으로 전환할 주체를 발굴하지 못하면서 가정관리사협회 마창지부는 2016년도에 해산되었다. 전가협 마창지부 회원은 대부분 고령자로 안정적 일자리확보에는 관심이 높았지만, 당사자들의 결속력이나 협동조합에 대한 인식은 취약했기 때문이다. 2016년 마창여노회 비상대책위원회는 운영하던 사업단들이 원래 취지와 많이 어긋나 있다는 점을 확인하면서 부설 사업단들을 해산하거나 정리했다. 전국가정관리사협회 마창지부 역시 당사자 운동의 의미가 거의 퇴색된 채 일자리 창출이라는 역할만 남았기 때문에, 이를 협동조합으로 발전시키려던 노력을 포기하고 해산한 것이다.

이처럼 협동조합 조직화는 대부분 정부·지자체의 공적 자원으로 취약노동자들에게 서비스를 제공하는 활동에 집중되었다. 시민사회단체들은 취약노동자들이 필요로 하는 고용 및 복지서비스를 제공해야만 취약노동자들과 접촉을 유지할 수 있었기 때문이다. 그러나 취약노동자들의 생계 요구와 노동사회단체의 조직화 목표 사이의 격차가 컸기 때문에, 교육과 훈련을 통해 주체화 과정이 수반되지 않으면 당사자조직이 안정적으로 자리 잡기는 쉽지 않았다.

3) 경남이주민센터의 교민회와 이주민연대회의 조직화

경남이주민센터는 노동조합이나 협동조합이 아닌 제3의 형태로 조직화를 추진했다. 이주민센터 출범 당시부터 이주노동자 조직화는 명확한 목표의 하나였다. 1998년 교통사고를 당한 파키스탄 노동자의 수술비 마련을 위한 모금과정에서 지역 파키스탄 노동자들이 결집한 것이 출발점이었다. 이주노동자를 위한 법률 대응을 위해 한국어를 잘하는 외국인노동자를 상담소 상근자로 채용하고 그 인건비를 이주노동자들이 부담하면서 법외 노동조합이 만들어졌다. 곧 방글라데시와 인도네시아 노동자들이 노조를 결성했고, 2000~2005년 사이에는 태국, 중국, CIS. 베트남, 필리핀, 스리랑카, 네팔 이주노동자들이 교민회를 결성했다. 초기에는 상담소 내에 외국인노동자 대표자 회의를 통해 상담소 사업을 공동으로 기획했고, 특히 의료보험 공제조합을 만드는 것이 가장 중요한 사업이었다. 나라별로 노동조합을 만들어 상담소 상근자를 파견하면, 이들을 중심으로 나라별 차이를 넘어 조직을 확장한다는 계획이었다.

현재는 모두 교민회 형태로 바뀌었는데, 이는 법외노조로 단체교섭을 할 수 없을 뿐 아니라 노조 이름으로 활동하기에는 조직력이 부족했기 때문이다. 외국인 노동조합에 대한 국가기구의 감시와 견제가 심해지자, 대표자 회의에서는 탄압을 피해 노조 대신에 교민회로 명칭을 변경하고 상근자를 쓰지 않는 것으로 정리했다. 2000년대 후반부터 각국 교민회는 이주민 수의 증가와 이주민 직원 고용, 대규모 맘프 축제 준비로 크게 활성화되었다. 교민회는 2016년 2,500명으로 증가했다. 이주민센터는 국가별 교민회와 교민회연합회(〈경남 이주민연대회의〉)를 통해 이주노동자들이 참여하는 사업을 기획하고 지원했다. 이주민센터는 〈경남 이주민연대회의〉 소속 12개국 대표들을 대상으로 지도자 수련회를 개최했고, 각국 교민회는 자체 공동체 모임이나 행사, 모금 활동을 진행했다. 특히 맘프(MAMF) 축제를 준비하기 위해 〈경남 이주민연대회의〉 대표자 회의가 매월 열렸다(이주민센터, 2019:49~70). 이주민센터는 교민회가 지역사회에 뿌리내리고 사회현안에 대해 발언하는 조직으로 발전하기를 기대했고, 현재 교민회는 이주노동자들의 친목과 노동인권 연대, 환경보호 활동 등 지역사회 활동을 전개하고 있다.

4) 당사자 조직화의 다양성

이처럼 경남지역에서 노동사회단체에 의한 당사자 조직화는 해당 노동자들의 조건과 상태, 단체의 목표와 사업방식에 따라 다양한 형태를 띠었다. 이러한 조직형태의 다양성은 무엇보다도 취약노동자를 노동조합으로 조직하기가 어렵기 때문이다. 실업자, 여성, 청년, 외국인, 비정규직, 영세사업장 등 취약노동자들은 지리적으로 분산되어 있고, 단체교섭을 통해 근로조건을 개선하기 어려우며, 조직화를 통해 얻을 수 있는 성과도 분명하지 않다. 당사자들의 노동시장 내 교섭력이 취약해 노조 가입이 어렵고 작업장이 분산되어 노조에 접근하기조차 어려우며, 노조에 가입해도 사용자와의 투쟁으로 얻을 수 있는 게 별로 없기 때문이다. 그래서 당사자들도 노조를 원하지 않거나 노조도 해줄 수 있는 게 별로 없는 경우가 많다. 하지만, 노동자 상담센터나 단체회원 활동, 자활 및 복지센터, 공제조직이나 사회적 협동조합, 교민회 등 다양한 형태의 단체나 당사자조직은 법률상담과 고용서비스, 복지혜택, 소모임을 통해 실질적 도움을 주거나 제도적 안정성 덕분에 접근이 쉽다.

경남고용복지센터와 마창여노회는 취약계층 조직화를 진전시키기 위해 취약계층이 원하는 일자리사업단을 운영하고 여기에 참여한 사람들을 취업상조회로 조직했다. 청년내일센터도 지자체의 청년 일자리 사업에 참여해 비정규직과 구직 청년들에게 공동체 활동 경험을 제공하고 이를 청년유니온과 연결하고자 했다. 이주민센터는 이주노동자에게 상담과 의료·법률·교육 서비스, 공동체 행사의 장을 제공하면서, 이들을 교민회와 연대회의로 조직해 지역문화 활동의 주체로 성장시켰다. 이처럼 노동사회단체의 당사자 조직화는 당사자들의 상태와 요구에 따라 다양한 형태를 띠고 진행될 수밖에 없다. 대부분 당사자조직은 당사자들에 대한 서비스 제공과정에서 상호부조와 연대 활동으로 주체역량을 강화하는 데 초점을 맞추고 있다. 다양한 형태의 모임을 결성하고 발전시켜 상호부조와 자립역량을 강화하고, 장기적으로 협동조합이나 노동조합으로 전환하는 것이 주요한 전략이었다. 대부분 당사자조직은 단체교섭보다는 지역사회에서 독자적 목소리를 낼 수 있는 주체화를 목표로 했다.

5. 새로운 도전과 과제

이 장은 지역사회 수준에서 활동하는 노동사회단체들의 노동자 이익 대변 활동과 당사자 조직화를 검토했다. 노동사회단체들은 단체교섭에 집중하는 노동조합과 달리 지역사회 차원에서 관련 노동자들에 대한 상담과 서비스제공, 정책 참여와 사회적 캠페인을 주요사업으로 하고, 궁극적으로 당사자의 조직화와 주체화를 목표로 삼고 있다. 다만 사업방식에서 노조와의 협력이나 조합원 동원에 기초해 사회적 연대를 추구하는 사업모델과, 정부·지자체 위탁사업을 중심으로 취약노동자들에 대한 서비스와 주체화·조직화를 목표로 하는 사업모델이 대비된다.

이러한 활동은 대부분 1990년대 후반 노조의 제도화와 IMF 경제위기 이후 노동시장의 급격한 변화를 배경으로 시작되었다. 노동사회단체들은 김대중 정부 이후 노동복지정책이 시민사회와의 협력을 통해 전문성을 활용하는 방향으로 변화하고 지방자치 활성화로 지자체의 사회정책이 확대되는 상황을 새로운 정치적 기회로 인식했다. 노동사회단체들은 이러한 정치적 기회를 적극적으로 활용하는 사업모델을 기획함으로써 지역사회의 비정규 · 취약노동자들의 당면한 요구에 부응하고자 했다.

그러나 노동사회단체들은 현재 새로운 도전과 과제에 직면하고 있다. 무엇보다 노동사회단체들은 안정적 자원과 제도적 지위를 가진 노동조합과 달리, 자원 부족으로 어려움을 겪고 있다. 노동사회단체는 회원회비만으로는 안정적인 사업비와 상근인력을 확보하기 어렵다. 노동사회단체들은 회원조직과 활동가조직의 성격을 모두 갖고 있으나, 단체의 목표와 시기에 따라 회원들의 참여 정도는 매우 다양하다. 대부분의 노동사회단체가 재정자립을 위해 회원확대와 정부 위탁사업에 집중하고 있지만, 상근자 중심의 사업모델에서 후원 성격의 회원확대에는 일정한 한계가 있다. 상근활동가 중심의 사업은 관료화를 초래하고, 정부 · 지자체의 성과 지표 요구는 단체의 활동을 행정적 하위체계로 전락시킬 수 있다. 실제 정부의 공모 위탁사업에 대한 의존도가 높을수록 상근실무자의 역할이 커지고 서비스 기능 의존도가 높게 나타난다. 이런 상황에서 서비스제공형 노동사회단체의 '사회적 경제' 활동은 지역사회의 필요에 기반을 두고 지역사회와의 협력적 네트워크, 호혜적 결속의 기반 위에 구축되지 않으면 성공하기 어렵다(장원봉, 2021:19~44).

이미 정부 위탁사업 중심의 서비스 활동으로 노동사회단체가 정부의 하위파트너로 전락하거나 노동사회단체의 주창 기능이 위축되지 않을까 하는 우려가 나타나고 있다. 이러한 맥락에서 조직의 활력과 재정적 안정을 위해 단체 활동에 헌신하는 회원의 규모를 늘리고 참여를 확대하는 것은 매우 중요한 과제이다. 이는 노동사회단체가 관료화되거나 정부의 정책실행기관으로 전락하지 않기 위해서 중요하다. 회원들의 참여를 유지하는 것뿐 아니라, 상근활동가와 일반회원 간의 격차, 사업내용을 둘러싼 회원들의 의견 차이를 조율하는 것도 중요한데, 이 역시 일상적인 회원조직의 활성화에 달려 있다. 이미 마창여노회는 상근자 중심의 위탁사업이 확대되고 사업조직 간의 원심력이 커지면서, 내적인 분화와 자립화로 조직응집력이 훼손되는 일을 경험하기도 했다.

둘째로, 대부분 노동사회단체는 리더십의 세대교체 압력에 직면해 있다. 현재 노동사회단체의 리더십은 주로 1987년 세대의 카리스마적 활동가들로 이루어져 있고, 이들은 노동운동의 대의에 대한 헌신성이 높으면서 제한된 자원으로 조직을 운영하고 사업을 집행하는 데 중요한 역할을 해왔다. 이들은 노동조합 내부에 활동가 네트워크를 갖고 있거나 지역 시민사회를 구성하는 진보정당과 사회운동, 전문가, 학계와 인적으로 연계되어 있고 지방의회나 지자체에도 상당한 영향력을 행사하는 등 지역 사회운동의 가교역할을 수행해왔다. 그러나 지역의 노동조합과 사회운동 세대의 고령화는 새로운 세대의 리더십을 창출해야 하는 과제를 제기하고 있다. 여기에는 젊은 활동가를 공급하던 노동조합과 학생운동의 위축, 지역 시민사회의 취약한 대중적 기반과 함께, 기성 정당들이 청년활동가를 흡수하고 있는 현실도 영향을 미치고 있다. 세대교체와 운동문화의 변화로 외부에서 훈련된 리더십을 공급받기 어려운 현실에서, 내부로부터 새로운 세대의 리더십을 발전시키려는 노력이 필요하다.

마지막으로 취약노동자 조직화와 관련하여, 당사자조직이 충분하게 자립하지 못한 상황에서 장기적으로 노동사회단체와 당사자조직의 관계를 어떻게 설정할 것인지도 중요한 쟁점이다. 당사자조직과 노동사회단체가 어떠한 방식으로 역할을 분담하고 협력 관계를 제도화할 것인지, 양자의 수직적 지원 관계를 어떻게 수평적 협력 관계로 변화시켜 갈 것인가는 노동사회단체들의 숙제다. 이러한 측면에서 노동사회단체의 사업 방향에서 ① 노조와의 협력을 중심으로 노동자성을 강화할 것인지, 정부·지자체의 사회정책을 중심으로 공익성을 추구할 것인지, ② 회원 중심의 사업과 당사자 중심의 사업모델 중 어떤 지향을 선택할 것인지, ③ 노동사회단체의 자율적, 민주적 운영과 사업의 재정적, 제도적 안정 사이의 균형을 어떻게 유지할 것인지, 특히 정부·지자체와의 관계에 어떻게 접근해야 할 것인지에 대한 고민이 중요하다.

▼ 참고문헌

강동진, 2016. '민주노총 연대전략의 혁신을 위하여' 민주노총 전략위원회 자문단 보고서.

강신준, 1999. 'IMF 위기국면에 대응하는 한국 노동조합의 협약정책 개편 방향: 산별체제 전환과 새로운 협약체계'『산업노동연구』, 5(2).

강인순, 2007. "마산·창원지역 여성운동의 현황과 과제",『한국여성학』23(4).

강인순, 2011. '창원 지역 시민운동의 대두와 조직화'『인문논총』27집.

경남이주민센터 10년사 발간위원회, 2008.『당신들의 대한민국』.

경남이주민센터 20년사 발간위원회, 2019.『이주민의 대한민국』1.2.3.

경상대학교 사회과학연구소, 2003.『금속노동자의 생활과 의식』한울.

경상대학교 사회과학연구원. 2003.『신자유주의적 구조조정과 노동운동: 1997~2001』. 한울.

경상대학교 사회과학연구원. 2006.『한국 노동계급의 형성 : 1987~2003』. 한울

공계진·안재원·김승호, 2012.『대공장운동과 지역 운동의 강화방안 연구』전국금속노조.

공성식, 2006. '사회운동으로서 노동자 운동의 재개' 사회진보연대『사회운동』66~67호.

구해근. 2002.『한국 노동계급의 형성』. 창비.

권영숙, 2017. '민주화 이행 이후 한국노동운동의 역사적 전환과 시기 구분, 1987~2006' 『사회와 역사』115집.

권혜원, 2014. '유통서비스 산업 조직화 사례분석을 통해 본 노동조합의 이해 대변 위기와 대응' 『산업관계연구』 24(4):93~119.

권혜원, 2015. '희망을 위한 연대의 힘' 고려대학교 한국사회연구소, 『한국사회』 16(1):165~199.

김경란, 2011. 『지역본부 대 지자체 개입현황과 과제』 민주노총 정책보고서.

김동춘, 1995. 『한국사회 노동자연구: 1987년 이후를 중심으로』 역사비평사.

김성란, 2015. '노동자 지역 운동을 활성화하자' 민주노총교육원 가을강좌 워크숍.

김승호 외. 2007. 『노동운동 재활성화 전략』 한국노동사회연구소.

김여용, 2016. "취업 취약계층의 임파워먼트와 사회적 경제" 창원대 석사학위 논문.

김영수, 2013. '민주노조운동의 지역적 '연대와 분화'의 모순성' 경상대학교 사회과학연구원, 『마르크스주의 연구』 10(3).

김예란, 2010. '감성 공론장: 여성 커뮤니티, 느끼고 말하고 행하다' 『언론과 사회』 18(3).

김원, 2009. '지역, 사회운동 그리고 대안 노조' 『진보평론』 40.

김원, 2018. '민주노조운동의 지연: 1987년, 1998년, 그리고 또 20년' 『문화과학』 94호.

김재훈, 2004. '노동조합의 조직자원과 조직유형: 금속노조 사례' 『경제와 사회』 63호.

김재훈 · 조효래. 2005. 『노동과 조직, 그리고 민주주의』. 한울아카데미.

김재훈, 2009. '산별노조운동의 정치학: 금속연맹 사례' 『경제와 사회』 83호 가을호.

김정호, 2010. '산별노조의 미조직 비정규직 노동자 조직화 활동에 관한 연구' 창원대학교 석사학위 논문.

김정호, 2015. 『끝나지 않은 저항: 1985~2015 통일-S&T중공업 노조운동 30년사』 한내.

김창우, 2007. 『전노협 청산과 한국노동운동: 전노협은 왜 청산되었는가?』, 후마니타스.

김창우, 2017. '민주노총의 운동노선과 노동법개정 총파업투쟁, 1996~1998' 한국학중앙연구원 박사학위 논문.

김창진, 2015. 『퀘벡모델: 캐나다 퀘벡의 협동조합, 사회경제, 공공정책』 가을의 아침.

김철식, 2017. '문재인 정부의 노동정책' 『황해문화』 2017 가을호.

김하경. 1999. 『마창노련사』 상 · 하. 갈무리.

김현우 · 이상훈 · 장원봉, 2006.『지역사회와 노동운동의 개입전략』한국노동사회연구소.

김형탁, 2006. '전체운동에서 지역이 가지는 실천적 의미' 전진 2006년 정치대회 자료집.

김혜진, 2012. '왜 공단노조인가?'『레프트 대구』(5).

김혜진, 2018. '문재인정부 1년, 불안정노동자에게는 여전히 권리가 없다'『진보평론』 77호.

나지현, 2018. "여성노동자 조직화와 전국여성노동조합" 한국여성노동자회, 『한국여성 노동자회 창립 30+1th 기념심포지엄 자료집』.

노광표 · 이종수 · 홍종윤, 2019. '상생연대기금 사례연구' 한국노동사회연구소, 고용노 동부 연구용역보고서.

노성철 · 정흥준 · 이철, 2018. "노동운동의 새로운 시도, 혹은 제도적 포섭?"『산업노동 연구』, 24(2).

노중기. 1997. "한국의 노동정치체제 변동, 1987~1997년."『경제와 사회』, 36호.

노중기, 2008.『한국의 노동체제와 사회적 합의』후마니타스.

노중기, 2009. '민주노조운동의 위기구조와 대응전략 연구'『동향과 전망』, 가을호.

노중기, 2010. '한국 노동 정치와 국가프로젝트 변동'『산업노동연구』16(2).

노중기, 2013. '종속적 신자유주의 노동체제와 한국 국가의 노동통제전략 변동'『한국 의 신자유주의와 노동체제』노동의 지평.

노중기, 2014. '박근혜 정부 노동정책에 관한 비판적 고찰'『경제와 사회』103호.

노중기, 2015. '노동운동 재활성화 전략과 조직화 모델'『산업노동연구』vol. 21(1).

노중기, 2018. '1987년 민주항쟁 30년, 민주노조운동의 평가와 전망'『산업노동연구』 24(1).

마산창원여성노동자회, "정기총회 자료집". 2001~2021년 각 년도.

마산창원여성노동자회, 2002.『평등 세상 만들기 10년』.

마창 · 거제 산재추방운동연합, "정기총회 자료집". 1999~2021년 각 년도.

마창 · 거제지역 노동과 건강을 위한 연대회의, "정기총회 자료집" 1995~1998년 각 년도.

미래를 준비하는 노동사회교육원, "정기총회 자료집". 1999~2021년 각 년도.

민주노총 경남지역본부, 1998~2020.『정기대의원대회 사업보고』각 년도.

바바렛, 2007.『감정의 거시 사회학』박형신 · 정수남 역 일신사.

박근태, 2015. '한국에서 산별 노사관계는 가능한가? 전국금속노조의 전략 능력과 금속 산별교섭을 중심으로'『산업노동연구』21(2).

박명준 · 권혜원 · 유형근 · 진숙경, 2014.『노동 이해 대변의 다양화와 새로운 노사관계 형성과정』한국노동연구원.

박명준 · 김이선, 2016. "주변부 노동자 이해 대변을 위한 비노동조합적 시도"『산업노동연구』22(2).

박인철, 2006. '생활세계와 의사소통' 한국현상학회,『철학과 현상학 연구』31:1~33.

박종식 외, 2020. '3장 조선업'『산업변화와 노동조합의 대응』민주노총 총서.

박종식 · 송용한 · 엄재연, 2009, '조선산업 사내 하청 실태와 조직화 방안' 금속노조 보고서.

박준도, 2014, '금속노조의 재건과 조직화' 한국노동운동연구소,『금속노조 공단 조직화』.

박준식, 1997. '1987년 이후 작업장정치와 노동의 시민권'『경제와 사회』36호.

박태주, 2009. '금속 산별 중앙교섭의 경과와 결정요인'『경제와 사회』83호 가을호.

박태주, 2016. '노동은 대안 성장전략의 주체가 될 수 있는가?'『노동 연구』33집.

박현미 · 유병홍 · 신현경(2019),『노조 지역조직 활성화 과제 연구』한국노총 중앙연구원.

박형신 · 정수남, 2013. '고도 경쟁 사회 노동자의 감정과 행위 양식'『사회와 이론』23호:205~252.

배규식 외, 2008.『87년 이후 노동조합과 노동운동』한국노동연구원.

배규식 · 이정희 · 정흥준 · 박종식 · 심상완, 2016.『조선산업의 구조조정과 고용 대책』한국노동연구원.

백두주, 2006. '지역 노사정 거버넌스에 관한 사례연구'『산업노동연구』12(2).

백승욱, 2020. '투쟁을 해야 할 때 제대로 투쟁하는 노동자조직을 세우기 위하여: 계급적 관점에 선 민주노총 역사에 대한 비판'『마르크스주의 연구』17(3).

사이토 준이치, 2009.『민주적 공공성: 하버마스와 아렌트를 넘어서』류수연 옮김, 이음.

손정순, 2018. "비정규 노동자 이해대표 기제로서 비노조 이해대표에 관한 연구"『산업
노동연구』, 24(2).

손정순, 2019. '한국 노동조합의 전략 조직화 사업의 의의와 한계'『산업노동연구』25(3).

송민수·유병홍, 2015 '고용관계의 새로운 현상: 제3행위자의 등장'『산업노동연구』,
21(3).

신병현, 2006. '민주노조 정치 양식의 시효소멸에 관한 시론'『경제와 사회』72호 가을.

심상완, 2008. "생산의 해외전개와 산업 재구조화 : 창원지역 사례."『산업노동연구』14(2).

안재원, 2012. '복수노조 시대, 지역연대와 현장조직력 강화방안' 대의원대회 토론자료.

안재원·김승호·김영수·배성인, 2010.『지역지부 운영모델 연구보고서』금속노조.

양솔규, 2002. '산별 조직 전환과 지역 노동운동의 변화' 창원대학교 석사학위 논문.

우새롬·최인이, 2022. '간접고용 여성 비정규직 노동자 조직화 과정과 전략'『산업노
동연구』28(1):307~343.

유범상, 2009. '한국의 노동운동 위기와 담론정치' 한국사회과학연구회,『동향과 전망』
77호.

유병홍, 2017. '공공부문 노조 산별화 발전 전략 연구: 정체성 찾기와 조직전략 형성 사
례를 중심으로'『노동연구』, 35집.

유형근, 2012. '한국노동계급의 형성과 변형'. 서울대 사회학과 박사학위 논문.

유형근, 2014. '노동조합 임금정책의 점진적 변형'『한국사회학』48(4).

유형근, 2015. '어떻게 뭉치면 강해지는가? : 서울 남부지역 공단 조직화 캠페인 연합의
형성과 활동'『산업노동연구』21(1):1~42.

유형근, 2020. '금속산업 사내 하청노동자 투쟁의 난관과 운동의 분화'『산업노동연구』
26(3): 159~210.

윤영삼, 2004. "산별노조 지역조직의 민주집중제의 현황과 과제."『산업노동연구』10(2).

윤영삼·최성용, 2014. '노동조합 지역조직의 실태와 활성화 방안'『인적자원관리연구』
21(5).

윤영태, 2009. '대항 공론장의 구조에 관한 연구'『정치 커뮤니케이션연구』15호.

은수미, 2008. '20년간의 노사관계 변화'『산별 노사관계 실현 가능한 미래인가?』한국
　　　노동연구원.

이강형 · 김상호, 2014. '감정과 공론장'『언론과 사회』22(1):79~113.

이김춘택, 2017a. '거제 · 통영 · 고성 조선소 하청노동자 살리기 대책위원회 활동과 금
　　　속노조 거제 · 통영 · 고성 조선하청지회' 민주노총 경남본부, "경남지역 공단 비
　　　정규조직화사업 현황과 전망 토론회" 발표문.

이김춘택, 2017b. '생후 83일, 신생아 성장 보고서' 노동조합 수련회 내부자료.

이김춘택, 2020. '조선소 하청노동자 조직화와 대중투쟁의 질적 비약을 꿈꾸며' 전국불
　　　안정노동철폐연대,『질라리비』200호.

이범연, 2017.『위장취업자에서 늙은 노동자로 어언 30년』레디앙.

이병권, 2022. "비정규노동센터의 조직적, 제도적 실험"『산업노동연구』, 28(1).

이병훈 · 유범상. 2001. "노동법의 형성과 집행에 관한 노동정치 연구."『한국사회학』
　　　35(2).

이병훈 · 유형근. 2009. "자동차산업의 임금결정메커니즘에 관한 사례연구."『한국사회
　　　학』43(2).

이병훈, 2012. '산별노조운동의 평가와 발전 방향' 33차 대의원대회 토론자료.

이병훈, 2019. '문재인 정부의 노동정책 변화에 관한 연구'『한국사회정책』26(4).

이병훈 · 김직수, 2014. '대학 비정규직 전략 조직화의 성공 요인 분석'『산업노동연구』
　　　20(2):1~38.

이병훈 · 김직수 · 홍석범 · 안병순, 2014.『산별노조운동의 지역연대 강화전략』민주노
　　　총 총서.

이병훈 · 홍석범 · 권현지, 2014. '정규직-비정규직의 연대정치: 현대자동차 울산공장
　　　사례를 중심으로'『한국사회학』48(4):57~90.

이상호, 2009. '민주노총의 사회연대전략, 어떻게 볼 것인가?' 금속노조 정책연구원 보
　　　고서 쟁점과 전망.

이상호 · 김정호 · 이종래 · 정일부, 2010.『금속노조의 조직발전과 혁신방안 연구』금속

노조 연구원.

이성호, 2008. '노동운동의 위기와 지역노동운동의 대응전략'『지역사회연구』16(1).

이수봉 · 조돈문 2008.『민주노조운동 20년』. 후마니타스.

이승호, 2022. '파업이야기 1' 미래를 준비하는 노동사회교육원,『연대와 소통』65 가을호.

이재훈 · 손우정 · 이영수, 2017,『기금을 활용한 노동조합의 사회연대 실천방안 연구』.

이종래, 2009. '지역노동운동: 쟁점과 과제' 한국노동운동연구소,『한국노동운동의 위기
　　와 재구성 (I)』.

이종래, 2013. '노동조합 조직발전의 방향모색'『한국의 신자유주의와 노동체제』노동
　　의 지평.

이종래, 2014. '금속노조 조직화 사업의 현실과 대안' 한국노동운동연구소『금속노조
　　공단 조직화』.

이종선, 2018. '다시 열린 개혁의 창, 문재인 정부의 노동정책 평가'『노동연구』36집.

이주환 · 박종식, 2022. "거제지역 노동 동향과 조선소노동자 근무환경 개선방안 모색"
　　거제시 비정규직 노동자지원센터.

이주희. 2006. "산별노조 조직화의 딜레마: 보건의료노조의 사례."『산업노동연구』12(1).

이주희, 2008. '산별 조직화의 동력과 한국형 산별교섭 모형'『산별 노사관계 실현 가능
　　한 미래인가?』한국노동연구원.

이주희, 2019. '퀘벡 노동연대기금의 한국적 적용'『사회적 경제와 정책연구』9(3):
　　89~121.

이찬우 · 최인이, 2014. '한국 노동운동전략의 새로운 방향성 모색'『산업노동연구』23(3):
　　87~129.

이창근, 2021. '문재인 정부 4년, 노동정책 총괄평가' 민주노동연구원 이슈페이퍼 2021-11.

이창익, 2008.『노동조합의 지역사업 활동영역 탐구』한국노총 중앙연구원.

이철승, 2016, '산별노조운동의 성과와 한계', 전병유 외,『다중격차』페이퍼로드.

이철승, 2018. '한국 노동운동과 복지국가의 미래전략'『비판사회정책』58호.

이철승, 2019.『노동-시민연대는 언제 작동하는가?』후마니타스.

이현대, 2010. '민주노총 현황 진단과 혁신과제' 사회진보연대『사회운동』.

임영일, 1998. '산별노조 조직화의 쟁점과 과제'『산업노동연구』4(2).

임영일, 2003. '신자유주의적 구조조정과 노동체제 전환'『신자유주의적 구조조정과 노동운동 1997~2001』한울.

임영일, 2006. "한국의 노동교육: 노동사회교육원을 중심으로" 영남노동운동연구소, 『연대와 실천』 140호.

임영일, 2008, "금속 산별노조운동의 과정, 현황과 과제"『금속노조 정책연구원 토론회 자료집』.

임영일, 2010. '한국의 노동운동: 위기와 진로 모색'『한국노동운동연구소 토론회자료집』.

임영일, 2013. '신자유주의 20년 시장 전제주의 노동체제의 극복을 위하여',『한국의 신자유주의와 노동체제』노동의 지평.

임필수, 2009. '노동운동 활성화 전략 평가' 사회진보연대,『사회운동』90호.

장귀연 2009, '비정규직 노동자에 대한 노동조합 대응 연구' 서울대 사회학과 박사학위 논문.

장귀연, 2017. '노동운동에서 1987년의 유산과 새로운 도전들: 계급구성과 계급형성'『경제와 사회』116호.

장원봉 외, 2021.『한국 사회적 경제의 거듭남을 위하여』착한 책 가게.

장진범, 2021. '지역 중심의 조직화 모델 연구: 민주노총 지역 일반노조 운동을 사례로'『지역사회연구』29(4):201~236.

장호종, 2017. '금속노조 현대기아차 지부의 사회연대기금 논란" "노동자 연대" 205호.

장흥근, 1999. '한국 노동체제의 전환과정에 관한 연구: 1987~1997' 서울대학교 사회학과 박사학위 논문.

전국금속노조 S&T중공업지회, "소식지" 2001~2016.

전국금속노조 경남지부 거통고지회, 2016~2022.「조선하청노동자」1~132호.

전국금속노조 경남지부, 2001~2020.『대의원대회 사업보고』자료집. 각 년도.

전국금속노조 노동연구원, 2008.『산별노조 발전 전망 시안』.

전국금속노조 노동연구원, 2009.『산별 발전 전망 연구: 조직, 협약, 교섭』.

전국금속노조 노동연구원, 2010a.『산별노조 방향과 전망 찾기 토론회자료집』.

전국금속노조 노동연구원, 2010b.『현장(운동/활동) 활성화 방안 연구보고서』.

전국금속노조 노동연구원, 2012a.『금속노조 위기진단과 대안 모색』.

전국금속노조 노동연구원, 2012b.『금속노조 정책토론회 자료집』.

전국금속노조 노동연구원, 2015a.『지역공동위원회 활성화 방안연구 보고서』.

전국금속노조 노동연구원, 2015b.『신경영전략과 노동의 해체 보고서』.

전국금속노조, 2008.『금속노조 교육사업 실태조사보고서: 문제와 과제』.

전국금속노조, 2008.『기업지부 해소 및 조직재편(안)』.

전국금속노조, 2009.『금속노조 교육사례 조사연구 보고서 1』.

전국금속노조, 2017.『2018년 요구안 및 투쟁방침 대의원 설문 조사 보고서"』.

전국금속노조, 2018.『산별노조 발전전략』 연구보고서.

전국금속노조, 2019. '지부 집단교섭 현황분석 및 확대·강화방안'『산별교섭 발전방안』 연구보고.

전국금속노조, 2022. '금속노조 거통고 조선하청지회 51일 파업투쟁 평가(초안)'.

전국금속노조, 사업보고서 및 대의원대회 자료 각 년도.

전국금속노조·조선업종 비정규직 블랙리스트 실태조사연구팀, 2017. '2017년 조선업종 비정규직 블랙리스트 실태조사 연구보고'.

전국금속노조 S&T중공업지회, 소식지 2001-2016.

정수남, 2009. '계급 분노와 저항의 감정적 동학' 전남대 5·18 연구소,『민주주의와 인권』9(3).

정영섭, 2012. '민주노조운동 혁신을 위한 지역노동자 운동의 과제', 사회진보연대,『사회운동』.

정이환, 2000. '주변 노동자의 동원화·조직화'『한국사회학』34(겨울).

정이환, 2017. '노동시장 정책의 성격과 배경요인'『경제와 사회』116호 겨울.

정이환·이주호, 2017. '산별노조와 노동시장 불평등 분석'『한국사회학』51(1).

정일부, 2011. '금속노조 정파 운동에 대한 일 고찰' 경상대학교 정치경제학과 석사학위 논문.

정주연, 2008. '산별교섭으로의 전환의 장애물들'『산별 노사관계 실현 가능한 미래인가?』한국노동연구원.

정진상 · 임영일 · 조효래 · 이진동 · 김영수 · 김재훈. 2006.『한국 노동계급의 형성: 1987~2003』. 한울아카데미.

정흥준, 2017. '1987년 이후 노동운동 20년과 대안적 노동운동' 장홍근 외,『대안적 노동체제의 탐색』한국노동연구원.

정흥준 · 남향숙, 2018. '정규직 노사관계와 사내 하청 활용: 현대중공업 사례에 대한 시기별 평가를 중심으로'『산업관계연구』28(1):85~116.

정흥준 · 이정희 · 조혁진 · 노성철, 2019. "노동자 이해 대변의 다양화와 매개조직의 역할"『산업노동연구』25(3).

조돈문, 2009, '비정규직 투쟁과 정규직 노동조합의 딜레마: 캐리어와 지엠대우 창원공장의 사례연구'『산업노동연구』15(2):151~184.

조돈문, 2011. '비정규직 노동자 투쟁의 승패와 조직력 변화'『산업노동연구』17(1): 139~176.

조돈문, 2011.『노동계급 형성과 민주노조운동의 사회학』후마니타스.

조성재 외, 2009,『산별교섭의 이론과 실제』한국노동연구원.

조성재 · 광상신, 2022. '87년 노동체제의 노사 간 역학관계의 동학: 완성차 3사 정리해고 경험의 비교분석'『산업관계연구』32(3).

조태일, 2009. '경남지역의 현황과 과제' 한국노동운동연구소,『한국노동운동의 위기와 재구성(I)』.

조효래, 1997. "1987년 이후 노사관계의 변화."『동향과 전망』34호.

조효래, 2001. "울산과 창원의 지역노동운동"『지역사회학』3호. 한국지역사회학회.

조효래, 2002.『1987년 이후 노동체제의 변동과 노사관계』. 한국노총 중앙연구원.

조효래, 2003. '전국금속노조 지역지부의 조직과 운영',『노동과 발전의 사회학』한울아카데미.

조효래, 2006. '산별노조로의 전환과 노동조합 정체성의 변화'『산업노동연구』12(1).

조효래, 2008, '사내 하청노조운동의 발생과 성장에 관한 비교연구', 『산업노동연구』 14(1).

조효래, 2010.『노동조합 민주주의』후마니타스.

조효래, 2013a. '이명박 정부의 노동정책: 변화와 연속성?'『동향과 전망』87호.

조효래, 2013b. '노동조합 공론장의 특성과 변동'『산업노동연구』19:2.

조효래, 2018. '1987년 이후 민주노조운동의 동학'『산업노동연구』24(1)

조효래, 2019. '산별노조운동의 딜레마와 조직적 과제'『산업노동연구』vol. 25(1).

조효래, 2020. '지역노동운동 활성화를 위한 노동조합의 전략'『산업노동연구』vol. 26(3).

조효래, 2021, '산별노조 지역지부의 노조 재활성화 전략'『노동연구』42호; 127~172.

조효래, 2022. '지역 노동사회단체의 노동자 이익 대변과 조직화 전략: 경남지역의 사례'『지역사회학』23(4).

조효래, 2023. '조선업 하청노동자의 조직화와 동원: 거제통영고성조선하청지회 사례' 『산업노동연구』29(3).

진재문, 2018. "제도권 편입 속 자립의 길 20년"『경남고용복지센터 창립 20주년 토론회자료집』.

최영기 · 전광석 · 이철수 · 유범상, 2000.『한국의 노동법개정과 노사관계』한국노동연구원.

최영기 · 김준 · 조효래 · 유범상, 2001.『1987년 이후 한국의 노동운동』한국노동연구원.

통일중공업 노조, "노동조합신문", 소식지 1985-2001.

허민영, 2010. '금속노조 재활성화 연구' 한국노동운동연구소, 『노동의 지평』7호.

허 은, 2019. '마산수출자유지역 초국적 기업 자회사의 구조조정과 여성 노동의 유연화' 『여성학연구』29(2):237~277.

허 인, 2019. '울산지역 노동조합의 사회연대 활동 확대전략' 한국노동사회연구소 142차 노동포럼, "노동조합의 사회연대전략" 발표문.

허재영, 2000. '1990년대 후반 병원 노조 운동의 특성' 서울대 박사학위 논문.

홍석범 외, 2017. 『금속노조 전략 조직화의 방향과 과제』, 금속노조 노동연구원 연구보고서.

홍석범, 2015. 『금속노조 현장조직력 진단과 과제』 전국금속노조 노동연구원.

홍석범, 2016a. 『금속노조 현장 간부의 눈으로 바라본 산별노조운동과 현장 활동』 금속노조 노동연구원.

홍석범, 2016b. 『금속노조 현장조직력 진단과 과제』 금속노조 노동연구원.

홍석범, 2016c. '비정규직 노동조합 조직화와 친밀감의 정치' 『산업노동연구』 22(1):139~185.

황현일, 2020. '자동차 판매노동자의 조직화 영향 요인에 대한 연구' 『한국사회학』 54(2):59~98.

Abbott, Brian. & Heery, Edmund. & Williams, Steve. 2012. "Civil Society Organizations and the Exercise of Power in Employment Relationship" *Employee Relations* 34(1):91~107.

Aminzade, Ron & McAdam, Doug, 2001. 'Emotions and Contentious Politics' McAdam & Tarrow & Tilly eds. *Silence and Voice in the Study of Contentious Politics*. Cambridge Uni. Press.

Arendt, Hannah. 1992, *The Human Condition*, 1970 Chicago: The University Chicago Press. 『인간의 조건』, 이진우 외 옮김, 한길사.

Aronowitz, Stanley, 2000. 'Unions as Counter-Public Spheres' *Hill & Montag (ed.) Masses, Classes and the Public Sphere*. Verso.

Atzeni, Maurizio. 2009. 'Searching for Injustice and Finding Solidarity?' *Industrial Relations Journal*. 40(1):5~16.

Barbalet. J. M. 1998. 박형신 · 정수남 역. 『감정의 거시사회학』 일신사. 2007.

Behrens & Hurd & Waddington, 2004, 'How Does Restructuring Contribute to Union

Revitalization?' in Frege & Kelly eds. *Varieties of Unionism*. Oxford Uni. Press.

Benford, Robert D. & Snow, David A. 2000. 'Framing Process and Social Movements' *Annual Review of Sociology vol.* 26:611~639.

Burawoy, Michael. 2000. *The Politics of Production*. 1985. 『생산의 정치: 자본주의와 사회주의의 공장체제』박종철 출판사.

Calhoun, Craig, 1992. *Habermas and the Public Sphere*. MIT Press: Cambridge.

Calhoun, Craig. 2001. '감정을 제자리에 위치시키기'. 『열정적 정치』한울. 2012.

Castells, Manuel. 2013. 『커뮤니케이션 권력』. 한울아카데미 2014.

Collier R. B. & Collier D. 1991. *Shaping the Political Arena. Princeton*.

Darlington, Ralph. 2018. 'The Leadership Component of Kelly's Mobilization Theory' *Economic and Industrial Democracy* 39(4):617~638.

D'Art, Daryl & Turner, Thomas 2002. 'The Decline of Worker Solidarity and the End of Collectivism?' *Economic and Industrial Democracy*. Vol. 23(1):7~34.

Della Porta, Donatella and Diani. Mario. 1999. *Social Movements : An Introduction*. Oxford: Blackwell.

Della Porta & Diani, 2015. 'Social Movements and Organizational Analysis' *The Oxford Handbook of Social Movements*.

Della Porta & Rucht, 1995. 'Left-libertarian Movements in Context' Jenkins & Klandermans (eds.). *The Politics of Social Protest*. UCL Press.

Dixon & Roscigno & Hodson, 2004. 'Unions, Solidarity, and Striking' *Social Forces*. 83(1):3~33.

Eimer, Stuart 1999. 'From Business Unionism to Social Movement Unionism' *Labor Studies Journal* 24(2).

Ellem B. & Shields J. 1996, 'Why do Unions Form Peak Bodies' *Labor Relations Review* vol. 38(3).

Ellem B. & Shields J. 1999, 'Rethinking Regional Industrial Relations' *The Journal of*

Industrial Relations. vol. 41(4).

Ellem B. & Shields J. 2001, 'Placing Peak Union Purpose and Power' *Economic and Industrial Democracy.* vol. 12(1).

Ellem, Bradon. 2008. 'Contested Communities: Geo-Histories of Unionism', *Journal of Organizational Change Management,* Vol. 21(4).

Fantasia & Stepan-Norris, 2004. 'The Labor Movement in Motion' Snow & Soule & Kriesi (eds.). *The Blackwell Companion to Social Movements.* Blackwell Publishing.

Fine, Janice. 2005. "Community Unions and the Revival of the American Labor Movement." *Politics & Society.* 33(1):153~199.

Fine, Janice. 2007. "A Marriage made in Heaven?" *British Journal of Industrial Relations.* 45(2):335~360.

Fraser, Nancy. 1992, 'Rethinking the Public Sphere' Calhoun eds. *Habermas and the Public Sphere.*

Frege & Kelly, 2004, 'Union Strategies in Comparative Context' in Frege & Kelly eds. *Varieties of Unionism.* Oxford University Press.

Frege, Carola. & Heery, Edmund. & Turner, Lowell. 2004. "The New Solidarity? Trade Unions Coalition-Building in Five Countries" in Frege, Carola. & Kelly, John, eds. *Varieties of Unionism.* NY:Oxford Univ. Press.

Gal, John. & Bargal, David. 2002. 'Critical Junctures, Labor Movements and the Development of Occupational Welfare in Israel' *Social Problems* 49 (1).

Gamson, William A. & Meyer, David. 1996. 'Framing Political Opportunity' McAdam & MacCarthy, & Zald, eds. *Comparative Perspectives on Social Movements.*

Ganz, Marshall. 2000. 'Resources and Resourcefulness: Strategic Capacity in the Unionization of California Agriculture, 1959~1966' *American Journal of Sociology* 105(4):1003~1062.

Ganz, Marshall. 2004. 'Why David Sometimes Wins' in Goodwin & Jasper eds. *Rethinking Social Movements: Structure, Meaning, and Emotion.*

Gapasin, F. & Wial, H. 1998. 'The Role of Central Labor Councils in Union Organizing in the 1990s' in Bronfenbrenner etc. eds. *Organizing to Win.*

Goodwin & Jasper & Polleta, 2000. 'The Return of the Repressed'. *Mobilization* 5.

Goodwin & Jasper & Polleta, 2012. *Passionate Politics: Emotions and social movements*' 박형신 · 이진희 역『열정적 정치: 감정과 사회운동』한울.

Gramsci, Antonio. 1920. *Selections from the Prison Notebooks of Antonio Gramsci: Notes on Politics.* 이상훈 옮김.『그람시의 옥중수고』1.2. 1999. 거름.

Goldthorpe & Lockwood & Bechhofer & Platt. 1969. *The Affluent Worker in the Class Structure.* Cambridge University Press.

Habermas, Jürgen. 2000, *The Inclusion of the Other,*『이질성의 포용』나남 2000.

Habermas, Jürgen. 2000. *The Structural Transformation of the Public Sphere.* 1963,『공론장의 구조변동』한승완 옮김, 나남.

Habermas, Jürgen. 2006, *The Theory of Communicative Action.* Boston. 1987.『의사소통행위이론 1, 2』장춘익 옮김, 나남.

Habermas, Jürgen. 2007. '*Between Facts and Norms*' 1992,『사실성과 타당성』나남.

Hamann & Kelly, 2004, 'Unions as Political Actors' in Frege & Kelly eds. *Varieties of Unionism.*

Hansen, Biriam. 1993. 'Foreword' *The Public Sphere and Experience.*

Heckscher, C. & Carré, F. 2006. "Strength in Networks: Employment Rights Organizations and the Problem of Co-Ordination." *British Journal of Industrial Relations.* 44(4):605~628.

Heery & Adler. 2004. 'Organizing the Unorganized' in Frege & Kelly eds. *Varieties of Unionism.* Oxford University Press.

Heery, Edmund. & Abbott, Brian. & Williams, Steve. 2012. "The Involvement of

Civil Society organizations in British Industrial Relationship" *British Journal of Industrial Relations*. 50(1):47~72.

Heery, Edmund. & Frege, Carola. 2006. "New Actors in Industrial Relations" *British Journal of Industrial Relations*. 44(4):601~604.

Herod, Andrew & Walker, Richard. 1998. *Organizing the Landscape*. University of Minnesota Press.

Hodder A. & Edwards P. 2015. 'The Essence of Trade unions: Understanding Identity, Ideology and Purpose'. *Work, Employment and Society*. 27 April.

Holgate, M. & Simms, M. & Tapia, M. 2018. The limitations of the Theory and Practice of Mobilization in Trade Union Organizing' *Economic and industrial Democracy*. vol. 39(4).

Honneth, Axel. 2011. 『인정 투쟁』 문성훈 · 이현재 역. 사월의 책.

Hyman, Richard. 1994 'Changing Trade Union Identities and Strategies.' *New Frontiers in European Industrial Relations*. Basil Blackwell.

Hyman, Richard. 1996. "Changing Trade Union Identities in Europe." Leisink & Leemput & Vilrokx eds. *The Challenges to Trade Unions in Europe*. Edward Elgar Publishers.

Hyman, Richard. 2001. *Understanding European Trade Unionism: Between Market, Class and Society*. Sage Publications.

Hyman, Richard. 2007. 'How can trade unions act strategically?' *Transfer: European Review of Labour and Research* 13(2):193-210.

Jasper, James M. 1998. 'The Emotions of Protest'. *Sociological Forum 13(3)*.

Kelly, John. 1998. *Rethinking Industrial Relations: Mobilization, Collectivism and Long Waves*. London: Routledge.

Kemper, T. 2012. 박형신 역. '사회운동 감정에 대한 구조적 접근방식' 『열정적 정치: 감정과 사회운동』 한울.

Kemper, 2012. '사회운동 감정에 대한 구조적 접근방식' 『열정적 정치』.

Kemper, T. D. 1978. *A Social Interactional theory of Emotions*. John Wiley & Sons Inc.

Klandermans, Bert. 1996. 'Ideology and the social psychology of union participation' in Pasture & Verberkmoes eds. The lost perspective?.

Knodler-Bunte, Eberhard. 1975. 'The Proletarian Public Sphere and Political Organization' *New German Critique*. No. 4 (Winter, 1975).

Kohn, Margaret. 2003. *Radical Space*. 장문석 옮김. 『래디컬 스페이스』 2013.

Koopmans, Ruud. 2004a. 'Protest in Time and Space: The Evolution of Waves of Contention' Snow (eds.) *The Blackwell Companion to Social Movements*.

Koopmans, Ruud. 2004b. 'The Dynamics of Protest Waves: West Germany, 1965~1989' McAdam & Snow (eds.). *Social Movements*. Roxbury Publishing Company.

Kriesi, Hansperter. 1995. 'The Political Opportunity Structure of New Social Movements' Jenkins & Klandermans (eds.). *The Politics of Social Protest*. UCL Press.

Kriesi, Hansperter. 2004. 'Political Context and Opportunity' Snow & Soule & Kriesi (eds.). T*he Blackwell Companion to Social Movements*. Blackwell Publishing.

Lévesque, C. & Murray, G. 2002. 'Local versus Global: Activating Local Union Power in the Global Economy', *Labor Studies Journal* vol. 27(3).

Lévesque, C. & Murray, G. 2010. 'Understanding Union Power: Resources and Capabilities for Renewing Union Capacity', *European review of labour* 16(3):333~350.

Lippmann, W, 2012. 이충훈 역. 『여론』 까치.

McAdam, Doug. & Tarrow, Sidney. & Tilly, Charles. 2001. *Dynamics of Contention*. Cambridge Uni. Press.

McAdam, Doug. 1996. 'The Framing function of Movement Tactics' McAdam (eds.). *Comparative Perspectives on Social Movements*.

McCammon, Holly J. 1990. 'Legal Limits on Labor Militancy' *Social Problems* 37(2).

McCammon, Holly J. 1993. 'From Repressive Intervention to Integrative Prevention' *Social Forces* 71(3).

Morris & Staggenborg, 2004. 'Leadership in Social Movements' Snow & Soule & Kriesi eds, *The Blackwell Companion to Social Movements*. Blackwell Publishing.

Negt, Oskar and Kluge, Alexander, 1993. *The Public Sphere and Experience: Toward an Analysis of the Bourgeois and Proletarian Public Sphere*. University of Minnesota Press: Minneapolis.

Rainnie & Herod & Champ 2007. 'Spatialising industrial relations' *Industrial Relations Journal* 38(2).

Regalia, 2016. 'Beyond Workplaces and Industries: Possibilities for Organized Action at the Territorial Level' Comp. Lab. L. & Pol'y J.

Ross, Stephanie 2007. 'Varieties of Social Unionism towards A Framework for Comparison' *Just Labour: A Canadian Journal of Work and Society*. Vol. 11. Autumn.

Rucht, Dieter. 2004. 'Movement Allies, Adversaries and Third Parties' Snow & Soule & Kriesi (eds.) *The Blackwell Companion to Social Movements*. Blackwell Publishing.

Simms M. 2012. 'Imagined Solidarities?' *Capital and Class* 36(1):97~115.

Simms, M. & Holgate, J. 2010. 'Organising for What?' *Work, Employment and Society*. vol. 24(1).

Snow & Rochford & Worden & Benford. 1986. "Frame Alignment Process, Micro-mobilization and Movement Participation." *American Sociological Review*. 51(4).

Snow & Soule & Kriesi eds. 2004. *The Blackwell Companion to Social Movements*. Blackwell Publishing.

Stepan-Norris & Zeitlin. 1995. "Union Democracy, Radical Leadership and the Hegemony of Capital." *American Sociological Review* 60.

Tarrow, Sidney. 1997. 'Cycles of Collective Action' McAdam (eds.). *Social Movements*. Roxbury Publishing Company.

Tarrow, Sidney. 1998. *Power in Movement: Social Movements and Contentious Politics*. Cambridge University Press.

Tattersall, 2005. 'Understanding What makes Union-Community Coalitions effective' *AIRAANZ*. 2005.

Tattersall, 2006. 'There is Power in Coalition' *Labour & Industry* Vol. 16(2).

Tattersall, Amanda. 2009. "A Little Help from Our Friends" *Labor Studies Journal* 34(4):485~506.

Thelen, 2004. *How Institutions Evolve?* 신원철 역. 『제도는 어떻게 진화하는가?』 모티브 북. 2011.

Whitter, Nancy. 1997. 'Political Generation, Micro-Cohorts and the Transformation of Social Movements' *Annual Review of Sociology* 62(5).

Williams, Steve. & Abbott, Brian. & Heery, Edmund. 2011. "Non-union Worker Representation through Civil Society Organizations" *Industrial Relations Journal*. 42(1):69~85.

Willis, Paul. 1978. *Learning To Labour*. 『학교와 계급 재생산』 이매진. 2004.

Zald, Mayer N. & Ash, Roberta, 1966. 'Social Movement Organizations: Growth, Decay and Change' *Social Forces*, 44(3).

산업도시의
노동조합

경남의 지역노동운동

초판인쇄 2024년 4월 30일
초판발행 2024년 4월 30일

지은이 조효래
펴낸이 채종준
펴낸곳 한국학술정보(주)
주 소 경기도 파주시 회동길 230(문발동)
전 화 031-908-3181(대표)
팩 스 031-908-3189
홈페이지 http://ebook.kstudy.com
E-mail 출판사업부 publish@kstudy.com
등 록 제일산-115호(2000. 6. 19)

ISBN 979-11-7217-293-0 93300